2022—2023
中国数字出版产业年度报告

ANNUAL REPORT ON DIGITAL
PUBLISHING INDUSTRY IN CHINA:
2022—2023

主　编／崔海教
副主编／王　飚　李广宇

中国书籍出版社
China Book Press

图书在版编目（CIP）数据

2022—2023 中国数字出版产业年度报告/崔海教主编；王飚，李广宇副主编．--北京：中国书籍出版社，2023.9
　ISBN 978-7-5068-9578-1

　Ⅰ.①2… Ⅱ.①崔… ②王… ③李… Ⅲ.电子出版物－产业发展－研究报告－中国－2022—2023 Ⅳ.①G237.6

中国国家版本馆 CIP 数据核字（2023）第 174975 号

2022—2023 中国数字出版产业年度报告

崔海教　主　编
王　飚　李广宇　副主编

责任编辑	庞　元　杨铠瑞　李　新
责任印制	孙马飞　马　芝
封面设计	楠竹文化
出版发行	中国书籍出版社
地　　址	北京市丰台区三路居路 97 号（邮编：100073）
电　　话	（010）52257143（总编室）　　（010）52257140（发行部）
电子邮箱	eo@chinabp.com.cn
经　　销	全国新华书店
印　　刷	廊坊市印艺阁数字科技有限公司
开　　本	787 毫米×1092 毫米　1/16
印　　张	23.5
字　　数	440 千字
版　　次	2023 年 9 月第 1 版　2023 年 9 月第 1 次印刷
书　　号	ISBN 978-7-5068-9578-1
定　　价	148.00 元

版权所有　翻印必究

《2022—2023 中国数字出版产业年度报告》课题组

组　　　长　崔海教
副　组　长　王　飚　李广宇
课题组成员　毛文思　郝园园　孟晓明　徐楚尧
　　　　　　刘玉柱　宋迪莹　陶云云　张萌萌

《2022—2023 中国数字出版产业年度报告》撰稿人名单

撰稿人名单（按文序排列）

中国数字出版产业年度报告课题组
孙晓翠　徐婉晴　黄　靖　孟祥晴
樊　荣　丁　丽　苏华雨　杨名柳
宋宵佳　韩　文　王友平　李广宇
郝园园　张孝荣　毛文思　唐世发
杨兴兵　陈　磊　李　婧　田　晶
张　博　蒲楚原　罗宝仪　周梦月
重庆华略数字文化研究院
刘　钊　张馨月　王姿懿　于千雯
石　昆

统　稿　王　飚　李广宇

前　言

《2022—2023中国数字出版产业年度报告》（以下简称"《报告》"）是自2005年以来的第15部《中国数字出版产业年度报告》。《报告》较之以往，既有内容上的继承与延续，又有根据产业实际发展情况进行的创新。

在研究方法上，《报告》依然采用数据实证分析与文本分析相结合的方式，且更侧重于前者。在《报告》的撰写过程中，研究人员运用产业组织经济理论着力从产业主体、产业行为、产业绩效等方面对数字出版产业进行了深入分析，主要通过对各领域从业企业规模、生产规模、用户规模、运营及赢利状况等方面的大量一手数据的梳理、解析，用图表形式呈现，这恰恰是以往相关报告所缺乏的。同时，《报告》对我国数字出版产业的环境加以阐析，以求对我国数字出版产业的脉动进行准确把握。这些努力可能会有利于读者较好地把握我国数字出版产业现状；同时，也能了解到发展的来龙去脉及其因果联系。

《报告》是中国新闻出版研究院的课题。中国新闻出版研究院副院长崔海教担任课题组组长、数字出版研究所所长王飚与数字出版所副所长李广宇担任副组长，共同主持了《报告》的撰写，并对主报告和有关分报告作了必要的把关及修改工作。中国新闻出版研究院数字出版研究所、同方知网、山东大学、武汉大学、中文在线、上海理工大学、重庆华略数字文化研究院、西安欧亚学院等机构的部分研究人员、业界专家共同参与了《报告》的撰写工作。

《报告》全书统稿工作由王飚、李广宇负责，毛文思协助完成；部分报告中的数据采集与分析、表格制作由徐楚尧完成。

为数字出版产业的规划和发展提供连续、可比的数据依据，是编写数字出版产业报告的一个重要思路。但鉴于我们的力量和水平还很有限，《报告》在专题设置、结构布局及数据获取上都有不尽如人意之处，有个别分报告还略显单薄，甚至难免会存在一些缺陷及错误，故恳请广大读者见谅，并予以指正，以便我们在今后的编撰工作中不断改进，进一步提升《中国数字出版产业年度报告》的质量和价值。

《报告》在撰写过程中得到了多方面的帮助与支持，清华同方、重庆维普资讯等企业提供了大量一手数据；同时我们也参考了大量的相关论述及文献，在此我们一并致谢！

编　者

2023 年 8 月 30 日

目 录

主报告

勇毅前行的中国数字出版——2022—2023 中国数字出版产业年度报告
................................中国数字出版产业年度报告课题组（3）
一、数字出版产业环境分析 ....（3）
二、中国数字出版产业规模分析 ....（19）
三、中国数字出版产业态势分析 ....（21）
四、中国数字出版产业问题与对策分析 ....（35）
五、中国数字出版产业趋势分析 ....（44）

分报告

2022—2023 中国电子图书出版产业年度报告
................................孙晓翠　徐婉晴　黄　靖　孟祥晴（57）
一、电子图书出版产业概述 ....（57）
二、电子图书出版产业发展现状 ....（60）
三、电子图书出版产业年度重要事件 ....（66）
四、电子图书出版产业发展趋势 ....（66）

· 1 ·

2022—2023 中国数字报纸产业年度报告
.... 樊 荣 丁 丽 苏华雨 杨名柳 宋宵佳 (71)
- 一、数字报纸出版产业概述 .... (71)
- 二、数字报纸出版产业发展现状 .... (74)
- 三、数字报纸出版产业运营模式分析 .... (79)
- 四、数字报纸出版产业年度重要事件 .... (81)
- 五、数字报纸出版产业发展趋势 .... (82)

2022—2023 中国互联网期刊出版产业年度报告
.... 韩 文 王友平 李广宇 (86)
- 一、互联网期刊出版产业概述 .... (86)
- 二、互联网期刊出版产业发展存在问题与对策 .... (92)
- 三、影响互联网期刊出版产业发展的年度重大事件 .... (94)
- 四、互联网期刊出版产业发展趋势 .... (96)

2022—2023 中国网络游戏出版产业年度报告
.... 郝园园 (99)
- 一、中国网络游戏市场规模和用户规模 .... (100)
- 二、中国网络游戏产业分析 .... (101)
- 三、中国网络游戏的发展态势 .... (103)
- 四、总结与展望 .... (108)

2022—2023 中国网络（数字）动漫出版产业年度报告
.... 郝园园 (110)
- 一、网络（数字）动漫出版产业市场规模 .... (110)
- 二、网络（数字）动漫出版产业发展态势 .... (111)
- 三、网络（数字）动漫发展趋势 .... (118)

2022—2023 中国网络社交媒体出版产业年度报告
.... 张孝荣 (120)
- 一、中国网络社交媒体发展概况 .... (120)
- 二、主要服务商发展情况 .... (124)
- 三、2022 年社交媒体行业发展特点 .... (134)

四、2022年社交媒体年度重要事件 …………………………（140）
五、总结与展望 ……………………………………………（141）

2022—2023中国移动出版产业年度报告
………………………………………………… 毛文思（144）
一、移动出版产业发展概述 ………………………………（144）
二、移动出版产业发展现状 ………………………………（155）
三、年度影响移动出版产业发展的重要事件 ……………（163）
四、总结与展望 ……………………………………………（165）

专题报告

中国数字教育出版产业发展报告
………………………………………… 唐世发　杨兴兵（169）
一、数字教育出版业发展环境分析 ………………………（169）
二、中国数字教育出版产业发展动态 ……………………（171）
三、中国数字教育出版细分类型市场与运营分析 ………（176）
四、数字教育出版行业存在的问题及发展策略 …………（178）
五、数字教育出版产业发展趋势 …………………………（180）

中国数字出版标准化年度报告
………………………………………………… 陈　磊（183）
一、行业背景 ………………………………………………（183）
二、数字出版标准化现状 …………………………………（186）
三、存在的问题和对策 ……………………………………（192）

中国数字版权保护状况年度报告
………………………………………… 李　婧　田　晶（196）
一、我国数字版权保护新进展 ……………………………（197）
二、各省区版权保护状况统计分析 ………………………（204）
三、数字版权保护技术发展状况 …………………………（208）

四、典型案例分析……………………………………………………（210）
　　五、数字版权保护存在的困境及应对措施……………………………（213）
　　六、2023 年数字版权保护展望………………………………………（218）

中国数字出版教育年度报告
　　　　　　　　　　　　　　　　　　张　博　蒲楚原　罗宝仪　周梦月（219）
　　一、中国数字出版教育新进展…………………………………………（219）
　　二、中国数字出版教育的典型范例……………………………………（227）
　　三、中国数字出版教育发展中的主要问题……………………………（230）
　　四、加快中国数字出版教育发展的对策………………………………（232）

中国国家出版产业基地（园区）研究报告
　　　　　　　　　　　　　　　　　　　　　　重庆华略数字文化研究院（236）
　　一、2022 年国家出版产业基地（园区）发展基本概况………………（237）
　　二、2022 年国家出版产业基地（园区）主要特点……………………（241）
　　三、国家出版产业基地（园区）发展面临的主要挑战与趋势研判………
　　　　……………………………………………………………………（242）

中国"新闻出版 + 虚拟现实"融合发展研究报告
　　　　　　　　　　　　　　　　　　　　　　　　　　　　　刘　钊（246）
　　一、2022 年"新闻出版 + 虚拟现实"行业发展概况…………………（246）
　　二、2022 年"新闻出版 + 虚拟现实"行业具体应用…………………（249）
　　三、"新闻出版 + 虚拟现实"融合发展存在的问题与对策……………（256）

中国数字主题出版产业研究报告
　　　　　　　　　　　　　　　　　　　　　　重庆华略数字文化研究院（260）
　　一、数字主题出版产业发展态势………………………………………（260）
　　二、数字主题出版产业发展的问题与对策……………………………（262）
　　三、数字主题出版产业发展趋势………………………………………（265）

中国有声阅读产业年度报告
　　　　　　　　　　　　　　　　　　张馨月　孙晓翠　王姿懿　于千雯（267）
　　一、有声阅读产业概述…………………………………………………（267）
　　二、有声阅读产业发展现状……………………………………………（270）

三、有声阅读产业发展趋势……………………………………（278）

中国数字技术赋能数字出版高质量发展报告
························· 重庆华略数字文化研究院（281）
一、数字技术在选题策划中的应用……………………………（281）
二、数字技术在数字出版内容编辑领域的应用………………（283）
三、数字技术在数字出版物呈现领域应用……………………（284）
四、数字技术在营销发行中的应用……………………………（286）
五、技术赋能数字出版面临的挑战和问题……………………（287）
六、技术赋能数字出版的发展对策和建议……………………（289）

中国西部地区数字内容产业发展报告
························· 重庆华略数字文化研究院（292）
一、西部地区数字内容产业发展环境……………………………（292）
二、网络游戏发展持续向好………………………………………（295）
三、数字音乐以成渝地区为主……………………………………（296）
四、技术推动数字动漫发展………………………………………（297）
五、数字阅读传播优秀传统文化…………………………………（299）
六、打造数字视频产业链…………………………………………（300）
七、西部地区数字内容产业发展的问题和建议…………………（301）
八、西部地区数字内容产业发展趋势……………………………（303）

中国西部地区数字阅读发展报告
························· 重庆华略数字文化研究院（305）
一、西部地区数字阅读发展环境持续优化………………………（305）
二、西部地区数字阅读发展主要特征……………………………（308）
三、西部地区数字阅读发展面临的挑战…………………………（315）
四、西部地区数字阅读发展建议…………………………………（316）

重庆市数字出版产业发展报告
························· 重庆华略数字文化研究院（319）
一、数字出版产业运行情况………………………………………（319）
二、重庆数字出版产业运行特征…………………………………（323）

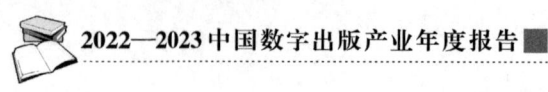

三、重庆数字出版业面临的挑战 ……………………………………（328）
四、重庆数字出版发展建议 ……………………………………………（330）

附　录

2022 年中国数字出版大事记

………………………………………………………………石　昆　辑录（335）

一、电子图书 ……………………………………………………………（335）
二、互联网期刊 …………………………………………………………（337）
三、数字报纸 ……………………………………………………………（339）
四、网络游戏 ……………………………………………………………（339）
五、网络动漫 ……………………………………………………………（341）
六、视　频 ………………………………………………………………（342）
七、数字版权 ……………………………………………………………（343）
八、综　合 ………………………………………………………………（346）

主 报 告

勇毅前行的中国数字出版
——2022—2023 中国数字出版产业年度报告

中国数字出版产业年度报告课题组

一、数字出版产业环境分析

2022 年，是实施"十四五"规划承上启下的关键之年。过去一年以来，受新冠肺炎疫情持续影响，全球出版业持续加快推进数字化变革。国际方面，在出版业整体销售状况下降的情况下，有声读物呈现良好发展态势；人工智能在出版传媒领域得到更广泛更深层次的应用；传媒机构持续优化数字订阅模式，实现用户规模和收益增长；电商平台面临发展瓶颈，商业模式亟待创新；欧美国家大力强化数字经济顶层设计，大力发展数字资产，并出台多项法规，加快建设数字市场治理体系。国内方面，网络强国、数字中国建设基础不断夯实，文化数字化上升为国家战略，相关部署更加系统深入；数字经济持续强劲发展，文化新业态发展韧性持续增强；技术创新持续活跃，在多个领域取得显著突破；在新冠肺炎疫情形势反复波动下，数字消费更加深入人心，数字阅读持续发展。

（一）国际环境

2022 年，受新冠肺炎疫情持续影响，欧美出版业销售业绩不甚理想，有声读物等数字出版形态成为出版业的重要增长点。人工智能等技术在出版传媒领域得到更深入的应用，ChatGPT 引发全球出版传媒变革；以亚马逊为代表的电商平台发展遭遇瓶颈，亟待商业模式破局；欧美加强数字服务立法，数字服务生态治理体系建设取得积极进展。

1. 欧美出版业销售整体下滑

受疫情管控政策、通货膨胀导致的供应链成本增加以及能源危机带来的消费力减弱等因素影响，2022年欧美出版业销售呈现整体下滑态势。据美国出版商协会统计，2022年美国出版业销售总额为126亿美元（约折合人民币878.17亿元），同比下降6.4%。纸质图书销售持续下滑，总销售额比疫情较为严重的2021年更低。精装书、大众平装书、特装书等销售额均下滑明显。在数字出版领域，下载类有声读物销售额达到8.40亿美元（约折合人民币58.51亿元），同比增长7%；实体类有声读物销售额达到1 580万美元（约折合人民币1.1亿元），同比下降29.8%。① 大众市场中电子书销售额也有6.6%的同比下降。另据有声读物出版商协会（Audio Publishers Association）的年度报告显示，2022年，美国有声读物销售总额达到18亿美元（约折合人民币127.44亿元），同比增长10%。其中，2022年数字有声书在美国图书出版市场的份额占比为10.4%。截至2022年，美国有声读物销售额已经实现连续11年保持两位数的同比增长率，且预计仍将保持平稳增长态势。②

英国出版商协会（Publishers Association）公布的数据显示，2022年英国出版市场总销售额达69亿英镑（约折合人民币603.74亿元），同比增长4%，其中纸质书总销量为6.69亿册，创历史新高。2022年，Tiktok图书社区（BookTok）在激发读者阅读热情方面发挥积极作用。③

另据尼尔森发布的图书数据显示，2022年英国消费者共购买了3.48亿本书，总码洋约为25亿英镑（约折合人民币212.57亿元），与2021年、2020年的数据相比略有下降④。与美国出版业销售相似，2022年英国纸质图书购买量呈小幅下降，下降3%。同时，有声书市场增长放缓，2022年的电子书发行量下降了10%。德国、意大利等其他欧洲出版强国，2022年的出版销售额也分

---

① 2022年美国出版业销售总额下降6.4% [EB/OL].（2023-03-03）[2023-05-20]. http://www.cptoday.cn/news/detail/15145.
② 美国有声书销售额连续11年增长 [EB/OL].（2023-07-04）[2023-07-20]. http://www.cptoday.cn/news/detail/15828.
③ 2022年英国出版市场总销售额达69亿英镑 [EB/OL].（2023-06-12）[2023-07-20]. http://www.cptoday.cn/news/detail/15631.
④ 徐永倩. 尼尔森发布英国2022年度图书消费市场数据 [EB/OL]. http://www.cptoday.cn/news/detail/15420.

别下降了 2.1% 和 2.3%。意大利的电子书市场下降了 8%，从 8 600 万欧元下降到 7 900 万欧元。① 疫情等因素导致人们收入减少、加之短视频等新媒体平台的冲击，都在影响着欧美图书消费。

2. 人工智能工具在出版传媒领域应用进一步深化

随着人工智能技术的发展，以人工智能为代表的数字技术日趋成熟，在出版传媒领域的应用进一步深化。出版商纷纷加大了技术投入和应用力度。如 2022 年 12 月，施普林格·自然完成对 Research Square 公司的收购，Research Square 公司由 AJE（美国期刊专家）和 Research Square 组成。AJE 提供人工智能驱动和专业交付的作者解决方案，Research Square 则是全球首屈一指的多学科预印本平台。收购的目的是强化其提供解决方案的能力，更好地满足所有研究人员的需求，并推进开放科学的发展。AJE 开发了一款基于 AI 的语言润色工具，可在几分钟之内自动修改稿件，纠正稿件中的语法错误和修正措辞及用字用语，帮助作者减少发表研究成果而花费的时间，并使其研究在发表后为更多人所知。② 从 2023 年开始，施普林格·自然选择一些科学领域的作者和编辑进行尝试，在书稿的筹备阶段运用该工具，为审稿和编辑提供协助，以提高出版满意度和编辑的流畅度。③

2022 年 11 月，全球知名人工智能研究实验室 OpenAI 推出一款名为 ChatGPT 的聊天机器人应用程序，迅速火爆网络。ChatGPT 基于 AIGC（人工智能生成内容）技术，凭借其强大的算法学习能力，催生 AI 版搜索引擎、生产工具、营销助手、社交工具等创新应用。AI 在出版传媒乃至内容领域得到更加普遍的应用，涵盖报道撰写、绘画创作、文本翻译等多个领域。

英国《每日镜报》与《每日快报》探索使用 AI 软件协助记者撰写本地天气与交通等主题的短篇报道。④ 2022 年，美国科罗拉多州举办的新兴数字艺术家竞赛中，通过 AI 绘图工具 Midjourney 制作的 AIGC 作品——《太空歌剧院》

---

① 谢芸蔚. 2022 年五大出版强国市场"四降一升"［EB/OL］. http://epaper.chinaxwcb.com/app_epaper/2023－05/15/content_ 99825097. html.
② 施普林格收购 Research Square ［EB/OL］.（2022－12－04）［2023－05－20］. https://news. sciencenet. cn/htmlnews/2022/12/490589. shtm.
③ AI 帮忙"改稿子"给科技出版增添价值［EB/OL］.（2022－09－19）［2023－07－20］. https://www. naddc. com. cn/jiangxi/article/263857. html.
④ 英国《每日镜报》出版商探索用 ChatGPT 协助撰稿，涉天气交通等本地新闻［EB/OL］.（2023－02－19）［2023－05－20］. https://new. qq. com/rain/a/20230219A0657E00.

获得比赛一等奖。其精美程度打破了很多人对 AI 的固有认知，并在全球范围内引发了对 AIGC 的广泛讨论，赛后 150 万人涌入 Midjourney 体验 AIGC 作画。① AIGC 展现出了惊人的创作能力和生成效率。知名科幻杂志《克拉克世界》在一个月之内收到 500 多篇由 ChatGPT 等程序编写或润色的投稿。AI 高速地创作出大量内容，导致编辑团队不堪重负，一度暂停接受投稿。2023 年 3 月，韩国出版商 Snowfox Books 出版了一本完全由 ChatGPT 撰写的图书，书名为《找到人生目标的 45 种方法》(45 Ways to Find the Purpose of Life)。该书创作完成后，是由 AI 机器负责翻译成韩文、校对和插图工作。这是世界上首本由 ChatGPT 撰写、AI 翻译校对的实体书。虽然该本书的内容创意来源于出版商，但是从写作、翻译、校对、插图等等一系列具体工作都是由人工智能完成，整本书的写作和翻译仅花费了 9 个小时。

3. 媒体进一步优化创新数字订阅模式

过去一年来，在新冠肺炎疫情影响下，全球传统媒体持续加快数字化转型。面对广告收入下滑，传统媒体机构纷纷探索数字订阅新模式，以对抗经营压力。2022 年，《纽约时报》大力推广套餐订阅，套餐中不仅仅提供单一的新闻内容，还包含游戏、烹饪、音频、数码及家电产品推荐网站 Wirecutter，以及《大西洋月刊》等多样化内容，以满足用户更多元化的需求。该套餐产品组合会根据用户需求反馈进行不断调整。多元化的内容为《纽约时报》提供了新的盈利增长点，截至目前，该套餐订阅的总数目前已经超过 100 万，新增套餐订阅用户占到了新增数据的一半以上。② 2022 年，多家海外知名媒体尝试整合应用程序和数字报刊，在应用上实现无跳转、无切换、全方位服务，优化提升用户的订阅体验。如《法兰西西部报》推出了一款全新的应用程序，用户只需一次完成点击和进入，就可以实现无壁垒浏览，如可获取日常推送和消费指导，以及浏览晚间数字版报纸等。2022 年，《独立报》对其应用程序进行了升级和统一，新版应用同时提供免费版和付费版内容，提供音频文章、直播新闻、电视内容和前五名阅读榜单等内容，团队可对付费内容进行自行设置，据数据显

---

① 36 氪浙江. 人工智能：让想象力变成"生产力" | 捕捉 2022 [EB/OL]. https://k.sina.com.cn/article_ 7074974776_ 1a5b38c38001017y46.html? sudaref = cn.bing.com&display = 0&retcode = 0.

② 提前 3 年完成 1 000 万订阅目标，《纽约时报》增长模式正在如何转变？[EB/OL]. (2023-02-14) [2023-05-20]. https://new.qq.com/rain/a/20230214A04UIQ00.

示，新应用发布后首周安装量较之前版本增加了450%。①《每日邮报》推出全新的"Mail+"，不仅提供全天候实时新闻更新服务，还引入了puzzles模块，为新闻打上最佳标签，减少读者阅读负担。2022年，数字版新闻产品作为一种新的产品形态兴起，这类产品的界面、栏目设置和新闻内容都较为精练简洁，主要面向轻阅读需求的用户。如《经济学人》改造并更新了移动端应用The Economist Espresso，每日精选5篇国际新闻摘要，日更三次，篇幅短小精练，有效提升了《经济学人》读者的订阅黏性。英国《金融时报》也推出了纯数字版应用——FT Edit，每日发布8篇文章，且采取低价策略，首月免费，从次月起的99个月的订阅费用为每月6便士，99个月后为每月4.99英镑。无论是提供多元化内容还是精简化内容，都是为了更好地满足用户信息获取需求，为订阅者提供更优质的阅读体验。

过去一年来，多家媒体对付费模式也进行了调整，为用户提供更多选择。如《大西洋月刊》则推出"动态付费"模式，为用户提供从60美元到100美元不等的不同定价的产品，定价从低到高依次为数字产品、"印刷+数字产品"和高级产品。据统计，截至2023年1月，《大西洋月刊》订阅人户达86万人。其中，数字产品和"印刷+数字产品"的订阅人数占比均为42%。动态付费模式可以通过向用户提供不同价格及组合的内容服务，也可以了解用户对订阅付费的价格接受度，优化付费定价机制。②

4. 图书电商平台发展面临瓶颈

2022年，随着全球新冠肺炎疫情防控逐渐开放，消费者线下渠道复苏，消费者在购买渠道上有了更多的选择性，线下零售商持续开展大规模促销活动，线上销售渠道发展趋缓，以亚马逊为代表的头部电商平台发展出现乏力现象。同时，反垄断制度的建立健全，也为亚马逊等头部平台的发展带来较大冲击。

过去一年来，电商行业发展总体呈现乏力状态。据相关数据显示，2022年美国电商年销售额虽然首次突破万亿美元，比2021年增长7.7%，却是十年多

---

① 回望2022年：英美新闻应用"人气榜"与年度关键词［EB/OL］.（2023-02-03）［2023-05-20］. https://new.qq.com/rain/a/20230203A00IZP00.
② 《大西洋月刊》计划推出"动态付费"模式［EB/OL］.（2023-01-16）［2023-05-20］. http://www.cptoday.cn/news/detail/14859.

以来最慢的同比增长。作为国际电商领域的领军者，亚马逊电商业务在2022年面临发展瓶颈，甚至遭遇严重亏损。据2022年第三季度财报显示，亚马逊全球市场亏损同比扩大171%，其中，北美市场亏损达4.12亿美元（约折合人民币27.91亿元）。受营业费用等成本增加等因素，让亚马逊的北美分部陷入增收不增利的尴尬局面。数据显示，2022年亚马逊北美分部销售3159亿美元，同比增长13%，营业亏损达28亿美元。①

亚马逊与合作商家由于合作机制引发的矛盾日益加剧。逐年上涨的广告费、上调物流仓储费用，成本的增加，利润被挤压，致使商家纷纷出走"亚马逊"。沃尔玛虽然在2022第四季度的表现超出预期，总营收达1 640.5亿美元，同比增长7.3%，同期沃尔玛美国电商业务净销售额为213亿美元，同比增长17%，占沃尔玛全球总销售额的13%，但其增长主要依靠线下带动。而亚马逊实体门店也频频关闭。从2022年初，亚马逊就先后宣布关闭其在英国和美国的所有实体书店，以及旗下所有四星商店。2023年以来，亚马逊又陆续关闭了多家生鲜商店及便利店等零售商店。②作为全球电商巨头，亚马逊在硬件领域一直展现出勃勃野心。从电子阅读器Kindle到智能音箱，虽然取得了傲人成绩，甚至被称为行业先驱，但却难逃亏损。这主要由于亚马逊的商业逻辑，在硬件业务上，亚马逊采取的是以"亏损换量"，通过相对较低的价格，赢得市场占有率，再由软件和服务拉动收益。但随着投入越来越大，亏损越来越多，市场份额却没有实现预期增长。亚马逊的硬件产品尚难以与谷歌和苹果抗衡。2022年亚马逊宣布Kindle中国电子书店将在2023年6月30日停止运营，意味着亚马逊Kindle退出中国市场。随着人们阅读习惯的改变，特别是手机作为阅读终端的功能不断强大，亚马逊Kindle对于用户而言没有不可替代性。以中国市场为例，中国本土电子阅读器品牌从性能、价格、内置资源及功能等方面都已经具备赶超Kindle的实力。

以亚马逊为代表的大型互联网企业发展陷入瓶颈，亟待在业务架构和商业模式等方面开拓创新。其中，云业务已经成为亚马逊业务增长的重要引擎。2022财年，在亚马逊全年442亿美元的规模增长中，40.5%是由亚马逊云科技

---

① 衰退与跃进，2022美国电商财报都透露出了什么？［EB/OL］.（2023-03-21）［2023-05-20］. https://roll.sohu.com/a/656568748_121660617.
② 从野心勃勃到回归现实，亚马逊关闭英美大批实体店［EB/OL］.（2023-07-31）［2023-08-05］. https://c.m.163.com/news/a/IB01VH550552G66L.html.

贡献的。①

5. 欧美大力强化数字资产顶层设计

近年来，全球数字资产市场快速发展。作为数字经济的重要组成部分，数字资产成为构筑国家竞争力的重要力量，受到各国政府的高度重视。然而，如果没有适当的保护措施，数字资产独特而多样的特征可能会给消费者、投资者和企业带来重大的财务风险。在缺乏足够的监督和标准的情况下，提供数字资产服务的公司可能对与客户资产和资金相关的敏感财务数据、托管和其他安排或与投资相关的风险披露提供不了足够的保护。引导技术为人民的福祉服务，有效保障各国数字经济健康发展成为各国政府治国理政的重要议题。

2022年，以英美为代表的欧美国家纷纷制定并发布了数字资产监管政策。美国大力发展数字资产，加快构建数字资产监管框架。2022年3月，美国总统拜登签署《关于确保负责任地发展数字资产的行政命令》，该行政命令是美国首个政府整体方案以应对数字资产的风险，同时探索其基础技术带来潜在的效益。对数字资产的安全问题、转移和支付系统的构建、中央银行数字货币（CBDC）等方面进行规定和限制，并试图将元宇宙和区块链纳入监管范畴。美国政府各机构经过为期半年的框架制定和政策建议，2022年9月，美国白宫发布全球首个综合性的"负责任发展数字资产框架"，围绕保护消费者、投资者、企业、国家金融稳定、国家安全和环境等方面提出了7点建议，包括：保护消费者、投资者和企业；鼓励安全、负担得起的金融服务；促进金融稳定；推进金融的包容性和负责任的创新；加强美国在全球财务领导地位和竞争力；打击非法金融犯罪；探索美国央行数字货币。②

2022年6月，英国数字、文化、媒体与体育部发布新版《英国数字战略》，旨在将跨政府的科技和数字政策整合到一个统一的路线图中，确保数字技术、基础设施和数据在未来几年推动经济增长和技术创新，巩固英国科技大国的地位。新版《英国数字战略》聚焦6大领域，分别是数字基础、创意和知识产权、人才培养与引进、为数字化发展提供资金支持、改善英国经济与社会服务

---

① 亚马逊云业务2022年营收突破800亿美元 贡献40.5%业务增长［EB/OL］.（2023-03-21）［2023-05-20］. https://www.donews.com/news/detail/4/3353661.html.

② 白宫发布全球首个"负责任发展数字资产框架"，美国央行数字货币CBDC是重点［EB/OL］.（2022-10-25）［2023-05-20］. https://www.sohu.com/a/595282010_120319119.

能力、提升英国国际地位。在发展创意和知识产权方面，政府将加大对研发的持续投入，计划在2022—2025每年投入150亿—200亿英镑支持人工智能、下一代半导体、数字孪生、自主系统、量子计算等未来基础性技术的研发。①

6. 数字市场治理体系建设加快推进

信息技术和互联网的不断发展，对人们的日常生活习惯、消费方式带来深远影响。新的商业模式和行业竞争格局，也催生了误导评价、定向广告、平台垄断等诸多新问题，对数字市场生态秩序带来负面影响。数字服务治理体系健全的重要性日益凸显，也得到全球各国的高度重视。特别是以谷歌、苹果、Meta、亚马逊等为大型互联网企业在规模不断扩张的同时，屡屡被指以不正当的手段排挤竞争者。如2022年12月，谷歌及其母公司Alphabet被英国13万家网站和移动应用技术商提起集体诉讼，指控其滥用数字广告市场的主导地位谋取巨额利润，却牺牲网站和移动应用技术商的利益。早在当年2月，欧洲出版商理事会（EPC）就曾向欧盟委员会发起投诉，指控谷歌涉嫌对当地新闻出版商实行广告技术控制；9月，英国与荷兰再次先后投诉谷歌的数字广告业务侵害了出版商的利益。②

为顺应数字技术、互联网商业模式和服务方式的迅速变化，规范数字空间，欧盟提出数字服务包，其中包括《数字市场法》（简称"DMA"）和《数字服务法》（简称"DSA"）。

2022年7月18日，欧盟理事会批准了《数字市场法》，该法案主要针对谷歌、苹果、亚马逊、Meta等互联网大型平台企业，旨在建立公平竞争的数字服务市场秩序。DMA明确了"看门人"，即大型互联网平台企业（如谷歌、苹果、亚马逊、Meta等）的权利义务，以保障其不会滥用自己的龙头地位。相关规则包括：大型在线平台须确保用户取消订阅核心平台服务的操作与订阅一样简单；确保即时消息服务的基本功能可互相操作，用户可跨消息传递应用程序交换消息、发送语音消息或文件；业务用户可以在平台访问其营销或广告业绩数据，平台须向欧盟委员会通报收购和合并情况。同时，要求"看门人"企业不能过度推广自己的产品，不能将自己的产品或服务自行排在高于其他平台的

---

① 英国发布新版数字战略［EB/OL］.（2022-08-03）［2023-05-20］. https://gov.sohu.com/a/580205856_121124364.

② 13万家英国互联网企业起诉谷歌［EB/OL］.（2023-01-16）［2023-05-20］. http://www.cptoday.cn/news/detail/14864.

产品或服务排名；不得预安装某些软件，或组织用户轻松地卸载应用软件；要防止开发者使用第三方支付平台进行应用销售，不得在服务时将用户私人数据用户其他服务。①

2022年11月，欧盟委员会宣布《数字服务法案》正式生效，其适用于所有将消费者与商品、服务或内容连接起来的数字服务，明确了网络平台在减少网络危害、应对在线风险等方面的责任义务，以对网络用户的网络权益提供保障。DSA遵循比例原则，对用户、平台和当局政府机构的责任进行重新平衡，一方面可以更好地保障消费者的网络基本权益，建立以民众为中心的价值标准，并为公民在获取数字服务方面提供更多选择和更低价格，降低民众接触非法内容的风险；另一方面为网络平台建立透明度机制和问责框架，建立了数字平台全民监督机制，为数字服务提供商建立统一规则，形成公平、透明的市场竞争机制，也为数字服务提供商在欧洲市场启动和扩展业务提供更大助力，同时将助力小型网络平台、中小企业和初创企业扩大规模，提升竞争力。② DSA针对不同的数字服务商有不同的规则，需承担与其能力和规模相称的义务。即数字服务商的规模越大，社会影响力越大，对其约束力越强。超大型在线平台在传播非法内容和社会危害方面构成了特殊的风险。DSA预计将针对拥有超过4 500万用户的平台引入特殊制度，对其平台服务的危害进行年度分线评估，并采取相应的风险缓解措施。欧盟委员会宣称DSA设定了线上中介机构监管方法的国际基准，并称之为成为全球首个监管"工具箱"。

DMA和DSA相互配合，将反垄断理念从线下迁至线上，前者更加倾向于平台运营过程中的自我约束，后者更加倾向于监督。违反相关规则的企业需要缴纳其全球营业收入10%的罚款，通过对"看门人"行为的约束，为数字服务市场营造公平竞争秩序，兼顾行业创新和用户权益保障。欧盟在数字治理体系建立方面的相关举措，对于我国也具有一定的借鉴意义。

（二）国内环境

2022年，党和国家持续大力推进网络强国、数字中国建设，文化数字化作

---

① 欧盟正式通过《数字市场法》建立公平竞争新规［EB/OL］.（2022-07-20）［2023-05-20］. https://new.qq.com/rain/a/20220720A05K0100.
② 专家解读｜欧盟《数字服务法案》正式生效，不同企业需承担的义务解读［EB/OL］.（2022-11-23）［2023-05-20］. http://society.sohu.com/a/609335270_121123752.

为数字中国的重要构成，正式上升为国家战略，得到全面贯彻执行。数字经济持续发挥引擎作用，文化新业态发展韧性持续增强；数字新基建加速推进，科技创新取得多项突破，科技赋能产业高质量发展作用日益凸显；中国成为全球主要经济体中首个实现"物超人"的国家，在新冠肺炎疫情形势反复波动，人们消费意愿下降的形势下，数字阅读保持良好发展态势。

1. 文化数字化上升至国家战略新高度

党的二十大报告提出"以中国式现代化全面推进中华民族伟大复兴"，强调"全面建设社会主义现代化国家，必须坚持中国特色社会主义文化发展道路"，要求"推进文化自信自强，铸就社会主义文化新辉煌"。文化建设是中国特色社会主义现代化建设发展的重要目标，文化数字化是数字中国建设的重要支点。

过去一年来，国家进一步加强文化数字化全面部署。2022 年 3 月，中办、国办印发《关于推进实施国家文化数字化战略的意见》，明确实施国家文化数字化战略的指导思想、工作原则、主要目标等，提出到"十四五"时期末，基本建成文化数字化基础设施和服务平台，形成线上线下融合互动、立体覆盖的文化服务供给体系。到 2035 年，建成物理分布、逻辑关联、快速链接、高效搜索、全面共享、重点集成的国家文化大数据体系，中华文化全景呈现，中华文化数字化成果全民共享。[①] 同时，从关联形成中华文化数据库、夯实文化数字化基础设施、搭建文化数据服务平台、促进文化机构数字化转型升级、发展数字化文化消费新场景、提升公共文化服务数字化水平、加快文化产业数字化布局、构建文化数字化治理体系等方面明确国家文化数字化战略的重点任务，为国家文化数字化战略制定了清晰的时间表和路线图。由此意味着文化数字化正式上升至国家战略的高度，成为建设社会主义文化强国，推动文化高质量发展的战略选择。《关于推进实施国家文化数字化战略的意见》的出台是我国全面落实文化数字化建设的指导性文件，是国家积极应对互联网快速发展给文化建设带来的机遇和挑战，以数字化赋能文化高质量发展，从建设社会主义文化强国、厚植数字时代文化自信的高度，对国家文化数字化作出的前瞻性、战略

---

① 新华社. 让中华文化更"活"更火——透视《关于推进实施国家文化数字化战略的意见》[EB/OL]. (2023 - 05 - 23) [2023 - 06 - 22]. https://www.gov.cn/zhengce/2022 - 05/23/content_5691982.htm.

性、全局化部署。

2022年8月，中共中央办公厅、国务院办公厅印发《"十四五"文化发展规划》，强调"强化创新驱动，实施数字化战略，推进产业基础高级化、产业链现代化，促进文化产业持续健康发展"。明确提出"强化创新驱动，实施数字化战略，推进产业基础高级化、产业链现代化"，要求"以国家文化大数据体系建设为抓手，坚持统一设计、长期规划、分步实施，统筹文化资源存量和增量的数字化，以物理分布、逻辑关联、快速链接、高效搜索、全面共享、重点集成为目标聚集文化数字资源"；支持"文化企事业单位基于文化大数据不断推出新产品新服务，提升文化产品和服务的质量水平"。

党的二十大胜利召开，描绘了以中国式现代化全面推进中华民族伟大复兴的宏伟蓝图，开启了充满光荣和梦想的新远征。习近平总书记深刻把握文化建设规律和文化在新时代新征程中的地位作用，站在国家发展、民族复兴的高度，对推进文化自信自强、铸就社会主义文化新辉煌进行了部署，再次强调"实施国家文化数字化战略"，标志着实施国家文化数字化战略已经成为全党共识、全党任务。文化数字化作为文化繁荣发展的重要新动能，在增强国家文化软实力、传承创新中华优秀传统文化等方面发挥着不可替代的重要作用。

2023年2月，《数字中国建设整体布局规划》出台，数字中国建设的整体框架基本完整，形成了更加清晰的数字中国建设、促进数字经济发展的宏伟蓝图，提出"打造自信繁荣的数字文化，推进文化数字化发展，深入实施国家文化数字化战略，建设国家文化大数据体系，形成中华文化数据库"的重要部署，为出版业数字化建设和深度融合发展提供了战略指引和行动纲领。

2. 数字经济持续助力经济平稳发展

2022年，数字中国建设取得突出成效，在全国新冠肺炎疫情多点暴发、多地频发、局部规模性反弹形势下，数字经济持续发挥国民经济稳定器、加速器作用，在推动国民经济发展中引擎作用更加凸显。2022年，我国数字经济规模突破50万亿元大关，达到50.2万亿元。总量稳居世界第二，同比名义增长10.3%，在国内生产总值中占比达41.5%。[①] 过去一年来，数字经济政策体系日益完备，数据基础制度框架初步构建，2022年3月，中共中央、国务院印发

---

① 国家互联网信息办公室发布《数字中国发展报告（2022年）》[EB/OL]. (2023-05-23) [2023-06-20]. http://www.cac.gov.cn/2023-05/22/c_1686402318492248.htm.

《关于加快建设全国统一大市场的意见》，提出加快培育数据要素市场；12 月，《关于构建数据基础制度更好发挥数据要素作用的意见》印发实施，强调充分发挥我国海量数据规模和丰富应用场景优势，激活数据要素潜能，做强做优做大数字经济，增强经济发展新动能，构筑国家竞争新优势。我国数据资源规模实现快速增长，2022 年我国数据产量达 8.1ZB，同比增长 22.7%，全球占比达 10.5%，居世界第二位。2022 年，全国数字经济发展指数 DEAI 得分为 145.8，同比增长 13.6%，北京、广东、浙江、上海、江苏连续五年数字经济指数排名前五。①

2022 年，我国信息传输、软件和信息技术服务业 GDP 达 4.79 万亿元，同比增长 9.1%。我国规模以上互联网和相关服务企业完成业务收入 1.46 万亿元，发展态势平稳向好。其中，信息服务领域企业收入同比增长 4.9%；网络销售领域企业收入实现较快增长；主要提供网络销售服务的企业互联网业务收入同比增长 12.6%。② 2022 年，我国软件和信息技术服务业运行稳步向好，软件业务收入突破 10 万亿元大关，达 10.81 万亿元，同比增长 11.2%。其中，软件产品收入约为 2.66 万亿元，同比增长 9.9%，占全行业收入比重为 24.6%；信息技术服务收入 7.01 万亿元，同比增长 11.7%，高出全行业整体水平 0.5 个百分点，占全行业收入比重为 64.9%。③

2022 年，中国数字经济核心产业均不同程度地实现了稳健发展。其中，文化新业态发展韧性持续增强，对文化发展的拉动作用进一步凸显。2022 年，规模以上文化企业营业收入超过 12 万亿元，达到 12.18 万亿元，其中，文化新业态特征较为明显的 16 个行业小类实现营业收入 4.39 万亿元，比上年增长 5.3%，在全部规模以上文化企业营业收入中占比达 36.0%。④

3. 科技创新引领高质量发展效益显著

2022 年，在数字中国加快建设背景下，我国新型基础设施建设顺利推进。

---

① 全国数字经济发展指数 DEAI｜数字经济［EB/OL］.（2023-08-17）［2023-08-20］. https://finance.sina.com.cn/tech/roll/2023-08-17/doc-imzhnwtx3114966.shtml.
② 2022 年互联网和相关服务业运行情况［EB/OL］.（2023-01-31）［2023-05-20］. https://www.miit.gov.cn/gxsj/tjfx/hlw/art/2023/art_40202ca145fe4d34a5ca4cf2f5dfc91e.html.
③ 2022 年软件和信息技术服务业统计公报［EB/OL］.（2023-01-31）［2023-05-20］. https://www.miit.gov.cn/gxsj/tjfx/rjy/art/2023/art_77b5e552aacc47e3a682c4527a4fab7f.html.
④ 2022 年全国规模以上文化及相关产业企业营业收入同比增长 0.9%［EB/OL］.（2023-01-30）［2023-05-20］. https://news.bjd.com.cn/2023/01/30/10317810.shtml.

数字基础设施规模能级大幅提升，截至 2022 年底，累计建成开通 5G 基站 231.2 万个，全球占比超过 60%。算力基础设施进入全面建设阶段，我国数据中心机架总规模超过 650 万标准机架，在用数据中心算力位居世界第二。"东数西算"工程从系统布局进入全面建设阶段。京津冀等 8 个国家算力枢纽建设进入深化实施阶段，新开工数据中心项目超过 60 个，新建数据中心规模超过 130 万标准机架。6G 技术的研发和布局迅速开展。工业互联网已覆盖工业大类的 85% 以上，全国具备行业、区域影响力的工业互联网平台超过 240 个。

过去一年来，我国持续大力推动科技创新。全年全社会研发经费突破 3 万亿元，达到 3.09 万亿元；研发投入强度达到 2.55%。2022 年，我国信息领域相关 PCT 国际专利申请近 3.2 万件，全球占比达 37%；数字经济核心产业发明专利授权量达 33.5 万件，同比增长 17.5%；信息技术管理、计算机技术等领域有效发明专利分别实现 59.6% 和 28.8% 的同比增长。信息领域研究前沿核心论文份额和施引论文被引频次份额位居世界第二。2022 年，中国在全球创新指数排名上升至第十一位，成功进入创新型国家行列。科技创新竞争力进一步提升，2022 年世界知识产权组织发布的全球百强科技集群排名中，中国在前五强科技集群中占据两个席位。我国在实现高水平科技自立自强、建设科技强国的道路上稳步迈进。[1]

过去一年来，我国在大数据、人工智能、量子计算、物联网等技术领域取得重要进展。我国移动物联网连接数已超过移动电话用户数，成为全球主要经济体中首个实现"物超人"的国家。[2] 各地加快推进数字技术创新联合体建设，健全科技创新支撑体系，推进科技创新成果转化；全国操作系统、云计算、软件开发等各类开源社区超过 500 个。2022 年，清华大学团队首次实现通信距离达到 100 公里的量子直接通信新系统，为目前世界上最长的量子直接通信距离。[3] 腾讯"混元" AI 大模型在多模态理解领域国际权威榜单 VCR（Visual Commonsense Reasoning，视觉常识推理）中拔得头筹，两个单项成绩和总成绩均位列第一。在 MSR-VTT、MSVD 等权威榜单中同样一举登顶，实现跨模态领

---

[1]【权威部门话开局】科技部：2022 年我国成功进入创新型国家行列 开启建设科技强国新阶段 [EB/OL].（2023-02-24）[2023-05-20]. https://politics.gmw.cn/2023-02/24/content_36389224.htm.

[2] 重磅：中国成"物超人"全球第一！百个物联网应用典型案例来了！[EB/OL].（2022-11-25）[2023-05-20]. https://www.163.com/dy/article/HN1IE8C80511DFSC.html.

[3] 前沿！刷新世界纪录！我国科学家实现 100 公里量子直接通信 [EB/OL].（2022-04-14）[2023-05-20]. https://m.thepaper.cn/baijiahao_17610339.

域的大满贯。该 AI 大模型基于视觉场景图预测任务（VSGP）进行细粒度的建模学习，可获取更丰富的视觉语义信息，且能够在有限训练成本的情况下达到最大化的学习效率。[1]

数字技术赋能文化创新。3K 高超清、云转播、自由视角、VR 节目制作、数字人等高新视听直播呈现技术得以应用推广。在北京冬奥会赛事转播中，通过百度智能云的"3D + AI"技术打造"同场竞技"系统，实现比赛画面的三维恢复和虚拟叠加，让观众可以观赏多个选手的实时动作；AI 主播越来越多地出现在新闻播报和网络直播中，央视的 AI 手语主播借助手语翻译引擎，可懂度超 85%。

4. 线上消费成为拉动居民消费的重要动力

2022 年，受国内疫情局部规模性反弹、失业率上升、居民消费意愿降低等因素影响，我国整体消费形势呈现急降缓升趋于平稳的走势。据国家统计局相关数据显示，2022 年人均教育文化娱乐消费支出为 2 469 元，下降 5.0%，占人均消费支出的比重为 10.1%。[2] 而 2022 年，线上消费对消费增长的贡献率进一步提升，数字消费理念更加深入人心。网络零售呈现出较强的增长韧性，对消费拉动作用明显。数据显示，2022 年，全国网上零售额突破 13 万亿元，达到 13.79 万亿元，同比增长 4%。其中，实物商品网上零售规模 11.96 万亿元，同比增长 6.2%，占社会消费品零售总额的比重达 27.2%。[3]

据中国互联网络信息中心（CNNIC）《第 51 次中国互联网络发展状况统计报告》显示，截至 2022 年 12 月，我国网民规模达到 10.67 亿，互联网普及率达到 75.6%。具体如图 1 所示。随着 5G 商用的加快推进，2022 年网络视听类内容用户规模持续快速发展。截至 2022 年 12 月，我国网络视频（含短视频）用户规模达 10.31 亿，同比增长 5.7%，占网民整体的 96.5%；短视频用户规模达 10.12 亿，同比增长 8.3%，占网民整体的 94.8%。由于网民消费总体意愿有所下降，2022 年网络支付和网络购物仅有小幅增长，增长率均不到 1%，

---

[1] 国内 AI 大模型盘点！谁更有潜力？（2023-06-27）[2023-07-20]. https://9fzt.com/common/56d113ee105ffe83b347e9a083a311fc.html.

[2] 统计局：2022 年全国居民人均可支配收入 36 883 元　实际增 2.9%［EB/OL］.（2023-01-17）[2023-05-20]. https://new.qq.com/rain/a/20230117A01WQK00.

[3] 2022 年全国网上零售额同比增长 4%　我国网络零售市场增长稳韧性足［EB/OL］.（2023-02-09）[2023-05-20]. https://dzswgf.mofcom.gov.cn/news/43/2023/2/1675910506144.html.

网络音乐和网络游戏的网民规模则分别出现6.2%和5.8%下降。同样是受疫情影响，线上办公实现较高增长，网民使用规模增幅达到15.1%。得益于直播电商的迅速发展，截至2022年12月，网络直播用户规模占网民整体突破70%，达到70.3%，用户使用率增长达到6.7%。具体如表1所示。

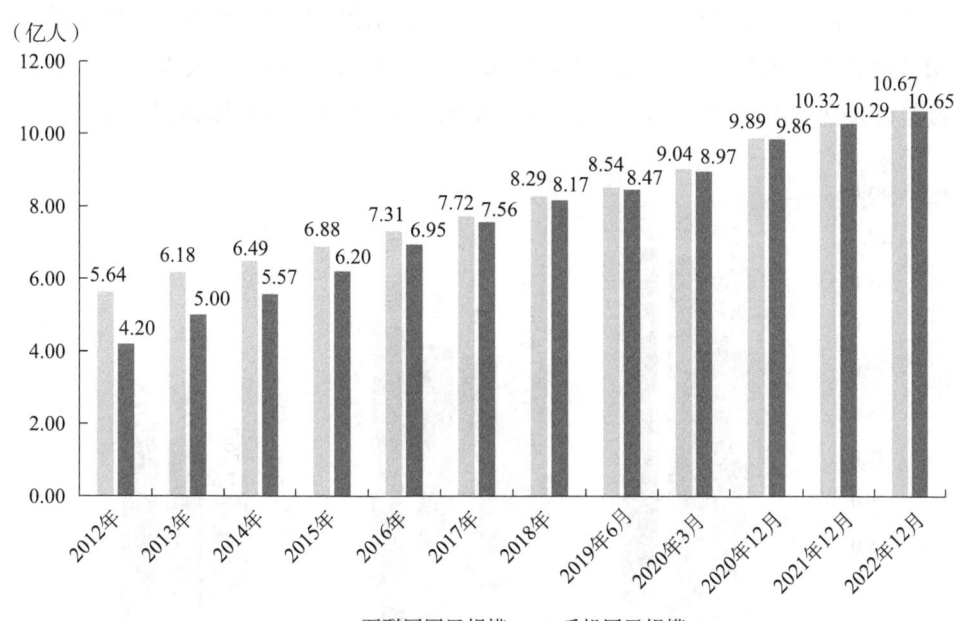

(亿人)

年份	互联网网民规模	手机网民规模
2012年	5.64	4.20
2013年	6.18	5.00
2014年	6.49	5.57
2015年	6.88	6.20
2016年	7.31	6.95
2017年	7.72	7.56
2018年	8.29	8.17
2019年6月	8.54	8.47
2020年3月	9.04	8.97
2020年12月	9.89	9.86
2021年12月	10.32	10.29
2022年12月	10.67	10.65

图1 我国互联网规模与手机网民规模

表1 互联网应用网民使用率（2022年12月）

序号	网络应用	网民使用率（2021.12）	网民使用率（2022.12）	网民使用规模增长率
1	即时通信	97.5%	97.2%	3.1%
2	网络视频（含短视频）	94.5%	96.5%	5.7%
3	短视频	90.5%	94.8%	8.3%
4	网络支付	87.6%	85.4%	0.9%
5	网络购物	81.6%	79.2%	0.4%
6	网络新闻	74.7%	73.4%	1.6%
7	网络直播	68.2%	70.3%	6.7%
8	网络音乐	70.7%	64.1%	-6.2%
9	线上办公	45.4%	50.6%	15.1%
10	网络游戏	53.6%	48.9%	-5.8%

2022年，数字阅读在全民阅读活动中发挥的作用进一步提升。据中国新闻出版研究院《第二十次全国国民阅读调查报告》数据显示，2022年中国成年国民包括书报刊和数字出版物在内的各种媒介的综合阅读率为81.8%，较上年提高0.2个百分点。其中，数字化阅读方式的接触率突破80%，达到80.1%，较上年提高0.5个百分点。2022年，人均手机阅读接触进一步增长，成人手机阅读接触率达到77.8%，较上年提高0.4个百分点，我国成年人人均每天手机接触时长达到105.23分钟，比2021年增加了4.11分钟。具体如图2所示。

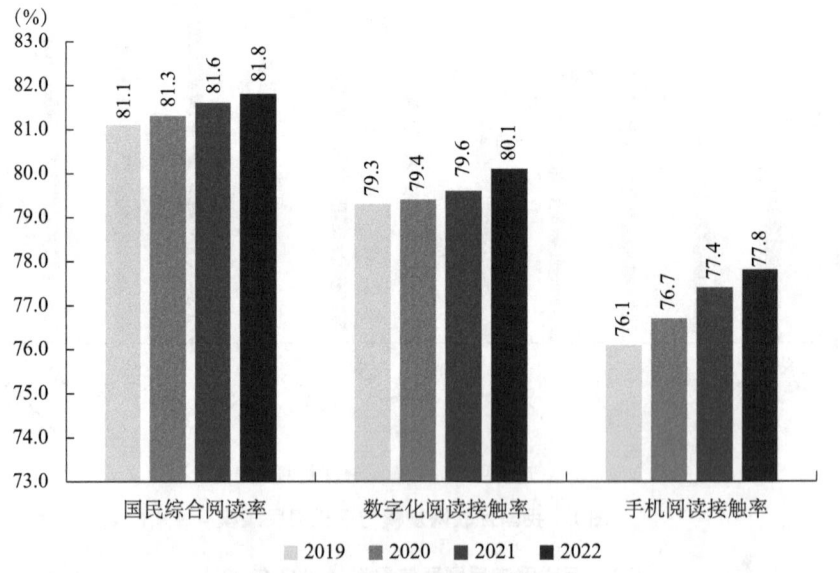

图 2　2022 年国民阅读接触方式

2022年，我国国民的听书习惯进一步养成，有35.5%的成年国民形成了听书习惯，有8.2%的国民会将听书作为阅读方式的优先选择[1]。此外，有2.8%的国民偏好视频讲书。随着短视频的快速发展，与数字阅读融合日益深入，催生数字阅读新模式。

另外，据《2022年度中国数字阅读报告》显示，2022年中国数字阅读产业规模达463.52亿元，较上年增长11.50%；数字阅读用户规模达5.30亿。数字阅读平台全年上架作品总量超过5 200万部，其中有声阅读作品总量超过1 500万部。除了19—45岁的中青年人群依然是数字阅读的主力，2022年60岁

---

[1]　第二十次全国国民阅读调查成果发布［EB/OL］.（2023-04-23）［2023-05-20］. https://finance.sina.com.cn/jjxw/2023-04-23/doc-imyrkfqm3842554.shtml.

以上人群占比相较上年增长超过一倍，"银发一族"成为数字阅读的新生力量。①

二、中国数字出版产业规模分析

2022年，我国数字出版产业克服各种不利因素，勇毅前行，奋发进取，展现出较强的发展势头。产业整体规模全年达到13 586.99亿元，比上年增加6.46%。其中，互联网广告、网络游戏、在线教育、数字音乐依然排在收入榜前4位。

（一）整体收入规模增速持续放缓

2022年，在数字出版产业收入规模中，互联网期刊收入达29.51亿元，电子图书达69亿元，数字报纸（不含手机报）达6.4亿元，博客类应用达132.08亿元，网络动漫达330.94亿元，移动出版（数据仅包括移动阅读）达463.52亿元②，网络游戏达2 658.84亿元，在线教育达2 620亿元，互联网广告达6 639.2亿元，数字音乐（包括在线音乐）达637.5亿元。详情见表2。

表2　2013—2022年中国数字出版产业收入情况③　　（单位：亿元）

数字出版分类	2013年	2014年	2015年	2016年	2017年	2018年	2019年	2020年	2021年	2022年
互联网期刊	12.15	14.30	15.85	17.50	20.10	21.38	23.08	24.53	28.47	29.51
电子图书	38.00	45.00	49.00	52.00	54.00	56.00	58.00	62.00	66.00	69.00

---

① 中国音像与数字出版协会发布《2022年度中国数字阅读报告》[EB/OL].（2023-06-28）[2023-06-30]. http://www.cadpa.org.cn/3277/202306/41607.html.
② 继2020年将移动音乐数据归于数字音乐计算后，2022年继续对移动出版模块数据进行调整，将移动游戏数据归入网络游戏模块，因此，移动出版模块数据主要由移动阅读数据进行体现。
③ 数据说明：因数字出版产业发展越来越快，产业间的融合趋势日益明显、边界趋向模糊，数据之间不可避免地存在交叉，且交叉部分不易确定厘清；又因早期数据计算方法接近，对数据进行简单相加汇总尚可体现出产业基本发展情况，但近年来数据计算方法多样，对数据进行简单汇总相加已没有意义了，故本报告2022年的总计数据仅供参考。

(续表)

数字出版分类	2013年	2014年	2015年	2016年	2017年	2018年	2019年	2020年	2021年	2022年
数字报纸	11.60（不含手机报）	10.50（不含手机报）	9.60（不含手机报）	9.00（不含手机报）	8.60（不含手机报）	8.30（不含手机报）	8.00（不含手机报）	7.50（不含手机报）	6.70（不含手机报）	6.40（不含手机报）
博客类应用	15.00	33.20	11.80	45.30	77.13	115.30	117.70	116.30	151.56	132.08
移动出版	579.60（未包括手机动漫）	784.90（未包括移动动漫）	1 055.90（未包括移动动漫）	1 399.50（未包括移动动漫）	1 796.30（未包括移动动漫）	2 007.40（未包括移动动漫）	2 314.82（未包括移动动漫）	2 448.36（未包括移动动漫和移动音乐）	415.70（仅包括移动阅读）	463.52（仅包括移动阅读）
网络游戏	718.40	869.40	888.80	827.85	884.90	791.10	713.83	635.28	2 965.13	2 658.84①
网络动漫	22.00	38.00	44.20	155.00	178.90	180.80	171.00	238.70	293.40	330.94
在线教育	—	—	180.00	251.00	1 010.00	1 330.00	2 010.00	2 573.00	2 610.00	2 620.00
互联网广告	1 100.00	1 540.00	2 093.70	2 902.70	2 957.00	3 717.00	4 341.00	4 966.00	5 435.00	6 639.20②
数字音乐（包括在线音乐）	43.60	52.40	55.00	61.00	85.00	103.50	124.00	710.00	790.68	637.50③
合计	2 540.35	3 387.7	4 403.85	5 720.85	7 071.93	8 330.78	9 881.43	11 781.67	12 762.64	13 586.99

由表2我们发现，进入"十四五"以来，互联网期刊的收入规模从2021年的28.47亿元增长至2022年的29.51亿元，有望迈入30亿元大关。电子图书（e-book）收入规模2021年为66亿元，2022年达到69亿元，增长率为4.55%，突破70亿元在望。电子图书在2021年和2022年的平均增速超5.5%，体现出良好发展势头。

按照2021年调整后的数字出版产业收入规模计算模块来看，2022年移动出版收入规模为463.52亿元，增长率为11.5%，远高于2022年数字出版收入

① 从2021年起，本报告涉及的移动游戏数据已归入网络游戏模块。
② 澎湃新闻·澎湃号·湃客.2022中国互联网广告市场年度盘点［EB/OL］.(2023-03-28)［2023-08-26］. https://www.thepaper.cn/newsDetail_forward_22475218.
③ 本次未计入音乐演出市场收入。

增长率。这表明移动出版具有较强的市场适应能力，能够更好满足国民阅读需求，未来仍是数字出版的主要发力点之一。

（二）传统书报刊数字化收入呈现上升态势

图书、报纸、期刊一直是我国新闻出版单位的主营业务，受到高度重视。传统出版单位以习近平新时代中国特色社会主义思想为指导，立足新发展阶段，贯彻新发展理念，构建新发展格局，推动高质量发展，认真贯彻中宣部《关于推动出版深度融合发展的实施意见》，不断提升供给能力和满足人民精神生活需求，逐步加大传统书报刊数字化业务比重。

从表2我们可以看出，2022年互联网期刊、电子图书、数字报纸的总收入为104.91亿元，相较于2021年的101.17亿元，增幅为3.7%，处于近三年来增速最低点。这表明我国新闻出版单位需要在现有发展的基础上，深挖资源、拓展新业务、探索新路径、拓展新模式，纵深推进转型升级、融合发展，着力提升规模实力与发展能力。

（三）新兴板块发展势头依然向好

2022年，在线教育收入规模为2 620亿元，网络动漫收入规模为330.94亿元。数据显示，这两个板块均有一定增幅。这表明由于职业教育、素质教育持续发力，以人工智能为代表的新技术的有效应用，推动在线教育迈过调整期，进入稳定发展期。网络动漫在2022年以高品质内容、品牌IP影响力与资源的深度开发为依托，充分调动市场资源，深研用户消费习惯和消费需求，为实现产业化、规模化发展创造有利条件。用户的内容消费升级和较强的支付能力也为产业发展带来持续动力与有力保障。

三、中国数字出版产业态势分析

2022年是国家文化数字化战略全面部署之年。在国家大力推进网络强国、数字中国建设，推进文化数字化战略，大力发展数字经济的背景下，新冠肺炎疫情反复延宕，对产业环境带来严重冲击和深远影响，中国数字出版依然呈现良好发展态势。顶层设计日益完善，《关于推动出版深度融合发展的实施意见》出台，为出版业融合发展指明了方向任务，数字出版作为新时代文化主阵地的地位更加凸显，社会价值引领作用持续增强；出版业融合发展向纵深推进，融合路径持续开拓；网络文学提质创新，现实与科幻交相辉映，成为数实融合的重要桥梁；数字教育加快模式创新，职业教育成为重要竞争赛道；线上出版营销迈向成熟，全媒体营销渠道建设提速增效；走出去迈出稳健步伐，海外传播力影响力持续增强；产业保障体系建设扎实推进，高质量发展机制日益完善；人才机制持续健全，新型出版人才队伍建设基础进一步夯实。具体而言，过去一年来，中国数字出版产业呈现以下发展态势。

（一）政策体系日臻完备，指引数字化赋能迈向新高度

2022 年，国家大力推进文化数字化战略，《关于推进实施国家文化数字化战略的意见》实施，明确成立由中宣部牵头，中央网信办、国家发改委等多部门参加的推进实施国家文化数字化战略工作领导小组，并由中宣部承担推进实施国家文化数字化战略工作领导小组具体工作，意味着出版业是实施国家文化数字化战略的重要阵地，出版业深度融合发展是落实国家文化数字化战略的必然选择和必要任务，数字出版在国家数字化战略中占据重要位置，为出版业数字化建设和融合发展提供了重要方向指引和新的任务要求。

为深入学习贯彻习近平总书记关于媒体融合发展的重要论述，按照《中华人民共和国国民经济和社会发展第十四个五年规划和 2035 年远景目标纲要》有关部署，根据《出版业"十四五"时期发展规划》有关安排，2022 年 4 月，中共中央宣传部印发《关于推动出版深度融合发展的实施意见》（以下简称"《意见》"）。这是继 2015 年 3 月原国家新闻出版广电总局、财政部联合印发《关于推动传统出版和新兴出版融合的发展的指导意见》后出台的重要政策文件，为新时代出版业融合发展提质增效指明了发展方向。《意见》围绕加快推动出版深度融合发展，构建数字时代新型出版传播体系，坚持系统推进与示范引领相结合的总体思路，对新时代出版融合发展的目标、方向、路径、措施等作出了全面部署，明确强化出版融合发展内容建设、充分发挥技术支撑作用、打造出版融合发展重点工程项目、建强出版融合发展人才队伍等出版业深度融

合发展的重要着力点。

这也是中宣部首次就出版融合发展领域专门发布的政策文件，把出版融合发展提升到了一个新的高度，标志着出版融合发展进入了新的阶段，为出版业高质量发展和融合发展注入了前行动力，为出版单位探索融合发展新模式、新业态、新领域提供了行动指引。2022年，主管部门持续深入实施出版融合发展工程，通过启动实施数字出版优质平台遴选推荐计划和出版融合发展优秀人才遴选计划，充分发挥行业示范引领带动作用，将融合发展引向深入。

国家《"十四五"数字经济发展规划》《关于推进实施国家文化数字化战略的意见》《"十四五"文化发展规划》《数字中国建设整体布局规划》等指导政策相继出台，标志着出版业融合发展的政策框架体系日益完备。从党中央到主管部门，出版业融合发展的政策指向性更加明晰，有效凝聚出版融合发展的合力，为数字化赋能产业高质量发展提供重要指引。

（二）文化主阵地地位凸显，社会价值引领作用持续增强

建设具有强大凝聚力和引领力的社会主义意识形态，是推进国家文化数字化战略的基础前提和核心要义。坚持党对出版工作的全面领导，弘扬和践行社会主义核心价值观，坚守中华文化立场，确保出版深度融合发展始终沿着正确方向前进，是出版业深度融合发展遵循的首要原则。随着产业规模的持续增长，产业链条不断延伸，产业价值和社会影响不断扩大，数字出版不仅作为重要的文化发展的重要新生力量，也已成为弘扬社会主义核心价值观、弘扬中华优秀传统文化的重要阵地，意识形态属性日益显现。2022年，为迎接党的二十大胜利召开，数字阅读平台纷纷配合这一宣传思想主题主线，组织阅读推广活动，营造浓厚舆论氛围。如掌阅科技通过旗下掌阅精选机构服务，与全国各大机构共同开展"礼赞二十大　书香励初心"主题阅读活动，旨在通过阅读答题和共读活动，引导机构读者学习领会党的百年奋斗历程和伟大成就。[①] 中国作协网络文学中心与团中央社会联络部联合举办"喜迎二十大　青春著华章"主题征文活动，旨在引领青年网络作家牢记时代责任，厚植爱党、爱国、爱社

---

① "喜迎二十大，奋进新征程"，掌阅科技助力合作机构开展主题阅读活动［EB/OL］.（2022-07-07）[2023-05-20]. https://news.sina.com.cn/sx/2022-07-07/detail-imizirav2323570.shtml.

主义的情感。① 7月，中国作协网络文学中心启动"喜迎二十大"优秀网络文学作品联展活动，22家重点网络文学平台设置活动专题，共上线反映党的十八大以来党和国家取得的历史性成就的优秀网络文学作品近350部，免费向广大读者开放。② 主题出版数字化、融合化趋势进一步明显。在2022年"全国有声读物精品出版工程"入选的41个项目中，主题出版物占比较高。如人民出版社的《习近平讲党史故事》（有声版）和《趣读马克思》（有声版）不仅具有思想性，还有故事性、趣味性，有力提升了主题出版物的传播力、感染力。③ 在第十六届精神文明建设"五个一工程"中，《中国北斗》《黑色沃土》等8部广播剧获选。这8部作品围绕中国制造、乡村振兴、改革开放伟大成就、生态文明建设等主题，是主旋律内容与音频相结合的典范。④ 聚焦党的创新理论、党和国家历史和当下伟大成就等主题，有声读物满足多场景、碎片化主题教育需求，已成为主题出版物融合发展的重要方式。

（三）融合发展向纵深推进，规划实践模式持续开拓创新

过去一年来，在实施国家文化数字化战略背景下，以《关于推动出版深度融合发展的实施意见》为指引，出版业融合发展迈向更深层次，在流程改造、内容建设、技术应用、平台建设、产品开发、管理机制等方面均取得了积极进展。出版单位融合发展的思路更加开拓，路径更加清晰。2022年，出版单位普遍加强了融合发展的统筹谋划，把数字化建设和出版融合发展放在更加重要的位置，结合自身优势出版资源和优势业务板块，积极探索适合自身的融合发展模式。如浙江出版联合集团持续深化数字化改革，加快推进产业数字化、数字产业化，构建数字化改革"1+4+N"的体系架构，通过建设ERP、数字资源大数据中心，畅通融合发展数据链条，以数字阅读、知识付费、在线教育、智慧发行等为方向，以"全民阅读在线"、火把知识严选平台、钱塘鸿书平台、

---

① "喜迎二十大 青春著华章"主题征文启事［EB/OL］.（2022-04-02）［2023-05-20］. http://m.cyol.com/gb/hdzt/articles/2022-04/02/content_w9naXcA6B.html.

② "喜迎二十大"优秀网络文学作品联展启动［EB/OL］.（2022-08-01）［2023-05-20］. http://society.people.com.cn/n1/2022/0801/c1008-32490734.html.

③ 人民出版社这两个有声读物项目入选2022年全国有声读物精品出版工程［EB/OL］.（2023-01-19）［2023-05-20］. https://www.163.com/dy/article/HRFLHSA50514RDBT.html.

④ 第十六届精神文明建设"五个一工程"获奖名单公布［EB/OL］.（2022-12-20）［2023-05-20］. http://news.jstv.com/a/20221220/167151407983.shtml.

浙教云智慧教育平台等产品为着力点，布局内容生产知识服务新业态。①

2022年，主管部门持续深入实施出版融合发展工程，重点在数字出版平台和出版融合发展人才两个方面，遴选出行业优秀代表，充分发挥示范引领作用。与上一年实施的数字出版精品遴选推荐计划和出版融合发展示范单位遴选推荐计划，共同构成出版业融合发展的项目支撑，在出版融合发展先进经验总结、先进模式推广、先进成果示范等方面发挥积极作用。2022年，有11个项目入选数字出版优质平台遴选推荐计划，从平台建设层面反映了我国出版业融合发展阶段性成果，具有较强的代表性和示范性，并具有较强的推广价值。值得一提的是，入选的优质数字出版平台，涉及专业、大众、少儿、教育和古籍等领域，不仅涵盖高等教育出版社有限公司爱课程（中国大学MOOC）平台、"车学堂"交通安全教育综合服务平台等传统出版单位建设的平台产品，也涵盖得到App、掌阅iReader等文化科技企业的平台，表明主管部门行业指引的视野更加开拓，切实促进传统出版单位和新兴出版企业的优势互补、相互借鉴、深度融合。由上海世纪出版集团规划设计、上海辞书出版社研发运营的"聚点数据开放平台"，运用人工智能技术，基于对400余万条工具书数据进行系统梳理和重组，洞察用户行为，实现查验词条与库藏知识的智能关联，自动识别取词差错并更正推送，以"屏幕取词查检，释义即刻呈现"的便捷操作，可满足用户在不同场景下的知识检查需求。②

2022年，出版业融合发展机制进一步健全，在资源、项目、平台、营销、人才、管理等层面加快构建传统出版与新兴出版一体化发展机制。与此同时，文化新业态、新模式层出不穷，为出版融合发展开拓了新方向。近两年，元宇宙概念兴起，数字藏品作为元宇宙的重要入口和区块链的重要应用场景，其文化载体的属性与出版业知识传播的属性具有天然的契合度。2022年3月，北京长江新世纪文化传媒有限公司为庆祝公司成立20周年预热，联合火链科技，从2 000多幅图书封面中精选出近700幅具有时代代表性的封面，推出出版业首个NFC数字藏品，上线仅20秒，限量8 888份数字藏品即售罄。③ 此后，多

---

① 上市第一年，浙版传媒经营业绩怎么样？旗下出版社业绩如何？[EB/OL].(2022-04-28)[2023-05-30]. http://www.cptoday.cn/news/detail/13420.

② 2023上海书展｜为阅读赋能，聚典数据开放平台2.0发布[EB/OL].(2023-08-16)[2023-08-17]. https://new.qq.com/rain/a/20230816A00Q0400.

③ 出版单位纷纷试水数字藏品，结果如何？我们带来了24个成功案例[EB/OL].(2022-06-20)[2023-06-10]. http://news.sohu.com/a/559165092_121124744.

家出版单位基于自身代表性的图书、品牌或作者资源，进行数字藏品开发，将其作为打造文化 IP、强化品牌形象的重要途径，同时也是出版发行方式和营销模式的创新，促进出版数字资产化，提升版权价值。

（四）网络文学提质创新，成为数实融合重要桥梁纽带

2022 年，网络文学持续高质量发展，精品化、产业化、生态化程度日益加深。网络文学规模进一步增长，作品、作者数量稳步提升。据中国社会科学院报告显示，2022 年中国网络文学作家数量累计超过 2 200 万。[①] 另据中国作家协会公布数据显示，2022 年全国重点网络文学网站新增注册作者 260 多万人，同比增长 13%。年度新增签约作者 17 万人。[②] 以"90 后"为代表的青年作者逐渐转变为网络文学创作的中坚力量。截至 2022 年底，累计上架网络文学作品 3 400 余万部，占数字阅读整体上架作品总数的六成以上。[③] 网络文学作品题材细分类型已超过 200 种。

过去一年来，网络文学作品质量显著提高，现实题材和科幻题材成为网络文学两大支柱型题材。2022 年，新增现实题材网络文学作品 20 余万部，同比增长 17%。现实题材创作热情持续高涨，全年现实题材网络作家数量增长 4.85 倍。围绕乡村振兴、中国制造、创新创业、社会百态、中华优秀传统文化传承创新、人类命运共同体等主题，网络文学作品体现出对现实的深切关照。《破浪时代》《巨浪，巨浪》《与沙共舞》《在阳光眷顾的大地上》《华年时代》《一抹匠心瑶琴传》等一批网络文学作品将个人成长与国家民族复兴进程相关联，在作品中体现时代变迁的足迹，展示国家社会经济建设的丰硕成果。科幻是网络文学另一热门题材，2022 年新增科幻题材网文作品 30 余万部，同比增长 24%。阅文集团旗下起点中文网 2022 年新增科幻作品 4.2 万部，同比增长近 70%。值得一提的是，科幻题材网文不再仅仅是天马行空，越来越多的科幻作品以科幻的叙事手法映射现实，通过现实与科幻的

---

① 2022 中国网络文学发展研究报告 [EB/OL].（2023-04-11）[2023-05-20]. https://cssn.cn/wx/wx_xlzx/202304/t20230411_5619321.shtml.
② 2022 中国网络文学蓝皮书 [EB/OL].（2023-05-26）[2023-05-30]. http://www.chinawriter.com.cn/n1/2023/0526/c457544-32695046.html.
③ 中国音像与数字出版协会发布《2022 年度中国数字阅读报告》[EB/OL].（2023-06-28）[2023-07-10]. http://www.cadpa.org.cn/3277/202306/41607.html.

交互融合，形成新的文学主题。网络文学也成为连接现实世界与虚幻世界的重要纽带桥梁。

2022年，网络文学的社会影响力进一步增强，主流化程度显著提升，144部网文作品被收入国家图书馆馆藏，10部网络文学作品的数字版本被收入中国国家版本馆，网络文学价值的社会认同度明显提高。

网络文学版权运营机制进一步成熟，版权开发周期系统性加强，开发周期明显缩短。以有声改编为例，相当一部分网文作品在连载期间就启动上线有声改编。2022年有声书改编授权3万余部，同比增长47%；阅文集团2022年有3 000余部IP有声剧在喜马拉雅等各家音频平台上线。2022年，60%热播的影视剧、约50%的上线动漫由网络文学作品改编而成；2022年度播放量排名前10位的国产剧中，网络文学改编剧集占到7部，如《开端》《苍兰诀》《星汉灿烂》等年度爆款剧都是由网文IP改编而成。微短剧成为网络文学IP改编的新方向，2022年新增IP授权超过300部，同比增长55%。数字藏品、沉浸式剧本、虚拟数字人等文化新形态为网络文学IP开发开拓了新路径。2022年初，阅文集团旗下IP《大奉打更人》推出数字藏品《大奉打更人之诸天万界》，限量发售2 000份，这是网络文学行业的首款数字藏品。①

（五）数字教育加快模式创新，职业教育赛道竞争日益激烈

2022年，是数字教育发展的关键之年。党的二十大报告提出"推进教育数字化"。数字化成为教育改革发展的重要战略性任务。全国教育工作会议提出"实施国家教育数字化战略行动"，并将其纳入教育部年度工作要点。"双减"政策落实，对教育市场格局带来深远影响，也加速推动基础教育资源建设和平台服务建设的规范化发展和模式迭代更新。出版单位着力构建教育产品体系和服务体系，实现教育平台多样化和产品多介质。全社会网络化、数字化、个性化、终身化的教育体系加快构建。

近年来，职业教育得到国家高度重视。2022年，一系列重要政策举措和法律法规的出台，为职业教育高质量发展提供了有力保障与重要支撑。5月，《中华人民共和国职业教育法》修订施行，职业教育的地位得以奠定，在立法层面

---

① 热门网文IP《大奉打更人》开发数字藏品"唯一"的NFT为文娱行业掀起新风口？[EB/OL].（2023-01-05）[2023-05-20]. https://www.sohu.com/a/514593093_115865.

明确了职业教育作为教育类型，与普通教育具有同等地位。① 党的二十大报告中再次强调要统筹职业教育、高等教育、继续教育协同创新，推进职普融通、产教融合、科教融汇，优化职业教育类型定位，为新时代职教发展提供了前行指引。12月，中共中央办公厅、国务院办公厅印发《关于深化现代职业教育体系建设改革的意见》，明确了职业教育改革方向，强调"深化职业教育供给侧结构性改革，坚持以人为本、能力为重、质量为要、守正创新，建立健全多形式衔接、多通道成长、可持续发展的梯度职业教育和培训体系"，"坚持以教促产、以产助教、产教融合、产学合作，延伸教育链、服务产业链、支撑供应链、打造人才链、提升价值链，推动形成同市场需求相适应、同产业结构相匹配的现代职业教育结构和区域布局"，明确探索省域现代职业教育体系建设新模式、打造市域产教联合体、打造行业产教融合共同体等三大战略任务，并围绕职业学校关键办学能力、加强"双师型"教师队伍建设、建设开放型区域产教融合实践中心、拓宽学生成长成才通道、创新国际交流与合作机制等方面作出具体工作部署。其中，明确提出"做大做强国家职业教育智慧教育平台，建设职业教育专业教学资源库、精品在线开放课程、虚拟仿真实训基地等重点项目，扩大优质资源共享"②，为职业教育数字化建设指明了方向和路径。

过去一年来，在国家大力推进现代化职业教育发展的政策背景下，深入实施国家职业教育数字化战略行动取得突出进展。2022年3月，国家职业教育智慧教育平台上线，平台以优质职教资源共建共享平台、学生学习与交流的平台和教师教育教学与备课交流的平台为建设定位，包括4个中心即专业与课程服务中心、虚拟仿真实训中心、教师能力提升中心、教材资源中心。平台汇集数字教育资源654万条；提供在线课程近两万门；覆盖专业近600个，汇入职业教育教材1.5万册。

同时，职业教育成为教育机构布局的重要领域，赛道竞争日益激烈。2022年，网易云课堂推出了面向数字技能学习的实训式教学系统——云舰，为学习者提供在线实操等服务。在课程开发方面，网易云课堂针对不同圈层人群学习需求，相继推出语言类、大数据和人工智能等行业的专业精品课程。其

---

① 优化定位拓新局——2022职业教育改革发展回眸［EB/OL］．（2023-01-04）［2023-05-20］. http://www.moe.gov.cn/jyb_ xwfb/s5147/202301/t20230104_ 1038044.html.
② 中共中央办公厅　国务院办公厅印发《关于深化现代职业教育体系建设改革的意见》［EB/OL］．（2022-12-21）［2023-05-20］．https://www.gov.cn/zhengce/2022－12/21/content_ 5732986.htm.

15门精品课程获得教育部职业教育与成人教育司开展的社区教育"能者为师"特色课程首批推介。①腾讯课堂发布"官方严选课程计划",从师资质量、课程质量、服务质量三个维度考核并筛选符合要求的机构,为入选优质机构提供"工具提效+品牌背书+流量提升"的全面成长支持,共建在线职业技能培训良好生态。②2022年,也有一批互联网企业新入局职业教育赛道。如知乎上线职业教育App知学堂,涵盖考研、考公、教资、CPA、CFA、MBA、职场技能提升等课程和教育场景,并相继收购了品质教育、趴趴教育、一起考教师等考试及培训平台。职业教育已成为目前知乎增长最快的业务板块。③

新业态、新技术日新月异,催生了一批新职业,带动在线职业教育需求日益提升,成为教育机构布局的重要领域,招录类考试培训和职业技能培训均具有良好的发展前景。

(六)线上营销迈向成熟,全媒体渠道建设提速增效

新冠肺炎疫情持续3年以来,对出版传媒业带来了深远的影响,大量线下工作迁至线上,特别是营销环节。数字营销在出版单位营销中占据日益重要的位置,出版机构持续加快构建全媒体营销体系,抖音、快手、B站、小红书、微信公众号及视频号等成为出版机构吸引流量、聚拢流量的重要阵地。2022年,面对全国新冠肺炎疫情形势再度严峻,出版业已经可以从容面对。

经过近3年的探索实践,2022年出版机构线上营销迈向成熟,建立常态化、专业化机制。如二十一世纪出版社集团开展"中心制"改革,整合营销发行部门,成立市场营销中心,加强市场运营力量。重视内容的二次创作,借力互联网平台,为图书增加曝光机会。在新媒体渠道的布局,二十一世纪出版社虽然起步并不早,但在2022年取得了可圈可点的成绩,全年合作新媒体达人从2021年的20名增长至180名,搭建自播团队。日播8小时,周更5条短视

---

① 斩获工信部大奖!网易云课堂十周年再添殊荣[EB/OL].(2022-12-30)[2023-05-20].https://lx.huanqiu.com/article/4B50uw9rzYR.
② 三重支持助力优质机构全面成长,腾讯课堂发布官方严选课程计划[EB/OL].(2022-11-04)[2023-05-20].https://news.sina.com.cn/sx/2022-11-04/detail-imqmmthc3295159.shtml.
③ 知乎二季度亏损同比收窄,职教业务同比涨超200%[EB/OL].(2023-08-25)[2023-08-26].https://new.qq.com/rain/a/20230825A042EZ00.

频,全年完成逾千场直播。抖音自营直播快速成长,全年实现销售码洋超1 700万,同比上年销售增长1 600%。① 中信出版社发力新渠道驱动成长,成功拓展直播电商渠道,扩大少儿图书销售优势。在渠道端积极把握抖音童书市场增长机遇,2022年起搭建直播账号矩阵带货,实现销售突破。中信出版社旗下5个直播账号进入2022年出版社抖音账号销售额前十,合计电商结算成交总额超过7 000万元。同时,中信出版社也积极拓展和谋划资本运作,重点关注知识和信息服务业、新媒体传播、IP产业、AIGC应用等领域的布局,打造第二增长曲线和新业态。中信出版社已设立"平行出版实验室",围绕自身价值提升,妥善用好版权数据;启动"AIGC数智化出版项目",加速推动AI技术在出版流程的应用,提高出版效率、降低成本费用,并积极孵化财经翻译图书、智能数字营销、少儿IP等领域的创新项目。可以看到,2022年,出版直播电商平台销售品类不再局限在童书和工具书品类,纯文学和知识性强的书籍也有了不错的销售业绩。销售方式也从叫卖式硬宣传直播向有内涵的知识分享型直播转变,进入直播带货3.0时代。

2022年6月,东方甄选走红,一跃成为抖音平台的头部电商直播账号,是当之无愧的直播电商领域黑马。作为老牌教学机构新东方转型直播电商的平台,以董宇辉为代表的主播以知识带货的方式,给消费者耳目一新的感受。出版机构纷纷与东方甄选合作。刘震云、余华、易中天、麦家、毕淑敏等多位名家走进东方甄选直播间,与主播和抖音用户分享写作经历和读书感悟。据抖音图书音像销量榜单显示,迟子建《额尔古纳河右岸》一书经董宇辉的直播推荐,自6月开始热度陡增,于7月登上榜单第一名,从6月至9月在抖音售出70万余册,4个月图书的销量达到了过往历史销量的总和。② 2022年,在抖音电商"全民好书计划"助力下,平台售出2.5亿单图书。其中,在平台首次购买图书的消费者占比达到49%。值得关注的是,成年"00后"购买图书的数量同比上一年增幅最大,达到52%。可见图书销售渠道经历了实体书店、自营电商两个主要渠道变迁后,逐渐迁移到短视频自营直播带货的新阶段。线上出版营销对私域流量的争夺成为出版机构竞争的关键。多家出版机构通过"绑定

---

① 聚焦|线上卖书8 000万册,营收15亿元,出版发行机构业外合作有哪些可能?[EB/OL].(2022-08-03)[2023-05-20]. https://www.sohu.com/a/682758176_ 121123872.

② 抖音电商:2022年图书销量2.5亿单,教辅、儿童读物、科普类图书等成销量增长最快的类目[EB/OL].(2022-08-03)[2023-05-20]. https://www.163.com/dy/article/HQ2L9R890536W4EI.html.

网络+孵化IP"颠覆传统图书销售模式，积极开拓私域流量，以任意时间，任意频次，直接触达用户自媒体、用户群等渠道。①

（七）走出去迈出稳健步伐，海外传播力影响力持续增强

"走出去"是中华文化与世界文化交融交汇、交流互鉴的客观要求。作为文化走出去的重要力量，网络文学、网络游戏等数字内容形态在塑造可信、可爱、可敬的中国形象，推动中华文化更好走向世界发挥日益重要作用。

过去一年来，网络文学在提升中华文化国际传播力和影响力、增进文明交流互鉴方面展现出积极成效。截至2022年底，中国网络文学共向海外输出作品16 000余部，包括实体书授权超过6 400部，上线翻译作品9 600余部；已形成15个大类100多个小类，都市、西方奇幻、东方奇幻、游戏竞技、科幻成为前五大题材类型②。2022年，网络文学海外市场规模突破30亿元，海外用户超过1.5亿人，主要集中于"Z世代"③。这是因为网络文学轻量化、碎片化的传播特点正好契合"Z世代"重视高品质内容、看重内容情节的阅读需求和喜好新型文化消费方式群体特征。网络文学海外创作队伍也在不断壮大。2022年初，起点国际联合新加坡国立大学等两所大学正式启动共同发起2022全球作家孵化项目。据《2022中国网文出海趣味报告》显示，到2022年底，仅起点国际就已培养海外网络作家约34万名，推出海外原创作品约50万部。需要强调的是，以《画春光》等为代表的16部中国网络文学作品首次被大英图书馆收录④，这是中国网络文学影响力进一步提升的重要标志。

近年来，游戏出海已成为中华文化走出去的重要组成部分。2022年，中国游戏企业集中出海趋向加剧，在受到全球通货膨胀、部分国家对进口游戏监管加强等诸多不利因素的影响下，克服困难、寻求办法，推出《万国觉醒》、PUBG Mobile、《原神》等爆款，实现了中国自主研发游戏海外市场实际销售收

---

① 2023"阅读X"论坛举行，争夺私域流量成出版业复苏关键一战［EB/OL］.（2023-02-24）［2023-05-20］. https://www.bjnews.com.cn/detail/1677227912169641.html.
② 徐翌晟. 网文出海！200多国读者追更，海外网络作家约34万名［EB/OL］.（2023-03-13）［2023-05-20］. http://www.chinawriter.com.cn/n1/2023/0313/c404023-32643205.html.
③ 光华锐评. 中国网络文学，何以走红海外？［EB/OL］.（2023-06-30）［2023-07-25］. https://www.163.com/dy/article/I8GOTC2T053876ND.html.
④ 新浪网. 网络文学成为中华文化走出去的重要途径［EB/OL］.（2023-08-31）［2023-09-02］. http://k.sina.com.cn/article_1667821284_6368eee402001a11h.html.

入173.46亿美元的难得成绩。2022年，美、日、韩、德是中国出海移动游戏收入的集中地，其中美、日、韩三国移动游戏收入占比超过56%。受汇率波动影响，中国移动游戏在美、日、韩、德、英等国的收入均呈下降状态，其中英、德两国降幅最大。但在全球重要出海移动游戏市场流水TOP100产品中，中国产品发行商数量在日、英、德三国实现增长，游戏产品数量也持续两年增长①。

（八）保障体系扎实推进，高质量发展机制更加完善

2022年，产业保障体系从标准建设和版权保护等方面得到进一步完善，为数字出版产业高质量发展提供了更加坚实的保障。

标准化工作有序推进，成效显著。一是新闻出版体系表已基本成型。数字科技进步使数字出版领域多学科专业技术相互交织，让出版物的编辑、制作、出版、发行和消费等诸多环节所涉及的标准和规范的范围日趋扩大，内容日益丰富。全国新闻出版标准化技术委员会吸收近年来各出版专业分支的学术和行业实践成果，形成了由基础（通用）标准、产品标准、方法标准和管理标准组成的一级、二级新闻出版标准体系。二是团体标准研制突飞猛进。2022年中国音数协团标委正式发布了《电子出版物技术质量要求》等10项团标，围绕智慧教育、游戏电竞、网络音乐、知识服务等新兴领域进行扎实布局。三是数字教材、声像标准建设不断深化。GB/T 41469—2022《数字教材　中小学数字教材元数据》、GB/T 41470—2022《数字教材　中小学数字教材质量要求和检测方法》、GB/T 41471—2022《数字教材　中小学数字教材出版基本流程》等3项中小学数字教材相关国家标准于2022年4月15日获得发布，并于同年11月1日正式实施。国家标准化管理委员会于2022年底下达《2022年基本公共服务领域推荐性国家标准专项计划的通知》，正式准予修订过的CY/T 183.1—2019《有声读物　第1部分：录音制作》、CY/T 183.2—2019《有声读物　第2部分：发布平台》和CY/T 183.3—2019《有声读物　第3部分：质量要求与评测》3项有声读物行业标准正式升级为国家标准。这些标准的升级，对于推动数字出版产业高质量发展，具有重要的标志性引领作用。

---

① Chinajoy.《2022年中国游戏出海情况报告》摘要发布［EB/OL］.（2023-02-17）[2023-08-26].https://www.163.com/dy/article/HTQ21F3405268VD6.html.

多方力量协同推动数字版权保护工作进一步加强。在立法层面，最高人民法院发布《关于适用〈反不正当竞争法〉若干问题的解释》《关于第一审知识产权民事、行政案件管辖的若干规定》《基层人民法院管辖第一审知识产权民事、行政案件标准的通知》，回应了新领域新业态知识产权司法保护的需求，有助于解决各地第一审知识产权案件管辖标准不一、管辖布局不够完善、当事人诉讼不便等问题，有助于确定具有知识产权民事、行政案件管辖权的基层人民法院及其管辖区域、管辖第一审知识产权民事案件诉讼标的额的标准。《互联网信息服务深度合成管理规定》和新修订的《移动互联网应用程序信息服务管理规定》的实施，确立了算法治理的基本原则，建立健全行业标准、行业准则和自律管理制度，强化深度合成服务提供者和技术支持者的主体责任，并对应用程序提供者和应用程序分发平台进行合规管理。在司法保护层面，近年来，人民法院信息化建设已从以数据为中心向以知识为中心、智慧法院为内核、司法数据为中台转变。人民法院互联网司法规则业已确立，形成了全业务网上办理、全流程依法公开、全方位智能服务的智慧法院信息系统，实现跨域立案服务全覆盖和跨境网上立案。在行政保护层面，"剑网2022"专项行动，聚焦网络重点领域，对文献数据库、短视频、网络文学、直播平台、电商平台、NFT数字藏品、剧本杀等领域开展版权专项整治，查处了一批侵权盗版大案要案，有效打击了网络侵权盗版行为。在社会保护层面，2022年，抖音、快手、搜狐视频、乐视视频、爱奇艺等长短视频平台通过尝试开展版权合作，使得短视频平台可以获得更多长视频版权授权，大大解决了短视频平台版权侵权的问题，也推动了行业版权治理和共赢发展。

（九）发展机制持续健全，人才队伍建设取得积极成效

2022年，出版业深度融合发展对新型出版人才需求日益提升，从有关部门到出版单位，从人才培育到学科建设，都对数字时代的出版人才队伍建设给予高度重视。

出版人才发展机制持续健全。2022年9月，人力资源社会保障部新修订的《中华人民共和国职业分类大典》正式颁布，首次增加"数字职业"标识（标识为S），共标识97个数字职业。这是为适应数字经济发展需要，推动数字化人才队伍建设的重要举措，从而为数字时代经济发展和产业升级构筑人才基石，为新兴领域、新兴职业的从业人员提供更大职业发展空间。其中，数字出版编辑S出现在2-10-02（GBM 21002）编辑小类中，序号为2-10-02-04，将数字出版编辑界定为"从事数字化出版产品策划、编辑、加工、转换的专业人员"，工作范畴主要包括：策划数字化出版物及相关产品；物色脚本创作者和制作者，收集所采、资料；组织产品内容并主持制作；进行产品内容数字化转换，修改、标注并建立索引；编辑加工产品内容，主持制作、合成数字化出版物及产品；检查、监督产品内容和质量。① 数字出版编辑被纳入国家职业分类大典，标志着数字出版编辑作为职业身份得到了国家认证，将有力增强数字出版从业者职业归属感和责任感，畅通职业发展通道，也表明数字出版作为数字经济的重要分支领域，社会影响日益提升，人才需求日益增长。数字出版编辑成为国家认可的职业类型，将推动数字出版人才队伍建设的提速，并将推动数字出版人才发展机制日益健全。

《关于推动出版深度融合发展的实施意见》提出，"加大国家重大文化出版人才工程对出版融合发展人才的重视支持力度""在文化名家暨'四个一批'人才评选、中国出版政府奖优秀出版人物奖评选中，增加融合发展人才入选比例"。2022年，出版融合发展优秀人才遴选培养计划作为出版融合发展工程的子计划得以启动实施。这一子计划侧重于优秀人才的发现以及专项培养和推荐使用，推动其进一步提升素质和技能，锤炼行业骨干领军人才。经过从政治素质、理论水平、业务专长等方面进行综合考量，确定50位入选人才，涵盖内容建设、技术开发、产品运营等方面出版融合发展一线的骨干力量入选。② 2022年10月，在中宣部出版局、干部局指导下，50位入选国家新闻出版署2022年度出版融合发展工程出版融合发展优秀人才遴选培养计划的出版人，以及10名出版业的青年英才开展了为期15天的集中学习活动，是对出版融合发展优秀人才遴选培养计划的进一步深化。③

2022年9月，国务院学位委员会、教育部印发《研究生教育学科专业目录

---

① 产业·观察｜让数字出版编辑职业吸引更多人才［EB/OL］.（2022-07-22）［2023-05-20］. https://sghexport.shobserver.com/html/baijiahao/2022/07/22/804853.html.
② 2022年度出版融合发展工程遴选结果揭晓［EB/OL］.（2022-09-19）［2023-05-20］. http://www.xinhuanet.com/politics/2022-09/19/c_1129015434.htm.
③ 出版融合发展优秀人才培养项目集中学习结业［EB/OL］.（2022-11-18）［2023-05-20］. https://baijiahao.baidu.com/s?id=1749799011924786126&wfr=spider&for=pc.

(2022年)》。在新版学科专业目录中,"出版"增列其中,目录代码为0553。[①]出版专业人才培养可授予出版博士专业学位,标志着出版学科建设迈上新台阶,这是出版业在加快构建新时代中国特色哲学社会科学学科体系方面取得的重要进展,极大地推动了数字出版相关学科建设进程,将有力促进出版高层次人才培养,促进高水平新型出版人才储备,也为数字出版学科建设带来重要契机。

四、中国数字出版产业问题与对策分析

2022年,党的二十大胜利召开,为新时代新征程文化强国建设作出新部署。国家文化数字化战略全面推进,为出版业深度融合发展提供了更大空间。新技术、新领域、新业态不断涌现,为文化数字化注入持续动力,为出版业融合发展提供了新的方向,与此同时也带来了新的问题与挑战。伴随数字中国建设整体框架确定,着眼于《数字中国建设整体布局规划》,落实《关于推进实施国家文化数字化战略的意见》部署要求,数字出版作为文化数字化的重要着力点,在数字中国建设中应主动作为。出版业对融合发展的认识理解需进一步深化,有些出版单位仍沉醉于"舒适区",尚未步入融合发展"深水区",有待系统谋划;需要进一步强化数字内容导向把关和质量提升,巩固壮大奋进新时代主流思想舆论阵地;对技术缺乏有效研究,技术与产品适配度不高,需要加深认识,提高科技应用创新水平;数据链路尚未完全打通,"数据孤岛"涌现,文化数据汇集、利用、共享机制有待加强;"走出去"路径尚需拓展有限,尚需全面提升"中国话语"的国际传播效能;数字内容质量管理机制尚待健全,行业标准尚未制定,行业治理体系建设任务日益迫切;数字版权保护存在新风险,同抓共管协同机制缺失,数字版权良性生态建设任重道远;高水平新型出版人才队伍仍然储备不足,人才发展机制仍需完善。

立足于数字中国、文化强国建设,数字出版要实现高质量发展,需要把握好新时期新形势下的新定位,立足产业发展实际,把握新机遇,应对新挑战,探索新路径,实现新突破。具体而言,中国数字出版需要在以下几个方面着力。

[①] 产业·重磅|"出版"增列进入新版学科专业目录,可授予专博学位[EB/OL].(2022-09-15)[2023-05-20]. https://sghexport.shobserver.com/html/baijiahao/2022/09/15/853939.html.

（一）提高站位深化认识，加强出版融合发展系统谋划

党的二十大报告对文化强国建设作出全面部署，并将社会主义文化建设的时代使命提升至"激发全民族文化创新创造活力，增强实现中华民族伟大复兴的精神力量"的历史高度。国家文化数字化战略的正式实施，《数字中国建设整体布局规划》的正式发布，为出版业数字化与融合发展提供了更加明确的行动纲领。

在此背景下，出版业要进一步提高思想站位，深化认识。要将出版业融合发展放在国家文化数字化战略、推进数字中国建设的高度上进行深刻认识和系统谋划。从主管部门层面，应针对当前数字化赋能出版业高质量发展面临的突出问题，围绕资源整合、技术应用、模式创新、人才建设等层面，强化政策指引，加强组织领导，研究出台为出版业融合发展提供破解思路、明确具体举措、形成有效抓手的指导性文件。进一步深化出版融合发展工程，强化工程实施效果，支持地方出版单位充分利用地方出版资源，增强发展优势。加强出版业数字化和深度融合发展经验交流，组织开展出版融合发展创新案例评选，定期组织有代表性的行业龙头分享融合发展的经验成果，进一步凝聚行业融合发展共识，提振融合发展信心动力。出版单位需着力落实融合发展"一把手"工程，加强融合发展的系统谋划。在资源整合、项目实施、产品开发、平台搭建、版权运营、品牌建设、人才管理等方面，健全传统出版与新兴出版一体化发展机制。鼓励出版单位根据自身规模体量、资源储备、业务结构等条件，进一步明确融合发展路径。出版融合发展是长期工程、系统工程，出版单位有必要研究制定融合发展规划，按照《出版业"十四五"时期发展规划》《关于推动出版深度融合发展的实施意见》的部署要求，明确融合发展的时间表和路线图。同时，出版单位需进一步健全融合发展项目常态化管理机制，对项目内容、项目实施进度、项目效果等方面进行定期论证。同时，加强对数字化建设和融合发展项目的投入，有条件的出版机构可设立融合发展基金，加大对融合发展项目和人员团队的扶持力度，增强融合发展动力。同时，要进一步健全融合发展的激励评价机制，优化考核方式。

（二）强化内容质量管理，巩固壮大主流思想舆论阵地

互联网迅速发展，文化新形态、新媒介、新业态不断涌现，意识形态领域

形势发生全局性、根本性转变。要加强网上正面宣传，旗帜鲜明坚持正确政治方向、舆论导向、价值取向。意识形态工作事关为国家立心、为民族立魂，具有极端重要的地位。党的二十大报告指出"建设具有强大凝聚力和引领力的社会主义意识形态"，"牢牢掌握党对意识形态工作领导权，全面落实意识形态工作责任制，巩固壮大奋进新时代的主流思想舆论"。在国家文化数字化实施战略背景下，数字出版作为意识形态重要阵地的作用日益凸显，肩负着"举旗帜、聚民心、育新人、兴文化、展形象"的使命任务。

新时代新征程，推进数字出版高质量发展，要始终紧绷意识形态这根弦，严格做好出版物意识形态把关工作，始终坚持正确的政治方向、舆论导向、价值取向，始终把社会效益放在首位，坚持质量第一，不断巩固壮大奋进新时代的主流思想舆论。一是要强化社会价值引领。持之以恒加强党的创新理论武装，全面系统领会习近平新时代中国特色社会主义思想的科学体系、核心要义、实践要求。大力弘扬社会主义核心价值观，发展社会主义先进文化，弘扬革命文化，传承中华优秀传统文化。积极推动主题出版数字化、融合化发展，不断推出以宣传党和国家重大历史成就，弘扬党的宝贵历史经验等为主题的优秀数字出版产品。通过深化实施"优秀现实题材和历史题材网络文学出版工程"，启动实施"主题游戏穿工程"等，引导网络文学、网络游戏等数字内容领域弘扬主旋律，传递正能量。二是守好舆论阵地。加强重点领域风险防范处置。加强网络游戏、网络文学等重点领域意识形态审核把关机制和日常监督机制，健全出版舆情监测处置快速反应机制；加大重点领域专项整治力度，在数字出版领域落实重大选题备案，确保内容安全、出版安全、传播安全。进一步压实网络出版服务有关单位和平台的主体责任，强化分级分类管理，优化创新数字内容监管方式手段，对人民群众反映的突出问题和乱象重拳整治，优化网络内容生态环境。三是建立健全审读阅评机制。把握导向基调。聚焦重点议题和关键领域，组织开展审读阅评。

（三）加强产业前瞻研判，提升科技创新创造应用水平

日益旺盛多元的文化消费需求促进数字内容供给方式变革，加速推动出版业生产方式、服务模式、运营机制等方面持续创新，构建以数据智能化为关键要素的内容供给链条，实现业务流程的数据化、自动化和智能化，实现生产、

创作、分发、营销的分众化、精准化和定制化。人工智能技术正在深度融入出版业的策划、创作、传播、市场分析、营销推广等各个环节，深刻改变数字内容的生产方式和运营模式。

技术发展日新月异，不仅为产业发展注入新动力，也带来了新的挑战。在国家文化数字化战略实施背景下，技术对出版业赋能作用日益增强，由此对出版业提升对技术手段的驾驭能力，提升科技创新创造应用水平提出更高要求。

一是要着力提升科技创新水平。进一步强化出版企业创新主体地位，运用新技术手段，优化出版流程，创新产品形态、服务模式，优化产品体验。出版单位要树立以资源为核心、以读者用户为中心的技术观念，进一步强化技术为发挥内容优势，为用户服务的思维。顺应信息传播规律和内容获取需求，做到技术善用适用，进一步增强技术与内容资源、产品形态、体验场景等方面的适配度。二是加强科技创新支撑体系建设。持续实施出版业科技与标准创新示范项目，加强出版业科技与标准重点实验室建设，支持重点实验室布局领跑技术，强化行业基础研究、应用性研究、前瞻性研究，发挥实验室作为出版科技创新策源地、孵化池和试验田作用，引导行业加强对核心技术、关键技术和前沿技术的关注和落地场景探索，推动相关技术在出版领域的产业应用、场景落地、示范推广，提高科技创新成果市场化、产业化水平。三是要建立出版科技创新协同机制。支持建立各级科技创新中心、出版科技创新服务平台，出版单位与高新技术企业、科研机构、高等院校等方面加强技术合作。四是推进行业智库建设。加强对5G、大数据、人工智能、物联网、区块链、VR/AR/XR/MR等技术领域的持续探索，加强对数字孪生、云游戏、虚拟数字人、AIGC等技术领域的研判。面对新技术，出版业既要秉持探索精神，也要有清醒头脑。树立正确的科技伦理意识，在拥抱新技术成果的同时，也要审视意识形态、版权保护、信息安全等面临的风险。正确处理好科技应用与出版安全的关系，有关部门需加强政策引导和规范管理，推进相关标准和管理制度的建立健全。

（四）加快数据资源建设，提高数据开发利用共享水平

数据是数字经济发展的核心支撑，作为关键的生产要素，对于产业转型升级乃至经济社会的发展都起到关键作用。数据要素结合数字技术，驱动生产方式、商业模式、管理模式的多重变革。《数字中国建设整体布局规划》中提出，

实施国家文化数字化战略，加快文化大数据体系建设，对于文化数据整合、管理、运用等提出了更高要求。

随着数据资源的持续积累，数据将成为重要的生产力，使用价值日益凸显。当前，在出版单位内部和出版业整体来看，数据的运用链路尚未完全畅通。在数据资源管理上存在较为明显的区块分割情况，文化数据开放共享和互联互通尚处于起步阶段，存在较多壁垒。数字化标准不统一、长期规划不清晰、资源整合不到位等现象较为突出。在数据流通层面，有数据的单位不愿开放、有需要的单位无从获取数据的现象仍较为普遍，数据资源的开放共享机制尚有待建立健全。着眼于推进实施国家文化数字化战略，如何进一步发掘和利用好数据，真正实现以数字化赋能高质量发展，赋能产业价值链条，加快建设现代化产业体系，是出版业面临的重要课题。特别是对于相当一部分规模体量有限、数据资源储备不足，不具备数据资源优势的出版单位而言，对行业数据畅通更是有着迫切需求。

出版单位要进一步加强对数据管理的重视，强化数据思维。一是加快出版数据资源建设，加强数据资源储备，提高出版数据采集、整合、运用及管理水平，以国家文化专网建设为契机，加强不同出版形态、不同领域的出版数据资源库建设。二是要充分发挥数据生产要素的创新引擎作用，畅通数据使用。在出版单位内部，加强出版数据资源的整合运用水平，同时以数据贯穿出版整个流程环节，加强市场数据采集和分析，在选题策划、商业模式、营销策略、产品线建设等方面为出版单位提供支持，实现市场供需的良好对接。三是要畅通出版数据流动交易。出版单位要提高数据服务能力，以数据打造核心竞争力，促进数据资源形成数据资产。健全数据共享交换机制，深化行业数据协作，加快构建完善文化数据管理服务体系，搭建数据共享平台，为数据的管理、使用、交易提供支持，形成良好的数据生态。四是健全数据治理机制。规范数据使用规则，明确数据的权属、使用原则、使用范围等，确保数据使用安全规范。

（五）深化"走出去"布局，提升数字出版国际传播效能

党的二十大报告中强调要增强中华文明传播力影响力。加强国际传播能力建设，全面提升国际传播效能，形成同我国综合国力和国际地位相匹配的国际

话语权。《数字中国建设整体布局规划》提出要"构建开放共赢的数字领域国际合作格局""高质量共建'数字丝绸之路',积极发展'丝路电商'"。

可以看到,过去一年来由于疫情影响,国际形势变化,以及部分国家对外文化合作政策的调整,包括网络文学、网络游戏等数字内容产品"走出去"的挑战和压力增大,但长期向好的形势未变。随着各国新冠肺炎疫情防控政策的调整,国际文化合作交流开始回归正轨,数字出版作为我国文化"走出去"的重要生力军,在加快国际传播能力建设、提升国际传播效能,构建中国话语和中国叙事体系、构建网络命运共同体中应主动作为,在内容建设、渠道建设、路径创新等方面取得更大突破。

一是加强"走出去"内容建设。立足于中华文明传承发展的责任使命,把握中华文明的连续性、创新性、统一性、包容性、和平性五大特性,深入挖掘、提炼展示中华文明的精神标识和文化精髓,突出中国文化特色,创新话语表达和叙事手段,打造更多富有中华文明核心价值理念、满足海外读者用户文化审美的优质数字出版产品,增进文化认同与文化互鉴。二是加强海外市场洞察。加强对海外文化政策、市场结构、主流渠道、读者用户喜好等方面的研究分析,加强精细化运营,把握不同国家、不同语种、不同读者人群的阅读喜好,因地制宜制定数字出版"走出去"的方案策略,实现精细化、精准化海外输出,以更契合的内容表达、呈现方式、产品形态,增强数字出版产品的国际亲和力、感染力,更好地满足海外读者用户的需要。三是创新数字版权输出方式。一方面依托经典中国国际出版工程、丝路书香工程、中外图书互译计划等重点工程项目,推动数据库、电子图书等一批内容经典、制作精良的优质数字出版产品;另一方面,充分发挥网络文学、网络游戏等数字文化产品的跨文化交流优势,同时借助"元宇宙"东风,在电子竞技、虚拟数字人、数字音乐、数字文博、数字文旅等领域持续拓展数字版权输出模式,共建数实融合数字内容产业新生态。四是开拓海外市场。除巩固欧美、东南亚、日韩等原有优势市场外,持续开拓拉美、非洲等潜力市场。拓展国际出版传播合作渠道,创新数字出版的国际传播路径。推进"数字丝路"建设,搭建多元一体的国际传播平台,加强海外主流媒体机构的沟通协作,借助其本土影响力和资源优势,扩大数字出版产品在海外市场的知名度和影响力。

（六）全面加强质量保障，健全提升行业治理体系能力

2023年2月，中共中央、国务院印发《质量强国建设纲要》，强调"面对新形势新要求，必须把推动发展的立足点转到提高质量和效益上来""推动中国制造向中国创造转变、中国速度向中国质量转变、中国产品向中国品牌转变"。明确提出要"创新质量治理模式，健全以法治为基础、政府为主导、社会各方参与的多元治理机制，强化基层治理、企业主责和行业自律，深入实施质量提升行动"[1]。这为我国高质量发展提供了重要指引。立足于质量强国要求，数字出版持续推动高质量发展是推动数字经济和文化强国建设的必然要求。近年来，虽然数字出版企业精品意识不断提升，内容质量取得了明显提高，但整体来看，距文化强国建设的要求还存在较大距离。精品内容占比仍然偏低，部分领域数字内容产品的内容导向不健康、格调不高雅，编校质量差等问题仍然较为突出。

随着国家文化数字化战略的深入推进，对数字内容建设提出更高要求。除了在思想意识和具体工作中践行高质量发展要求，也需要在管理机制上强化保障，加快健全数字出版高质量发展管理机制。要从源头生产、传播、分发等各环节，从搭建数字出版质量审核管理平台、严格数字内容质量审核要求，规范数字出版质量审核流程等层面着手，建立完善的数字出版质量管理机制。一方面，根据网络文学、网络动漫、网络游戏、数字音乐、有声读物、数字藏品、沉浸式剧本、知识读物等领域的不同特征，突出内容导向和内容价值，兼顾技术、服务等方面，明确评价指标，加快推进建立数字出版质量管理相关规范标准体系。另一方面，要进一步加强行业制度约束。强化网络文学、网络游戏、网络视听等平台企业事前事中事后监管。新兴出版企业要进一步强化市场主体责任，履行质量把关职责，健全内容审核把关流程，严格落实用户实名制度、责任编辑制度、三审三校等各项制度。支持出版企业借助智能编校审核系统等新技术手段，提高质量内容审核效率。鼓励出版单位、新兴出版企业、科研机构、高等院校等，围绕数字内容质量保障体系建设，深化交流、协同合作。

---

[1] 中共中央 国务院印发《质量强国建设纲要》[EB/OL].（2023-02-06）[2023-05-20]. https://www.gov.cn/zhengce/2023-02/06/content_5740407.htm.

以技术赋能数字内容质量管理，提升行业数字治理能力，以技术向善构建良好数字内容生态，已成为行业共识。人民网"传播内容认知全国重点实验室"发布"深度合成内容检测平台 AIGC—X"，该平台根据国家网信办发布的《生成式人工智能服务管理办法（征求意见稿）》，面向生成式人工智能的治理需求，对 AI 生成文本、图形、视频内容进行精准识别，防范伪造风险，在保护内容版权、防范虚假信息、学术造假检测等方面进行检测。①

（七）健全保护运用机制，构建数字版权良性发展生态

版权是出版业的核心资产，数字版权是数字经济的重要构成。出版业对于数字版权的重视程度日益提升，通过对版权内容的生产、管理、运营，形成版权资产，构成了出版企业的核心竞争能力。《关于推进实施国家文化数字化战略的意见》中明确提出"建立文化资源数据授权体系，引导法人机构和公民个人有偿授权"；"构建与文化数字化建设相适应的市场准入、市场秩序、技术创新、知识产权、安全保障等政策法规体系"。随着我国数字经济的发展和新消费风潮的兴起，数字技术不断迭代、产业形态日新月异，国内数字内容生产、传播以及数字产品消费日趋活跃，不同文化领域之间的交叉融合，版权链条不断拓展，数字版权的社会价值和商业价值持续增长，版权关系也日益错综复杂。可以看到，在快速发展、为出版业高质量发展注入强劲动力的同时，数字版权保护和运用方面也面临了一些新的问题与挑战。如数字藏品、虚拟数字人等新形态提供了数字版权呈现的新方式，却在版权的规范使用、正当运用方面存在较大争议；网络文学、网络游戏、短视频、网络直播、有声读物等领域，侵权现象仍然非常突出，推进建设数字版权生态体系是推动数字版权高质量可持续发展面对的重要课题，也是国家文化数字化战略的重要基础，是文化强国建设的应有之义。

一方面，规则的建立是数字版权有效发挥价值的前提保障，要健全数字版权管理运用机制。加强对虚拟数字人、AIGC、数字藏品等领域版权问题保护问题的研究，从法规制度和管理手段层面，建立健全版权保护运用的规范机制，强化数字版权治理体系。围绕数字版权的确权、鉴权、授权、估值、转化、交

---

① 深度合成内容检测平台 AIGC-X 发布［EB/OL］.（2023-04-23）［2023-05-20］. https://baijiahao.baidu.com/s? id = 1763952591828950388&wfr = spider&for = pc.

易、用权和维权等环节,明确数字版权管理流程和数字版权使用规则,为数字版权的管理、保护、运用、交易等提供支持。另一方面,加快健全数字版权价值评价体系。规范数字版权价值评价原则、评价流程和评价标准。目前,网络文学、网络动漫、短视频、数字音乐、摄影图片等领域的版权价值评估规范团体标准已经正式发布实施。同时,进一步健全版权社会服务体制机制,推进搭建安全可信的数字版权管理服务平台,借助区块链等技术,实现数字版权的全生命周期管理,为数字版权管理、确权、鉴权、授权、交易、用权和维权提供有力支撑。

(八)加强新型人才培育,打造高素质数字出版人才队伍

人才是第一资源。党的二十大报告强调,要坚持尊重劳动、尊重知识、尊重人才、尊重创造,实施更加积极、更加开放、更加有效的人才政策。《数字中国建设整体布局规划》明确提出"统筹布局一批数字领域学科专业点,培养创新型、应用型、复合型人才",均对数字出版人才队伍建设提供了重要指引。数字人才是数字出版事业产业发展的关键。除了传统出版从业者所需具备的内容把关能力、策划能力、沟通能力等,数字化人才还需具备统筹整合各类资源的能力、对新技术敏锐的洞察能力及良好驾驭能力、运用多媒体形式进行表达和传播的能力、集成与创新能力等。当前,我国的新型出版人才培育机制建设尚不能满足行业高质量发展需求,伴随国家文化数字化战略的持续推进,数字出版在文化数字化战略中的地位作用不断提升,加强新型人才储备的重要性日益凸显,要进一步健全出版人才选用育留机制,为出版业高质量发展奠定人才基石。

一是要加强行业指导。主管部门需在政策层面,从职业资格、人才选拔、人才激励等方面,进一步加强出版业新型人才培养引导和支持。持续深化出版融合发展优秀人才遴选培养计划,强化数字化人才的专项培养和推荐使用,鼓励出版企业针对数字化和出版融合人才制定配套支持培养措施,壮大行业领军骨干人才力量。二是健全人才培育机制。在全国范围内推行数字编辑职称考评工作。搭建出版产教融合人才信息服务平台,根据领域、地域、学科、岗位等维度,建立出版人才需求库和储备库,系统归纳收集用人单位岗位缺口信息和人才就业需求,实现出版人才供需各环节的有效对接。出版单位要健全常态化

人员培训机制，根据行业发展趋势和业务发展需要，不断更新培训方式和培训内容。加强对岗位人员的针对性培训，邀请行业领军人才和业内专家授课指导；在企业内部通过实行轮岗、交叉实用，组织知识技能培训竞赛等方式，激发人才潜力、提升人才技能，完善与全产业链型出版企业匹配的人才结构。同时，出版单位可针对人才的引、育、留、用，引入智能化测评工具，为出版企业制定长期有效的人才引进和培育提升方案提供重要依据。三是加强学科建设和专业设置。进一步优化出版学科的知识体系、课程体系和教学体系，完善专业课程设置、实践教学设计，推进知识创新、理论创新与方法创新。加强数据类人才、专业技能型人才、全媒型编辑、版权运营、品牌营销、国际运营等人才的培养。高等院校可联合出版企业、科研机构等联合培养数字出版实用人才，打造数字出版人才培育实践基地，建立产学研用一体化人才培养机制，探索人才共建模式。

五、中国数字出版产业趋势分析

2023年2月，《数字中国建设整体布局规划》出台，为数字中国建设制定了清晰的行动指南，这是党的二十大之后，党中央对我国数字化发展所做的最为全面的擘画，数字中国建设系统性谋划和体系化布局基本完整，数字中国建设至此进入全面推进的新阶段。数字出版作为文化数字化战略的重要着力点，也是数字中国建设的重要支点，产业地位日益提升，在整体框架指引下，文化数字化战略将加快推进，出版业数字化建设相关政策体系将加快构建，出版业深度融合发展将持续推进，进入品效合一阶段；以AIGC为代表的技术迅猛发展，将对内容生产范式与商业模式带来深远影响，将引发数字内容产业生态的重大变革；在国家文化大数据体系建设加快推进下，数据正在成为构建出版生产力和竞争力的关键要素；新业态、新模式持续涌现，数字版权产业链条不断延伸，版权价值日益凸显，价值体系正在加快构建；在国家文化数字化战略的总体部署下，数字公共文化服务体系建设将全面提速；随着疫情防控政策调整及国际经济秩序和文化交往逐步恢复，将为数字出版"走出去"提供更大动力，加快提升国际传播效能；虚拟数字人等元宇宙场景在社交媒体、游戏、数字阅读、娱乐、教育等应用场景前景广阔，数实融合将打造深度沉浸式数字文化新体验。具体而言，未来一年我们有望看到数字出版产业呈现以下发展趋势。

（一）产业政策制度体系加快构建完善

高质量发展需要在顶层设计上持续完善。着眼于深入实施国家文化数字化战略，推动数字出版全面高质量发展、加快推进出版业深度融合发展，需要立足新发展阶段、贯彻新发展理念、构建新发展格局，不断健全政策制度体系，为产业发展提供有力保障和有效指引。《数字中国建设整体布局规划》中提出"打造自信繁荣的数字文化。大力发展网络文化，加强优质网络文化产品供给，引导各类平台和广大网民创作生产积极健康、向上向善的网络文化产品。推进文化数字化发展，深入实施国家文化数字化战略，提升数字文化服务能力，打造若干综合性数字文化展示平台，加快发展新型文化企业、文化业态、文化消费模式"的部署。国家文化数字化战略的深入实施，数字出版高质量发展的指向性更加明确。以"整体框架"为指引，聚焦数字出版重点领域和出版业深度融合发展的重点环节，数字出版高质量发展的政策体系将加快健全。随着出版新形态、新业态、新模式不断涌现，对数字出版行业治理提出了更高要求。特别是AIGC技术的快速发展，将对数字内容从创作、传播、营销乃至整个生态都将带来深远影响，对数字出版治理能力提出新挑战，数字藏品、沉浸式剧本、生成式人工智能服务等正逐渐进入管理部门的管理视野，纳入管理范畴。相关部门将加强新领域、新业态的关注研判，把握其发展趋势，围绕资质许可认证、内容建设、版权管理与保护运用等方面，加快制定相关管理办法，加强行业指导，促进健康有序发展。在数字阅读、网络游戏、有声读物、知识服务等领域，把握新时期新形势下的新要求，进一步健全政策体系，为行业确立更加行之有效的方向指引和管理规范。在推动出版业深度融合发展等方面，着眼于数字中国建设及国家文化数字化战略，对出版业深度融合发展提出了新要求和新的着力点，加强不同领域的分类指导，以持续深化出版融合发展工程为主要抓手，在资源整合、科技创新应用、路径模式、平台搭建、渠道拓展、走出去、公共服务、人才建设等层面，围绕精品建设、示范单位、示范平台、优秀人才等方面加强支持与引导，健全配套措施。

（二）融合发展进入品效合一新阶段

出版业深度融合发展是出版业落实国家文化数字化战略的必然要求。如果说之前出版业融合发展的重点着力在内容储备、平台建设、流程改造、产品开发等方面，经过实践积累，下一阶段出版融合发展的重点将转为出精品、出影响、出效益。在出版融合发展工程等指引下，出版业深度融合发展的路径更加明确。传统出版与新兴出版实现同步谋划、一体策划、统筹推进，在选题策划、项目设计、产品线建设、品牌营销、人才队伍建设等方面逐渐建立一体化发展机制，成为出版业深度融合发展迈向更高质量、更大成效面对的重要课题。

同时，政策、技术、市场等外部环境变化，将对出版融合发展的方向和路径产生较大影响。以数字教育领域为例，随着"双减"政策的逐步落实，数字教育竞争赛道与市场格局发生较大转变。教育服务与知识服务相结合，新型教材教辅、数字课程、打造智慧教育服务平台，提供定制化教学资源与服务，成为教育出版融合发展的重点方向。新形态教材和数字课程的开发，不仅仅是知识点的简单描述与罗列，而是围绕教学目标、课程、教学场景等多个维度进行设计，强调教材内容与数字资源建设一体化、教材编写与课程开发一体化、教学与学习过程一体化，注重实践性和交互性，满足更多场景的泛在教学需求。更加强调教学效果。数字化学情分析在教育服务中将备受重视，通过对学生学习时长、学习习惯、错题率等数据进行收集和分析，并反馈到课程更新和产品优化。凭借出版资源的权威性、专业性、严谨性，开发新形态教材将成为教育出版单位发展重点方向，活页式教材、云教材、数字融媒体教材、数字工作手册等新型教材形态日益多元。值得一提的是，课外自主学习需求和家庭教学的需求日益旺盛，聚焦课外阅读、课后练习、学习效果评测等，围绕自主学习、家庭教育等学习场景，充分整合出版资源，开发可视化、可交互、可评测智能化教辅产品，将成为教育出版单位布局重点。与此同时，学科教育之外，围绕素质提升和技能提升的数字教育服务产品，成为基础教育领域的发展主要方向之一。得益于国家高度重视，在政策层面的大力支持，职业教育步入发展的"黄金期"，成为多家线上教育机构布局的重要领域。围绕职业资格考试、考公、技能等级证书、学历提升等需求，开发可读、可听、可视、可练的数字教学资源，打造职业教育专业教学资源库、开发精品在线课程等将成为出版单位布局职业教育数字化的重要着力点。出版单位、高等院校、互联网企业等围绕搭建职业教育服务平台，职业教育虚拟实训基地等方面将展开深度合作，推动产教结合，教材、课程、服务、实训等多元一体的职业教育出版服务体系正在加快构建。

未来一段时期，出版单位将持续完善数字资源服务平台建设，加强融合出版产品线建设，做大做强融合出版品牌，升级全媒体营销渠道，拓展融合出版产业链。同时，出版单位基于自身优势资源和出版定位，持续开拓融合发展视野和思路，在国家重大战略中寻找切入点。如济南出版社计划围绕国家黄河战略，服务黄河文化的传承与弘扬，建设黄河流域非物质文化遗产数字化传承保护数据库，出版《黄河流域地方语言大典》《话说黄河文化大集》等融合阅读产品。①

（三）AIGC带来内容产业多重变革

2022年底以来直至2023年新春伊始，一款名为ChatGPT的聊天机器人程序在朋友圈、公众号等社交媒体被频频刷屏。ChatGPT不仅可以实现人机对话，还可以辅助人们写代码、做题、写产品方案、写文章等。据统计，2023年1月，平均每天约有1 300万独立访客使用ChatGPT，累计用户已突破1亿。以ChatGPT为代表的生成式AI工具，是基于注意力机制的深度学习模型，从网络上获取大量文本数据进行训练，具有超强的学习能力、响应速度和拟人程度。

AIGC（人工智能技术生成内容）正快速融入数字内容产业，不仅在写作、编程、翻译、绘画、作曲、视频剪辑等领域已达"类人"水平，并基于大数据学习呈现出亮眼的创意潜能，未来AIGC将越来越多地参与数字内容的创意性生成工作，成为数字内容生产的基础建设，数字内容生产的人机协作新范式正在逐步形成。AIGC在数字阅读、短视频、新闻播报、市场营销等领域都有良好的发展前景，应用场景不断拓展。国内外互联网企业纷纷涉足探索布局。2023年，百度、阿里巴巴、科大讯飞、华为、腾讯等公司相继正式发布了其AIGC产品——"文心一言""通义千问""星火""盘古3.0""混元"等大模

---

① 2023年，出版融合发展的创新点在哪里？［EB/OL］.（2023-01-02）［2023-05-20］. http://image.chinawriter.com.cn/n1/2023/0129/c403994-32613411.html.

型，这些模型功能侧重点不同，但基本涵盖内容创作、数理逻辑推理、文字理解和多模态生成等能力，同时也可以"为各个行业提供服务，可基于自身的行业知识和应用场景，训练企业专属大模型"。①

阅文集团在新一轮组织架构调整中，将成立"智能与平台研发事业部"，将运用 AIGC 技术，深耕文字、有声、漫画、动画、衍生品等内容生态及 IP 产业链，建设多模态的 IP 体验和消费平台；建设 AIGC 等关键技术能力；推动 IP 多级开发的紧密协同等。第一是贯通"多模态内容—大产品平台"运营链，完成内容与平台双驱升级。全新的内容生态平台事业部，将打通多模态内容与产品的一体化运作模式。第二是实现阅文与新丽的"IP + 影视"业务与组织双融合。第三是以技术为驱动，积极拥抱 AI 浪潮。目前阅文正在积极探索 AI 在辅助内容创作、IP 孵化和 IP 多模态开发与体验等全产业链的应用场景。第四是打造 IP 一体化生态，建立 IP 大脑并推动 IP 多级开发紧密协同。掌阅科技在业绩说明会上表示，未来将加快 AI 大模型在数字阅读垂直领域的调优工作，推动 AIGC 在内容生产、营销推广、丰富产品形态等多方面深化应用。② 2023 年 6 月，掌阅科技宣布首款 AI 产品"阅爱聊"进行封闭内测，该产品是一款以生成式人工智能驱动的小说 IP 对话交互应用，可用对话系统中既定的角色形象，也有部分角色是中外历史名人或虚拟人物，以聊天对话的形式朗读经典作品或网络文学，支持角色和读书双重模式，用户可以从书中找一个角色进行对话，也可以从某一个角色中找到一部作品去阅读。用户可以通过与角色的交互式对话生成内容，生成的内容可呈现不同风格，涵盖不同的情感和语境。未来，该产品将依托掌阅的版权资源，逐步上线小说"聊书"功能，用户可发布自己创建的角色形象。③

AIGC 为代表的人工智能技术快速发展，不仅将对数字内容生产范式和商业模式带来巨大影响，也将引发数字内容生态的变革。随着 AI 对信息、数据

---

① 阿里巴巴所有产品将接入"通义千问" 张勇：帮更多企业打造行业专属大模型 [EB/OL]. (2023-04-12) [2023-06-20]. http://www.xinhuanet.com/tech/20230411/a9c836b1e2be4211afa1cd1edfabbfb4/c.html.

② 阅文 CEO 侯晓楠发内部信：设四大事业部，用 AIGC 建设多模态 IP 平台 [EB/OL]. (2023-06-19) [2023-06-25]. http://h5.ifeng.com/c/vivoArticle/v002CWoH1DEvDsI10eulcwZMsPycnbSYZ3DGFfDf823eFUU_ _ ?isNews = 1&showComments = 0.

③ 掌阅科技：首款 AI 产品"阅爱聊"封闭内测 | 小说 [EB/OL]. (2023-06-13) [2023-06-20]. https://www.163.com/dy/article/I74I2R450511B8LM.html.

体量日益增加，以及算法迭代和算力提升，生成内容的准确度及合规性将不断提升。将迎接新一轮内容生产力革命。AI 从理解内容，走向了自动生成内容，AIGC 也被公认是继 UGC（用户生产内容）、PGC（专业生产内容）之后的新型内容生产方式，不仅可提高内容生产效率，还将改变传统产业结构和体系。值得一提的是，尽管当前 AIGC 技术得到广泛关注，在数字内容产业多个领域、多个场景均具有良好的应用前景，但在生成内容的准确性和合规性方面还有提升空间，对意识形态、隐私安全、版权等方面带来新挑战，对行业治理能力提出新要求。国家网信办先后印发《互联网信息服务深度合成管理规定》《生成式人工智能服务管理办法（征求意见稿）》等，对 AIGC 等基于算法的信息服务的规范体系正逐步构建。

（四）数据将成为出版竞争力的关键要素

数字经济时代，数据是产业数字化、网络化、智能化的基础，也是数字产业化的核心，对于生产方式、生活方式和治理方式带来重要影响，在两个市场构建中发挥日益重要的作用。2022 年 12 月，中共中央、国务院印发《关于构建数据基础制度更好发挥数据要素作用的意见》，简称"数据二十条"；2023 年 3 月，国务院提请审议国务院机构改革方案中提出"组建国家数据局"，一系列相关举措把数据工作推至战略新高度。

数据已成为驱动产业发展的关键生产要素和战略性资源。依照国家文化数字化战略的总体部署，随着文化大数据体系建设深入推进，促进文化数据的汇集、整合、流通、交换、交易，文化数据作为文化创新创造的重要动力与源头，将催生新的文化生产体系。随着出版业融合发展的持续深入，数据资源持续积累，数据的使用价值将日益凸显，行业对于数据资源建设将予以更高重视，数据的采集、标注、加工、挖掘与数据服务将成为出版机构的常态化工作，数据管理能力将受到更大重视，加快构建出版数据管理服务体系，为数据的管理、使用、流通、交易提供支持。通过不同出版领域数据在云端关联，促进数据资源的优化组合与配置，对数据的整合、管理、运用能力，将成为构筑出版单位竞争力的关键，着力加强数据资源积累，提高行业数据管理整合、管理及运用能力，加强不同形态的出版数据资源库建设。通过数据的交换与整合，将数据转变为新的生产资料和有效资本，实现数据的流通，真正成为可交易的产品形态，进而形成数据资产。数据需求对接、数据质量评估则是实现数据资产化的基础前提。

同时，随着出版业态、形态、模式、渠道、场景的日益多元，数据在促进出版供需匹配，生产端和消费端的高效循环中将发挥更加重要的作用。以数据贯穿出版整个流程环节，大数据新型基础建设，围绕策划、生产、流通、营销等各个环节的数据共享互通，形成贯穿产品、服务、渠道、场景的数字化体系。而在品质消费趋势下，读者对出版产品的审美风格、服务理念、文化品味等方面有了更高要求，基于数据洞察，精准满足读者个性化、多样化需求，供给与需求高效匹配的定制化内容服务将成为趋势。在数据连接下，产业各环节将实现深度协同。

（五）数字版权价值评估体系将加速构建

数字文化新业态、新领域的不断涌现，数字版权持续延伸，数字版权已成为数字内容产业的核心资产，价值日益凸显。数据显示，版权产业对我国国民经济的贡献率达7.27%，[1] 这一数据已达到支柱性产业的水平。行业内对版权价值的重视程度正日益加深。

数字技术催生了新的出版形态、传播方式和出版业态，技术的叠加、不同领域间的相互融合，对数字版权保护和运用也将提出更多新的挑战，内容载体的多样化致使版权问题更加多样复杂。提高数字版权的确权维权能力与授权用权水平，提升数字版权管理、保护、运用水平，构建数字版权生态体系，成为促进版权产业高质量、可持续发展的关键点，也是充分释放数字版权价值，助力知识产权强国的应有之义。如AIGC等技术发展对版权确权提出了更高要求，版权使用规则乃至版权治理制度要随之改变，数字音乐、有声读物、短视频等领域的版权保护和运用问题在人机交互日益加深中也将迎来人机之间的激烈博弈。在司法层面，基于"技术中立"认识而设立的"避风港原则"在传播技术变革下也受到冲击，当技术的"中立性"发生偏差，同时"避风港原则"的适用也面临网络服务提供方身份的交叉融合，适用性审查标准难以统一等问题，因此区分"技术中立"与商业模式的合法性，进一步健全网络信息服务者

---

[1] 我国版权产业对国民经济贡献率逾7%［EB/OL］.（2023-06-13）［2023-06-20］. http://www.scio.gov.cn/m/zhzc/35353/35354/Document/1507358/1507358.htm.

的注意义务和法律责任，兼顾版权保护与版权创新，将成为健全数字版权法律法规的重点。①

AIGC、数字藏品等领域的出现，让内容的创作生成、传播流通更加便捷高效，也带来了新的版权问题，包括AIGC等新技术的正当运用、数字藏品的合规问题等。围绕数字版权的确权、鉴权、估值、转化、交易等环节，明确数字版权管理流程和数字版权使用规则，健全数字版权管理运用机制，为数字版权的管理、保护、运用、变现提供支持。与此同时，随着数字版权创造的社会价值和商业价值不断提升，数字版权链条的不断延伸，数字版权价值评估体系的建立得到业内高度重视。规范数字版权价值评估流程与评价指标，已成为行业共识，并被提上日程加快推进。目前，网络文学、网络动漫、数字音乐、摄影图片、短视频等领域的版权价值评估规范团体标准已正式发布实施，将为数字版权的运用、转化、交易建立规则，有效有序发挥数字版权价值，推动数字版权健康可持续发展，构建数字版权良性生态提供有力支撑。同时，加快搭建数字版权管理服务平台，借助区块链等技术，为数字版权管理、确权、鉴权、授权、交易、用权和维权，将推进数字版权使用交易的合法合规，助力数字版权资产高质量发展。2023年6月，中文在线、同方知网、中国工人出版社等26家单位共同发布了国内首份有关AIGC训练数据版权的倡议书。该份倡议书主要面向AIGC领域专家、学者及AIGC从业机构，分别从深化版权问题研究、版权赋能产业发展、避免侵权、引导AI生成内容的合理使用、提升版权保护意识、优化内容授权渠道这6个方面提出了倡议，覆盖了从AIGC模型研发到产品使用，从版权问题理论研究到数据流通实践的各个环节。②

（六）数字公共文化服务体系建设提速增效

党的二十大报告中强调"健全基本公共服务体系，提高公共服务水平，增强均衡性和可及性"。《数字中国建设整体布局规划》明确"提升数字文化服务能力，促进数字公共服务普惠化"。基于推进国家文化数字化战略，建设数

---

① 数字新生态　版权新价值［EB/OL］.（2023-03-03）［2023-06-20］. http://epaper.iprchn.com/zscqb/html/2023-03/03/content_27594_7392783.htm.
② 知网等26家单位联合发布国内首份AIGC数据版权倡议书［EB/OL］.（2023-06-08）［2023-06-20］. http://www.citnews.com.cn/news/202306/161326.html.

字中国，数字公共文化服务体系建设的步伐将进一步加快，迈入提质增效新阶段。着眼于建设中华民族现代文明，围绕建设中华文化数据库、公共文化云、文化数据服务平台等部署安排，作为数字文化资源的使用者和重要生产者，出版业将在国家文化数字化战略中找到切入点，加强文化资源的挖掘与整合，提高文化供给能力。一是以数字化手段对文化资源进行采集与保存，促进珍贵文化资源的保护、开发与利用；二是对文化资源进行分类、整理，通过数字技术的创新运用，打造高质量数字文化产品，提供优质数字文化内容与服务；三是通过对文化资源数字化成果的开发、利用，促进文化资源的创造性转化，创新性发展。数字出版在推进公共文化数字化建设，构建公共文化服务体系、满足人民日益增长的精神文化需求中的作用日益凸显。①

伴随 5G、大数据、云计算、人工智能、物联网、区块链、虚拟现实、增强现实等技术与文化的深度融合，促进文化数据的开放与共享，不断提升文化数据的挖掘、运用水平，提高文化资源的智能调度和精准供给能力，将出版资源转化为公共文化服务产品。云阅读、云视听、云娱乐等模式将丰富公共文化服务场景，数字藏品、虚拟数字人等新业态、新形态将拓展公共文化服务新模式。

2023 年 6 月，第十四届全国人民代表大会常务委员会第三次会议通过《中华人民共和国无障碍环境建设法》，将于 2023 年 9 月 1 日起实施。其中明确"国家鼓励公开出版发行的图书、报刊配备有声、大字、盲文、电子等无障碍格式版本，方便残疾人、老年人阅读"。随后，中国盲文出版社、中国盲文图书馆作为中国被授权实体加入无障碍图书联合会全球图书服务，将有力推动《马拉喀什条约》在中国的落地实施，将帮助中国的阅读障碍者获取全球 80 多种语言的图书。由此，我国盲人、老年人等视力障碍人群的阅读权益将得到更为有力的保障，以有声读物为代表的盲文融合出版将在公共文化服务体系建设中发挥更加重要作用，将带动相关内容资源与产品开发及基础设施建设。②

（七）国际传播能力建设加快推进

党的二十大报告中提出"加强国际传播能力建设，全面提升国际传播效

---

① 中国数字文化集团：文化数字化建设实践、经验总结［EB/OL］.（2022-11-09）［2023-06-20］. https://www.d-arts.cn/article/article_ info/key/MTIwMzYwNDg4OTSD33ljr3a0cw. html.
② 开设阅读空间、添加浏览辅助工具……无障碍服务建设让书香无界飘洒［EB/OL］.（2023-04-24）［2023-06-20］. https://new.qq.com/rain/a/20230424A08RJD00.

能，形成同我国综合国力和国际地位相匹配的国际话语权"。《数字中国建设整体布局规划》明确"构建开放共赢的数字领域国际合作格局"，"高质量共建'数字丝绸之路'，积极发展'丝路电商'"。

近年来，受新冠肺炎疫情影响以及各国对文化引进的政策调整，国际传播能力建设压力增大，数字出版"走出去"也面临一些挑战，但长期向好形势尚未改变。随着全球新冠肺炎疫情政策的调整，国际文化传播渠道得以畅通，国际间的交流合作将进一步增强，数字出版在国际传播能力建设中仍将大有可为，在市场开拓和路径开拓方面将实现更大突破。通过拓展传播渠道，创新传播手段和话语表达，在向世界讲好中国故事、传播中国声音，展现可信、可爱、可敬的中国形象中发挥更大作用。

5G、AI 等新技术新应用，将为国际传播能力建设、增强国际传播效能提供有力支撑，根据海外市场的用户偏好持续变化，加强精细化运营和赛道研判将成为数字出版企业走出去的重要着力点，也将推动数字文化出海的产品、模式、渠道的拓展。着眼于建设中华民族现代化文明，实现中华文明与其他文明交流互鉴中焕发新的生命力，构建人类命运共同体，数字出版被赋予的文化价值输出的职责将进一步凸显。除了欧美、东南亚等地区国家，中东、非洲、拉美等市场呈现良好发展潜力，将成为数字出版"走出去"新的突破口和增长点。

自 2023 年 7 月起，《中华人民共和国对外关系法》实施，其中第四十四条提出，国家推进国际传播能力建设，推动世界更好了解和认识中国，促进人类文明交流互鉴。这是国际传播能力建设首次被写入国家法律。电竞、云游戏、虚拟数字人等新兴领域的蓬勃发展，也将为数字文化产品"走出去"提供更为广阔的空间，数字出版不断以新知识、新内容、新方式、新理念助力国际传播能力建设。

（八）元宇宙加速催生数实融合新场景

自 2021 年元宇宙概念提出至今，元宇宙已从概念热议到资本热炒再到场景落地，成为数字经济发展的重要方向。数字藏品可谓是 2022 年元宇宙的重要形态，包括出版业在内的多个领域，通过发行数字藏品抢占元宇宙风口，成为延伸品牌价值，促进数字资产化的重要手段。

继数字藏品之后，虚拟数字人将成为元宇宙的重要入口，所谓数字人，是指通过计算机图形渲染、动作捕捉、深度学习、语音合成等技术打造的虚拟或仿真人物，按照商业和功能，可划分为内容/IP数字人、功能服务数字人和虚拟分体数字人三类。音乐是虚拟数字偶像应用较早的领域之一。早在2012年，洛天依即作为初代虚拟偶像就进入大众视野。目前，虚拟数字人在数字阅读、数字音乐、游戏、电竞、新闻播报、网络直播、短视频、数字教育、数字文博、数字文旅、数字广告等多个领域和场景均已形成了初步应用，并呈现出良好的发展前景。从游戏、网文中的虚拟角色，到网络媒体的虚拟主播，乃至文博、文旅领域的虚拟讲解员，虚拟数字人的应用场景日益拓宽。除了文娱领域，虚拟数字人在教育领域也有着良好的应用潜力，在学习过程中，学生可自主选择不同的场景和需要进行学习，虚拟数字人的互动性与个性化，可以更有针对性地帮助学生理解和掌握相关知识和技能，从而提升教学效率和效果，作为重要的智能化辅助性教学工具，将在课堂教学或自主学习场景中得到应用。[①]2023年7月，海豚传媒与奥飞娱乐、图灵机器人围绕儿童IP数字人研发及商业化应用等达成战略协作。此外，虚拟数字人将作为IP产业链中的重要一环，进一步释放数字版权价值，为数字内容产业创新发展提供更多可能性。

数字时代到来，商业逻辑和产业生态发生深刻转变，企业需要在新的商业环境下重建"人、货、场"，虚拟数字人则是连接产业和生态的重要途径。随着AR、VR、MR、XR、全息投影等技术的日益成熟，数实融合成为趋势，虚拟数字人将会在个性化、交互性、跨平台、社交性和智能化等方面持续发展和进步，提供更加立体化、沉浸式的文化体验。

2023年伊始，元宇宙热潮被ChatGPT的风头盖过，却也让元宇宙发展步入理性阶段。随着国内外对于元宇宙的认识不断深入，元宇宙的内容体系正在加速开放，将有越来越多的参与者加入到元宇宙的数字内容创建中。元宇宙在促进数字经济发展，推进数字中国建设中将发挥重要作用，中国也将通过数字中国建设，构建出元宇宙生产力的"中国方案"。

（课题组组长：崔海教；副组长：王飚、李广宇；课题组成员：毛文思、郝园园、孟晓明、徐楚尧、刘玉柱、宋迪莹、陶云云、张萌萌）

[①] 专访 | 元宇宙数字智能教育的应用实践和未来发展［EB/OL］.（2023-04-24）［2023-06-20］. https://www.sohu.com/a/669882584_121124366.

分 报 告

2022—2023 中国电子图书出版产业年度报告

孙晓翠　徐婉晴　黄　靖　孟祥晴

一、电子图书出版产业概述

2022年是党和国家历史上极不平凡的一年。党的二十大胜利召开，擘画了以中国式现代化全面推进中华民族伟大复兴的宏伟蓝图。尽管受到国际环境与国内疫情的双重影响，中国电子图书出版产业依旧保持着稳定的发展势头，在新时代新征程中展现新的特征与趋势。

（一）政策环境

2022年，数字产业化和产业数字化政策频出持续利好，为中国电子图书出版产业的发展奠定了良好的基础。

1. 数字出版编辑列入国家职业分类大典

近年来我国数字出版产业蓬勃发展，但是兼有出版专业背景又精通数字技术的复合型人才仍较为匮乏。2022年7月11日，人力资源社会保障部公示了新修订的《中华人民共和国职业分类大典》（以下简称"《大典》"）。《大典》将数字出版编辑（标注为S）正式列入到编辑这一类目中，标志着数字编辑这一职业得到了国家层面的认可。其有助于吸纳更多的人才投入到数字出版事业、壮大数字出版人才队伍，促进传统出版与新兴出版的深度融合发展。

2. 五部门联合发布《虚拟现实与行业应用融合发展行动计划（2022—2026年）》

2022年11月1日，工业和信息化部、教育部、国家广播电视总局等部门联合发布《虚拟现实与行业应用融合发展行动计划（2022—2026年）》（以下简称"《计划》"），指出要"探索新型导演叙事、虚拟拍摄技术，在新闻报道、体育赛事、影视动画、游戏社交、短视频等融合媒体内容制作领域，推动广播级高品质、大众化低门槛虚拟现实数字内容同步发展"。《计划》的发布，为虚拟现实在出版行业的应用注入了一针强心剂，有助于加快虚拟现实技术突破，促进产业链上下游企业协同发展。

（二）经济环境

这一年，国民经济遭受疫情的冲击，国民在教育文化娱乐方面的消费有所减少。不过，数字出版企业在困境中力求创新，发展韧性增强。

1. 国民教育文化娱乐消费增势回落

据国家统计局发布的《2022年国民经济和社会发展统计公报》，2022年全年全国居民人均消费支出24 538元；人均教育文化娱乐消费支出2 469元，下降5%。数据的回落，一方面是受新冠肺炎疫情的影响，居民消费的关注点更多落在健康产业上；另一方面，短视频、直播载体的兴起，给用户提供了更多的选择，用户对教育文化娱乐产品的期待越来越高，整体上的消费趋于保守。

2. 文化产业新业态发展韧性增强

据国家统计局对全国6.9万家规模以上文化及相关产业企业（以下简称"文化企业"）调查，2022年文化企业实现营业收入121 805亿元，按可比口径计算，比上年增长0.9%；分业态看，文化新业态特征较为明显的16个行业小类实现营业收入43 860亿元，比上年增长5.3%，快于全部规模以上文化企业4.4个百分点。其中，文化新业态特征较为明显的数字出版业表现亮眼，全国规模以上数字出版企业营收比上年增长30.3%。数据在一定程度上反映了我国文化新业态发展向好的态势。

（三）社会环境

2022年底，疫情政策不断优化，人民生活生产秩序逐步得到恢复，为电子书行业的发展提供了更为宽松的社会环境。同时，我国数字化社会建设步伐加快，社会大众的生活与移动电子设备的联系愈加紧密，使得人们使用电子书的意愿更加强烈。

1. 数字化社会建设步伐加快

2023年2月27日，中共中央、国务院印发《数字中国建设整体布局规划》（以下简称《规划》）。《规划》强调要推进数字技术与经济、政治、文化、社会、生态深度融合，强化数字技术创新体系和数字安全屏障"两大能力"。在数字化社会建设的新形势下电子图书行业要不断探索数字出版发展的新趋势，不断加强数字内容和传播形式的应用，满足数字时代用户的需求以促进产业高质量发展。

2. 各行各业发展迎来新机遇

2022年11月，为更加科学精准防控以最大限度减少疫情对经济社会发展的影响，国务院联防联控机制公布进一步优化疫情防控的"二十条措施"。2022年12月，国家卫生健康委发布公告，称自2023年1月8日起，对新型冠状病毒感染实施"乙类乙管"。政策的调整，在一定程度上使得社会生产生活秩序逐步恢复，为各行各业的发展带来新的机遇。对于电子图书产业而言，不断深耕内容，于不变中应对万变，在时代危机中孕育出版新机，依旧是下一步的发展重任。

（四）技术环境

这一年，技术发展日新月异，AI等技术在出版领域的应用逐步落地，这有助于电子图书为用户提供更丰富的内容、更新颖的形式、更新鲜的阅读体验。

目前，人工智能逐步应用于数字出版多个场景中，随着深度学习等技术的不断成熟，AIGC（人工智能生产内容）这一智能化内容创作形式显露头角。2022年11月，人工智能研究公司OpenAI推出智能聊天机器人模型ChatGPT，该智能聊天机器人模型被应用于通过问答的形式生成论文、修正代码等多种场景。国内目前有昆仑天工旗下的系列AIGC模型以及百度AI文心大模型等算法与模型，这些模型覆盖图像、音乐、文本、编程等多模态内容生成能力。

二、电子图书出版产业发展现状

2022 年，物联网、元宇宙方兴未艾，AI 人工智能领域日新月异，数字化流程范式及技术方法得到进一步应用。这些为中国电子图书出版产业的内容生产、场景打造、体验升级带来了更多想象空间，推动着产业的加速转型。

尽管行业政策利好、数字化阅读环境催生需求，电子图书市场得到了快速发展。然而，由于疫情因素叠加，中国电子图书出版产业的发展仍面临较大瓶颈。同时，盗版侵权、运营模式缺乏创新等仍是电子图书出版产业发展的关键掣肘。

（一）市场现状

2022 年，在各类利好环境下，中国电子图书市场的供给端保持了良好的发展态势。传统出版单位和民营出版企业纷纷通过内容引入、用户激励、场景拓展、产品创新等一系列经营活动，助力企业业务的持续增长。

1. 数字阅读市场稳步增长

2022 年，数字阅读市场表现良好。在需求层面，数字阅读已成为广大群众获取信息、学习知识和休闲娱乐的重要方式，其在各年龄段群体中的渗透率不断提升，其中手机阅读在各类数字化阅读形式中占据主要地位。在供给层面，中国数字阅读产品供给越发丰富，数字阅读服务也日趋集约化、系统化及个性化。中国音像与数字出版协会发布的《2022 年度中国数字阅读报告》显示，2022 年中国数字阅读市场总体营收规模为 463.52 亿元，同比增长 11.50%。具体如图 1 所示。

2. 电子图书市场规模持续扩大

2022 年，以电子图书为代表的数字阅读市场稳步发展，持续改变着人们的阅读习惯和数字出版行业的格局。电子图书不管是从产品和服务的易获得性，还是从市场的可持续发展等视角来看，均助力其 2022 年市场规模持续扩大。具体如图 2 所示。

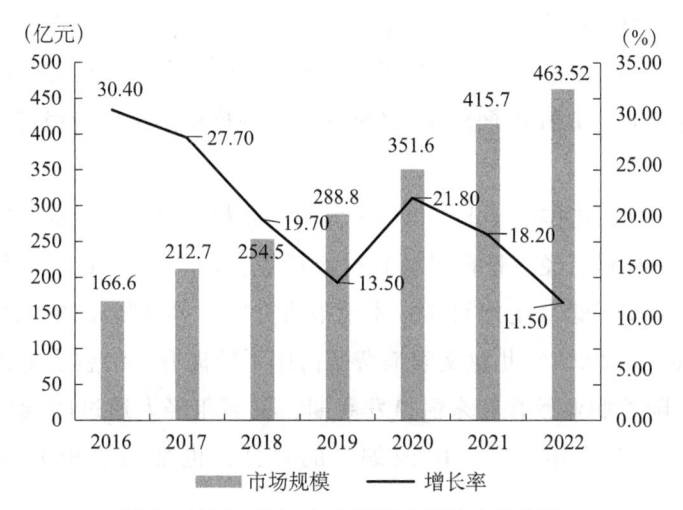

图 1 2016—2022 年中国数字阅读市场规模

数据来源：中国音像与数字出版协会发布的《2022 年度中国数字阅读报告》

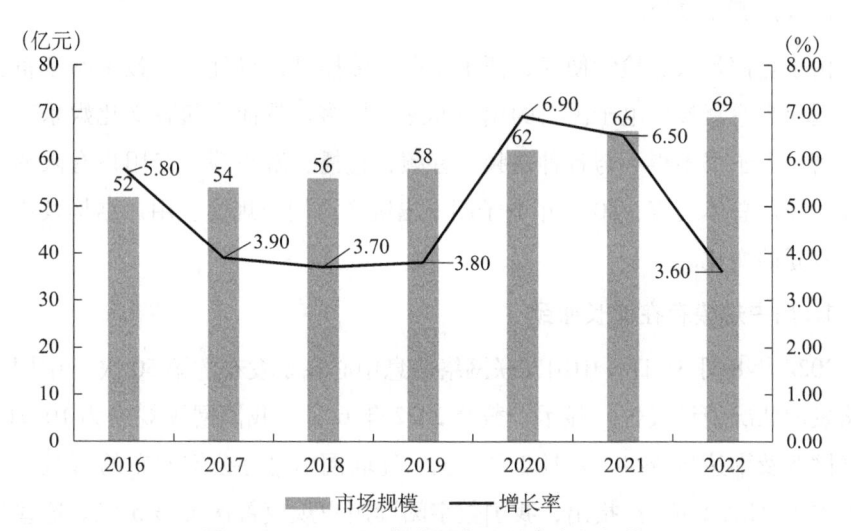

图 2 2016—2022 年中国电子图书市场规模

数据来源：根据国家统计局等公开资料测算

根据数据可知，2022 年电子图书出版市场的增长趋势虽比同期有所回落和下降，但整体规模仍然是增长。这在一定程度上可以表明，电子图书出版市场仍然具有较强的发展潜力和持续竞争力。

3. 数字阅读形成多元内容题材格局

在营收层面，2023 年中国音像与数字出版协会发布的《2022 年度中国数字阅读报告》显示，大众阅读（包含出版物电子书和网络文学作品）市场营收335.91亿元，占比72.47%，大众阅读依然占据市场主流。在宏观市场环境变化不大的背景下，中国电子图书市场整体营收规模将继续保持稳定，广告营收依旧是主要营收来源。

在题材层面，中国电子图书市场多元内容题材格局已然形成，内容涵盖文学小说、历史社科、经济管理以及教材教辅等。2022年，电商平台樊登读书App联合上海图书馆（上海科学技术情报研究所）共同发布的《2022阅读趋势报告》显示，2022年儿童文学消费的占比不断提升，治愈系主题受到年轻人的青睐。随着职业教育迎来窗口发展期，更多年轻人通过阅读提升专业技能。此外，在2022年冬奥、IP改编剧的热播，也带动了相关题材的图书消费。

（二）用户现状

由于存储量大、检索便捷、便于保存、传播迅速等优势，数字阅读备受青睐，近年来愿意接触电子图书的用户亦逐年增多。然而，随着文化娱乐产品日益丰富，电子书不得不与各种视频、音频、直播、游戏等争夺用户有限的注意力和时间。总体而言，2022年电子图书出版产业用户规模、用户结构及用户习惯都有新的变化。

1. 用户规模存在增长瓶颈

2022年8月31日，中国互联网络信息中心在京发布的第50次《中国互联网络发展状况统计报告》显示，截至2022年6月，我国网民规模为10.51亿，互联网普及率达74.4%。8月2日，国家互联网信息办公室发布的《数字中国发展报告（2021年）》指出，我国数字阅读用户规模首次突破5亿。这些数据揭示了我国电子图书出版产业巨大的市场和发展潜力。

然而，和其他消费领域不同，电子图书出版产业难以实现下沉市场的拓展，更难以培养下沉市场的消费习惯。据中国互联网络信息中心发布的第50次《中国互联网络发展状况统计报告》，截至2022年6月，我国短视频的用户规模增长最为明显，达9.62亿。相较于短视频等媒介形式的用户规模，我国电子书用户在规模上仍存在较大增长瓶颈。

2. 用户结构

2023 年 4 月 23 日，中国新闻出版研究院发布的《第二十次全国国民阅读调查报告》显示，77.8% 的成年国民进行过手机阅读，人均每天接触手机时长为 105.23 分钟，人均电子书阅读量为 3.33 本。

2023 年 4 月 24 日，第九届数字阅读年会上发布的《2022 年度中国数字阅读报告》显示，2022 年我国数字阅读用户规模 5.30 亿。其中 19—45 岁是数字阅读用户主力，用户年龄结构更趋年轻化。

3. 用户习惯

在用户习惯上，在网络环境下成长起来的新一代，构成了运用网络的主体。其特点主要为：受教育消息较高，收入情况一般良好，较注重创新，对电子图书的需求更加注重个性化的选择，如出版物的设计、内容、质量、信誉等心理和感官上的需求。

据中国新闻出版研究院发布的《第二十次全国国民阅读调查报告》指出，在各类数字化阅读方式接触率方面，2022 年手机阅读和网络在线阅读始终占据较高比例。2022 年有 77.8% 的成年国民进行过手机阅读，较 2021 年的 77.4% 增长了 0.4 个百分点；71.5% 的成年国民进行过网络在线阅读，较 2021 年的 71.6% 基本持平。成年国民读书时间和网络阅读同步保持增长，手机阅读等轻阅读占用阅读时间越来越长。具体如图 3 所示。

随着阅读媒介的多样化，用户对于高质量内容的付费意愿也持续提升。根据樊登读书 App 联合上海图书馆（上海科学技术情报研究所）共同发布的《2022 年阅读趋势报告》，随着数字阅读习惯的养成，越来越多的用户愿意为高质量内容买单，付费意愿高达 86.3%。

（三）企业现状

2022 年，全球四大图书出版商中的三家都面临着收入严重下降的困局，这在一定程度上体现出市场对图书的需求放缓；而销售疲软、高通胀和持续的供应链问题也加剧了出版业的销售困境。聚焦国内，2022 年图书出版行业市场格局相对稳定，业绩波动相对较小，国企占据头部。从图书出版市场占有率看，头部出版上市公司主要是把握核心出版资源和教材教辅业务的国企。然而，伴

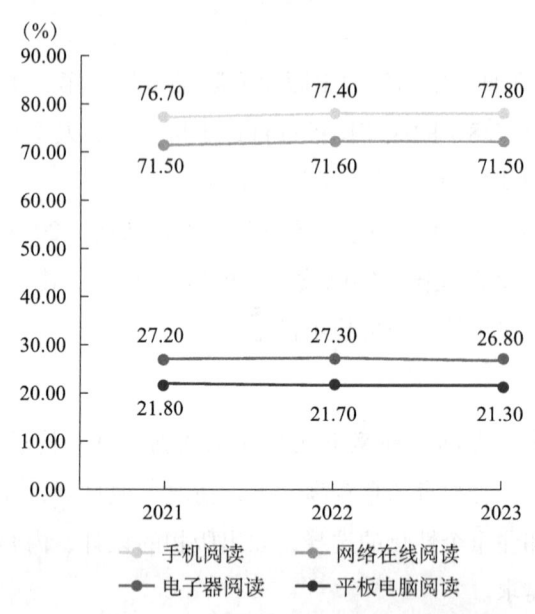

图 3　2021—2023 年各类数字化阅读方式接触率

数据来源:《第二十次全国国民阅读调查报告》

随着国际国内环境的变化,传统出版单位、民营出版企业以及数字阅读企业的发展亦面临较大压力。

1. 传统出版单位积极寻求破局

当下,传统出版单位在电子图书市场依旧扮演着重要的角色。综合企业影响力及数据可获得性,此处选择已上市的中国出版、中信出版、时代出版三家企业为代表来分析传统出版单位的发展现状。

中国出版 2022 三季度财报显示,中国出版 2022 年前三季度主营收入为 36.24 亿元,同比下降 6.23%;中信出版 2022 年三季度报告显示,中信出版前三季度营业收入为 13.27 亿元,比上年同期减少 5.53%;时代出版 2022 年三季度报告显示,时代出版前三季度实现营业收入 53.84 亿元,同比减少 5.98%。

综合来看,三家大型出版企业都面临营收同比减少的问题。其原因既包括疫情和行业发展环境变化等外部因素,也包括企业自身的经营策略等内部因素,如因销售增长所带来的人力成本、促销、物流等相关费用同比增加。尽管发展乏力,但传统出版单位在巩固传统业务的同时,在数字出版和 IP 运营领域亦在持续发力，不断创新以寻求破局。

中信出版社表示，后续将继续加大版权投入，积极拓展短视频平台的分发和自播体系，增强整体市场营销和渠道发行能力。浙江文艺社也在部署自己的运营阵地，融合纸、电、声、课程等多维产品于一体，发力社群营销，沉淀私域流量。此外，二十一世纪音像电子出版社积极开发建设自有数字阅读、交互电子书、有声书及伴读小程序，布局数字阅读矩阵。

2. 部分民营出版企业表现亮眼

在民营出版企业层面，此处选择三家已上市的民营出版企业作为分析样本，分别是果麦文化、读客文化和新经典。以期以点窥面，获知民营出版企业的电子图书业务发展现状。

果麦文化2022三季度财报显示，果麦文化2022年前三季度主营收入为3.31亿元，同比上升4.34%。读客文化2022三季报显示，读客文化2022年前三季度主营收入为3.69亿元，同比增长8.12%；在数字内容板块，2022年1—9月同比上升34.01%。其主要原因包括：一是推进纸电声联动，诺奖作家莫言新书短篇集纸电声同步上架，与影视热播剧《心》《我叫赵甲第》联动，上架了电子书和有声书；二是入驻电子书和有声书平台的电商商城直接销售纸质图书，缩短了数字内容带动纸质图书销售的循环。新经典2022三季度财报显示，前三季度营收约7.03亿元，同比增长3.36%。总体而言，民营出版企业盈利能力稳定发展，部分民营出版企业表现亮眼。

（四）终端市场现状

电子图书行业的发展，阅读终端的普及在其中扮演了重要的作用。同时海量电子书资源的上线，也扩宽了阅读终端的市场占有率。从全球范围看，中国已经成为全球第三大电子书阅读器消费市场。聚焦国内市场，电子书阅读器厂商主要有Kindle、掌阅、科大讯飞、汉王等。国内数字阅读终端产业应用格局已经打开，制造生态正在蓬勃发展。

在数字化阅读大趋势下，数字阅读终端市场也正经历着快速的迭代和变迁。2022年6月2日，亚马逊宣布将于2023年6月30日在中国停止Kindle电子书店的运营业务。此举将在一定程度上影响电子图书业务以及终端市场的信心和预期；同时，其他平台必然会弥补这个空缺，但是短期来看并非易事。

三、电子图书出版产业年度重要事件

（一）京东图书与当当网合作

2023年1月10日，京东图书与当当网在京签订战略合作协议，当当官方旗舰店在京东全面上线运营。双方将以此为起点，在货品融通、客户服务、整合营销、供应链协作等领域持续深化合作。以此满足用户的学习需求，为消费者带来更多平价好书，助推图书行业繁荣，推进全民阅读建设。

（二）首届全国出版学科共建工作会召开

2022年7月24日，首届全国出版学科共建工作会在北京大学召开。北京大学、北京师范大学、华东师范大学、四川大学、北京印刷学院等5所知名高校新设的出版学院、出版研究院集中亮相。我国出版学科建设将以共建工作为抓手，贯通政产学研用，完善出版专业设置，打造雄厚师资队伍，健全人才培养体系，建强中国特色出版学科，为我国文化强国、出版强国建设贡献智慧和力量。

（三）中文在线与为快科技签署战略合作协议

2022年9月27日，中文在线发布与北京为快科技签订战略合作协议的公告。中文在线拥有丰富的数字版权，而为快科技是一家专注于虚拟现实内容的企业，这次合作是中文在线布局"文化元宇宙"业务的重要一步。双方将基于中文在线海量的优质内容和为快科技在VR领域的技术优势，以文化内容为基础，在IP商业开发、VR内容制作发行等领域进行深度合作。

四、电子图书出版产业发展趋势

"十四五"时期，产业转型是电子图书出版产业基础性、战略性和关键性问题。基于2022—2023年的行业发展环境和市场发展概况，可预测电子图书出版产业将呈现以下四大发展趋势。

（一）AI技术或将变革内容创作范式

随着虚拟现实、增强现实、混合现实、区块链等新型交互技术的广泛应用，计算机技术、通讯技术、网络技术、流媒体技术、存储技术、显示技术等高新技术在电子图书出版产业领域的落地与融合，将极大影响传统出版业编、印、发等各个环节。电子图书出版产业将不再停留于内容资源数字化、表现形式多样化、生产流程智能化，而是逐步向知识内容深度挖掘、知识服务智能化、电子图书产品数据化的方向发展，不断向技术与内容深度融合的进程推进。

2022年，横空出世的ChatGPT正推动全球AI产业化进程全面提速。可以预见，在未来一段时间，AI技术或将变革电子图书内容创作的范式。基于此，数字内容生产资源将得到极大程度的拓展，电子图书的创作和制作效率将得到进一步提高。

（二）数字阅读企业运营模式趋于完善

当前，"内容为王"依旧是电子图书出版产业发展的关键运营策略，各出版机构依然会围绕内容展开运营。根据《2022年阅读趋势研究报告》，IP改编已成为数字阅读市场的关键领域；各平台陆续推出激烈扶持政策，在优化内容变现路径的同时，也为优质作品的诞生创造良好的平台条件。

在运营方式上，因运营投入与其他数字业务相比相对简单，电子图书的运营模式及市场格局基本成型，主要依赖纸电同步的发展路径。目前纸与电的博弈已经基本达到均衡，"纸电共生"的状态已经成为常态。在盈利模式上，电子图书市场盈利模式相较稳定，主要以广告及下载付费为主。

互联网经济的发展，让出版机构被置于更广泛的内容产业竞争之中，也对电子图书出版产业模式、运营能力提出了更高要求。加强市场销售和传播渠道建设，形成强大的市场影响力、传播力，构建商业模式和盈利模式是中国电子图书出版产业发展的题中之义。

随着人们对于阅读需求的多样化，深入关注读者的个性化需求，提供更加个性化的阅读服务和内容推荐，将成为电子图书出版产业可持续发展的题中之义。在此背景下，中国电子图书出版产业将：紧跟用户需求变化，探索新的运营模式；探索多元盈利模式，开发更具吸引力的付费内容、销售周边产品、开辟线下有声阅读场所、举办线下活动和知识分享等多元化盈利模式，不断拓宽盈利空间。在未来，电子书直接转码上传的模式将成为历史，更多出版企业会选择将内容拆解成满足用户交互阅读需求的专栏等形式。

（三）电子图书"走出去"成为重要趋势

中国图书走出去是一个巨大的系统工程，不但代表着中华文化的大方向，也是中华文明与各国文明有机融合的重要举措。当前，尽管出版社已经有意识在了解国外市场之后去做外向型图书，但是任务重收益少动力不足、市场信息不精准，加上译者资源不足等因素，导致"走出去"的图书大多存在"一头热"的现象。

根据中国音像与数字出版协会发布的《2022年度中国数字阅读报告》，数字阅读海外布局进一步深化：2022年出海作品总量达61.81万部，同比增长超过50%，北美、日韩以及东南亚地区依旧是"出海"作品投放量最大区域，内容深度开发成为主流。

在今后一段时间，电子书"走出去"依旧是重要趋势。IP作为数字阅读的重要资产，或将成为电子图书出版产业从"走出去"到"走进去"的关键抓手。中国电子图书出海，也将持续激发国内IP精品的生产和开发，为讲好中国故事、传递中国声音带来强劲引擎。

（四）电子图书版权保护力度持续加大

作为数字出版的主要产品形态之一，电子书盗版侵权的问题仍为行业发展带来诸多困扰。2022年末，盗版电子书网站Z-Library被美国相关部门关停。2023年3月，《人民日报》发文《持续加强电子书版权保护》评论指出，盗版电子书的扩散传播隐蔽性较强，权利人为收集和固定证据，往往需要付出很多时间、精力，其治理必须双管齐下、疏堵结合。

今后一段时间，加大电子图书版权保护体系建设将成为整个产业生态建设的重点之一。在具体做法上，需要从三方面进一步推动正版电子书市场健康发展：一是鼓励著作权人授权数字化版权，鼓励出版企业和电子书发行平台提供品种丰富、获取方便、价格合理的电子书产品，让正版电子书占领市场；二是相关部门要进一步完善相关法律法规，加强市场监管，加大处罚力度；三是要不断提升全社会版权保护意识，为推动数字出版产业健康发展营造更好的环境。

参考资料

［1］新华网.2022 年图书零售市场总规模为 871 亿元［EB/OL］.［2023-01-06］.https：//baijiahao.baidu.com/s？id=1754279918211582921&wfr=spider&for=pc.

［2］华经产业研究院.2022 年中国数字阅读市场规模、作品分布情况及行业市场竞争格局［EB/OL］.［2022-06-17］.http：//t.10jqka.com.cn/pid_224975618.shtml.

［3］中国音像与数字出版协会.2021 年度中国数字阅读报告［EB/OL］.［2022-06-08］.http：//www.cadpa.org.cn/3277/202206/41513.html.

［4］光明网.读书破万卷 2022 阅读趋势报告发布［EB/OL］.［2022-04-22］.https：//m.gmw.cn/baijia/2022-04/22/1302912565.html.

［5］光明日报.第 50 次《中国互联网络发展状况统计报告》发布［EB/OL］.［2022-09-01］.http：//www.gov.cn/xinwen/2022-09/01/content_5707695.htm.

［6］中国网信网.国家互联网信息办公室发布《数字中国发展报告（2021 年）》［EB/OL］.［2022-08-02］.http：//www.cac.gov.cn/2022-08/02/c_1661066515613920.htm.

［7］央视新闻.中国新闻出版研究院发布第十九次全国国民阅读调查结果［EB/OL］.［2022-04-23］.https：//m.huanqiu.com/article/47ix20UIt5x.

［8］人民日报.持续加强电子书版权保护［EB/OL］.［2023-03-22］.https：//ipraction.samr.gov.cn/xwfb/gnxw/art/2023/art_4ba1ce7c0a7944fda19124b2285ef9fd.html.

［9］搜狐网.掌阅科技布局元宇宙，推出阅读推广虚拟数字人"元壹梦"［EB/OL］.［2022-06-30］.https：//www.sohu.com/a/562209483_509769.htm.

［10］中华人民共和国 2022 年国民经济和社会发展统计公报［EB/OL］．［2023-02-28］．http：//www. gov. cn/xinwen/2023－02/28/content_ 5743623. htm.

［11］新华网．《数字藏品应用参考》发布［EB/OL］．［2022－07－07］．http：//www. xinhuanet. com/culture/20220707/fb7a5a93d4354b9aa3d0686822cb94e0/c. html.

［12］新华网．首届全国出版学科共建工作会在京召开［EB/OL］．［2022-07-26］．http：//www. news. cn/2022－07/26/c_ 1128864337. htm.

［13］腾讯网．网络文学界发起《网络文学行业文明公约》［EB/OL］．［2022-07-07］．https：//new. qq. com/rain/a/20220707A02A7600.

［14］搜狐网．中文在线与为快科技签署战略合作协议 深度布局 VR 内容领域［EB/OL］．［2022-09-28］．https：//www. sohu. com/a/588682366_ 121118712.

［15］搜狐网．京东图书与当当网达成战略合作 当当官方旗舰店全面上线［EB/OL］．［2023-01-10］．https：//www. sohu. com/a/627539739_ 120084638.

［16］e 公司．掌阅科技：将接入百度文心一言 成为首批体验官［EB/OL］．［2023-02-15］．http：//egs. stcn. com/news/detail/1369919. html.

［17］百家号．官宣：七猫×百度文心一言［EB/OL］．［2023－02－14］．https：//baijiahao. baidu. com/s？id＝1757786653497219498.

（孙晓翠、孟祥晴单位：山东大学新闻传播学院；徐婉晴、黄靖单位：武汉大学信息管理学院）

2022—2023 中国数字报纸产业年度报告

樊 荣 丁 丽 苏华雨 杨名柳 宋宵佳

2022年是实施"十四五"规划、全面建设社会主义现代化国家的重要之年。随着国家系列政策的进一步深化实施，我国数字出版产业继续稳步发展，为数字报纸的发展营造了良好的生态环境。以5G、云计算、元宇宙、区块链、人工智能、超高清等为代表的数字技术进一步应用到知识生产与服务中，数字出版产业收入呈现上扬趋势，传统报业数字化转型速度加快，数字报纸多平台传播。同时，国家主管部门发布相关管理与治理政策，进一步规范网络新闻行业，营造良好的数字报纸传播生态。

一、数字报纸出版产业概述

2022年是充满机遇与挑战的一年，数字报纸行业的发展是文化生活的一个映射，受到政策、经济、社会、技术多方因素的共同影响。

（一）政 策

党的十八大以来，习近平总书记多次对媒体融合发展提出明确要求，为推动包括数字报纸在内的媒体融合发展指明了前进方向、提供了根本遵循。数字报纸作为媒介融合和文化产业高质量发展的重要内容，其在功能定位、现状分析、价值重塑、路径优化等各个层面的探索，对新时代深入推进媒介深度融合、服务媒介化社会、助力社会治理等方面具有重要价值。

1. 《关于推动出版深度融合发展的实施意见》印发，出版融合步入新高度

2022 年 4 月，中共中央宣传部印发了《关于推动出版深度融合发展的实施意见》（以下简称"《意见》"）。《意见》从方向目标、内容建设、技术支撑、重点项目工程、人才建设、保障体系等 6 个方面提出了新时代下出版深度融合发展的指导。应对新媒体技术的冲击，《意见》为传统报业向数字化深度融合发展指明了方向。

2. 《"十四五"文化发展规划》与《党的二十大报告》发布，为文化产业发展指明方向

2022 年 8 月，中共中央办公厅、国务院办公厅印发的《"十四五"文化发展规划》提出在舆论建设方面，通过构建主流舆论新格局，建设全媒体传播体系，建好用好管好网上舆论阵地等手段，巩固壮大主流舆论。

2022 年 10 月，党的二十大在北京胜利召开。《党的二十大报告》指出，加快构建新发展格局的背景下，建设现代化产业体系需加快发展数字经济，促进数字经济和实体经济深度融合，打造具有国际竞争力的数字产业集群。党的二十大为文化产业与舆论建设发展指明了前进方向、提供了根本遵循，也为报纸数字化转型、数字报纸的发展提供了指导。

（二）经　济

习近平总书记曾指出，"文化是由经济决定的，经济力量为文化力量提供发挥效能的物质平台"。经济发展的整体态势与数字报纸等文化产业的发展质量高度相关。其稳中向好不断夯实文化产业的经济基础，成为数字报纸行业的新动能。

1. 文化产业业态保持增长态势

2022 年面对风高浪急的国际环境与艰巨繁重的国内改革发展稳定任务，我国加大宏观调控力度，在攻坚克难中稳住了经济大盘。在整体向好的局势中，文化产业也呈现出较强的发展韧性。2022 年我国全年全国规模以上文化及相关产业企业营业收入 121 805 亿元，比上年增长 0.9%，连续多年保持增长，市场预期逐渐向好。

2. 数字经济基础不断夯实

数字经济为全球经济复苏提供重要支撑。2022 年，我国数字经济规模稳居

世界第二位。信通院数据显示，2022年，我国数字经济的规模提升至50万亿元左右，同比增长10%左右。信息技术服务业也呈现出发展态势。根据工信部发布的《2022年互联网和相关服务业运行情况》相关数据显示，2022年，我国以信息服务为主的企业（包括新闻资讯、搜索、社交、游戏、音乐视频等）互联网业务收入同比增长4.9%。

（三）社　会

随着新兴媒介技术的广泛接入和媒介化社会的深度演进，数字鸿沟的"接入沟"显现出缩小与弥合的利好趋势。在生产端，报纸通过"数字化编码"降低了印刷成本，提升了信息传播的效率；在消费端，用户以低成本获得免费、海量的优质新闻信息。供需双方通过数字化技术实现了最佳匹配，助力数字报纸行业的提质增效。

1. 网民规模持续稳定增长，互联网普及率不断提升

中国互联网络信息中心（CNNIC）发布的第51次《中国互联网络发展状况统计报告》显示，截至2022年12月，我国网民规模达10.67亿，较2021年12月增长3 549万，互联网普及率达75.6%。超过10亿用户接入互联网，形成了全球最为庞大、生机勃勃的数字社会，为数字报纸提供了广大的受众。

2. 数字乡村建设持续推进，农村互联网普及率不断提升

据工业和信息化部统计，截至2022年我国已经实现所有地级市城区、县城城区5G网络全覆盖，乡镇高水平覆盖。受乡村网络普及率提高影响，《人民日报》等报纸客户端地方频道在三、四线城市下载量、影响力明显提升，形成主流媒体网上讲好地方故事、传播地方声音的新优势。

（四）技　术

智媒时代，技术重塑了媒介生态，革新了新闻生产全流程。新媒介技术有效规避了传统新闻业"链式"生产模式的弊端，"链状网络式"的数字新闻生产与传播模式推动数字报纸行业转型升级。

1. 人工智能技术驱动信息处理功能不断提升

互联网、大数据、云计算、人工智能、区块链等技术加速创新，日益融入

经济社会发展各领域全过程。机器学习、深度学习、自然语言处理以及自然语言生成等人工智能技术在帮助新闻业更高效地收集、分析、呈现和分发数据中发挥了重要作用。美国Open AI公司研发的ChatGPT是一种人工智能技术驱动的自然语言处理工具，一经推出便引发了新闻界关于人工智能取代新闻创作的争议与讨论。

2. 5G建设加快，信息基础设施建设成效显著

技术进一步赋能数字经济，推动数字产业的深化发展与媒介融合的进一步深入。2022年我国建成全球规模最大的5G网络。根据中国信通院发布的《2022年12月国内手机市场运行分析报告》，2022年我国市场手机总体出货量累计2.72亿部，其中5G手机出货量2.14亿部，占同期手机出货量的78.8%。

二、数字报纸出版产业发展现状

数字报纸的发展现状主要从市场和用户两大视角切入，聚焦以党报、都市报和行业报为核心的细分领域，具体分析其运营模式。

（一）市场现状

1. 全国报纸出版量和数字报纸产业规模下滑趋缓，数字化阅读方式接触率上升

传统报业市场面临着市场规模的挤压，全国范围报纸出版量下滑、印刷总量缩减。这一方面反映了传统纸质出版的市场窘境，也从另一个侧面反映出报纸数字化转型的迫切需求。

2023年元旦前后，相继有6家报纸宣布停刊或转战新媒体平台。许多城市的晚报与日报合并，只保留日报的"一报模式"，报纸出版量逐年下降。国家统计局数据显示，2022年全国各类报纸出版总量266亿份，与2021年相比下降3.6%，但下降速度趋缓。具体如图1所示。

数字报纸产业在传统报业发展不利和新闻资讯聚合平台发展势猛等的冲击和影响下，其整体市场规模处于持续下滑的情况。但根据图2所示，相较于前两年，2022年数字报纸产业市场规模下滑趋向缓和。

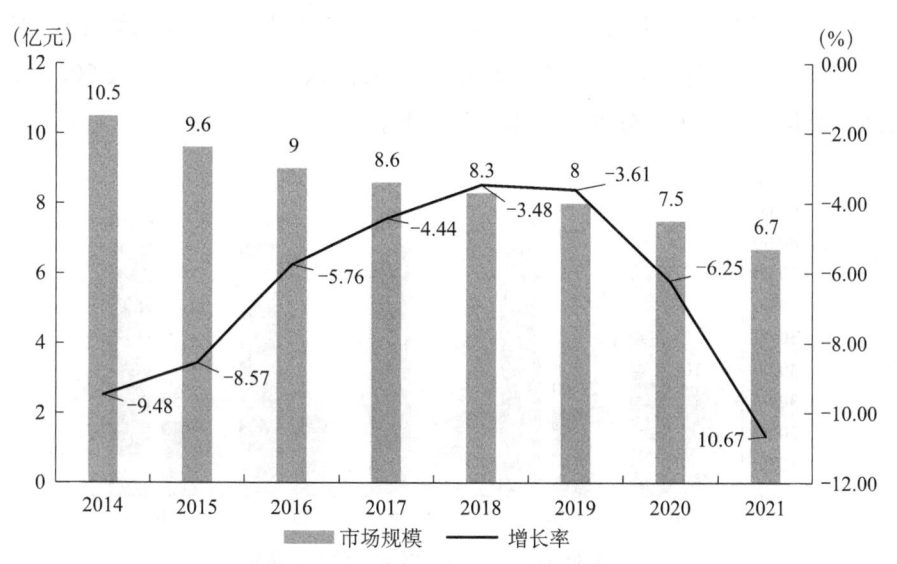

图 1 2014—2022 年全国各类报纸出版量及下降率

数据来源：根据国家统计局《国民经济和社会发展统计公报》相关数据统计

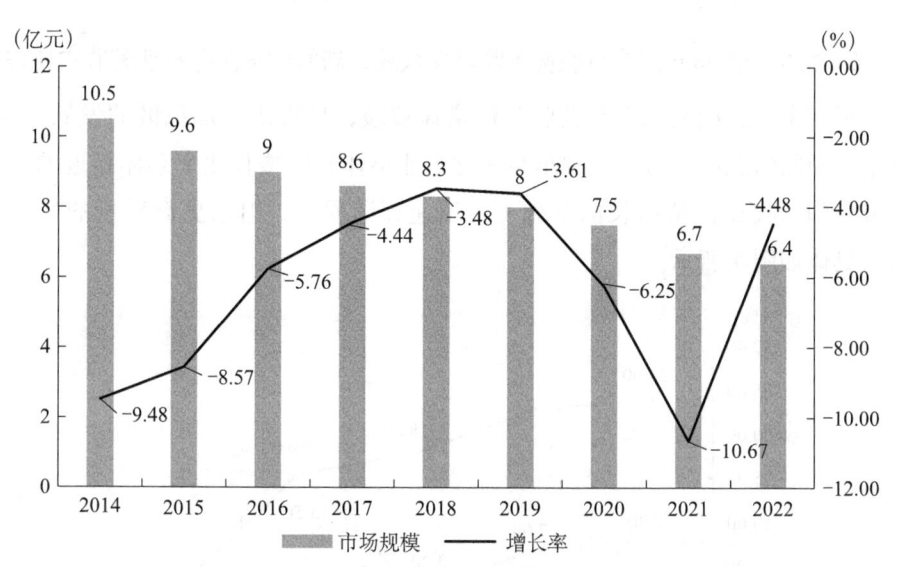

图 2 2014—2022 年数字报纸产业市场规模及增长率

数据来源：根据国家统计局等相关数据测算

相比较传统报纸出版与印刷的变化趋势，我国国民报纸阅读率的下降速度相对和缓，用户报纸阅读转向数字化方式。中国新闻出版研究院发布的《第二十次全国国民阅读调查结果》显示：2022 年全国国民报纸阅读率为 23.5%，较2021年的24.6%下降了1.1个百分点；而数字化阅读方式（网络在线阅读、手机阅读、电子阅读器阅读、Pad阅读等）的接触率为80.1%，较2021年的79.6%增长了0.5个百分点。具体如图3所示。

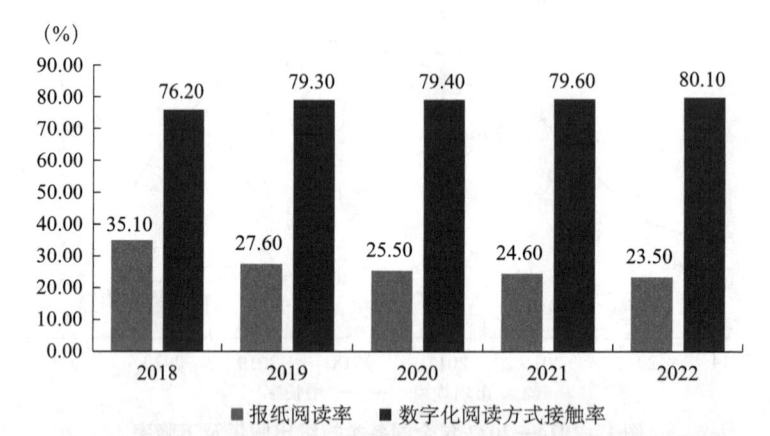

图3 2018—2022年全国国民报纸阅读率及数字化阅读方式接触率

数据来源：根据中国新闻出版研究院相关数据统计

2. 文化产业与新闻信息服务营收增速放缓，新闻信息服务行业营收占比提升

近年来，我国文化企业营收整体增速放缓，呈现出更加稳健的发展节奏。其中，新闻信息服务行业呈现出与文化企业整体营收增长比率总体相近的变化趋势，即营收在保持增长的基础上，增速逐渐回落，追求更高质量的稳定发展。具体如图4所示。

图4 2018—2022年我国文化企业营收与新闻信息服务营收年增长比率

数据来源：根据国家新闻出版署相关数据统计

我国文化企业按照行业类别划分，包括新闻信息服务、内容创作生产、创意设计服务、文化传播渠道、文化投资运营、文化娱乐休闲服务、文化辅助生产和中介服务、文化装备生产、文化消费终端生产共9个类别。其中，新闻服务信息服务业营业收入在保持持续增长的同时，在文化产业总体营收中占比逐渐提升，新闻信息服务业已经成为文化产业不可缺少的重要部分，取得了较好的经济效益和社会效益。具体如图5所示。

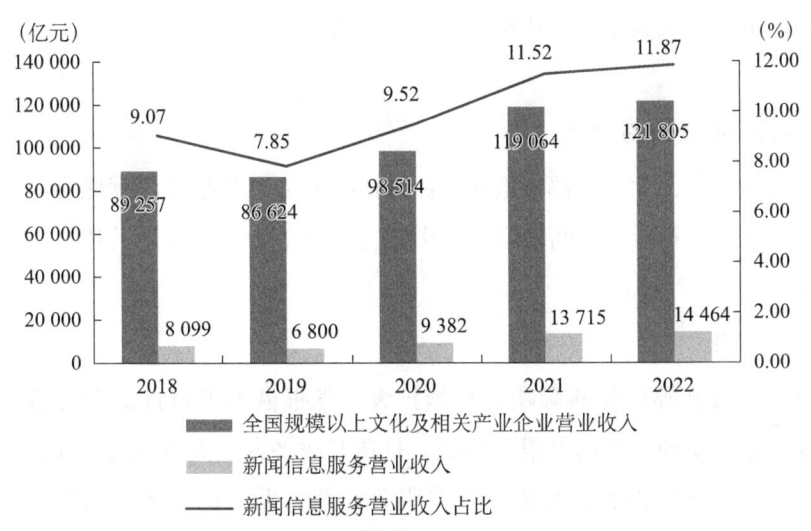

图5 2018—2022年我国新闻信息服务营业收入占比

数据来源：根据国家新闻出版署相关数据统计

（二）用户现状

1. 网络新闻用户规模回升

中国互联网不断普及的过程中，网络新闻发挥了不可或缺的作用。在中国网民不断增长的过程中，网络新闻用户规模也在持续扩大，但其占网民整体的比例却在波动中呈总体下降趋势。据中国互联网络信息中心（CNNIC）发布的第51次《中国互联网络发展状况统计报告》数据统计，截至2022年12月，我国网络新闻用户规模达7.83亿，较2021年12月增长1 216万，占网民整体的73.4%。

2. 短视频新闻咨讯用户规模增长

第51次《中国互联网络发展状况统计报告》显示，截至2022年12月，我国短视频用户规模首次突破十亿，达 10.12 亿；用户使用率高达 94.8%，同比增长 8.3%。短视频凭借短平快的优势，已经深入到各行各业和用户生活的各个角落。传统媒体纷纷入驻短视频平台、发布视频咨讯，更高效地触达用户。

据 CTR 媒体融合研究院监测数据，截至 2022 年底，包括报纸在内的主流媒体在抖音、快手平台拥有 668 个百万级以上粉丝量账号，较年初增长 6.9%；其中百万级抖音账号占比已超四成，快手平台百万级粉丝账号占比已超三成。短视频渠道已经成为主流媒体网络传播力增长主渠道。

（三）领域细分现状

领域细分中，党报、都市报和行业报持续发力。其结合深度融合与文化建设等相关政策的指导，不断增强社会影响力与公信力，探索新的传播方式与宣传矩阵。

1. 党报

（1）党报新媒体传播影响力持续扩大。党报借力平台打造全渠道矩阵布局，各级党报发扬"开门办报"传统，打造开放平台，吸引机构、媒体、个人入驻，既聚合优质内容，又拓展公共服务职能，助力国家治理现代化。2022年，"央视新闻"和"人民日报"抖音平台粉丝量先后突破 1 亿，主流媒体借由短视频新媒体平台实现了流量的突破与新增速。

（2）全平台不间断跟进重大主题报道。重大主题报道中，数字报纸强化使命担当，创新表达，打造出一系列的"现象级"新媒体产品，让大流量澎湃正能量。2022 年，党的二十大胜利召开、北京冬奥会举办、香港回归 25 周年、中国共产主义青年团成立 100 周年、神舟十三号载人飞船返回舱在东风着陆场成功着陆、第五届中国国际进口博览会等重大事件都在这一年发生。2023 年两会期间，《人民日报》记者使用 AI 编辑部 4.0 在平台进行新闻产品制作，快速完成新闻稿件的撰写和数字报纸的制作，即时将报道发布于人民日报社、网、端、微、屏，助力全国两会的宣传报道。

2. 都市报

（1）市级融媒体中心探索建设初见成效。2022 年 4 月，中宣部、财政部、国家广电总局联合下发《关于推进地市级媒体加快深度融合发展实施方案的通知》。截至2022年6月，全国已有18个省（自治区）启动了建设市级融媒体中心的探索，各地报业与广电资源结合，建成市级融媒体中心。在党的二十大胜利召开之际，《半岛都市报》全媒体中心从百姓视角切入报道了一位"可爱老太太"，她在观看二十大开幕式时回忆起十年来的生活变迁，推出了《"可爱老太太"的诗意新居》《听·见丨回迁房里收看二十大，可爱老太太的"诗意新居"》等相关报道，以图文、视频等不同方式进行呈现。

（2）搭载新媒体平台构建传播矩阵。2022年，都市报新媒体持续发力，搭建微信、微博、视频号、博客等全矩阵，涵盖图文视频传播渠道，同时保持着较高的发稿量。其使得阅读量和粉丝规模都有了显著提升，第三方平台影响力持续扩大。

中国社会科学院新媒体研究中心发布的《2022年中国经济媒体融合发展实践报告》中，南方都市报、N视频与人民网、新华网、中国新闻网等主流媒体共同入选"新媒体影响力指数TOP10"和"微信原创传播力指数TOP10"两大榜单，都市报影响力持续高位运行。

3. 行业报

行业媒体是主流媒体传播矩阵的重要组成部分，是做好意识形态领域工作的重要抓手。2022年，在《关于推动出版深度融合发展的实施意见》的指导下，行业报继续深化改革，积极配合主流媒体的宣传方向。2022年1月26日英大传媒集团正式上线《国家电网报》《亮报》数字报纸，现已覆盖多个国家电网公司级平台、微信小程序和微信公众号、《国家电网报》手机报等渠道。用户普遍反映此数字报纸界面友好、功能完善，视听效果逼真。

尤其在二十大等重大议题的宣传中，《国家电网报》《亮报》数字报纸以习近平新时代中国特色社会主义思想为指导，以迎接党的二十大、宣传贯彻党的二十大精神为主线，坚持围绕中心，努力为党和国家工作大局营造良好舆论氛围。

三、数字报纸出版产业运营模式分析

2022年是充满变化的一年，技术革新推动着数字报纸等媒体融合业态的深入发展。各数字报纸聚焦内容生产的创新工具，拓宽融合边界、开拓路径创新，不断完善运营模式，打造更加成熟的全媒体宣传矩阵。

（一）拓宽媒体融合边界，创新"新闻+"路径

各级报社在深度融合转型过程中提出"新闻+政务""新闻+服务""新闻+商务""新闻+智库"等多个融合创新方向。数字报纸已经成为一项媒体服务社会的重要信息载体，深刻融入社会生活生产的各个方面。《人民日报》开设的网上"领导留言板"，在2022年共收到群众超59万件留言，比2021年翻了一番。《新京报》发起"职引未来——我帮毕业生找工作"特别行动，通过纸（传统报纸）电（官方微信、微博等）同步方式搭建专题进行宣推。主流报纸积极助力新冠肺炎疫情之后的复工复产、乡村振兴扶农助农，借助抖音、快手、微博、微信等平台开展抗疫、助农直播等。除此之外，报纸积极开展"新闻+智库"的融合创新，推出了一系列智库平台，例如人民日报社的"人民智库"、光明日报社的"光明智库"、新京报社的"新京智库"等。

（二）短视频平台夯实，渠道建设日趋成熟

短视频用户数量激增，为媒体的布局建设提供了新思路，报纸积极探索短视频平台的传播规律，布局传播新矩阵。其洞悉抖音平台特点，结合重大社会议题和相关活动发布内容。截至2022年12月底，主流媒体在抖音平台共产生2 915条百万点赞作品，其中来自人民日报主账号发布的22条点赞量达千万。

各地方报纸则结合区域特色、时事热点，积极通过数字化、网络化手段回应民众关切的文娱、时政、医疗等内容。如快手平台地方报纸账号的播放内容以生活化、接地气的作品为主要特色，轻松搞笑，内容传播效果佳。

（三）发力客户端，打造"三微一端"传播矩阵

主流报纸及其媒体机构利用三微（短视频、微博、微信）一端（自有客户端）渠道，打造全方位传播矩阵，取得了较好的融合传播效果。CTR媒体融合研究院通过对2022年主流媒体机构网络传播力的行业观察和数据监测统计，

截至 2022 年底，《人民日报》《中国日报》《光明日报》《经济日报》等 8 家央媒共有 18 款新增下载量过百万的自有 App 产品，超 1 200 个第三方平台活跃账号，与去年相比整体规模有所精简，480 个百万级以上粉丝/季度阅读量的头肩部账号矩阵，较上年提升 9%；累计生产 7.9 万篇爆款作品，比上年增长 11%。如《人民日报》在微博、抖音平台账号粉丝量过亿，抖音、快手、微信公众号作品传播能力强，95% 以上的作品皆为爆款。

四、数字报纸出版产业年度重要事件

党的二十大的成功召开，为各行各业的发展指明了方向，各行各业在不断的实践中检验发展成果。数字报纸产业也紧跟时代发展脉搏，记录时代发展足迹。

（一）新时代党报成就展（线上展）启动

2022 年 9 月 8 日，由中央宣传部（国家新闻出版署）指导、中国报业协会主办的新时代党报成就展（线上展）在北京启动。展览在人民网、中国文明网和国家新闻出版署网站上同步启动，持续至 2022 年底。本次展览充分展示了各级党报在党的领导下取得的重大成就，激励各级党报开拓新征程，为新时代贡献力量。

（二）网络新闻媒体直播重大赛事

2022 年，网络新闻媒体全方位报道冬奥会、冬残奥会和卡塔尔世界杯重大赛事，引发全民观赛热潮。LED 三维立体舞台、主火炬台 LED 双面屏、"5G + VR"自由视角沉浸式观赛、4K/8K 超高清直播、场馆 5G SA（独立组网）网络全覆盖等技术的应用吸引了全世界的眼球。

据统计，北京冬奥会数字媒体和线上直播数据都达到历史新高，转播内容总生产量达到 6 000 小时，高于平昌冬奥会的 5 600 小时。北京冬奥会成为迄今收视率最高的一届冬奥会，在全球社交媒体上吸引超 20 亿人关注。

（三）多家新闻机构推出新闻数字藏品

新闻机构的新闻作品的专业性和独家性使得其推出数字藏品具有天然的优势，多家新闻机构在 2022 年推出新闻数字藏品，开启了报业元宇宙新时代。以数字藏品形式呈现报纸与新闻作品，是对传统报业的一次赋活机遇，有利于传统报业转型融合发展。

2022 年 5 月，为庆祝《河南日报》创刊 73 周年，河南首个报纸数字藏品《河南日报》创刊号上线发布。

2022 年 7 月，海南首款报纸数字藏品——"《海南日报》海南省成立纪念刊" 3D 数字藏品上线"时藏"平台。

2022 年 8 月，湖南日报社发行湖南省首个报纸数字藏品《湖南日报》创刊号等。

五、数字报纸出版产业发展趋势

（一）国家网络信息环境安全屏障将更加牢靠

一系列网络安全新规的出台与实施为有关部门打击违法违规活动、维护新闻传播秩序提供了法律依据，这体现了党和国家整治网络信息环境的坚定决心。

2023 年，各级传媒监管工作部门、各新闻单位主管部门将进一步贯彻落实党的二十大会议精神，守正创新、踔厉奋发、勇于斗争、主动作为，继续做好出版资源配置、推进报业融合发展、加强监管体系建设、深化"放管服"改革，守牢意识形态工作阵地，促进新闻出版行业高质量发展，展现了新担当新作为。

2023 年，针对网络环境、自媒体乱象等，互联网信息办公室部署开展的新一轮"清朗"系列专项行动。2023 年，中宣部将继续组织开展"打假治敲"专项行动，这将进一步规范了新闻传播秩序，让人民群众在信息化发展中有更多获得感、幸福感、安全感。

（二）官方媒体媒介传播力将进一步提升

面对突发事件或舆论热点信息时，更多的用户愿意相信来自《人民日报》《光明日报》等国家级主流媒体渠道和省级官方媒体的信息。相比于商业媒体、自媒体，大众对于这些官方媒体的数字报纸等数字出版产品和服务的信任感更强。官方媒体多年来积累的声望和其作为国家事业单位具备的较强专业性，能够更加坚定立场和准确客观地陈述事实，因而在发布信息时更能够获得大众信任。伴随着"三微一端"布局的深化，官方媒体的融合边界不断拓宽，数字报纸等带来的信息播报将融入大众生活的方方面面，其影响力还将持续增强。

（三）报业融合将进一步兼顾广度和深度

近年来，在5G、AI、元宇宙等技术加持下，虚拟主播、跨屏互动、智能互动等成为现实，并深度融入媒体新闻实践，报业转型融合工作取得了巨大的成就。从中央级党报到地方省级报业机构，在新媒体生产传播服务中都展现出了极强的创造活力。为适应新媒体平台短平快的信息传播规律，在新媒体渠道布局的过程中，媒体生产内容为保持用户活跃度会更快、更多的发布内容，此时往往会出现"广而不精""多而不细"的问题，难以真正满足用户的需求。

为进一步推动报业向深度融合纵深发展，《关于推动出版深度融合发展的实施意见》中提出，报业机构在数字报纸等相关融合产品和服务探索上要破除"唯技术论"的融合桎梏，从战略谋划、内容建设、技术支撑、重点项目、人才队伍、保障体系等方面实现全面的融合转型升级。

（四）数字经济将进一步推动数字报纸开展融合转型工作

数字经济已成为推动中国经济增长主引擎之一。数字技术的发展为融合转型提供了有力抓手和坚实的物质保障。以"新闻+"为核心打通数字报纸各项服务端口成为媒体的重要举措。数字报纸将进一步抓住数字经济发展机遇，增强其数字化的新闻舆论影响力、发挥生产与传播优势，以建立可持续发展的新商业模式。

参考资料

[1] 新华社.习近平:高举中国特色社会主义伟大旗帜,为全面建设社会主义现代化国家而团结奋斗——在中国共产党第二十次全国代表大会上的报告[EB/OL].[2022-10-25].http://www.gov.cn/xinwen/2022-10/25/content_5721685.htm.

[2] 中国政府网.中华人民共和国国民经济和社会发展第十四个五年规划和2035年远景目标纲要[EB/OL].[2021-03-13].http://www.gov.cn/xinwen/2021-03/13/content_5592681.htm.

[3] 新闻出版署.《出版业"十四五"时期发展规划》国家新闻出版署关于印发《出版业"十四五"时期发展规划》的通知[EB/OL].[2021-12-30].https://www.nppa.gov.cn/nppa/contents/279/102953.shtml.

[4] 中国政府网.中共中央办公厅国务院办公厅印发《"十四五"文化发展规划》[EB/OL].[2022-08-16].http://www.gov.cn/zhengce/2022/08/16/content_5705612.htm.

[5] 国家新闻出版.关于推动出版深度融合发展的实施意见[EB/OL].[2022-04-24].https://www.nppa.gov.cn/nppa/contents/279/103878.shtml.

[6] 中国信通院.数字经济构筑经济复苏的中坚力量工业经济打造结构升级的关键动能[EB/OL].[2023-01].https://paper.cnii.com.cn/article/rmydb_16322_315089.html.

[7] 中国信通院.中国5G发展和经济社会影响白皮书(2022年)[EB/OL].[2023-01-15].http://www.caict.ac.cn/kxyj/qwfb/bps/202301/t20230107_413792.htm.

[8] 中国政府网.2022年软件和信息技术服务业统计公报[EB/OL].[2023-02-02].http://www.gov.cn/xinwen/2023-02/02/content_5739630.htm.

[9] 中国工信部.2022年工业和信息化发展总体呈现稳中有进态势[EB/OL].[2023-01-18].https://wap.miit.gov.cn/gzcy/zbft/art/2023/art_d08e8b350372457c9abc769b92e419b1.html.

[10] 中国互联网络信息中心.第50次《中国互联网络发展状况统计报告》[EB/OL].[2022-08-31].https://www.cnnic.net.cn/n4/2022/0914/c88-10226.html.

[11] 中国互联网络信息中心.第51次《中国互联网络发展状况统计报告》[EB/OL].[2023-03-02].https://www.cnnic.net.cn/n4/2023/0302/c199-

10755. html.

[12] 中国报业. 又降了! 2022 年全国报纸印量最新统计出炉! [EB/OL]. [2023-04-07]. https://mp. weixin. qq. com/s/2DKYMJEsBr1jO4zqrJbqMw.

[13] 中国信通院. 2022 年 12 月国内手机市场运行分析报告(中文版) [EB/OL]. [2023-02-17]. http://www. caict. ac. cn/kxyj/qwfb/qwsj/202302/P020230217708836475452. pdf.

[14] 中国全民阅读网. 第二十次全国国民阅读调查成果 [EB/OL]. [2023-04-23]. https://www. nationalreading. gov. cn/wzzt/dejqmyddhzq/cgfb/202304/t20230423_713063. html.

[15] 国家统计局. 2022 年全国规模以上文化及相关产业企业营业收入增长 0.9% [EB/OL]. [2023-01-30]. http://www. stats. gov. cn/xxgk/sjfb/zxfb2020/202301/t20230130_1892484. html.

[16] 新华网. 2022 年中国经济媒体融合发展实践报告 [EB/OL]. [2023-01-09]. http://www. xinhuanet. com/2023-01/09/c_1211716199. htm.

[17] CTR 媒体融合研究院. 盘点 2022：主流媒体年度网络传播力榜单及解读 | 德外独家 [EB/OL]. [2022-12-30]. https://mp. weixin. qq. com/s/o4E2tDS4a5tXnqX-xB3eyw.

[18] CSM 媒介研究. 2022 省级台新闻融合传播年度观察：格局加速重构 [EB/OL]. [2023-01-09]. https://mp. weixin. qq. com/s/WX4ECFWaxMQNjREEMC6G6w.

[19] 中国政府网. 最全! 一图读懂 2023 年《政府工作报告》[EB/OL]. [2023-03-05]. http://www. gov. cn/xinwen/2023-03/05/content_5744713. htm.

[20] 国家统计局. 中华人民共和国 2022 年国民经济和社会发展统计公报 [EB/OL]. [2023-02-28]. http://www. stats. gov. cn/xxgk/sjfb/zxfb2020/202302/t20230228_1919001. html.

[21] 国家新闻出版署. 新时代党报成就展(线上展)启动 [EB/OL]. [2022-09-09]. https://www. nppa. gov. cn/nppa/contents/280/104939. shtml.

(樊荣、丁丽单位：西安欧亚学院；苏华雨单位：武汉大学信息管理学院；杨名柳、宋宵佳单位：山东大学新闻传播学院)

2022—2023 中国互联网期刊出版产业年度报告

韩　文　王友平　李广宇

一、互联网期刊出版产业概述

（一）传统期刊互联网出版商的最新进展

2022 年是党和国家历史上极为重要的一年，也是不寻常、不平凡的一年。这一年，党的二十大胜利召开，描绘了全面建设社会主义现代化国家的宏伟蓝图。习近平总书记在党的二十大报告中提出，"推进文化自信自强，铸就社会主义文化新辉煌"，为互联网期刊出版产业高质量发展指明了方向。以党的二十大精神为引领，互联网期刊出版机构在学术共享、科技创新、文化传播、教育发展、人才培养等方面继续发挥重要作用。与党和国家的发展一样，在过去的十年，互联网期刊出版产业也实现飞速发展。从单纯的搬运知识发展到加工知识、推送知识，从仅展现检索结果到知识图谱、知识网络，横向上知识服务平台建设逐渐拓宽，服务各行业科技创新发展，纵向上内容越来越精进，用户画像、智能推送为科技进步带来极大的促进作用。

1. 同方知网新动作

2022 年同方知网坚持"服务科技创新、促进学术传播、承担社会责任"的发展定位，在党的二十大的精神引领下通过知识竞赛、服务平台等助力党建工作开展，不断开拓创新推动知识服务与知识管理工作，持续不懈的服务用户。

（1）助力二十大精神学习，服务党建工作。一是与中国共青团杂志社联合建设"庆祝建团100周年知识服务平台"，并举办专题系列活动①，帮助广大团员青年准确理解、全面把握各项中心工作和政策导向，更加自觉、更加坚决地投身全面建设社会主义现代化国家新征程。二是推出"学习贯彻党的二十大精神知识竞赛平台"，为助力各类机构深入宣传贯彻党的二十大精神，激发广大党员和干部群众的学习热情，努力营造奋进新征程、建功新时代的良好社会氛围起到了有力的推动作用。三是全新打造的《党政书屋》专题库，帮助提升党政领导干部及广大公务人员学习水平和能力素养，拓宽理论视野，激发创新思维，更好地助力各地学习型机关建设，以知促行推动理论向实践转化。四是继续开展"全国两会知识服务活动月"活动，提供《人大立法知识服务平台》和《政协履职能力建设与提案工作知识服务平台》等多个产品在线体验，提供期刊、报纸、法规、公报、案例、视频等多种形式的信息，支持智能化信息检索，多方位助力人大代表和政协委员提升参政议政能力和建言献策水平。

（2）承担社会责任，服务科技创新。一是举办"知行致远·学术砺新"第一届北京高校大学生线上公益学术夏令营，旨在为了提升高校学生学术研究能力，加强高校学生之间的学术交流。活动从信息检索、选题策划、文献研读、论文撰写等方面展开，包括专家线上直播、分享学术阅读导图报告。通过知识分享与学术实践相结合的形式培养高校大学生科研学习兴趣，提升高校大学生科研创新能力，从而助力高校高质量发展。二是联合中国煤炭工业协会共同举办首届全国煤炭行业职工数字素养与技能提升网络知识竞赛活动，这不仅配合落实了网络强国、数字中国发展战略，也为推动行业员工数字和技能素养提升起到了积极促进作用。三是与中国科协先进材料学会联合体联合举办"2022材料创新知识服务月"活动，在普及应用材料创新知识推动产业技术创新、促进产业持续转型升级与健康发展等方面发挥积极作用。四是联合清华大学技术创新研究中心、北京信息产业协会、中国通信企业协会数字化转型推进工作委员会、北京市科技信息研究所、柳州市科学技

---

① "喜迎二十大、永远跟党走、奋进新征程——庆祝建团100周年"知识服务平台上线了！[EB/OL]. https://mp.weixin.qq.com/s?__biz=MzI5NDI5MDQ2MA==&mid=2247812148&idx=1&sn=b09768d142165340f84e78573482bc1c&chksm=ec6b5147db1cd8513f7bc502fd54c91b4b9208dde7a2ac6d7fd10af909948014f4ecdc2f856e&scene=27.

术情报研究所、南京中小企业服务中心联合主办"创新与知识管理公益讲堂",包含"知识作为当代最具革命性的生产要素""知识管理的兴起与发展""知识管理的实践路径""知识管理与管理变革"等内容,旨在助力企业创新及数字化转型。

(3)服务用户与科研。一是积极听取用户的意见与建议。首先,正式成立中国知网用户委员会,围绕行业用户需求和知网产品及服务进行监督指导、互动联络、协调合作和学术研讨,提升知网服务水平,维护用户权益,促进用户与知网协同发展,与用户共同服务科技创新,促进学术传播,更好地服务终端读者,助力学术发展与科学研究。其次,为回应社会各界特别是广大学生群体对中国知网个人查重服务的关切,在广泛征求意见和建议的基础上,中国知网向个人用户直接提供查重服务。二是基于资源积累助力科研服务。基于其近10年的"中文精品期刊双语数字出版工程"、4 000余名全球翻译专家、50余人的资深编校团队、与400余种优秀学术期刊进行双语合作,以及丰富的学术翻译、英语润色和学术推广经验,面向国内期刊、科研机构、各类企业、专家学者推出专业中英翻译和润色服务。该项服务已覆盖生物、医药、机械、化学、石油、经济、政治、交通等超1 000个学科门类。

2. 万方数据新动作

(1)聚焦学生。万方数据在B站推出"万方趣学"第一季直播课,从论文检测、论文修改、答辩技巧、写作思路展开讲解,为毕业论文给予指导。紧接着开播的"万方趣学"第二季,从论文选题、高效检索、科研诚信、高效写作4个方面进行本科生论文写作实用指导,覆盖论文写作全流程,关注本科生论文写作中的常见困难,满足广大师生足不出户学习论文写作的需求。

(2)助力科研。一是面向企业、科研院所、高校等科研人员及科研项目管理等相关人员,举办线上"科研项目申报"专题会议,围绕加快创新成果转化应用,提高核心竞争力,完善科研管理水平等主题进行讨论,以促进项目申报工作取得实效。二是举办"2022'知识服务'产教融合专题研讨会暨万方数据——教育部产学合作协同育人项目线上宣讲会",共同研讨如何深化产教融合,提升人才培养质量,以及围绕万方数据教学内容和课程体系改革、师资培训两类项目进行申报说明讲解,为教师科研项目申报提供实践及理论帮助。三是承办"科研项目申报专题会议——国家自然科学基金项目申报专场",全面解读国家自然科学基金项目申报流程和要点，提升机构科研工作效率，完善科研管理水平，受到来自高校、企业、科研院所等单位各专业领域专家、老师的广泛关注。四是在多省份陆续举办的"万方数据杯"省级科技信息检索竞赛，面向各省科技信息工作者开展信息检索培训及竞赛答题活动，旨在发挥科技信息服务创新的作用，助力企业及科研院所高质量发展，目前已累计超过5 000多家单位科技信息工作者从中受益。

（3）诚信建设。万方数据的主要动作包括：协办主题为"严正学风　诚信筑基"的学风建设宣讲教育系列活动启动大会；联合承办"践行科研诚信　涵养优良学风"为主题的贵州省科研诚信建设研讨会。

（4）服务创新主体。主要活动包括：与中国科学技术情报学会企业信息管理及情报工作专业委员会共同主办"2022年'万方数据杯'科技信息检索竞赛启动仪式暨专家报告会"；参与主题为"智慧情报·智能服务·智享生态"的2022年中国科技信息资源管理与服务年会，共同研讨新环境下智慧科技情报、智能产业服务与智享生态赋能开放合作等热点问题。

3. 维普资讯新动作

（1）助力图书馆建设。一是承建的山西省图书馆数字资源精细化标引项目顺利通过专家组验收，该项目主要包括图书馆藏书目录的数字化处理和精细化标引，以及数字化资源的整理、分类、存储和管理等工作。二是技术支持云南中医药大学建设的"云南中医药大学古籍数字图书馆"正式上线。这是云南首个中医药古籍数字图书馆，也是国家古籍保护中心"中华古籍普查项目"和国家中医药管理局"中医药古籍文献传承项目"的重要成果。

（2）发力职业教育。一是正式上线《维普职业培训云课堂》，提供包含众多职业资格考试及学业考试考前培训课程的视频资源库。为高校学生和社会从业者提高就业能力、获得职业成长、提升工作技能、增强学科素养提供帮助。二是正式上线《维普学习服务中心》，该平台是学习类、考试类产品的一站式使用主门户，目前集合了公司"学习+考试""资源+服务"类的五大产品，包括《维普考试服务平台》《维普考研资源数据库》《维普职业培训云课堂》《维普医学考试服务平台》《维普培训考试服务平台》。用户可以根据自身学习需求，在此中心便捷地访问任一产品及服务的子模块，进行更专业更全面的学习，助推更高效的过程化学习与培训。

（二）互联网期刊出版市场状况分析

数字出版产业在 2022 年产业规模达 13 586.99 亿元，互联网期刊出版企业 2022 年产业规模达到 29.51 亿元，占整个数字出版产业的 0.22%。与 2021 年相比，互联网期刊市场收入增加了 1.04 亿元，增长 3.65%。

表 1　近三年互联网期刊出版产业规模

年度	2020	2021	2022
互联网期刊出版（亿元）	25.43	28.47	29.51
数字出版（亿元）	11 781.67	12 762.64	13 586.99
占比（%）	0.21	0.22	0.22

表 2　近三年互联网期刊出版产业增速对比

年度	2019	2020	2021	2022
互联网期刊增速（%）	7.95	10.18	11.95	3.65

（三）互联网期刊出版产业数据资源建设情况

随着互联网期刊出版产业升级，在资源建设上，各家出版商资源类别与总量依然不断增加。

2022 年中国知网学术期刊库分为自然科学、工程技术、医学、农业科学、社会科学、人文学科、哲学等 7 大专辑，其资源包括：中文学术期刊 8 500 余种（含北大核心期刊 1 970 余种），网络首发期刊 2 360 余种，最早回溯至 1915 年，共计 6 060 余万篇全文文献；外文学术期刊包括来自 80 个国家及地区 900 余家出版社的期刊 7.5 余万种，覆盖 JCR 期刊的 96%，Scopus 期刊的 90%，最早回溯至 19 世纪，共计 1.2 亿余篇外文题录，可链接全文。中国知网收录国际期刊 7.3 万余种，覆盖 JCR 期刊的 94%，Scopus 期刊的 80%，文献数量超过 1 亿条。学术辑刊库收录自 1979 年至今国内出版的重要学术辑刊，共计 1 120 余种、30 余万篇。辑刊的编辑单位多为高等院校和科研院所，其内容覆盖自然科学、工程技术、农业、哲学、医学、人文社会科学等各个领域。编者的学术素养高，论文质量好、专业特色强，具有较强的学术辐射力和带动效应。学位论文库包括《中国博士学位论文全文数据库》和《中国优秀硕士学位论文全文数据库》，是目前国内资源完备、质量上乘、连续动态更新的中国博硕士学位论文全文数据库。本库出版520余家博士培养单位的博士学位论文50余万篇，790余家硕士培养单位的硕士学位论文530余万篇，最早回溯至1984年，覆盖基础科学、工程技术、农业、医学、哲学、人文、社会科学等各领域。

表3 知网数据资源量

序号	资源种类	语种/学位	单位	数量
1	学术期刊	中文	种	>8 500
			万篇	6 060
		外文	种	75 000
			万条	10 000
2	学位论文	硕士	家	790
			万篇	530
		博士	家	520
			万篇	50
3	会议论文		万篇	360
4	报纸		种	500
5	年鉴		种	5 410
			万篇	4 130
6	图书		本	17 518
7	学术辑刊		种	1 120

2022年3月北京万方数据股份有限公司与Elsevier旗下SSRN签署合作协议，全面索引SSRN平台的预印本学术资源，获得Springer Nature旗下Research Square授权，全面索引Research Square的预印本学术资源。

万方中国学术期刊数据库（China Online Journals, COJ），收录始于1998年，包含8 000余种期刊，其中包含北京大学、中国科学技术信息研究所、中国科学院文献情报中心、南京大学、中国社会科学院历年收录的核心期刊3 300余种，年增300万篇，每天更新，涵盖自然科学、工程技术、医药卫生、农业科学、哲学政法、社会科学、科教文艺等各个学科。中国学位论文全文数据库（China Dissertations Database），收录始于1980年，年增35余万篇，涵盖基础科学、理学、工业技术、人文科学、社会科学、医药卫生、农业科学、交通运输、航空航天和环境科学等各学科领域。中国学术会议文献数据库（China Conference Proceedings Database），会议资源包括中文会议和外文会议，中文会议收录始于1982年，年收集约2 000个重要学术会议，年增10万篇论文，每月更新。外文会议主要来源于NSTL外文文献数据库，收录了1985年以来世界各主要学协会、出版机构出版的学术会议论文共计1 100万篇全文（部分文献有少量回溯），每年增加论文约20余万篇，每月更新。

表4　截止到2022年12月万方数据资源建设情况

资源类型	期刊论文	学位论文	会议论文	专利	科技报告	科技成果	标准	法律法规
数量（条/篇/份）	1.54亿	604万	1 514万	1.56亿	110万	64万	200万	8万

维普《中文科技期刊数据库》，目前期刊总计15 334种，文献总量7 400多万条，维普考试服务平台收录2 496.73万道题45.33万套卷，《机构智库》产品覆盖机构院系915 447所、师生学者15 351.423位、科研成果161 932 737篇。

二、互联网期刊出版产业发展存在问题与对策

（一）互联网期刊出版亟须充分挖掘满足用户多元化需求的内容资源

目前互联网期刊出版商提供集成化文献服务，虽对文献内容做了一定程度的标引加工，但实质上仍是不可精准化筛选的、高重复率的海量信息，无法满足用户多元化的信息需求。一方面，当前互联网期刊的传播观念尚未真正实现从传播者本位向受众本位的转变，在出版传播过程中，仅考虑内容的生成与传播，忽略用户在知识服务方面的需求，缺乏用户思维。另一方面，互联网期刊传播内容的颗粒度粗化，主要以刊物和文章为传播单元，没有深入到学术文章的知识内容层面，更没有基于用户科研行为与科研需求挖掘学术期刊内容资源进行深度加工与结构优化，进而导致学术期刊的传播效能未能充分呈现。因此，亟需充分挖掘其内容资源，为用户提供个性化、精准化、多元化的知识服务，在满足用户多元化需求的同时，以知识服务赋能学术传播与学术研究，继而推动学术研究向智能化、数据化、知识化转变[①]。

---

① 尹达，杨海平. 互联网思维下学术期刊传播力提升策略研究[J]. 新世纪图书馆，2021（10）：14-19. DOI：10.16810/j.cnki.1672-514X.2021.10.003.

（二）推荐服务有待进一步加强

推荐系统在电子商务、搜索引擎、娱乐、社交网络等互联网各个领域得到广泛应用，并取得了巨大的社会效益和经济效益，已经发展成为一项系统工程，通过产品、数据、架构、算法、人机交互等方式进行场景推荐。国际相对成熟的数字期刊推荐平台 Trend MD，已与全球 350 多家出版社旗下的 5 000 多本期刊展开了合作，包括 Science、Nature、Elsevier、Wiley 等著名期刊和出版社。由于语种等条件限制，Trend MD 大多只选择与国内大型期刊社的英文期刊进行合作，使得推荐服务在中小期刊单位中普及程度不高。事实上，我国已认识到推送服务在数字期刊传播方面的重要意义，早在 2018 年，中国科学技术协会就已选取 50 种高水平科技期刊，开展了"科技期刊精准推送服务试点项目"，《计算机研究与发展》构建了微博、微信、邮件等多渠道精准传播体系。[1] 这些都是推荐服务在数字期刊中的有益尝试。然而，当前我国已有数字期刊的推荐服务仍处于初级发展阶段，在个性化和精准推荐方面还有待进一步优化。随着人工智能、深度学习、知识图谱、强化学习和可解释推荐等新技术在推荐系统中的广泛应用，如何将这些研究成果快速应用到数字期刊领域，将是我国互联网期刊出版建设未来的发展方向[2]。

（三）各大出版商存在内容同质化问题

我国期刊出版整体呈现小而散的特征，因出版社自身数字出版能力有限，大多数期刊的论文数字化传播都搭载在知网、万方、维普这三家互联网期刊出版商平台上，而这三家出版商提供的有关学术期刊论文引文的基础数据服务基本一样，如期刊导航与浏览、论文检索发现、全文阅读下载、引文指标评价及期刊投稿链接等，[3] 导致这三家出版商因学术期刊重复、资源交叉、数据库重叠等原因出现内容同质化现象，而且相互之间竞争激烈，在一定程度上限制了

---

[1] 杨郁霞. 科技期刊精准推送优化策略 [J]. 编辑学报，2021，33（02）：147 - 150. DOI：10.16811/j.cnki.1001 - 4314.2021.02.006.

[2] 孙中悦，顾爽，范志静. 互联网推荐系统在数字期刊中的应用 [J]. 科技与出版，2021（04）：57 - 62. DOI：10.16510/j.cnki.kjycb.2021.04.008.

[3] 曾建勋. 我国学术期刊数据库的转型发展路径思考 [J]. 编辑学报，2022，34（03）：262 - 266. DOI：10.16811/j.cnki.1001 - 4314.2022.03.005.

彼此的发展。可通过拓展资源、差异化服务等突破同质化现象，或通过相互协作、资源共建等方式共谋发展。

总之，互联网期刊出版企业在发展过程中面临的问题和挑战不少，需要企业不断加强自身建设，开拓创新思路，提升内容质量，尝试多元化盈利模式，才能长期在市场中立于不败之地。

三、影响互联网期刊出版产业发展的年度重大事件

（一）中共中央宣传部发布《关于推动出版深度融合发展的实施意见》（以下简称"《意见》"）

《意见》指出，加强重要领域专业数据库建设，推动出版单位打造代表国家水平的党史文献、社科文献、科技文献、学术文献、古籍整理融合出版精品，推出更多具有中国特色、世界影响的数据库项目。紧盯技术发展前沿，用好信息技术革命成果，强化大数据、云计算、人工智能、区块链等技术应用，创新驱动出版深度融合发展。

（二）中共中央办公厅、国务院办公厅印发意见推进实施国家文化数字化战略[①]

《意见》提出了8项重点任务。一是统筹利用文化领域已建或在建数字化工程和数据库所形成的成果，关联形成中华文化数据库。二是夯实文化数字化基础设施，依托现有有线电视网络设施、广电5G网络和互联互通平台，形成国家文化专网。三是鼓励多元主体依托国家文化专网，共同搭建文化数据服务平台。四是鼓励和支持各类文化机构接入国家文化专网，利用文化数据服务平台，探索数字化转型升级的有效途径。五是发展数字化文化消费新场景，大力发展线上线下一体化、在线在场相结合的数字化文化新体验。六是

---

① 中共中央办公厅、国务院办公厅印发意见推进实施国家文化数字化战略［EB/OL］. http://www.chuban.cc/yw/202205/t20220523_ 31804. html.

统筹推进国家文化大数据体系、全国智慧图书馆体系和公共文化云建设，增强公共文化数字内容的供给能力，提升公共文化服务数字化水平。七是加快文化产业数字化布局，在文化数据采集、加工、交易、分发、呈现等领域，培育一批新型文化企业，引领文化产业数字化建设方向。八是构建文化数字化治理体系，完善文化市场综合执法体制，强化文化数据要素市场交易监管。

（三）中共中央办公厅、国务院办公厅印发《"十四五"文化发展规划》（以下简称"《规划》"）

《规划》第六条繁荣文化文艺创作生产指出推出更多精品力作，推动学术期刊繁荣发展。完善版权保护体系。还要求加强版权保护和开发利用，完善著作权登记、集体管理制度，健全版权保护和交易系统，强化版权全链条保护和经营开发，促进展会版权集中交易。加强数字版权保护，推动数字版权发展和版权业态融合。

（四）2022数字出版部门主任联盟会暨出版业数字资源供需交流研讨会召开[1]

会议以"出版业数字资源供需交流"为主题，旨在共同研究探讨如何打通数字资源供需产业链、做大数字内容资源供需市场。会议共分为四个部分，主题分别是：政策解读和趋势分析；打造优质资源，打通产业渠道；打通供需，做大市场；新消费、新服务、新模式。会上宣读了《出版业数字资源供需联合倡议书》，共同倡导和维护数字资源供需市场的健康发展；共同把社会效益放在首位；共同探讨、建立、完善和推广数字资源产品、集采、服务等方面的行业应用标准；共同倡导以科技创新为抓手，加强对人工智能、大数据、云计算、区块链等技术的研发与应用，推动先进适配技术进一步赋能数字资源建设；共同推进数字资源正版化，推动数字资源市场的版权保护建设；共同利用好数博会展示交易平台，推动数字资源贸易高质量发展。

---

[1] 2022数字出版部门主任联盟会暨出版业数字资源供需交流研讨会在京召开 http://www.chuban.cc/yw/202209/t20220923_32039.html.

（五）2022 年"中国最具国际影响力学术期刊"（TOP5%）和"中国国际影响力优秀学术期刊"（TOP5%—10%）榜单发布

这是中国知网和清华大学图书馆连续第 11 年联合研制发布《中国学术期刊国际引证年报》，通过统计国际期刊对中国期刊的引用，客观反映我国学术期刊在国际学术研究话语权的实际情况。经过连续多年的统计与遴选，国际年报及国际影响力 TOP 期刊品牌已经得到期刊界和科研管理部门的广泛认同，在助力中国期刊走向国际舞台、树立国际学术品牌和文化自信方面发挥了积极、重要的作用。

四、互联网期刊出版产业发展趋势

互联网期刊将通过技术创新、内容创新、深度挖掘内容价值等方面的努力，实现更好的发展。

（一）基于知识引领创新传播内容

2022 年 4 月中共中央宣传部印发《关于推动出版深度融合发展的实施意见》明确指出"探索通过用户画像、大数据分析等方式，充分把握数字时代不同受众群体的新型阅读需求"。随着互联网、大数据技术的发展，以及用户需求的提高，学术传播也在逐渐从文献传播、信息传播向知识传播过渡。在这种改革和转型的大背景下，基本学术传播单元的问题值得学术期刊探究。深入剖析用户需求发现，在现有学术需求中，除非刚性需求外，用户需要的往往是更为精确的、颗粒度更细的知识单元，而非文献本身。在用户需求逐渐向个性化、精准化方向发展的背景下，学术期刊针对内容资源进行深度拆分、标引、组织、关联及可视化呈现、有助于为用户提供真正基于知识、数据的精准化推荐服务[①]。例如，2018 年，国家新闻出版署出版融合发展重点实验室（武汉），

---

① 尹达，杨海平. 互联网思维下学术期刊传播力提升策略研究 [J]. 新世纪图书馆，2021（10）：14 - 19. DOI：10.16810/j.cnki.1672 -514X.2021.10.003.

发起面向学术期刊行业的开放科学公益计划——开放科学计划（Open Science Identity，OSID）。"开放科学计划"基于 SAYS 平台实现文字、图像、音频、视频等多种媒体表现手段的呈现，使期刊除了呈现单篇论文图文内容与知识外，还可以同时提供与文章相关的更多附加服务与资源，包括语音介绍、开放内容数据、在线问答、学术交流圈、视频直播等。[1] 目前国内已超过 1 000 家学术期刊、8 万篇学术论文加入"OSID 开放科学计划"。[2]

（二）元宇宙为出版业带来了新的热点、新的增长点[3]

2022 年 8 月 27 日，中国新闻出版研究院院长魏玉山在"元宇宙数字内容新生态与出版融合创新论坛暨元宇宙出版与阅读实验室揭牌仪式"上提到，据在知网上检索，到当天早上，知网有关元宇宙的论文 2 870 篇，也可以说元宇宙已经成为学术界研究的一个热点，成为许多学术期刊关注的重点。所以从这个意义上来讲，元宇宙为整个出版业，为新闻出版业带来了一个新的研究热潮，一个新的出版热潮，也带动了一波新的增长。元宇宙无论是作为虚拟空间，还是作为技术的集合，其在出版领域的应用必将大有可为，其前景未可限量。这就像互联网对于出版业来讲其影响是不断深入的，是从局部走向全局，从表象走向深层次的，从而全面塑造出版业，重新界定出版业一样。在全面推动出版深度融合发展的今天，元宇宙为出版的融合发展提供了新的动力、新的场景、新的业态，必将极大地推动出版融合走向深入。

期刊出版商要积极促进元宇宙与出版数字化融合发展，促进元宇宙赋能出版业的数字化转型，紧紧抓住元宇宙发展的历史机遇，凝聚社会各界共识，加强学术研究、行业规划与战略布局。[4]

（三）数据安全与数字化建设相关标准有望制定实施

《关于推进实施国家文化数字化战略的意见》要求，在数据采集加工、交

---

[1] 李婷，施其明，刘琦. "OSID 开放科学计划"助力学术期刊融合创新发展 [J]. 出版与印刷，2018（03）：11-17. DOI：10.19619/j.issn.1007-1938.2018.03.004.

[2] 刘娴. 数字经济视域下学术期刊增强出版的路径选择与案例分析 [J]. 出版与印刷，2022（01）：58-66. DOI：10.19619/j.issn.1007-1938.2022.00.011.

[3] 元宇宙推动出版融合走向深入 [EB/OL]. http://www.chuban.cc/yw/202208/t20220829_31973.html.

[4] 乔卫兵. 元宇宙与出版数字化转型 [J]. 出版广角，2022（18）：6-11+23. DOI：10.16491/j.cnki.cn45-1216/g2.2022.18.001.

易分发、传输存储及数据治理等环节，制定文化数据安全标准，强化中华文化数据库数据入库标准，构建完善的文化数据安全监管体系，完善文化资源数据和文化数字内容的产权保护措施。学术期刊是交流学术观点、汇聚学术成果、传播思想文化的重要平台。加强学术期刊建设，对于提升国家科技竞争力和文化软实力，坚持中国道路、弘扬中国精神、凝聚中国力量具有重要作用。[1] 数据安全与数字化建设相关标准的制定与实施将进一步提高学术期刊的数字出版服务能力，激活数字资源的数据要素价值，引领学术创新，为学术期刊的数字化转型与高质量发展保驾护航。

［韩文、王友平单位：同方知网（北京）技术有限公司；李广宇单位：中国新闻出版研究院］

---

[1] 中共中央宣传部教育部科技部印发《关于推动学术期刊繁荣发展的意见》的通知［EB/OL］.(2021-06-23)［2023-08-29］. https://www.nppa.gov.cn/nppa/contents/312/76209.shtml.

2022—2023 中国网络游戏出版产业年度报告

郝园园

网络游戏是数字经济的重要组成部分，对推动新技术发展，促进数字经济和实体经济深度融合，建设数字中国、实现经济高质量发展具有重要意义。党的二十大报告指出，"高质量发展是全面建设社会主义现代化国家的首要任务"。随着近年来的跨越式发展，网络游戏无论是作为支持数字技术与实体经济融合发展的驱动器还是作为社会精神力量的重要载体，其正向价值越发得到了社会认可。作为数字内容的重要组成部分，网络游戏的发展轨迹明确践行了国家发展的方针，行业长管长严已是常态，挑战与机遇并存特征更加突出。

2022年人民财评发表题为《深度挖掘电子游戏产业价值机不可失》的文章，提出电子游戏早已摆脱娱乐产品的单一属性，已成为对一个国家产业布局、科技创新具有重要意义的行业，值得重视和深度挖掘其潜在价值。2022年7月，由中国游戏产业研究院和中国科学院合作推出的研究报告《游戏技术——数实融合进程中的技术新集群》，对游戏在推动芯片、5G以及XR扩展现实等前沿科技领域科技进步中的贡献率进行量化评估：2020年游戏技术对我国芯片产业的技术进步贡献率大约为14.9%；对于5G和XR（VR/AR），游戏技术的科技贡献率达46.3%和71.6%。可以看出，在政策的引导下，我国游戏未来发展趋势积极正向，并逐渐深度参与到数字经济的发展中，迎来更大的机遇。

一、中国网络游戏市场规模和用户规模

（一）市场规模

根据中国游戏工委发布《2022 年度中国游戏产业报告》显示：受疫情影响，2022 年中国网络游戏市场实际销售收入 2 658.84 亿元，同比下降 10.33%，其中，客户端网游 613.73 亿元，网页游戏 52.80 亿元，休闲移动游戏收入为 344.38 亿元；另外移动游戏市场销售收入 1 930.58 亿元，比 2021 年减少 324.80 亿元，同比下降 14.40%，这是自 2014 年以来中国移动游戏市场出现首次下降。

《2022 年度中国游戏产业报告》提到，游戏市场规模下降的主要原因包括：一是受到国内外复杂严峻形势影响，宏观经济仍处于恢复阶段，用户付费意愿和付费能力减弱；二是行业对市场发展预期不够乐观，信心不足，头部企业立项谨慎、中小企业难获投资，游戏新品上线数量少；三是受国内疫情影响，游戏企业面临诸多挑战，发展受限。如经营成本大幅提高、项目储备不足、现金流出现缺口、团队工作效率大幅降低等。

2022 年，我国自主研发游戏国内市场实际销售收入为 2 223.77 亿元，同比下降了 13.07%。自主研发游戏是中国游戏市场的营收主体。在 2022 年缺少爆款新品的情况下，自主研发游戏的实际销售收入主要由一些长线运营的头部产品带动；而上线时间较长、处于稳定期的游戏产品，其收入通常会有所下降。这也是自主研发游戏总体市场收入明显下降的原因之一。2022 年，中国自主研发游戏海外市场实际销售收入为 173.46 亿美元，同比下降 3.70%。我国自主研发游戏海外市场收入有所下降，但下降幅度明显小于国内市场收入降幅。

（二）用户规模

2022 年中国游戏用户规模 6.64 亿，同比下降 0.33%，其中，移动游戏用户规模约达 6.54 亿人，同比下降 0.23%。[①]

二、中国网络游戏产业分析

（一）游戏版号逐渐恢复，企业亟待创新变革

近几年，游戏审核机制越发严格，游戏版号曾停发长达 263 天，2022 年 4 月才恢复发放。截至 2022 年 12 月，游戏版号全年共发放 512 个，其中 468 个国产游戏版号，44 个进口游戏版号。同时主机游戏 2022 年过审 9 个，Switch 游戏过审 6 个，PS 游戏过审 3 个。近 5 年来，国产网络游戏版号发放数量分别为 2018 年 2 064 款、2019 年 1 570 款、2020 年 1 405 款、2021 年 755 款、2022 年 512 款，递减趋势明显。版号发放减缓及数量减少对于新游戏供给受影响较大，和前几年相比，游戏产业发展的增幅明显减少，全行业更加集中在精品立业之路上，游戏舆论的正向口碑有所提高，游戏产品整体初步实现健康化、规范化和精品化。缺乏创意、粗制滥造的同类型游戏产品大幅下降，借助 AI、云计算、VR、元宇宙等新型技术和概念挖掘的精品游戏，市场反响好评不断。从长远来看，投入更多资源在技术创新领域的游戏，更具市场竞争力，也更易受到用户与投资者的青睐。

（二）积极承担未成年人保护责任，防沉迷工作取得实效

2022 年，游戏行业积极响应、贯彻落实主管部门的各项工作要求，进一步强化未成年人保护工作力度。各企业严格遵规自律，重视未成年人保护工作，推动批准运营的游戏已实现 100% 接入防沉迷实名认证系统，游戏适龄提示团体标准也已覆盖头部肩部游戏企业 95% 的在运营产品，超过 80% 的家长和 90% 的未成年人认可现阶段防沉迷成效。未成年人游戏总时长、消费额度等大幅减少。截至 2022 年 9 月，我国各地区共推出 70 余条涉及未成年人保护的相

[①] 游戏产业网.《2022 年中国游戏产业报告》正式发布［EB/OL］. http://new.cgigc.com.cn/details.html? id = 08db0f16 - 5889 - 48ed - 8307 - 64b1b48fa9cd&tp = meeting.

关政策。多地政策还对用户信息保护、产品内容审核、功能性游戏开发等方面提出了相应要求，并关注实名认证、人脸识别、用户行为分析等多个涉及未成年人保护的环节，指明了游戏企业后续工作的重点。2022年，未成年人接触不良游戏内容、冒用家长身份而产生的纠纷同比大幅减少。未成年人保护工作取得阶段性成果。

（三）国内游戏市场下滑，行业处于承压蓄力阶段

2022年全年，受到新冠肺炎疫情等因素的影响，我国游戏产业遇到多重困难，生产、消费和投融资等各方面承压明显。在此背景下，游戏企业更趋向于对核心项目投入主要人才、技术、资金等资源，而不是尝试、探索新品类和新领域；也更趋向于已上线且被用户认可的游戏产品，并且更为谨慎地立项和研发新品。经过前些年飞速发展的积累，游戏行业在资金、人才、项目等方面已有所储备，具备一定抵御风险的能力，2022年处于承压蓄力阶段，调整策略、修炼内功、应对挑战，为行业未来的回暖增长积蓄能量。

长远看来，坚持游戏研发和运营的高质量、精品化发展，深耕细分化、差异化赛道，更加注重用户体验，将成为中国游戏行业突破困境、健康发展的战略手段。游戏已成为人民群众日益增长的精神文化需求中的一部分，随着疫情防控局势的转变，游戏产业从行业资源到用户消费意愿与能力，都有望迎来触底后的反弹。

（四）游戏出海竞争激烈，全球市场降幅明显

2022年，国际局势越发动荡复杂，地缘政治风险增加，主要经济体政策趋于收紧，世界各国各地区人民币汇率波动频繁，我国游戏产业出海面临的外部环境不稳定因素增多，自主研发游戏海外市场实销收入为173.46亿美元，同比下降3.70%，我国出海和海外的爆款都不多。

同时海外各国各地区愈加重视游戏产业在经济、文化以及科技等方面的作用，美国、欧盟、沙特推行扶持当地游戏产业发展的政策举措；海外各大互联网公司也着重布局游戏及其周边产业链，加大投资和研发力度。由于海外游戏分销渠道依托于几大海外互联网巨头，因此我国游戏产品的审核、宣发受国外平台的制约较大。整体来看，我国游戏出海面对日益激烈的竞争，买量成本持

续上升,利润率降低,在全球移动游戏市场扩张初期积累的优势受到极大冲击。

三、中国网络游戏的发展态势

2022年,尽管游戏产业本身的市场规模有所减小,但游戏的再认知已成全球性的共识,全社会以多元视角看待游戏,打破以往对游戏认知的惯性和局限,重新看待游戏的本质,凝聚游戏产业新的共识和力量,从而推动游戏不断释放新价值,助力游戏产业迈上新时期高质量发展的新台阶。

(一)游戏激发文化消费潜力、助力数字经济发展

国家统计局官网发布数据指出,2022年全国规模以上文化及相关产业企业营业收入达12.18万亿元,同比增长0.9%①,这一数字表明2022年文化产业规模约占全国GDP的1/10。尽管2022年受疫情、降本增效、出海压力增大等因素影响拖累游戏行业负增长,但游戏已成为人民群众日益增长的精神文化需求中的一部分,随着全社会游戏素养的提升、游戏玩家的成长、新兴科技的持续助力、文化传播的不断深入,游戏行业的未来仍充满希望。随着2022年下半年版号发放常态化,游戏企业精品化转型步入收获期,新的一年游戏行业有望重回增长通道,为中国文化产业壮大进步贡献更多力量。

(二)游戏促进数字技术的创新与应用

2022年游戏显现出极强的赋能带动作用,在与前沿科技、高新产业的充分"融合"中,成为拓宽社会经济发展空间的新动能。中国音像与数字出版协会第一副理事长、游戏工委主任委员张毅君表示,2022年游戏技术继续创新发展,其外溢效应利好数实融合。游戏技术的多元价值,正在被越来越多人看到。在信息无障碍、数字文保、工业仿真、影视制作、智慧城市的背后,游戏

---

① 国家统计局.022年全国规模以上文化及相关产业企业营业收入增长0.9% [EB/OL]. https://www.gov.cn/xinwen/2023-01/30/content_5739155.htm.

技术已经大显身手，跨域跨界助力产业转型升级。

2022年7月，中国科学院自然科学史研究所王彦雨课题组发布《游戏技术——数实融合进程中的技术新集群》中首次提出了跨领域的科技进步贡献率量化测评方法。经测算，游戏技术对于芯片产业、高速通信网络产业、AR/VR产业分别有着14.9%、46.3%、71.6%的科技进步贡献率。报告认为，游戏和技术互相促进，在彼此共生中形成新的社会生产力，在文旅文保、工业和自动化、影视制作、智慧城市、医疗医药等领域实现跨界应用，游戏技术将成为数实融合社会的下一代重要基础设施。游戏成为孕育新数字技术的"试验田"。2022年11月，工业和信息化部等五部门联合发布的《虚拟现实与行业应用融合发展行动计划（2022—2026年）》提出，多场景应用融合推广工程，选择规模化、成熟度潜力较高的行业领域（包括VR/AR工业赋能、VR/AR沉浸式旅游体验、VR/AR大众健身、VR/AR线上演播、VR/AR智慧商圈）优先布局。而VR技术的发展有赖于在游戏中的孵化。

腾讯"开悟"平台依托腾讯AI Lab和"王者荣耀"在算法、算力、实验场景等方面的核心优势，先后与北大、清华、中科大等19所高校教师团队联合发起创新课程合作项目，培养人工智能创新人才，探索前沿科技研究和应用。腾讯"开悟"平台的负责人表示："我们在交通、电力、物流等方面已开展合作。在智慧交通领域，我们用游戏技术建立交通信号灯控制的仿真场景，把多智能体框架融进去，希望实现交通效率的提升"；《和平精英》项目同样在游戏研发过程中，沉淀了大量的触觉反馈技术，用户可以通过用手感知振动的不同时长、频率和强度，获得不同的信息反馈。《和平精英》项目的负责人表示，这种触觉反馈技术已被运用于诸如步行导航方向提醒、公交地铁出行到站提醒、触觉输入等多个场景，帮助障碍人群无碍出行；美的楼宇科技研究院研发中心负责人程俊表示，游戏引擎技术也被应用在了美的楼宇打造的"数字工厂"中，通过借助游戏技术实时、高品质的渲染能力，实现了"数字工厂"全生产链路的数字可视化，增强传统工业软件在3D显示、智能交互等方面的能力，让管理和运维人员能够在数字世界中了解工厂的运行情况，从而提升设备效率、系统效率并促进绿色低碳。

游戏打造的数字场景，为更多新技术的应用转化提供"试验田"，保障了安全性，降低了试错成本，通过虚拟场景打磨新技术的成熟度，为科技创新营造了相互启迪、相互促进的基础环境。

（三）游戏成为弘扬中华优秀传统文化的有效载体

传统文化与游戏载体融合，凸显产品的文化属性，已经成为游戏行业发展鲜明特征。越来越多的精品游戏不仅在国内市场表现出色，也在海外市场大放异彩。"游戏+文化"的创新融合，为"推动文化发展，铸就社会主义文化新辉煌"带来深远意义。当前，国产游戏与传统文化的联动层出不穷，规模与创新性都在不断提升。整个游戏行业都更加注重强化游戏内容的文化属性。游戏作为互动性极强的文化媒介，在策划、宣传、推广等各环节都可以凭借对年轻用户群体的精准定位、海量的创意宣发，对传统文化进行吸收与反哺。

游戏产品走向海外的过程中，将其承载的中国故事、中国文化推向世界，让世界更加了解中国，提升中华文化的传播力和影响力。例如网龙《魔域口袋版》不仅让《山海经》走入游戏世界，还完整地记录下了非遗皮影艺术的制作过程：在角色设计与形象制作上，遵循传统皮影制作工艺，从选皮、制皮、画稿、过稿、镂刻、敷彩、发汗熨平、缀结完成的八个步骤、几十道工序一丝不苟，同时还融合了游戏内的经典打斗动作与现代动画制作技术，最终呈现出以中华传统皮影为骨、融合现代创新精神的精彩故事①；《原神》在全球200多个国家及地区的发行成果极大程度上提升了文化出海的传播能力，《神女劈观》在YouTube有数百万次播放量，并带来许多二次创作，对提升中国文化海外认可度发挥了正面作用；2022年春节《和平精英》与国家级舞龙醒狮文化非遗传承人，在游戏中打造了一个极具中国特色的建筑——龙狮城，并推出龙狮载具、新年撞钟、抢头彩等玩法，实现了舞龙醒狮传统中国年俗文化在游戏场景中的数字化焕新。② 这些创新实践，文化IP为游戏产品带来新内容的同时，也让国风文化拥有新的内涵与解释形态，让经典IP的延展更加立体多元。

（四）游戏成为繁育多元正向社会价值的丰厚沃土

游戏通过构建一个具有无限可能的虚拟世界，承载丰富的故事内容，以游

---

① 金台咨询. 国产游戏扎根文化土壤 助力提振年轻人的文化自信［EB/OL］. https://baijiahao. baidu. com/s？id=1748192526768870393&wfr=spider&for=pc.
② 金台咨询. 高丽娜：《和平精英》呈现游戏多元社会价值［EB/OL］. https://baijiahao. baidu. com/s？id=1757769317958683117&wfr=spider&for=pc.

戏为主题，与其他文化领域联动，繁育更加多元的社会价值。

游戏为文化遗产提供更为广阔的创新空间。游戏中的数字技术为文化遗产的创意开发提供多种全新的可能，游戏领域成熟的照扫技术、3D建模和物理渲染等技术，不仅能让文物实现更为"逼真"的复原，还能重新获得"生命力"以数字化的形式实现公众与文物的跨时空交互。例如，腾讯以游戏公益为载体，探索了助力云冈石窟、敦煌莫高窟、长城、故宫等文化遗产活化利用的新方式，实现民族精神价值，同时通过"新文创、新IP"，推动文化价值和产业价值的互相赋能。①

游戏音乐成为破"次元壁"的狂欢。近年来，众多游戏音乐的创作融入了古典音乐，甚至借鉴古代戏曲文学中的经典情节进行游戏剧情创作。例如2022年《原神》角色云堇带着上海京剧院演员杨扬配唱的《神女劈观》"火出圈"，在全球玩家中掀起中国戏曲热潮。游戏爱好者们表示：没玩《原神》以前，很少会对音乐会及戏曲感兴趣，现在却充满了期待。在游戏音乐中，中国风格的融入经历了迭代。1.0时代，弹琵琶就是中国文化，只是简单地符号堆积；2.0时代，外国作曲家开始了解琵琶这样的中国乐器，他们创作的作品开始真正有中国风格；3.0时代，不用标榜符号，中国文化、中国气韵已经成为音乐里流淌的基因。音乐家谭盾为《王者荣耀》创作的《敦煌五乐神》时，就以《三国演义》中5个历史人物为原型，以奚琴的沧桑表现赵云的仁、尺八的空灵表现关羽的义、筚篥的高亢表现张飞的勇、笙的柔和表现黄忠的忠、琵琶的节奏感表现马超的威，通过这5件古老敦煌乐器的不同音色和演奏技巧，刻画英雄人物形象，也通过游戏音乐的新介质，跟世界分享中国文化。②

游戏不仅仅可以作为传统文化的载体，还可以成为连接人与人、人与自然的平台，众多游戏厂商的多款游戏都发起了丰富多样的公益计划，通过游戏的连接，让公益计划照亮更多需要帮助的人，也让人与动物的相处更加和谐，让绿色发展理念深入人心。波克公益基金会表示从2021年起，波克志愿者团队主动进入社区，与心理专家、教育专家、资深游戏制作人一起，开展多场分享活动，服务于青少年和家长、老师、社区工作者们，帮助大家建立对游戏的正

---

① 正观新闻. 游戏正在成为文保工作的重要数字工具［EB/OL］. https://baijiahao.baidu.com/s?id=1743210919703920385&wfr=spider&for=pc.

② 上观新闻. 年轻创作者涌入游戏音乐新赛道，游戏与音乐如何"双赢"？［EB/OL］. https://export.shobserver.com/baijiahao/html/593299.html.

确认知，普及游戏正向价值，帮助更多家庭切实解决因游戏带来的教育困扰与家庭问题。其中"波克树人"助学项目，帮助贫困大学生完成学业；"波克·益扬社工驿站"项目帮助青少年社工完成培训和辅导，提升素质；"老兵的微笑日托所"项目聚焦社区退役军人微心愿，联合相关职能部门帮助退役军人开展阿尔兹海默症排查、科普宣传和机能训练等。[①] 2022 年，游戏企业益世界旗下的模拟经营类游戏产品《老家生活》与中国乡村发展基金会"百美村庄"项目达成合作，将具有中国特色的新乡村元素，包括但不限于实景、建筑、人文等元素融入《老家生活》游戏中，让用户通过游戏产品感受新乡村的生活、文化与活力，推动乡村新发展，助力激发村庄建设的内生动力。

在"新消费"趋势下，游戏的人文价值和产业价值被重新定义。游戏理应成为文化、生活、理想等美好事物的参与者、传递者和教育者，让游戏在娱乐之上，发挥更多作用，反哺用户、反哺社会，成为美好生活的一种解决方案。

（五）游戏出海仍具有发展空间

2022 年政府部门在文化、经济上对游戏出海加大了扶持力度，相继出台有关政策。《"十四五"文化发展规划》《"十四五"数字经济发展规划》《关于推进对外文化贸易高质量发展的意见》等文件的出台也对游戏出海具有积极的意义，政策文件的支持提振了游戏出海发展的信心，在政府的背书下，游戏出海的生态链有望进一步成熟。国内游戏企业在 2022 年集中转向出海发展趋势更加明显，社会舆论也多次肯定了中国游戏出海的积极意义，游戏出海的社会评价逐步提高。

在全球游戏市场规模下降的大环境下，2022 年游戏出海所面临的海外市场环境也出现了变化，海外部分国家加强对于进口游戏监管、地缘政治和国际冲突加剧出海风险、全球性的通货膨胀、汇率波动等问题给我国游戏企业出海带来了新的挑战。企业主要面临本地化难度高、国际环境变化、海外法律政策变化、海外渠道问题。但游戏产业的长期向好趋势并没有改变，中国游戏在海外市场仍然具有发展空间。从全球游戏市场的发展情况来看，中东、非洲、东南亚、拉美等地区的新兴游戏市场具有较大的发展潜力，有望成为中国出海游戏

---

① 波克城市官方平台.波克城市：创新"游戏+公益"思路，践行多元向善理念［EB/OL］. https://baijiahao.baidu.com/s?id=1758070217770206583&wfr=spider&for=pc.

的增长点；从国内产业建设角度来看，游戏企业积极推动出海，出海相关的配套服务在各方的支持下正在逐步建立，游戏出海的生态链有望进一步成熟；从游戏产品的角度来看，海外市场的用户偏好也在发生变化，IP 改编游戏、休闲类游戏等游戏产品的分赛道上存在着游戏出海的发展机会。游戏企业在做好自身发行工作的同时，也在逐步从"摘果子"向"种树"进行转变，孵化好项目，实现长远发展。

四、总结与展望

2022 年，是落实党的二十大精神的开局之年。党的二十大从全面建设社会主义现代化国家的高度，对"推进文化自信自强，铸就社会主义文化新辉煌"等作出一系列重要战略部署，也为游戏产业发展指明了前进方向、提供了根本遵循。游戏作为一种重要的主流文化产品被重新审视和看待，更多地成为对国家科技创新具有重要意义的行业。

（一）游戏监管趋严，高质量发展迸发活力

网络游戏产业规范、健康发展是一切工作的基础。只有打好这个基石，才能为网络游戏产业价值的发挥筑起牢固屏障，推动产业高质量发展。随着立法、监管、行业、企业等各方在网络游戏规范运营、未成年人防沉迷、知识产权保护等领域协同合作，网络游戏产业正在形成新的生态系统，政府与市场、数量与质量、需求与供给全面重塑，激发游戏产业高质量创造活力。

（二）科技推动创新，GPT 版游戏提质增效

游戏公司在面对科技浪潮和人工智能的影响时，可以通过提高效率和降低成本来提高其竞争力。ChatGPT 和其他人工智能应用正在逐渐影响整个游戏行业。由于游戏本质上是一个软件行业，因此游戏行业最容易受到科技的影响。GPT 在游戏中应用会让整个游戏世界变得更加鲜活。网易率先宣布了旗下大型手游《逆水寒》装有国内首个游戏版 ChatGPT。通过使用了大量的武侠小说、历史书、诗词歌赋等内容对游戏版 GPT 进行训练，使其 NPC 更像一位活在

"江湖"里的角色。拥有 GPT 技术的 NPC，能够与玩家自由生成对话、基于对话内容自主给出有逻辑的行为反馈、记住玩家做过的事情。此外，NPC 之间也会有交流、影响，将形成巨大的社会关系网，而玩家的每一个行为都可能产生蝴蝶效应，触动这个网。游戏的 GPT 模型还可以借助语言模型对上下文的理解和对关联性的预测能力，生成相对合理、符合一定特征的内容；使用 GPT 生成游戏内容时，可以更加稳定地输出合理化的场景、生物；游戏版 GPT 还在撰写游戏宣传文案、生成游戏买量素材、设计游戏关卡上发挥作用，并将生成的代码放到游戏中去，它可以凭借 AI 预先学习的语言模型，随机生成对话内容，任务关卡，不同玩家之间的体验内容也会有所区别，用户将脱离高度雷同的游戏体验，游戏的未知性、可玩性将上升到一个全新的层次。

（三）游戏"破圈"与"跨界"，深挖多重价值

网络游戏逐渐成为对国家数字文化产业发展、科技创新、文旅融合、乡村振兴等具有重要意义的产业。网络游戏产业的蓬勃发展，在推动中国文化事业的繁荣、促进高质量发展、建设社会主义文化强国的进程中发挥越来越重要的作用。实践证明，网络游戏产业得到世界各国前所未有的重视与发展。未来，在 5G、人工智能、云计算等科学技术的助力下，网络游戏产业将在数字经济、智慧城市、影视创作、文旅科创、乡村振兴等更多层面实现破圈与跨界。

（作者单位：中国新闻出版研究院）

2022—2023 中国网络（数字）动漫出版产业年度报告

郝园园

2022 年是落实党的二十大精神的开局之年。党的二十大从全面建设社会主义现代化国家的高度，对"推进文化自信自强，铸就社会主义文化新辉煌"等作出一系列重要战略部署，指出要繁荣发展文化事业和文化产业，坚持以人民为中心的创作导向，推出更多增强人民精神力量的优秀作品。中共中央办公厅、国务院办公厅在 2022 年 3 月印发了《关于推进实施国家文化数字化战略的意见》，提出要创新文化表达方式、呈现方式，调整优化文化业态和产品结构，推动中华文化瑰宝活起来。同年 8 月，中共中央办公厅、国务院办公厅印发了《"十四五"文化发展规划》，要求抓好源头原创，推动创作重心和扶持资源向前端、源头倾斜，建立滚动式、可持续的创作生产机制，提高原创能力和工业化水平。

网络动漫产业紧跟国家政策，在经历了萌芽、培育和成长期后，产业发展和作品日臻成熟，二次元文化社会关注度持续升温、市场不断扩大，产业处于爆发期。2022 年，正值中国动画迎来百年，总产值达 2 212 亿元。站在中国动画诞生百年的时间节点上，2023 年初，上海美术电影制片厂和哔哩哔哩（以下简称"B 站"）联合推出了网络动画短片集《中国奇谭》，一经播出，迅速成为年轻人新的社交密码。经过十余年的探索和尝试，网络动漫在不断自我完善中迎来了新的发展时期。

一、网络（数字）动漫出版产业市场规模

2022 年，有近千家内容链条公司活跃在一线，中国动画已经成为全民动

画。在这条曲折的崛起道路上，中国网络动漫表现形式日益丰富，不断贴近年轻人的喜好，迎来多线拓展时代。2021年，中国网络动漫市场规模达293.4亿元，较2020年增加了54.7亿元，同比增长22.9%。2022年这一数值增至330.94亿元，同比增长12.8%。

网络动画的主要用户群体"Z世代"规模持续扩大，用户数字消费习惯的全面养成。以腾讯视频动漫为例，该平台用户保持了每年5%—10%的增长量，近八成的动漫付费用户每年对IP连载的网络动漫内容持续付费。

"中国在线"漫画市场规模同样呈现逐年上涨态势。华经产业研究院数据显示，中国在线漫画市场规模从2018年的13.7亿元上涨至2022年的56.3亿元，较2021年同比增长24.01%，年复合增长率为42.38%。2022年中国在线漫画用户规模为3.04亿人，同比增加0.16万人。[①] 随着用户规模的上涨，用户对在线漫画的需求也逐步提升，继而带动中国在线漫画行业市场规模进一步扩张。

二、网络（数字）动漫出版产业发展态势

（一）网络动漫原创生产力仍较为旺盛

1. 产业支撑初具规模

动漫产业发展的源头和核心是聚焦原创内容创作。2022年我国动漫内容创作的常态化的激励机制已形成雏形。2022年2月，国家广播电视总局办公厅发布了关于开展2023年度"中国经典民间故事动漫创作工程（网络动画片）"扶持项目征集活动的通知，鼓励动漫生产机构生产出广受观众认可、具有较大影响力的优秀作品。2022年9月，由中国国际动漫节执委会办公室指导、中国动漫博物馆主办的第二届中国青年动漫家成长计划正式发布，着力搭建人才培育平台、品牌推介平台、活动展示平台、交流研讨平台、IP征藏平台、行业共享

[①] 华经产业研究院.2022年中国在线漫画行业发展现状分析，24岁以下用户为最大的用户群体[EB/OL]. https://www.163.com/dy/article/I477KHB105387IEF.html.

平台等六大平台。最终入选的青年动漫家将获得荣誉证书、作品展陈、产业对接等多方位的扶持与帮助。

各大网络视频平台通过启动多样化的动漫活动，挖掘和扶持了一大批原创动漫创作者。以腾讯视频为例，通过"英雄宇宙年番""青春梦想世界""原创幻想星球""热血侠义经典"四大赛道储备了一批最新动漫片单，通过打造"中国青年动画导演扶持计划"长期精准扶持中国动画人才。此外，优酷动漫也发起"一千零一夜"青年导演助推计划、哔哩哔哩启动了"寻光"计划，建立起了头部平台可持续人才梯队培养体系，激发国漫产业的新活力。

同时经过多年的探索，我国动漫产业链条在投资咨询、资金扶持、作品生产、品牌运营、国内外市场推广、分账收益共享等环节也逐渐成熟，年轻的动漫工作室和创作者所需的全要素全产业链商业模式已初具规模。在此背景下，我国动漫产业的原创生产力发展势头良好。

2. 专项领域迎来发展契机

（1）主旋律动画陆续破圈。反映民族精神和时代精神的主旋律网络动漫与传承历史、科技、文化的专项领域动漫作品陆续破圈。2022 年《长城戍边人》《苏东坡与杭州的故事》《中国奇谭》等 10 部网络动画片入选国家广播电视总局"2022 年中国经典民间故事动漫创作工程（网络动画片）"重点扶持项目名单，这些动漫作品多以中国近代史或当代史为故事主体，践行核心价值观，引领了一批优秀主旋律动漫作品涌现而出，如《血与心》《领风者》《和平之星》《中华新气象》《爱国之路》等。

（2）科幻动画热度攀升。2019 年，横空出世的科幻电影《流浪地球》，让观众看到了中国科幻片的希望。次年，国家电影局、中国科学技术协会印发了《关于促进科幻电影发展的若干意见》，为国产科幻电影带来了新的发展契机。动画从业者们敏锐地抓到了观众的新喜好，将目光投向这个充满科技感与丰富想象力的"科幻动漫"。在各方因素的影响下，众多具有浓郁东方美学特质的国产科幻动画如雨后春笋般涌现。经过两年的发展，2022 年，科幻动画成为全国各大视频网站上大受欢迎的品类之一，中国科幻动画正以迅猛之势茁壮成长。

（二）动漫 IP 精品前景发展广阔

IP 改编的动漫精品仍是当前网络动漫稳步发展的基本盘。动漫用户对精品国漫IP的认可度不断攀升，平台从用户需求出发，持续加码精品IP续作开发。以腾讯动漫、哔哩哔哩（B站）、爱奇艺、快看等为代表的头部网络动漫平台，是中国年轻人高度聚集的网上文化社区，各大平台虽在发展策略上各有侧重，但都高度重视提升动漫剧集制作能力、维护活跃用户、围绕IP向上下游拓展和延伸产业链边界，释放头部效应。

腾讯视频动漫是拥有庞大用户群体的主流网络动漫平台。年龄在18—29岁的年轻人是其核心的用户群体，这一用户群体规模有近1.3亿。此外，该平台用户还保持着每年5%—10%的稳健增长，且用户活力较强，会员的持续付费率高达75%。腾讯视频动漫在助推动漫内容走向大众群体的同时，也为行业打开了广阔的发展空间。2022年腾讯发布的100部动画作品中"网文改"占比46%。包括《斗破苍穹》《斗罗大陆》等经典IP续作。在这些持续更新的"网文改"系列中，有8部网文原作具有超高人气，总推荐量超过500万。当这类网文作品投射到动画剧集上时，吸引了大量原作受众群体，据雷报统计，在腾讯视频动画剧上新前，有超三成的作品预约人数过万，知名网文IP的强大吸引力可见一斑。①

优酷动漫从内容IP联动、异业合作集群，到开发线下衍生产品已形成成熟产业链条，如何让IP改编动画不局限于原有的受众并实现破圈是优酷目前重点在思考的难题。按照2022优酷动漫发布42部优质动漫作品，发力"新国风"动漫IP赛道，包括富含传统文化的《三十六骑》《秦时明月七》《山海经密码》等国风·史诗类作品深度挖掘人物故事，展开历史画卷；《九州非常刀》《暗河传》《少年歌行·海外仙山篇》等国风·江湖类作品，带领观众体验武侠江湖的快意人生与历史传奇；《真阳武神》《仙武帝尊》《百炼成神》《神墓第二季》等国风·修仙类作品，打造唯美国风视觉，呈现热血飒爽江湖。②

从IP孵化到动漫制作再到内容分发，B站业务贯穿了动画全产业链。2022年B站推出《中国奇谭》《凡人修仙传》等爆款动画，播放量达2个亿。根据B站公开数据显示，2022年有300余个动画授权项目的落地，国创动画已

---

① 雷报．腾讯的2022：赚了1 156亿，投资25家文娱公司，发布100部动画［EB/OL］. https://www.bilibili.com/read/cv22612806.
② 新京报．优酷发布动漫新片单，《山海经密码》等国风动漫弘扬传统文化［EB/OL］. https://baijiahao.baidu.com/s? id=1745729767081216190&wfr=spider&for=pc.

经超过 200 部，国创作品总收入预计累计超过 20 亿。①

　　优质的国漫 IP 连接着产业内的合作伙伴，与游戏、影视、线下主题空间等内容链条，相互融合联动愈加成熟。2022 年，国漫在内容玩法、故事题材、IP 运营反向推动、推进文旅融合发展上都展现出了不少突破。①在内容玩法上，诞生了《暂停！让我查攻略》这样融入音游元素的异世界冒险动画；②在故事题材上，则涌现了《汉化日记 3》《两不疑》等满足女性观众审美需求的动画；③2022 年北京冬奥吉祥物冰墩墩的走红，展现出数字经济下，动漫 IP 反向运营的趋向，大众在短视频和新媒体平台，以极低的成本，轻松参与冰墩墩的分享、转载、二次创作，最终促成了冰墩墩人气和影响力暴涨，将奥运吉祥物经济引向新的高度。同样倒逼着创作者进行 IP 衍生开发的作品还有以互联网平面动漫形象起家的吾皇猫和火柴人小蓝，这种以小成本角色 IP 运营试水，成功后再反推 IP 内容建设的新模式，丰富了动画 IP 开发的路径；④在文旅深层次融合发展的浪潮下，更多的动漫 IP 元素、动漫 IP 文化符号、动漫 IP 文化精神与地方景区结合，以"打卡"的方式吸引年轻人触达到景点，提升旅游产业的创新发展能力，如 B 站联动故宫宫苑，推出主题为"国风华彩"的限定版 2233 娘手办。

（三）新技术为动漫发展带来更多可能

1. AIGC 提升网络动漫的成本和效率

　　2022 年 11 月 30 日美国"开放人工智能研究中心"发布的聊天机器人程序 ChatGPT 引爆全球，各款大语言模型凭借生成式 AI 掀起 AIGC 行业浪潮。在自回归参与内容生成技术帮助下，GPT 语言模型从检索式走向生成式，这两项技术的突破意味着人机交互进入新阶段。

　　动画行业是一个劳动密集型产业，在流媒体平台对动漫作品有大量需求的情况下，传统的角色开发流程囿于"贵、慢"两大痛点，生产力方面已经捉襟见肘。如由美国流媒体播放平台 NetFlix 出品的动画短片集《爱，死亡和机器人》自 2019 年 3 月播出第一季到 2022 年 5 月播出第三季，尽管该动画短片集

---

① 哔哩哔哩. 2022—2023bilibili 国创动画作品发布会［EB/OL］. https://www.bilibili.com/bangumi/media/md28235448.

在3年多时间内只产出3部，共18集作品，但仍出现了第二季口碑下滑的情况，难以同时兼顾集数与质量均保持高水准产出。产能不足长期制约着网络动漫的发展，AIGC的出现则大大缩短了动画创作的过程。用户上传概念草图，AI分析图像并将其转换为初始三维模型，生成初始模型后，可添加任何细节。AI动画通过整合现有技术成为动画制作的一种新方式。它能够让创作者更加专注于创意，并提供了创作自由，大大节省了时间和预算。

除了提升动画制作的效率外，技术升级一方面可以让好故事有"承托"，让内容的表达符合用户审美，另一方面还能穿破"次元壁"创新视听表达，让更多天马行空的想法得以落地。例如，腾讯视频的国漫覆盖了武侠、玄幻、科幻等不同题材类型，其中，年播动画阵列的扩大，多部动漫内容分钟数与用户量的持续刷新，这背后自然离不开平台方与制作方对内容品质的把控以及技术水平的革新换代。此外，腾讯视频还尝试在国产科幻剧《三体》中加入动漫元素，来展现科幻文明和物理奇观的震撼画面。在动画与真人的互动中，《三体》的制作大规模应用了动态捕捉、虚拟引擎拍摄等前沿技术。① 这种高能技术的应用收获了观众与原著粉的认可，也给观众带来了震撼的视听体验。

2. 虚幻引擎的应用从游戏延伸至影视动画

虚幻引擎（UE）不仅为创作者提供了更高效、更直观的创作方式，还提供了许多先进的功能，使创作者能够为角色和场景制作更加真实的视觉效果。在游戏开发领域，虚幻引擎已经成为当前最流行的游戏引擎之一。2022年越来越多成熟的动漫项目把虚幻引擎纳入现有流程。例如《斗罗大陆》《秦时明月》《武庚纪》《地灵曲》等动画使用UE4制作，获得了广泛好评并极大地缓解了此前国产动画的困境。②

2022年11月腾讯视频在"2023腾讯在线视频V视界大会"上，展示了国产3D动漫使用UE5进行虚拟拍摄，跨平台实时制作的流程。UE凭借画面质量高、渲染速度快、资产丰富、人力配置少的优势，正在成为更多动漫企业的首选。对于动画观众而言，UE5呈现出更宏大的动画场面、更精细的场景建模、

---

① 深响．"科技厚度+艺术精度"，影视行业再向前一步［EB/OL］．https://baijiahao.baidu.com/s?id=1761899983987513933&wfr=spider&for=pc．

② 新游预告．虚幻引擎的跨界之路！从游戏延伸至全行业，它正在改变着我们的世界-7. GAME［EB/OL］．http://news.sohu.com/a/657604314_121119410．

更流畅的人物动作以及更真实的各种细节。以国产动画《遮天》为例，制作团队选择了采用 UE5 进行场景建模，对大量高精度模型进行后期制作，充分发挥场景与角色的渲染效果，搭配团队拍摄流程中独有的虚拟置景环节，不光导演能看到更真实的虚拟画面，演员也可以身临其境地表演。在 UE5 前沿技术的助力下，中国动画行业又将迎来一个黄金机遇"通过推动高效工业化生产管线"的建立，带来标准化、规模化、品质统一的内容产出，推动国漫工业化蜕变。①

（四）动漫国风潮助力文化自信，带动文化消费

网络动漫用当代语言，讲述中国传统文化和新国风故事，彰显民族文化自信。国漫想要走向更大的舞台，唯有笔耕不辍地创作、继承传统、推陈出新。中国文化审美中的"气""象""神""韵""意"与中国精神的正大光明、自强不息，成为滋养国漫的源泉。越来越多的国漫以年轻人喜欢的动画形式和语言呈现，融入了中国美学意境、重新解构传统武侠情怀、历史故事和神话传奇，呈现出了众多以传统文化为内核，属于中国人自己的好故事。纵观过去 8 年来"出圈"的爆款国产动画，大多都扎根在中国传统神话名著的基础上，赋予其新的精神内涵和艺术表现形式，达到熔古铸今、激活经典的目的。例如 2022 年摘下金龙奖"最佳动画长片奖"与"最佳动画导演奖"两大桂冠的《新神榜：杨戬》，让中国传统神话故事与"元宇宙"相互碰撞，产生奇妙的化学反应，在银幕上描绘出一幅焕然一新的古风奇幻长卷。②

从国潮概念的不同特性来看，2021 年国产品牌关注度较 2016 年提升 30 个百分点，实现了对境外品牌的反超。前瞻研究院数据显示，2011—2021 年国潮文化相关关注度提升了 128%。其中，国产动漫作品热度提升了 20 倍，远超国产电影（6.2 倍）、国产游戏（2.8 倍）、国产音乐（3 倍）。③

国产动漫消费群体以"Z 世代"为主，这类群体对本土文化和民族元素的

---

① 新游预告. 连追五集《遮天》动画后，最先感到压力的为什么会是游戏圈？［EB/OL］. https：//acg. sohu. com/a/676623219_121119410.
② 南方日报. "新国潮"动画再现锋芒［EB/OL］. https：//baijiahao. baidu. com/s？id=17550523205033719 28&wfr=spider&for=pc.
③ 前瞻产业研究院. 消费领域与需求进一步拓宽 国潮进入 3.0 时代［EB/OL］. https：//www. qianzhan. com/analyst/detail/220/220715-0f9359d8. html.

接纳程度较高，有近7成的"Z世代"偏好中国本土化文化元素。根据极光2021年《新青年国货消费研究报告》统计数据显示，有46.8%的"Z世代"选择国产海外均可的动漫作品，有47.5%的"Z世代"选择偏好国产动漫作品。随着"新国潮"动漫日益受到国内观众的青睐，业界人士对中国动漫的看法也更加开放，国漫正在塑造具有识别度的标识，提升消费者对其的认可度。

（五）国产动漫出海势头上升

国产动漫出海是以国漫为载体的中国文化和价值观打造出更大国际影响力的重要途径。目前，我国网络动漫出海主要集中在版权出海、平台出海、生态出海3种模式。

2022年，全球动漫市场价值高达286亿元，预计到2030年会翻1倍。在数据驱动下，海外流媒体视频播放平台已经开始竞相采购和制作动漫内容，以求占领市场获得先机，这也成为国产动漫出海的有利窗口。在YouTube上，过去3年实际支付给内容创作者的广告收益分成为500亿美元（约合3400亿元人民币）。YouTube大中华区策略合作伙伴动漫事业部负责人余承儒提出，过去国内动漫代工，培育了一批有技术、资深的绘画制造生产企业，未来中国动漫的机遇在于，把握成本优势做批量生产，通过流媒体串联起"Z世代"在内的全球观众，并用低廉成本快速传播。Digital Vantage Media首席执行官盛子曰认为，中国动漫出海策略可从三方面入手，包括制定大规模国际曝光战略；加强本土化的运营，持续拓展沉淀国际粉丝的社群；建立品牌溢价，释放货币化潜力。

根据爱奇艺公开数据显示，旗下动画片《无敌鹿战队》第一季于2020年推出，至今已播出4季共160集，海外版权收入超500万美元，被翻译制作成30多个语言版本，在160多个国家和地区播出，覆盖2.14亿个海外家庭，英国、澳大利亚、新加坡首播收视第一，美国首播收视第二。北京爱奇艺科技有限公司副总裁杨晓轩提出，这一亮眼成绩离不开合作过程中，对中外差异化创作理念的协调，以及在内容细节和制作流程方面对标国际标准。内容细节包括儿童安全教育、日常礼仪礼貌、正确的行为示范、避免播放儿童危险动作等，制作流程也需从以往习惯的单环节接包转变为更加系统、规范、严格的全流程制作。①

快看团队经过 5 年的探索，已经摸索出了一套独有的出海路径。在出海的第一阶段，快看便已经与超过 100 家海外发行渠道方达成合作，并将近 500 部国漫作品输出海外，不少作品翻译成了 12 个语种（德、俄、法、韩、葡、日、泰、西、意、印、英、越），并覆盖了近 200 个国家和地区。截至 2022 年 11 月底，快看便已授权出海作品超过 310 部，上线次数超过 1 100 次，后者较上年同比增长了 45%。

三、网络（数字）动漫发展趋势

（一）动画成为数字化基础设施建设的重要展现形式

B 站副董事长兼 COO 李旎在 2022—2023 年 B 站国创发布会上表示"国创还在迎来新的动能。当我们仔细观察文化产业，会发现今天的动画已经超越了自己，成为一种基础建设能力"。目前 B 站已有超过 23 万的主播正在利用各种不同的动画技术，以虚拟形象与用户互动交流，通过动画技术表现生活和表达自我。从技术发展而言，动画技术的边界已经被无限拓宽。动画已经不仅仅是一种内容载体，更是数字化基础设施建设中数字内容的一种展现形式。在这一新的应用场景中，动画将与增强现实、VR 互动、电子沙盘、全息成像、互动投影、虚拟漫游、4D 影院、体感互动、智能中控等数字展示技术相融合，打造可视化的数字世界，迸发出强劲的发展新动能。

（二）AIGC 加码内容生产、拓展内容边界

人工智能已经变成画作、音频、文本等信息的"创造力辅助工具"。随着 AI 技术逐步解放"双手"辅助内容创作，并逐步应用到动画生产中，产业飞速的迭代也将快速袭来，无论是内容制作工艺、生产效率，还是美学风格的进阶、视听内容的想象空间，都极大地被颠覆和拓宽。

---

① 中国出版传媒商报. AIGC 正在深刻改变动漫产业［EB/OL］. http: //dzzy.cpmj.com.cn/html/2023-06/02/content_55905_16174665.htm.

北京师范大学新闻传播学院院长张洪忠认为，AI技术将对动漫产业产生深刻影响：AI编剧、AI绘画、AI视频、AI直播、AI营销等全产业链都可能用大语言模型完成。[1] 从成本和效率两方面考虑，AI技术能给动画产能带来明显的提升，让从业者有更多时间去做创造性的工作。在动画故事塑造中，AI生成的剧本不仅能够快速整理文本逻辑、演示出可视化的小故事，还能为创作者提供诸多的灵感。在制作环节，AI不仅能够快速地通过标准化、工业化生产，缩减制作流程、提升效率，还可以理解创作者的风格，快速在积累的素材库里筛选出创作者所需要的元素，供创作者参考，同时AI也在模仿中提升了自身的概念设计效率，帮助动画提高产能。但就目前而言，AI与动画的结合还处于初级阶段，主要体现在绘制草图、修改、上色等单个生产环节，后期仍需要人工辅助，在光线、AI补帧、动态特效等方面仍处于探索阶段。[2]

人类的创造力和创作风格是随着时代和技术革新不断演进的。在这个AI技术日益成熟的时代，产业要拼的不再是谁掌握了更多的技能，而是谁拥有更丰富的想象力和创造力。因此，努力突破自己的界限，发挥无穷的创造力，让想象力成为引领我们走向更美好未来的翅膀。

（作者单位：中国新闻出版研究院）

---

[1] 中国出版传媒商报．AIGC正在深刻改变动漫产业［EB/OL］．http://dzzy.cpmj.com.cn/html/2023-06/02/content_55905_16174665.htm.
[2] 巴比特资讯．AIGC能给动漫行业带来哪些改变？画师会被取代吗？［EB/OL］．http://news.sohu.com/a/646911196_104036.

2022—2023 中国网络社交媒体出版产业年度报告

张孝荣

一、中国网络社交媒体发展概况

2022 年是疫情对行业影响最明显的一年，宏观经济增长不振、用户流量接近天花板，广告商削减投放预算，依赖广告营收模式的社交媒体平台受到了不小的冲击。网络社交媒体行业进行了惨烈的战略调整，降本增效成了行业主旋律，一些公司由"市场份额优先"转变为"盈利优先"，坚持以用户的利益和优质的内容为核心推进原创战略，砍掉不赚钱的业务，同时加大头部原创内容投入。经过一年的考验，逐渐扭转了颓势。

（一）中国网络音视频行业发展概况

1. 网络视频行业概况

（1）网络视频用户量增长乏力。据 CNNIC 中国互联网络信息中心第 51 次《中国互联网络发展状况统计报告》显示，截至 2022 年 12 月，我国网络视频（含短视频）用户规模达 10.31 亿，较 2021 年 12 月增长 5 586 万，占网民整体的 96.5%。其中，短视频用户规模为 10.12 亿，较 2021 年 12 月增长 7 770 万，占网民整体的 94.8%。

据 QuestMobile 数据显示，2022 年第三季度，爱奇艺月活为 4.7 亿人，腾讯视频为 4.1 亿人，芒果 TV 为 2.8 亿，而优酷月活则仅为 2.5 亿人。

2022 年，降本增效成为各长视频平台的发展共识。尽管主营业务仍在下滑，但由于成本控制有效，起到了减缓趋势的作用。

爱奇艺财报显示公司开始盈利，全年营收290亿元，利润22亿元。腾讯视频、优酷等平台虽然没有公开的成本数据，强有力的成本控制下亏损收窄。2023年2月，腾讯视频的电视剧业务分享会上，平台再度强调"降本增效"将成为长期战略。

就目前来看，长视频平台的核心商业模式仍然是广告和会员。其中，多家长视频平台的广告收入在2022年均出现不同程度的下滑。

2022年，爱奇艺在线广告服务营收53亿元，同比减少25%；腾讯2022年三季度财报数据显示，腾讯视频广告收入同比下滑26%；此外，2022年，芒果超媒广告收入同比下降27%，这不只与市场环境的变化有关，还在于各平台的策略调整。

对长视频平台而言，与广告收入挂钩更紧密的为综艺内容，而在降本增效的大环境下，广告商预算缩水，这也意味着长视频平台在综艺内容布局上需要承担更大的创作风险，腾讯视频、爱奇艺、优酷等平台的综艺产出数量都有收缩。

相比之下，在会员营收方面，目前主要承担起会员增收的还是剧集内容。随着自制内容成为平台主流，剧集原创内容占比持续扩大。例如，爱奇艺的财报数据显示，平台原创内容占比已从2018年的20%提升至2022年的50%以上，且在2022年的爆款剧集中，原创内容的占比超过六成，并在热播期贡献了超60%的收入。

（2）短视频领域到达天花板。根据易观千帆数据，2022年5月，短视频总体月活用户规模约8.7亿，全网渗透率83.6%。而一年前，这一数字分别为9.07亿和87.54%，对比来看，皆有所下降。短视频平台的天花板已经出现，为进一步提升市场渗透率，短视频与新闻、电商等产业融合加速，信息发布、内容变现能力逐渐增强。

短视频竞争也日趋白热化，微信视频号冲进两强后，对整个短视频格局产生新的冲击。抖音和微信视频号头部两大平台形成统一态势，第三名快手及以后的平台日渐式微。

截止到2022年6月，视频号月活规模突破8亿，抖音从上年同期的6.4亿上升到6.8亿，快手已从上年的4.2亿下降到3.9亿。

据《QuestMobile2022 中国移动互联网年度报告》，视频号用户同时广泛渗透各大 KOL 平台，在资讯、娱乐、剧情、生活等多个方面均占据较高比例，相互间形成传播互补链。

2. 网络音频行业概况

（1）行业触及天花板。据 CNNIC 第 51 次《中国互联网络发展状况统计报告》显示，截至 2022 年 12 月，我国网络音乐用户规模达 6.84 亿，较 2021 年 12 月减少 4526 万，占网民整体的 64.1%。

（2）行业竞争更加激烈。腾讯音乐、B 站、抖音、网易云音乐等纷纷加入音频市场。腾讯音乐并购懒人听书后推出懒人畅听，以腾讯音乐庞大的用户规模，长音频业务获得资源倾斜之后增长潜力不容小觑；B 站此前已全资收购猫耳 FM，投资配音公司熊联萌，在后者的股东名单里出现了阅文集团的身影。抖音在短视频之外推出了番茄畅听，在产品服务和功能上，定位贴近下沉市场；网易云音乐也不甘落后，增加了有声书和播客入口。巨头加入后，竞争日益加剧。

（3）盈利问题持续困扰行业发展。有媒体爆料，2022 年 4 月 29 日，这一天喜马拉雅公司的大群瞬间减员 200 人，上半年累计裁撤了 500 多人。据悉，这一波裁员涉及近 15% 的员工。截至 2022 年 6 月底，喜马拉雅的员工总数从年初的 4 500 人降至不足 4 000 人。年底虽然传来盈利消息，但从短期来看，喜马拉雅实现阶段性盈利对在线音频市场不会产生太明显的影响。与喜马拉雅困境类似，蜻蜓、荔枝也有高成本、低利润的烦恼，三家平台面临类似的挑战。

（二）博客类自媒体行业发展概况

博客类自媒体境况与纸媒体相似。自今日头条平台并入抖音之后，博客类自媒体生存空间被步步蚕食。截至 2023 年，全国网民每日浏览短视频平均时长高达 100 分钟以上，而浏览文字资讯平均时长不到 10 分钟。

流量下滑带来的冲击是广告收入的缩减。微博主要盈利业务是广告收入，营收占比长期超过 85%。但在如今，广告业务的下滑幅度最大，广告主越来越不青睐微博。微博原发的议题和传播力，都已经严重下滑，平台缺少热点，逐渐被广告主们抛弃。

微信公众号，作为新媒体行业中资历最"老"的文字自媒体平台之一，背靠微信这棵大树，从诞生之初，就宣告着这样一个平台，几乎没有任何"倒闭"的风险。但《经济观察报》报道，公众号打开率正在快速降低。早期微信公众号粉丝打开率为30%—40%。现在非常低，可能只有千分之几。

由于用户重合度很高，活跃的博客类自媒体，往往通过多个平台发布文章。规模较大平台的用户，也会在开通其他同类平台，因此，大平台的用户量基本可以代表整个行业的用户总量。微博、微信公众号和今日头条的变化，预示了行业进一步下滑的趋势。

（三）收入规模

1. 网络音视频市场规模

短视频应用普及势头强劲。据艾媒咨询《2023年中国短视频行业市场运行状况监测报告》，中国短视频市场规模进入平稳增长阶段，2022年达3 765.2亿元，同比增长了83.6%。艾媒咨询认为，近年短视频平台不断在商业模式上进行探索、开拓新的变现渠道，多维场景融入助推"短视频+"跨界发展，如"短视频+直播""短视频+政务""短视频+媒体"等，推动市场进一步扩大，预计2025年中国短视频行业市场规模会达到10 660.8亿元。

目前，我国短视频行业收入主要来源于广告收入、电商佣金、直播分成和游戏等。广告收入分为来自信息流广告的收入、来自开屏广告的收入和来自自助化商业开放平台的收入。电商佣金收入则分为自有电商和第三方平台佣金分成，一般抖音抽成2%—10%，快手抽成5%。直播分成一般比例在30%—50%。

长视频行业亏损趋势开始出现扭转势头，2022年整体市场规模约800亿元。其中，爱奇艺总营收达290亿元，运营利润为22亿元，首次实现全年盈利。腾讯视频2022年全年收入超百亿元，并从10月起开始盈利。哔哩哔哩在2022财年总营收同比增长13%，达219亿元人民币，但净亏损也扩大了10%，达到了75亿元人民币。阿里最新财报没有披露优酷业绩数据，仅称优酷业绩走势为亏损继续收窄。

据2022年6月27日，易观分析《2022年中国音频市场年度综合分析》报告，我国在线音频市场规模持续增长，预计2022年将超过500亿元。

2. 自媒体平台收入情况

自媒体平台收入以微博为代表，微博广告营销收入下降幅度为19%。

据3月1日晚间微博在港交所披露的2022年第四季度及全年财报显示，2022年，微博净收入总额约为132.08亿元（美元折合人民币），较2021年下降19%。

全年广告及营销收入较2021年下降19%，主要是由于疫情带来的扰动，以及宏观经济因素对广告需求的负面影响。微博表示，进入2023年，将充分把握广告业务的全面复苏的机会。

其中，2022年第四季度，微博净收入为4.5亿美元，较上年同期下降27%；经营利润为1.6亿美元，经营利润率为36%。

其他自媒体平台如今日头条和微信公众号均未披露相关收入情况。

二、主要服务商发展情况

（一）主要的网络视频服务提供商

目前主要的网络视频服务提供商可分为三类，主要包括长视频、短视频和网络直播。其中，长视频以爱奇艺、腾讯视频、优酷和B站为代表；短视频除了抖音快手外，腾讯微信推出的视频号获得较大发展；网络直播以斗鱼、虎牙直播为代表，YY等秀场直播已经边缘化。

"降本增效"起到了效果。爱奇艺2022财年运营利润为22亿元，首次实现全年盈利。据晚点LatePost报道，腾讯视频2022年全年收入超百亿元，并从2022年10月起开始盈利。而在阿里最新的财报中，优酷的业绩走势为亏损继续收窄。经过长达一年的调整，长视频平台开始转向盈利。

在2022年，长短视频平台通过尝试开展版权合作，积极解决版权侵权问题。3月17日，抖音与搜狐视频达成合作；6月30日，快手宣布与乐视视频达成合作；7月18日，抖音宣布与爱奇艺达成合作，围绕长视频内容的二次创作与推广等方面展开探索，爱奇艺向抖音集团授权其内容资产中拥有信息网络传播权及转授权的长视频内容，用于短视频创作。据悉，合作双方对解说、混剪、拆条等短视频二创形态做了具体约定，共同推进长视频内容的创新使用和广泛传播。

降本增效的主旋律中存在一些不和谐音符。2023年初，爱奇艺、优酷、腾讯等多家长视频平台纷纷缩减会员权益，以刺激会员数量增长，或者吸引会员以更高价格购买更高权限的VIP，但此举被消费者吐槽"吃相难看"，让多家平台身陷负面舆论旋涡。其中，爱奇艺就曾被会员告上法庭。最近，爱奇艺表示修改了投屏规则，不再限制清晰度，同时还不再限制登录设备种类。

1. 网络长视频典型平台

（1）爱奇艺。爱奇艺2022财年首次实现扭亏为盈，连续四个季度盈利。爱奇艺首席执行官龚宇称2022年是爱奇艺的破局之年和奇迹之年，在极具波动性的市场环境下成功实现了业绩逆转。

爱奇艺的扭亏为盈得益于"降本增效"。在总营收下降的情况下，一方面，爱奇艺内容成本同比减少20%，宣发、营销、管理成本和研发成本则分别减少27%和32%。另一方面，人员成本也在降低，公司总员工数为5 856人，相比2020年少了近2 000人。

在降低成本的同时，平台增加原创优质化内容产出，在版权购买上则更为谨慎。根据灯塔专业版发布的《2022剧集市场观察》报告，过去一年播出项目数量环比2021年减少16.3%，全年剧集累计正片播放指数环比减少17.7%。在整体剧集项目减少的情况下，爱奇艺2022年推出了《人世间》《苍兰诀》《罚罪》《卿卿日常》《风吹半夏》等热播剧。2023年初，一部《狂飙》再次将平台推向热度高峰。

（2）腾讯视频。2023年3月22日，腾讯控股发布2022年第四季度及全年财报。数字内容方面，截至2022年底，腾讯视频拥有1.19亿付费会员，相比2021年腾讯视频的付费会员数为1.24亿，这个数字同比下降500万人。

4月9日，腾讯视频宣布，将于2022年4月20日零点对腾讯视频VIP和超级影视VIP会员价格进行调整。其中，腾讯视频VIP连续包月价格上调5元，连续包季、连续包年、季卡、年卡等均有所上调，仅月卡价格未作调整。微博用户对这一轮涨价众说纷纭，最终冲进了微博热搜。

从2022年遭遇来看，腾讯视频正在印证一个行业的怪圈——不涨价亏损严重，涨价则会逼走非刚需的用户，亏损更重。

虽然视频平台努力砸钱制作，但从整体来看，国内的影视剧和综艺作品在质量上依然堪忧，特别是影视剧注水严重。

腾讯视频不断深化对优质 IP 的长线开发和系统开发。旗下已产出的《鬼吹灯》系列网剧、正在开发中的尾鱼系列、《仙剑》系列化作品，以及《御赐小仵作 2》《传闻中的陈芊芊 2》的原创系列化开发。

（3）优酷。2023 年 2 月 23 日，阿里巴巴集团公布 2023 财年 Q3（2021 年 10 月 1 日至 12 月 31 日）财报。财报显示，2023 财年第三季度，包含优酷、阿里影业等在内的数字媒体及娱乐板块，一共亏了 2 500 万元。按阿里所说，亏损大幅收窄的原因，主要是由于优酷通过审慎投资内容及制作能力而收窄。

阿里大文娱的表现也有好转，该季度收入 75.9 亿元，同比减少 6%，但只亏了 2 500 万元，比 2022 年足足少亏 13 亿元。

（4）哔哩哔哩（B 站）。B 站在 3 月 2 日公布了截至 2022 年 12 月 31 日的第四季度和全年未经审计的财务报告。财报显示，2022 财年 B 站总营收同比增长 13%，达 219 亿元人民币，这是自 2016 年以来最低营收增速，但净亏损也扩大了 10%，达到了 75 亿元人民币。这是由于高企的内容和流量成本，以及收入分成的增加导致的。其中，收入分成向 Up 主支付的费用也占据了很大的部分，达到了 91 亿元人民币，同比增长 18%。

2022 年，B 站将重点放在用户高质量增长和盈利能力提升上，聚焦核心业务发展。第四季度，B 站日均活跃用户达 9 280 万，同比增长 29%。用户日均使用时长达 96 分钟，用户总使用时长同比增长 51%。在用户健康增长的基础上，B 站也在不断提升公司经营效率，持续降本增效，缩窄亏损。第四季度，B 站市场及销售费用同比降低 28%，净亏损同比缩窄 29%。

2022 年，B 站加速提升商业化能力，积极推进降本增效。B 站全年总营收达 219 亿元，同比增长 13%，其中，增值服务和广告是 B 站营收增长的主要动力。增值服务业务收入达 87.2 亿元，同比增长 26%；全年广告收入达 51 亿元，同比增长 12%。

2. 短视频典型平台

（1）抖音。2022 年 5 月份，媒体披露字节跳动（香港）有限公司更名"抖音集团（香港）有限公司"。据新京报查询国家企业信用信息公示系统，字节跳动旗下其他数个公司也陆续更名为"抖音"相关。北京字节跳动有限公司亦更名为北京抖音信息服务有限公司,该公司全部股权已被张利东、张一鸣两位股东出质给北京字节跳动网络技术有限公司。而北京字节跳动网络技术有限公司是上述抖音集团(香港)有限公司的全资子公司。

10月12日,抖音发布新LOGO。抖音平台不仅仅是以前我们常说的短视频社区,而是一个更大的综合性内容平台。

2023年1月10日,《2022抖音数据报告》发布,从用户表达、内容价值等维度展现了过去一年抖音的变化。报告显示,过去一年中抖音用户共记录了4 559万次居家、1 842万次隔离、1 289万次"阳了"、325万次云健身、271万次上网课、166万次康复。2022年,19 346家餐厅、3 783处景点、超100家出版社第一次在抖音尝试线上直播,开启"云端"新生意。2022年,抖音共有38 515场动物园直播,观看总次数近4亿人次,累计观看人次同比增长116%。

(2)快手。2023年3月29日,快手发布2022年第四季度及全年财报。财报显示,快手2022年第四季度营收283亿元,上年同期营收244.3亿元,市场预期272.7亿元。2022年第四季度快手净亏损15亿元,上年同期净亏损62亿元,市场预期净亏损18.42亿元。

财报显示,快手2022年总营收达942亿元,同比增长16.2%;净亏损136.9亿元,上年同期净亏损780.8亿元。

其中,第四季度线上营销服务(广告)收入达151亿元,单季收入创历史新高。广告收入同比增幅达14%。全年,线上营销服务收入达490亿元。

财报显示,快手应用的用户规模突破历史新高,平均日活跃用户同比增长13.3%达3.66亿,平均月活跃用户规模达6.4亿。

(3)视频号。视频号快速崛起,成为短视频赛道除"快抖"(快手、抖音)之外的第三股力量。2022年底,马化腾面向腾讯内部员工讲话说:"WXG(微信事业群)最亮眼的业务是视频号,基本上是全厂(全公司)的希望。"

借助于腾讯庞大的用户群体和公司资源,视频号驶入发展快车道。2022年除夕(1月31日)当晚,超过1.2亿人在微信视频号"竖屏看春晚"。据QuestMobile《2022中国移动互联网半年大报告》,到2022年6月,微信视频号月活规模突破8亿,超越了抖音和快手。视频号用户总使用时长接近朋友圈80%、创作者活跃度同比涨幅超过100%、视频号直播带货销售额同比增长超800%。

视频号用户量之所以能赶超抖音，原因在于视频App被纳入了整个微信平台中，与朋友圈、公众号、看一看、搜一搜、企业微信、个人微信等多个微信生态圈打通，成为新型流量广场。

用户可以在同一个应用内，把视频号的内容转给朋友看，也能看到朋友点赞、评论了哪些内容，使用感更流畅；而不需要在两个App之间来回切换，这种流量分发方式可以称为社交推荐。

相对应，抖音的流量分发方式是由机器学习算法，根据用户的画像和兴趣进行匹配，所谓平台推荐。

腾讯用"视频号小店"取代"微信小商店"，旨在打造视频号商业闭环。目前，视频号打通微信生态流量，所构建的从内容到商业变现的一体化平台，渐已成型。

2022年1月，微信视频号上线付费直播间。7月18日，视频号上线了信息流广告功能。7月21日，上线了视频号小店，大有直接跟抖音王牌业务抢生意的态势。

腾讯对视频号广告业务的前景寄予厚望，2022年8月以来，视频号推出竞价广告后，管理层曾定下目标：视频号信息流广告在2022年四季度收入超10亿元。至于这一目标是否完成，腾讯财报和电话会未披露。

3. 网络直播行业典型平台

网络直播内卷加剧，平台用户持续流失，仍未实现盈利。随着当前抖音、快手、B站等泛娱乐直播平台的流行，游戏直播赛道的蛋糕被抖音、快手、B站等新来的巨头平台瓜分。这些巨头平台是综合性泛娱乐平台，在直播业务外，还在短视频、中长视频等领域广泛布局。给游戏直播的用户和受众提供了更多的娱乐选择，在一定程度上加速了斗鱼、虎牙用户的流失。

（1）虎牙直播。2023年3月21日晚间，虎牙公布了2022年及第四季度全年财报。财报显示，2022年全年，虎牙营收为92.20亿元，净亏损4.867亿元；具体到第四季度，虎牙营收21.02亿元，净亏损5.244亿元。而在2021年，虎牙营收113.514亿元，净利润5.835亿元，非通用会计准则下的净利润则为4.544亿元。

财报显示，2022年虎牙面临营收下降的问题，虎牙将营收下降归结于市场环境的压力。虎牙等游戏直播平台的衰退实际上源于游戏直播行业本身的发展模式和商业逻辑遇到了问题。游戏直播这个行业从内容端和变现端都遇到了瓶颈。

(2) 斗鱼直播。2023 年 3 月 20 日，游戏直播行业的龙头玩家斗鱼发布 2022 年第四季度及全年财报。不论从单季度来看还是从年度来看，斗鱼的营收都呈现出下滑的颓势。其中，斗鱼 2022 年全年的营收下滑 22.44%，而其季度营收在最近一年里更是多次出现环比下滑。同时，斗鱼 2022 年全年的亏损有所收窄，2022 年第四季度更是实现净利润的扭亏为盈。财报显示，斗鱼 2022 年全年的营业成本和营业费用分别下降了 24.24% 和 31.61%。

过去一年，斗鱼通过调整直播业务和优化业务支出，在降本增效方面取得了一定进展。

斗鱼的净利润指标有所好转。财报显示，2022 年斗鱼的净亏损为 9 041.5 万元，而上年同期斗鱼的净亏损则高达 6.2 亿元，这意味着斗鱼 2022 年虽然仍处于亏损的境地，但其净亏损同比已有所收窄。

(3) YY 直播。2023 年 3 月 16 日，欢聚集团（NASDAQ：YY）发布 2022 年财报。

报告显示，第四季度欢聚集团实现营收 6.05 亿美元，同比下滑 8.9%；全年实现营收 24.12 亿美元，同比下滑 8%。在非美国通用会计准则下（不考虑已剥离的 YY Live 业务），欢聚集团全年净利润 1.993 亿美元，同比增长 83%。

喜中有忧。2022 年四季度中，欢聚集团 BIGO 在每位付费用户的平均收入发生了较大幅度的下降，为 251.3 美元，而 2021 财年同期为 320.2 美元。

(二) 主要的网络音频社交媒体

1. 网络电台

2022 年，网络电台用户增速出现下滑。在降本增效之下，相关平台大大减少了营销推广的投入。年底，喜马拉雅宣布首次单季度盈利，荔枝也紧跟着宣布首次实现全年盈利。

(1) 喜马拉雅。2023 年 1 月喜马拉雅创始人兼 CEO 余建军在公司年会透露，喜马拉雅于 2022 年第四季度首次实现单季度千万级的盈利，这也是喜马拉雅创业十年来首次实现盈利。

喜马拉雅增长能力已接近天花板。据调研机构 QuestMobile 数据，喜马拉雅 MAU 在 2020 年 12 月和 2021 年 12 月分别为 8 200 万元与 9 700 万元，2022 年的平均 MAU 仍为 9 700 万元。

为了实现盈利，喜马拉雅做了许多尝试，如有声书、教育培训，还有知识付费等，这些尝试也存在不少问题。比如喜马拉雅培训业务。喜马拉雅走的是营销套路，与常见的训练营模式接近。以折后价格 1 元的"有声演播训练营"引流，然后推销其培训课程，其中有 3 000 元的"有声书主播攀登计划"，8 279 元的"攀登计划设备版"。问题也因此出现。一些用户在培训结束后发现，自己很难凭借这些内容赚取收益，便怒而投诉喜马拉雅虚假宣传。

（2）蜻蜓 FM。一度打造"知识经济"播客矩阵而成为行业焦点的蜻蜓 FM，2022 年似乎没了声音。

很长时间里，蜻蜓 FM 都是音频播客的标杆平台，虽然市场规模和喜马拉雅存在一定的差距。但在知识经济盛行的那几年，擅长打造头部 IP 的蜻蜓 FM，很有明星光环。比如，其围绕头部 IP 推出的《矮大紧指北》《晓年鉴》《蒋勋说红楼梦》《局座讲风云人物》等精品内容，形成了以高晓松、蒋勋、梁宏达、张召忠为代表的音频播客领域的"四大金刚"。

时过境迁，到了 2022 年，除了蒋勋之外，其他的头部 IP 早已经淡出江湖，与之相伴的蜻蜓 FM 的势头也大不如前。

（3）荔枝。2023 年 3 月 16 日晚间，以音频为核心的社交和娱乐平台荔枝发布了 2022 年第四季度及全年财报。数据显示，公司 2022 年第四季度及全年营收及净利润均创历史新高，第四季度收入达 5.88 亿元，2022 年全年收入达 21.85 亿元，全年净利润增至 8 650 万元，相比 2021 年的净亏损 1.27 亿元大幅扭亏为盈。

荔枝在 2022 年陆续孵化并推出音频娱乐产品，例如推出虚拟形象等功能，同时举办多样化的运营活动加强社区氛围。荔枝还在旗下多款产品中应用 AI 语音技术，并上线了聊天机器人等创新功能。包括先后在全球化社交产品 TIYA App 中推出了聊天机器人 TIYA Bot 模块、在旗下音频产品中上线了语音聊天机器人"小吱"。

2. 在线音乐平台

（1）腾讯音乐。2023 年 3 月 21 日，腾讯音乐发布了未经审计的 2022 年第四季度及全年财报。从数据上来看，这是一份尚在市场预期内的财报。一方面，尽管营收同比下滑趋势仍在继续：四季度腾讯音乐实现营收74.3亿元，同比下滑2.4%。但和前三个月的数据来看，修复明显。在降本增效的推动下，第四季度调整后净利润、毛利率、在线音乐付费用户与ARPPU等多项核心数据回升。

财报显示，腾讯音乐第四季度总收入74.3亿元，非国际财务报告准则公司权益持有人应占净利润14.4亿元，同比增长72.8%，在线音乐付费用户同比增长16.1%达到8850万再创新高，环比净增320万。在提质增效的大策略下，腾讯音乐的经营效率得到有效提升。

值得注意的是，2022年第四季度，公司在线音乐非订阅收入也实现大幅增长，同比、环比分别增长29.8%和2.3%至人民币12.1亿元（1.75亿美元），广告业务收入环比继续回升。

（2）网易云音乐。2023年2月23日，网易云音乐发布2022年全年业绩公告，2022年，公司全年净收入约为89.92亿元，较上年同比增长28.5%；年内亏损2.2亿元，经调整净亏损约为1.14亿元，同比收窄89%，这主要归功于规模效应和成本结构的改善。财报显示，2020—2022年，网易云音乐营收分别约为48.95亿元、69.97亿元、89.92亿元，同比增速分别约为111.2%、42.9%、28.5%。

2022年网易云音乐在线音乐服务每月每付费用户收入从2021年的6.7元降至2022年的6.6元；而在线音乐服务付费率则由2021年的15.8%提升至2022年的20.2%。

自独家版权模式取消以来，网易云音乐不断填补自己的版权库，试图"后来居上"，缩小与腾讯音乐之间的版权差距。2022年，网易云音乐先后与福茂唱片、SM娱乐、时代峰峻、YG娱乐、颜社、波丽佳音等达成版权合作，并牵手拥有五月天、李宗盛等头部华语音乐人的相信音乐。

（三）主要的自媒体类应用服务商发展概况

1. 新浪微博

微博在2023年3月2日发布了2022年第四季度及全年财报。年度财报显示，2022年微博经营利润为4.805亿美元，非美国通用会计准则下，净利润为

5.4亿美元，同比下降24.79%。

财报显示，2022年12月微博的月活跃用户数达5.86亿、同比净增约1 300万，其中移动端月活用户占比为95%，当月平均日活跃用户数达2.52亿、同比净增约300万。

用户依然在增长，但是营收却在持续下滑。微博主要应对措施是"品效广告+内容运营"的组合营销模式，组织明星、媒体、KOL生产话题和内容打造行业热点，其重点布局的行业是汽车、手机和游戏，促进用户规模增长。

自2022年第二季度起，微博采取降本增效策略，其中包括压缩市场营销费用等，并在第四季度末进行了一定的组织结构优化。对此该公司表示，预计对利润的影响将会体现在2023年。

2. 今日头条

2022年7月，据彭博社报道，字节跳动的估值跌破了3 000亿美元（约为人民币21 534亿元），较上年相比至少下跌了25%。

在2022年8月底举行的字节"CEO面对面"全员会上，公司CEO梁汝波直言会"去肥增瘦"，在"业务立新项目时要提高标准"，愿景不明确、价值不突出的项目都要被砍掉。

从一季度的数据来看，字节的"去肥增瘦"之举，已取得了一定的效果。2022年第一季度，字节跳动的营业收入为近183亿美元，同比增长约54%；净亏损为47亿美元，较去年的291亿美元下降了近84%。另有熟悉字节的人士透露，虽然没有大规模裁员，但字节已在收缩招聘计划，并且有小范围的裁员。包括飞书在内的一些业务线将采取快进快出的招聘策略，以实现优胜劣汰。

今日头条之所以令人担忧，除了短视频的压力外，还有自身强调的算法机制带来的瓶颈。张一鸣为强调自家产品的经济优越性，曾表示内容优劣无关平台生死盈利。只要不断用算法机制，将早已烂大街的文字传递给受众，就能获得好感与亲切度。这样具有颠覆性的急功近利做法，的确对当时的网络传媒有很大冲击。但随着类似模式为其他平台所认可，今日头条也就开始遭遇到巨大瓶颈。

3. 微信公众号

据新榜日常监测的百万级微信公众号样本库显示，2022一整年，微信公众号累计产出了至少 3.98 亿篇文章，每天至少有超过 109.27 万篇新文章推送给读者。

2022 年，微信公众号进行了密集的"微调"，几乎每个月都有一次产品迭代升级，同时配合有关部门监管，严格规范公众号内容运营，推动了平台的健康发展。概括来看有以下几个方面。

第一，公众号密集迭代，多项新功能上线。

2 月，公众号后台发布"关于永久图文素材相关接口下线的公告"称公众平台将于 2022 年 2 月 28 日下线永久图文素材相关接口。

4 月，公众号后台进行改版。

5 月，iOS 微信 8.0.22 版本正式更新，服务号消息支持一键免打扰。用户可以只需要在任一服务号"设置"内，将"消息免打扰"开启；订阅号上线"浮窗"功能；公众号后台文章上线了"快捷私信"功能。

6 月，为提高用户阅读合集的整体体验，公众号将默认开启合集标签的文末连续阅读功能。

7 月，公众号付费功能新增合集付费模式，支持将多个文章收录在同一付费合集下，用户购买此合集后即可阅读全部内容。

9 月，公众号灰度测试原创图文快捷转载功能。公众号后台编辑器发布公告：为适宜用户阅读，编辑器默认格式已调整。

10 月，iOS 系统更新 8.0.29 最新版微信后，订阅号列表右上角"我的订阅号"入口由三条横线变为人像按钮，且进入"我的订阅号"的入口要经过二次跳转才能进入。

第二，视频号与公众号的结合也越来越紧密。

公众号用户增长来源新增视频号。2 月，公众号后台的用户增长新增区分视频号和直播的来源，可在公众号后台——用户增长查看新增粉丝中来源于视频号和视频号直播的数据。

公众号自定义菜单等支持设置视频号动态。3 月，运营者可通过公众号后台自定义菜单和自动回复支持设置视频号动态。

视频号/公众号互通发放红包封面能力。7 月，为提升封面发放效率，平台正式上线视频号/公众号互通发放红包封面能力。在公众号使用红包封面组件发放封面时，新增支持拉取"已绑定视频号"创建的封面；在视频号短视频及直播中插入封面发放链接时，新增支持插入"已绑定公众号"创建的封面发放链接。

公众号内测群发直播消息功能。8月，微信公众号灰度测试服务号群发直播消息功能，绑定了视频号的微信服务号，可以将直播间群发给所有粉丝，也可以选择标签设置的粉丝用户。

第三，公众号完善平台规范。

3月，微信大规模封禁数字藏品平台公众号。微信从严处置利用空难蹭热度的公众号。

4月，公众号扫码点餐强制关注整改。

6月，微信发布关于公众号强制关注行为的进一步规范，平台发现如"扫码停车缴费""扫码开发票"等服务场景也存在较多强制关注行为，一经核实将根据违规程度限制二维码打开公众号等能力。

7月，公众号规范煽动夸大误导标题。公众号规范关于金融类违规营销内容。

8月，公众号明确某类头像不可以使用。

9月，微信整治封建迷信类营销内容。

10月，微信整治兼职类营销内容。

11月，微信整治"彩票预测"类内容。

三、2022年社交媒体行业发展特点

（一）网络视频行业的发展特点

1. 网络长视频行业特点

2022年以来，在具有挑战的外部环境下，降本增效成为长视频行业的共同主题，行业重点从抢占市场份额转向提升运营效率，行业逐步释放复苏信号，爱奇艺、腾讯均实现了首次盈利，优酷亏损也连续收窄。

在这个背景下，行业发展呈现以下几个特点。

第一，竞争降温。各平台用户总量维持稳定，时长和流量亦逐渐趋稳，长视频流量被短视频侵蚀问题得到缓解，同时长短视频逐步从竞争走向竞合；头部企业流量相对稳定，各平台用户量和时长随重点内容上线、爆款带动以及节假日影响而存在小幅波动，呈现此消彼长的态势，在整体长视频流量基本平稳，增量空间有限的背景下，长视频的竞争转向温和。

第二，不再"烧钱"。2022年以前，除芒果外，爱奇艺、腾讯视频、优酷均处于亏损状态，亏损的根本原因在于"烧钱"购买高昂的内容，爱奇艺2021年内容成本现金投入近200亿元，爱优腾3家近10年共计投入超过1000亿元人民币，唯一盈利的芒果则是受益于背靠湖南广电，拥有相对低廉的内容成本。随着市场环境遇冷，资本市场对于长视频平台的亏损容忍度下降，融资环境变差，各平台的现金流出现压力，降本增效成为必然选择，各个平台转向聚焦主业，努力减亏。

第三，内容创新。在剧集方面，《开端》《梦华录》等优质内容不间断涌现，综艺领域更有热播的喜剧类节目带动演员走上央视春晚舞台。到2023年，影视行业加速回暖，《三体》创造国产科幻剧的新巅峰、《狂飙》引发追剧热潮。从长远来看，视频平台已经具备长期增长的内在驱动力。随着提质增效的不断深化，内容精品率显著提高，爆款内容从偶发走向频发，各大平台也在头部内容方面做了大量储备，且更加聚焦于高品质、创新性内容。例如，《繁花》《三体：大史》《爱情而已》《云襄传》《球状闪电》等剧集都备受用户期待。

2. 短视频行业特点

微信视频号异军突起，短视频领域出现新格局。

根据第三方机构QuestMobile发布的《2022中国移动互联网半年大报告》，2022年6月，微信视频号月活规模突破8亿，抖音为6.8亿，快手3.9亿。微信视频号已然位列榜首。视频号打破"抖音快手"双强垄断格局，呈现三国争霸的新格局。

视频号借助于腾讯庞大的资源和微信流量，获得了快速发展。视频号被纳入了整个微信生态后，形成的"视频+社交"模式，让腾讯仅仅用了两年，就成了短视频领域TOP 1的赢家。2022年除夕当晚，超过1.2亿人在微信视频号"竖屏看春晚"。截止到2022年6月，微信视频号月活规模突破8亿，抖音从上年同期的6.4亿上升到6.8亿，快手已从上年同期的4.2亿下降到3.9亿。

抖音月活、用户增长已近天花板，正在开辟新的空间。抖音通过多元化布局，陆续开通外卖服务、上线种草小红书类App"可颂"，悄悄进入重壁垒的物流配送领域。

短视频广告占据网络广告市场首位，成数字营销重要渠道。在互联网广告市场细分结构里，短视频一经快速增长，便以其独有优势迅速成为广告投放新兴媒介，市场占比稳固扩张，于2020年以17.4%的市场份额超越搜索引擎广告，成为仅次于电商广告的第二大广告类型，艾瑞咨询预测未来三年市场占比不断提高，2023年达25.3%。根据QM数据，2021年媒介行业互联网广告收入中，短视频广告增速达到31.5%，遥遥领先。

短视频平台普遍与直播电商融合。从早期与第三方电商合作，短视频平台转型为自建商城，构建直播电商闭环。无论品牌选择达人播还是自播，要实现从消费者引流到直播间购买的转化，都要途经以短视频为代表的渠道平台。短视频以持续增长的流量优势以及算法匹配工具，增强了直播带货的品效。

3. 网络直播行业特点

2022年8月10日，中国演出行业协会网络表演（直播）分会等机构在北京发布了《中国网络表演（直播）行业发展报告（2021—2022）》，报告认为，直播行业成长至今已进入3.0时代，行业格局基本稳定，经济价值、社会文化价值与日俱增，新的内容和消费场景不断激活。

报告认为，数字经济推动下，直播与各行业关系发生转变。"+直播"趋势明显，各行业通过直播谋求"新生"，"云旅游""云看展""云演艺"等新业态不断涌现。报告指出，直播平台在带动乡村产业发展、培育乡村数字化人才、探索乡村文旅中的作用进一步凸显，为乡村振兴注入新动能。在带动乡村产业发展方面，直播卖货、助农直播间等形式成为推动农品销售、农民就业和增收的新基建。

直播行业创造了千万量级的就业机会，并推动了新就业形态发展。报告发现，随着直播平台与实体经济的不断融合，一些乡村地方表演者、艺校毕业生、主持人、演员、店铺商家、行业专家、导购等传统职业、专业角色转型成为主播，从而提高了直播间的内容标准与准入门槛。在泛知识领域中大量热门个人IP出现，泛知识类主播开启圈粉模式。2022年来，刘畊宏健身直播、董宇辉双语带货的现象级传播更带动了一众知识类主播入局，泛知识直播的价值受到更为广泛的认可，直播领域"知识付费"意识觉醒，高水平的直播内容也将引入更多高质量的受众。

报告指出，国家、地方层面重视直播在拉动数字经济、助力乡村振兴等方面的突出价值，出台多份政策，"建基地、育人才"，用"真金白银"支持直播经济及相关新业态新模式的发展。

行业更加注重长期主义和价值体现。在监管引导下，直播平台加强合规意识，创新机制管理。如在主播行为的约束与引导方面，采取搭建信用机制、分级管理、强化主播培训、优质内容流量倾斜等方式加以管理。为有效治理激情打赏、高额打赏、诱导打赏，多家平台主动建立设限机制，包括调整礼物金额、用户提醒、下线以打赏金额为主要排名依据的站内榜单、不再针对高额打赏进行宣传炒作、取消跨直播间充值打赏广播功能等。在未成年人保护方面，以创新治理构建长效保障机制，如专设儿童隐私保护政策体系，丰富少年内容池品类，以技术手段严控未成年人开播替播风险、消费行为等。

（二）自媒体行业发展特点

自媒体行业面临流量见顶和监管加剧双重压力。在强力监管与经济下行叠加的双重影响下，各大自媒体平台的业绩开始下滑，逐渐走向平常化。

一个明显的例子是微博遭遇强力整顿。2022年11月18日，@微博管理员发文称，为进一步贯彻落实2022年"清朗"系列专项行动的相关要求，全面整治饭圈拉踩引战、互撕谩骂等问题，站方对相关违规内容进行排查并严肃处置。根据《微博社区公约》等相关规定，该阶段清理涉及"饭圈违规"的微博3.9万条；解散涉互撕谩骂话题125个；视情节严重程度，对4 566个发布互撕谩骂微博的账号予以禁言7天到永久禁言的处置。

除此以外，整个自媒体行业面临监管压力增强。2023年3月10日，中央网信办部署开展"清朗·从严整治'自媒体'乱象"专项行动。针对"自媒体"造谣传谣、假冒仿冒、违规营利等突出问题，坚决打击，从严处置，营造清朗网络空间。

其中对三类"自媒体"将坚决取缔。即利用账号名称信息假冒仿冒的"自媒体"、利用信息内容假冒仿冒的"自媒体"、无专业资质假冒仿冒的"自媒体"。

专项行动的目标在于整治"自媒体"乱象，破解"自媒体"信息内容失真、运营行为失度等深层次问题，维护网上信息内容传播良好秩序。

为此，要压实网站平台主体责任，督促网站平台健全账号注册、运营和关闭全流程全链条管理制度，加强账号名称信息审核、专业资质认证、信息内容审核等常态化管理。同时，探索运用经济手段强化"自媒体"监管，遏制"自媒体"违规营利行为，实现社会效益和经济效益相统一，营造风清气正的网络环境。

另外，专项行动对"自媒体"蹭炒热点吸粉引流、造热点博流量、利用弱势群体进行流量变现等行为进行全面整治。

(三) 网络音频行业的发展特点

1. 网络音频

网络音频企业仍然挣扎在盈亏死亡线上，市场竞争升温。竞争压力一方面来自短视频对用户的争夺。据灼识咨询调查结果显示，相比于短视频、长视频等内容形式，在线音频被远远抛在了身后。特别是作为后起之秀的短视频，在国内渗透率已达到77.2%。另一方面来自互联网巨头频频出手，行业竞争不断升温。"番茄畅听"和"懒人畅听"依托巨头强大版权资源积极储备IP版权，将影视剧、文学小说等著作以音频输出的方式呈现，用户规模保持高增长。

相应地，为应对竞争，网络音频平台也在加大对新技术的研发投入，满足用户多元化、个性化的需求，以期在激烈的市场竞争中生存。

喜马拉雅选择让AI生产内容，基于自研的TTS框架制作了不同的TTS音色，满足用户多元化需求。据悉，喜马拉雅"单田芳声音重现"账号上线的运用单田芳AI合成音所制作的专辑数量已经有100多张，总播放量超过1亿。

荔枝在2022年推出自研技术综合平台"声音云"，意在加强对业务的中后台支持，包括推出自动化测试平台、商业智能分析平台、智能投放平台等。荔枝选择让AI机器人"陪聊"，在全球化社交产品TIYA App中推出了聊天机器人TIYA Bot模块和在旗下音频产品中上线了语音聊天机器人"小吱"，并且计划打造综合型AI互动机器人平台，以科技驱动增长。

除了研发新技术，在线音频企业正加速开拓新的发展空间和多元场景。例如，喜马拉雅加码影视、阅读、游戏等产业，通过有声书、有声剧呈现知名IP，吸引其他领域的用户。同时，也面向智能家居、可穿戴设备和车载智能终端等应用场景吸引新用户。网络公开数据显示，目前喜马拉雅多达数亿的全场景月活跃用户中，有较大的比例是通过智能音箱、车载音频等 IoT 终端及其他第三方开放平台访问平台的。在汽车应用场景方面，喜马拉雅、荔枝、蜻蜓FM 扎堆与汽车厂商合作，抢占车载音频场景红利。据了解，喜马拉雅与特斯拉、保时捷等汽车企业进行深入合作；荔枝与小鹏、小米、华为等达成合作；云听平台与比亚迪、华为等行业龙头建立合作。

2. 在线音乐

在线音乐所面临的困境主要两个，第一是内容端，如何拥有更多的独创内容，保住用户，实现订阅转化；第二个是场景端，如何做更多的版权商业化，提升盈利能力。

在内容端，许多音乐流媒体选择入局作为生态补充的长音频赛道。例如，腾讯音乐 2021 年 4 月推出的懒人畅听，与腾讯视频联合推广的《雪中悍刀行》有声书累计播放量超过 1.4 亿。Spotify 则依靠播客让月活跃用户扩大到 4.89 亿，同比增长超 20%。但前者影响力相对较小，难以成为影响大多数用户的付费因素。后者在经济下行的环境下则显得成本过高。

为保住普通用户，网易云在 iOS 端更新的 8.9.0 版本中增加了"免费听歌模式"，普通用户可以通过观看相关广告视频来获得一定的 VIP 曲库使用时长，目前完成一次广告任务可以获得 30 分钟的免费时长。网易云上半年通过将会员套餐与网易游戏绑定等促销方式，拉高了整体付费用户的规模。2022 年上半年，在线音乐服务的付费用户增长由上年同期的 2.61 亿增长到了 3.76 亿。但是，以质量换规模带来的弊端也很明显，网易云每月每付费用户收入由上年同期的 6.8 元降至 6.5 元；月活数也由上年同期的 18.49 亿下降到了 18.19 亿。

在场景端，腾讯音乐、网易云音乐的运营重点出现转向，转向开辟汽车市场。随着智能汽车进一步智能化，在线音乐的竞争，逐渐从"卷内容"转向"拼体验"，回归技术创新。

在此背景下，车载场景成为在线音乐平台稀缺的新流量入口——智能汽车是"有着四个轮子的移动智能设备"，其拥有智能系统与高强连接能力，占据出行这一独特场景，基于此获取了大量用户时长，成了互联网的增量。

据媒体报道，腾讯旗下的酷我音乐已和奔驰、奥迪、凯迪拉克等 60 多家车企达成合作，市场占有率超 80%。QQ 音乐和酷狗音乐也与特斯拉、蔚来等车企达成合作。

相比之下，网易云的上车之路则要略晚一些，近两年才陆续接入理想、小鹏等车企。

四、2022年社交媒体年度重要事件

加强监管是2022年影响行业发展的主旋律。

2022年1月22日起至2月下旬，国家网信办开展为期1个月的"清朗·2022年春节网络环境整治"专项行动，营造良好春节氛围。4月8日至12月初，开展"清朗·2022年算法综合治理"专项行动。4月24日，开展"清朗·网络暴力专项治理行动"。9月2日起，在全国范围内启动为期3个月的"清朗·打击网络谣言和虚假信息"专项行动。

针对自媒体，网信办印发通知，自3月2日起，开展为期两个月的"清朗·从严整治'自媒体'乱象"专项行动。聚焦社交、短视频、网络直播等类型重点平台，针对"自媒体"造谣传谣、假冒仿冒、违规营利等突出问题，坚决打击，从严处置，营造清朗网络空间。

6月22日，国家广播电视总局、文化和旅游部共同制定了《网络主播行为规范》，短视频行业有所好转。

9月30日，由国家互联网信息办公室、工业和信息化部、国家市场监督管理总局联合发布的《互联网弹窗信息推送服务管理规定》正式实行，要求"互联网弹窗信息推送服务提供者应当落实信息内容管理主体责任，建立健全信息内容审核、生态治理、数据安全和个人信息保护、未成年人保护等管理制度"。

11月，国家互联网信息办公室发布新修订的《互联网跟帖评论服务管理规定》（以下简称"《规定》"）自2022年12月15日起施行。新《规定》共16条，重点明确了跟帖评论服务提供者跟帖评论管理责任、跟帖评论服务使用者和公众账号生产运营者应当遵守的有关要求等内容。新《规定》强调，公众账号生产运营者可按照用户服务协议向跟帖评论服务提供者申请跟帖评论区管理权限。

五、总结与展望

（一）网络音视频行业总结与展望

2023 年，是长视频稳住势头更关键的一年。2023 年长视频能否继续保持增长，最终取决于满足用户需求痛点、提供不可替代价值的程度。当下，以多模态、大模型为特色的新兴 AI 新技术与应用正在快速发展，网络音视频内容生产门槛大幅降低，技术竞争将日益激烈。

目前 AI 技术已普遍应用于有声小说的朗读中，AI 生成视频也在酝酿发展，虚拟人技术也正在挑战网络主播。网络音视频正在利用生成式预训练 AI 模型构建良好的人机互动模式，让新兴技术赋能内容，提升平台价值。

网络音频行业现存在准入门槛较低的问题。网络音频产品内容多样，产品的宣传和筛选工作难度较大，如何建立有效的内容筛选和宣传推广管理体系，无疑是当前我国网络音频在新发展阶段面临的难题。面对庞大繁杂的海量信息，仅靠有限的审核人员无法准确判断信息的真实有效性。因此，现阶段网络音频需要创新管理机制，加强音频的智能筛选，提升审核机制水平，对平台内容严格把关，才能维护网络信息传播秩序，防范盗版侵权现象的发生。

随着人工智能技术的创新和大众思想观念的发展进步，契合用户碎片化需求的网络音频道路必然会越走越宽，用户愿意为音频资源付费，网络音频可享受知识付费带来的红利，各音频平台的商业规模也会不断扩大。

网络音频平台的侵权问题或许长期存在，平台仍需创新技术以维护网络音频新生态。媒体深度融合时代，网络音频产业应理智面对付费经济，实现音频内容付费的良性循环。

（二）博客类自媒体的总结与展望

自媒体内容和形式日趋沉浸化和多元化。博客类自媒体不再是 10 亿用户每天浏览信息首选。短视频的兴起和发展，使其面临严峻的挑战，发展空间受到挤压，但博客类自媒体短期内不会消亡，相关平台正在积极进行自我调整，努力为用户提供一个更健康的阅读空间，为社会传播有价值、正能量的信息。

监管治理的精细化和常态化，将责任和权利落实到个体。当前，老年、未成年以及其他特殊群体的网民数量越来越庞大、上网时间越来越长，应为这些群体提供更好、更合适的互联网服务，如在线医疗、在线教育等。同时，应推动日常使用 App 的适老化、无障碍化、青少年模式设置等，助力互联网发展成果的人人共享。此外，网络诈骗、隐私泄露、网络信息泛娱乐化等固有问题需要各方合力解决。

2022 年 11 月底，美国 OpenAI 公司发布 chatGPT，AIGC 成为全球性关注问题。AIGC（Artificial Intelligence Generated Content／AI-Generated Content）中文译为人工智能生成内容，一般认为是相对于 PGC（专业生成内容）、UGC（用户生成内容）而提出的概念。AIGC 狭义概念是利用 AI 自动生成内容的生产方式。广义的 AIGC 可以看作是像人类一样具备生成创造能力的 AI 技术，即生成式 AI，它可以基于训练数据和生成算法模型，自主生成创造新的文本、图像、音乐、视频、3D 交互内容等各种形式的内容和数据，以及包括开启科学新发现、创造新的价值和意义等。

AIGC 在自媒体行业发展前景广阔。从 UGC 到 AIGC 是一个内容生产范式的跨越。除了短视频领域，一些技术领域的博客类自媒体已经开始尝试 chatGPT 使用。AIGC 在引领 AI 技术新趋势和相关产业发展的同时，也带来新风险挑战，诸如知识产权、信息安全以及技术伦理等等。自媒体发展过程中曾经遇到的问题，如低俗内容、谣言、网络暴力等，也会在 AIGC 出现，应更有针对性地探究应对措施。

参考资料

《中国互联网络发展状况统计报告》（第 51 次），2023 年 3 月，CNNIC。
《2022 中国移动互联网年度报告》，2023 年 2 月，QuestMobile。
《2022 年度中国网络直播行业发展研究报告》，2022 年 4 月，艾媒咨询。
《2022 抖音数据报告》，2022 年 12 月，抖音。
《2022—2027 年中国长视频行业市场前瞻与未来投资战略分析报告》，2023.2 月，中研普华。
《国内长视频行业研究》，2023 年 1 月，中信建投证券。

《2021—2022 年中国网络表演行业发展报告》，2022 年 9 月，中国演出行业协会。

《2022 年度视频号发展白皮书》2023 年 2 月，视灯研究院。

《2022 中国网络视听发展研究报告》，2022 年 7 月，中国网络视听节目服务协会。

《中国短视频行业市场前景及投资机会研究报告》，2022 年 4 月，中商研究院。

《2022 年中国在线音乐市场年度综合分析》，2022 年 3 月，易观分析。

《2022 年中国音频市场年度综合分析》，2022 年 6 月，易观分析。

《2022 快手直播生态报告》，2023 年 1 月，快手大数据研究院。

爱奇艺 2022 年第四季度和全年财报，2023 年 2 月。

腾讯控股 2022 年第四季度及全年业绩报告，2023 年 3 月。

哔哩哔哩 2022 年第四季度和全年未经审计的财报，2023 年 3 月。

快手 2022 年第四季度及全年财报，2023 年 3 月。

微博 2022 年第四季度及全年财报，2023 年 3 月。

虎牙 2022 财年第四季度财报及全年财报，2023 年 3 月。

斗鱼 2022 年第四季度财报，2023 年 3 月。

荔枝 2022 财年第四季度及全年未审计财报，2023 年 3 月。

腾讯音乐 2022 年第四季度及全年未经审计财务报告，2023 年 3 月。

网易云音乐 2022 年全年业绩，2023 年 2 月。

欢聚时代 2022 年第四季度及全年未经审计的业绩报告，2023 年 3 月。

2022—2023 中国移动出版产业年度报告

毛文思

2022年，全球新冠肺炎疫情反复，移动互联网发展也受到一定影响。在数字中国建设背景下，新型基础设施建设稳步推进，数字技术持续发展，带动移动出版在内容呈现、产品形态和服务模式等方面的持续创新。

一、移动出版产业发展概述

据市场调研机构IDC公布数据显示，2022年全年智能手机出货量同比下降11.3%，数量为12.1亿台，创2013年以来的最低年度出货量。这主要源于新冠肺炎疫情反复造成人们消费需求下降。从排名来看，三星、苹果、小米、OPPO、vivo市场份额位列前五位，与2021年一致。其中，三星位居全球智能手机出货量排名首位，市场份额为21.6%；苹果和小米分列第二、第三名。[1]与全球市场情况不同的是，2022年中国手机出货量排名前五分别是vivo、荣耀、OPPO、苹果、小米。其中，vivo以18.6%的市场份额位居国内智能手机出货量第一，荣耀紧追其后，市场份额达18.6%；OPPO与苹果并列第三，小米排名第五。2022年国内智能手机出货量也创下有史以来最大降幅。中国智能手机市场时隔十年，出货量再次低于3亿以下。[2] vivo虽位列第一，但是出货量的增幅相比2021年下滑了25%，市场份额下降2.9%；位列第二的荣耀，

---

[1] IDC：2022年全球智能手机出货量12.1亿台 同比下降11.3% [EB/OL]. http://www.199it.com/archives/1554576.html.

[2] 2022年手机总出货量下滑13%，折叠手机成为黑马丨界面新闻·JMedia [EB/OL]. https://www.jiemian.com/article/8816679.html.

是五家厂商中唯一增幅实现正增长的，增幅达到34.4%，市场份额创历史新高，达到18.1%。

据中国互联网信息中心（CNNIC）发布的《第51次中国互联网络发展状况统计报告》显示，截至2022年底，中国网民规模达到10.67亿，互联网普及率达75.6%。其中，中国手机网民规模达10.65亿，网民中使用手机上网人群占比达到99.8%，网民中使用手机上网的比例持续上升。

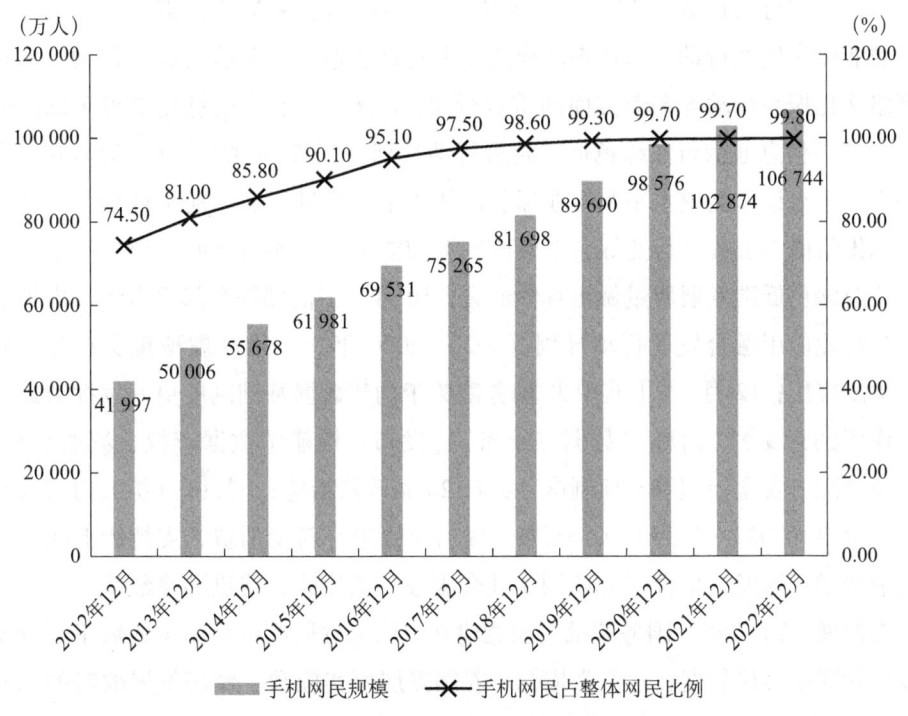

图1 我国手机上网用户规模

2022年，我国移动互联网持续发展。据工信部的统计公报显示，截至2022年12月底，移动电话用户总数16.83亿户，全年净增4 062万户，普及率为119.2部/百人，比上年末提高2.9部/百人。其中，5G移动电话用户达到5.61亿户，占移动电话用户的33.3%，比上年末提高11.7个百分点。移动互联网流量呈两位数增长，2022年，移动互联网接入流量达2 618亿GB，比上年增长18.1%。全年移动互联网月户均流量（DOU）达15.2GB/户·月，比上年增长13.8%。2022年，我国持续加快5G基础设施建设步伐，截至12月底，其中，5G基站为231.2万个，全年新建5G基站88.7万个，占移动基站总数的

21.3%，占比较上年末提升7个百分点。总量全球占比超60%。①

总体而言，2022年，我国5G网络在全球的领先优势进一步得到巩固，5G网络覆盖全国所有地级以上城市市区、县城城区以及96%的乡镇镇区，建成全球规模最大、技术领先的5G独立组网网络。2022年，在建设数字中国总体部署下，我国移动互联网发展的顶层设计日臻完备，为我国移动出版高质量发展提供有力保障。2022年1月中央网信办、农业农村部等部门联合印发《数字乡村发展行动计划（2022—2025年）》，部署了数字基础设施升级行动、智慧农业创新发展行动、新业态新模式发展行动、数字治理能力提升行动、乡村网络文化振兴行动等8个方面的重点行动；8月，工业和信息化部等7部门联合印发《信息通信行业绿色低碳发展行动计划（2022—2025年）》的通知，围绕提升重点设施能效水平和行业绿色用能水平、推进行业赋能全社会节能降碳技术供给能力、提升行业绿色低碳监测管理能力等方面对全面系统提高信息通信行业绿色低碳发展质量做出具体部署；10月，工信部等5部门出台《虚拟现实与行业应用融合发展行动计划（2022—2026年）》，推动虚拟现实在各个领域深度应用；12月，《中共中央 国务院关于构建数据基础制度更好发挥数据要素作用的意见》（简称"数据二十条"）发布，构建了数据产权、流通交易、收益分配、安全治理等4项制度，共计20条政策措施；同月，《扩大内需战略规划纲要（2022—2035年）》颁布，提出加快培育新型消费，支持线上线下商品消费融合发展，培育"互联网＋社会服务"新模式，促进共享经济等消费新业态发展。2022年，国务院批复同意建立由国家发展改革委牵头的数字经济发展部际联席会议制度，这一举措标志着国家层面实施数字经济发展战略的统筹协调机制正式建立。

表1　2022年以来我国移动互联网发展相关政策

序号	发文机构	发文日期	文件名称	说明
1	中央互联网信息办公室等部门	2022.1	《数字乡村发展行动计划（2022—2025年）》	数字基础设施升级行动，鼓励开发适应"三农"特点的信息终端、技术产品、移动互联网应用（App）软件，不断丰富"三农"信息终端

---

① 2022年通信业统计公报［EB/OL］. https://wap.miit.gov.cn/jgsj/yxj/xxfb/art/2023/art_3f427b68c962460cbe8ebdd754fe7528.html.

(续表)

序号	发文机构	发文日期	文件名称	说明
1	中央互联网信息办公室等部门	2022.1	《数字乡村发展行动计划（2022—2025年)》	和服务供给。新业态新模式发展行动。丰富农村信息消费内容，发展乡村数字文化消费新场景。合理引导农村居民在网络娱乐、网络视听内容等领域的消费。加快培育农村新业态。引导在线旅游、电子商务、位置信息服务、社交媒体、智慧金融等平台企业将产品和服务下沉到乡村，健康有序发展农村平台经济。乡村网络文化振兴行动。筑牢乡村网络文化阵地；推进乡村文化资源数字化。
2	国家广播电视总局	2022.1	关于推进智慧广电乡村工程建设的指导意见	深入推进"智慧广电+公共服务"，积极开展"智慧广电+公共文化、教育、医疗、养老"等服务。通过直播卫星、有线电视、广电5G等方式服务乡村教育，积极开发场景式、体验式、互动式线上教学。积极创造条件，促进视听产业、数字经济在乡村加快发展。
3	国务院办公厅	2022.4	关于进一步释放消费潜力促进消费持续恢复的意见	促进新型消费，加快线上线下消费有机融合，扩大升级信息消费。
4	国务院办公厅	2022.7	《关于同意建立数字经济发展部际联席会议制度的函》	贯彻落实党中央、国务院决策部署，推进实施数字经济发展战略，统筹数字经济发展工作；协调制定数字化转型、促进大数据发展、"互联网+"行动等数字经济重点领域规划和政策；统筹推动数字经济重大工程和试点示范。
5	工信部等7部门	2022.8	《信息通信行业绿色低碳发展行动计划（2022—2025年)》	以各行业数字化、智能化、绿色化转型需求为导向，以产业绿色低碳转型、居民低碳环保生活和城乡绿色智慧发展等领域为重点，加快提升数字技术与垂直行业应用深度融合的服务供给能力，助力经济社会数字化绿色化转型。

（续表）

序号	发文机构	发文日期	文件名称	说明
6	工信部	2022.8	5G全连接工厂建设指南	指导各地区各行业积极开展5G全连接工厂建设，带动5G技术产业发展壮大，进一步加快"5G＋工业互联网"新技术新场景新模式向工业生产各领域各环节深度拓展。
7	工信部等5部门	2022.10	《虚拟现实与行业应用融合发展行动计划（2022—2026年)》	围绕近眼显示、渲染处理、感知交互、网络传输、内容生产、压缩编码、安全可信等关键细分领域，做优"虚拟现实＋"内生能力，强化虚拟现实与5G、人工智能、大数据、云计算、区块链、数字孪生等新一代信息技术的深度融合，叠加"虚拟现实＋"赋能能力。在新闻报道、体育赛事、影视动画、游戏社交、短视频等融合媒体内容制作领域，推动广播级高品质、大众化低门槛虚拟现实数字内容同步发展。
8	工信部、国家网信办	2022.11	《关于进一步规范移动智能终端应用软件预置行为的通告》	移动智能终端应用软件预置行为应遵循依法合规、用户至上、安全便捷、最小必要的原则，依据谁预置、谁负责的要求，落实企业主体责任，尊重并依法维护用户知情权、选择权，保障用户合法权益。
9	中共中央、国务院	2022.12	《关于构建数据基础制度更好发挥数据要素作用的意见》	支持开展数据流通相关安全技术研发和服务，促进不同场景下数据要素安全可信流通。
10	中共中央、国务院	2022.12	《扩大内需战略规划纲要（2022—2035年)》	加快培育新型消费。支持线上线下商品消费融合发展。加快传统线下业态数字化改造和转型升级。丰富5G网络和千兆光网应用场景。发展新个体经济。培育"互联网＋社会服务"新模式。深入发展在线文娱，鼓励传统线下文化娱乐业态线上化，支持打造数字精品内容和新兴数字资源传播平台。鼓励发展智慧旅游、智慧广电、智能体育。支持便捷化

(续表)

序号	发文机构	发文日期	文件名称	说明
10	中共中央、国务院	2022.12	《扩大内需战略规划纲要（2022—2035年）》	线上办公、无接触交易服务等发展。促进共享经济等消费新业态发展。支持社交电商、网络直播等多样化经营模式，鼓励发展基于知识传播、经验分享的创新平台。支持线上多样化社交、短视频平台规范有序发展，鼓励微应用、微产品、微电影等创新。

在地方层面，2022年，我国数字化建设步伐也持续加快。其中，浙江、北京、广东、江苏、上海、福建、山东、天津、重庆、湖北数字化综合发展水平位居全国前10。[①] 截至2022年底，全国已有26个省（自治区、直辖市）设置省级大数据管理服务机构，各地持续强化数字化发展的顶层设计，积极探索推进数字化发展路径。广东、天津、江苏等地区探索建立"首席数据官"机制。浙江省打造一体化智能化公共数据平台，积极探索开展平台经济监管"浙江模式"，打造全球搭建高级别全球数字交流合作平台，以数字化改革驱动共同富裕先行和省域现代化先行。北京市先后出台《北京市数字经济全产业链开放发展行动方案》《北京市推动软件和信息服务业高质量发展的若干政策措施》，大力推动全球数字经济标杆城市建设。广东省加快数字化发展，出台《广东省数字经济发展指引1.0》，提出数字经济发展的"2221"总体参考框架，围绕数字产业化、产业数字化两大核心，巩固提升数字经济核心产业，发展数字经济新兴产业，着力建设国家数字经济高质量发展示范区。上海全民推进城市数字化转型，出台《上海城市数字化转型标准化建设实施方案》，聚焦"经济、生活、治理"3大领域，通过制定城市数字化转型标准化路线图及配套政策举措，构建城市数字化转型标准体系，引导城市建设、运行、发展、管理的全面转型创新。

从全国到地方，2022年我国数字化建设全面推进，为移动互联网发展提供有力保障。在人工智能、大数据、虚拟现实、数字孪生等技术赋能下，移动互

---

① 中国数字经济规模已超50万亿，内外部面临7大挑战[EB/OL]. https://c.m.163.com/news/a/I5K1F2OV0519DDQ2.html.

联网信息生产方式、传播方式和服务模式持续创新，应用场景日益细分，信息消费需求日益多元，推动移动阅读、移动游戏、移动音视频等领域持续创新发展。过去一年来，我国移动出版主要呈现出以下发展态势。

（一）文化数字化上升国家战略，为行业高质量发展指明方向

2022年是承上启下实施"十四五"规划的关键一年，也是乘势而上开启全面建设社会主义现代化国家、向第二个百年奋斗目标进军新征程的重要一年。2022年3月，文化数字化正式上升为国家战略。3月中共中央办公厅、国务院办公厅印发《关于推进实施国家文化数字化战略的意见》，明确实施国家文化数字化战略的指导思想、工作原则、主要目标、重点任务和保障措施，重点围绕关联形成中华文化数据库、夯实文化数字化基础设施、搭建文化数据服务平台、促进文化机构数字化转型升级、发展数字化文化消费新场景、提升公共文化服务数字化水平、加快文化产业数字化布局、构建文化数字化治理体系等方面作出具体部署。2022年4月，为落实数字化战略，加快推进出版业深度融合发展，中宣部出台了《关于推动出版深度融合发展的实施意见》，从加强出版融合发展战略谋划、强化出版融合发展内容建设、充分发挥技术支撑作用、打造出版融合发展重点工程项目、建强出版融合发展人才队伍、健全出版融合发展保障体系等方面，对今后一个时期出版业融合发展提出重点方向和主要任务，这是中宣部首次就出版融合发展领域专门发布政策文件。出版业融合发展政策体系进一步健全，也推动移动出版步入更高质量、更大动力的发展。2022年8月，中共中央办公厅、国务院办公厅印发《"十四五"文化发展规划》，提出加快推进媒体深度融合发展，建立以内容建设为根本、先进技术为支撑、创新管理为保障的全媒体传播体系。推进内容生产供给侧结构性改革，完善高质量内容产出机制，推广互动式、服务式、场景式传播。强化新一代信息技术支撑引领作用，创新媒体业态、传播方式和运营模式。党的二十大报告中对文化建设做出新部署，强调推进文化自信自强，铸就社会主义文化新辉煌，为移动出版高质量发展提供了前行方向和更高要求，移动出版在意识形态阵地建设、强化社会主义核心价值观引领、提高社会文明程度、繁荣发展文化事业和文化产业、增强中华文明传播力影响力等方面将发挥日益重要的作用。

（二）精品内容建设加快推进，价值引领作用日益增强

2022年以来，在管理部门积极引导下，伴随人们数字文化审美水平日益提升，移动出版供给质量进一步提升。以移动出版领域为例，通过"优秀现实题材和历史题材网络文学出版工程""全国有声读物精品出版工程"等精品出版工程，鼓励数字出版加强精品内容建设，提高出版质量，有效促进移动阅读高质量发展。41个有声读物项目入选"2022年全国有声读物精品出版工程项目"，主题出版项目占据较大比重。如《习近平讲党史故事》（有声版）、《习近平用典》（第一辑）（有声版）、《论中国共产党历史》（有声版）、《读懂中国共产党》（有声版）等，有声读物已成为阐释新时代党和国家创新理论、讲述党和国家光辉历史与伟大成就的重要方式，也成为主题出版数字化、融合化的重要路径。此外，主题出版物通过电子图书、数据库、音视频、线上课程等产品形态，实现更加丰富立体的方式呈现和更加高效广泛的传播，影响力、感染力大大增强。2022年，为迎接党的二十大胜利召开，"踔厉奋发新时代 笃行不怠向未来""中国这十年""沿着总书记的足迹"等网络主题宣传活动，引发良好的社会反响，移动出版已成为主题宣传的重要渠道；数字阅读平台纷纷设置"迎接党的二十大"专题专栏，面向网民读者推介党的创新理论读物、奋进新征程建功新时代"主题书单以及优秀网络文学作品。2022年，移动游戏也呈现出精品化趋势。随着游戏版号管理加强、防沉迷政策落实，促进我国游戏企业精品意识提升，有越来越多以弘扬传统文化、传播科普知识的游戏涌现，同时还出现了更多服务于孤独症儿童等公益类游戏，体现出游戏企业日益提升的社会责任感。

（三）技术应用持续深入，支撑行业不断创新

2022年，在加快建设数字中国、网络强国，推动实施国家文化数字化战略的背景下，大数据、人工智能、虚拟/增强现实、区块链等数字技术加快产业应用场景落地，与各个领域深度融合，对移动出版创新发展的支撑赋能作用日益明显。2022年，我国信息领域相关PCT国际专利申请近3.2万件，全球占比达37%。2022年，我国规模以上互联网企业共投入研发经费771.8亿元，

同比增长 7.7%，增速较上年提高 2.7 个百分点，①由此可显示出我国互联网企业创新发展动能不断增强。腾讯、阿里、美团、华为等企业纷纷加码研发投入。由波士顿咨询公司发布的"2022年全球最具创新力公司50强榜单中"，阿里巴巴、联想、京东、小米、腾讯、字节跳动6家中国互联网企业入围。②技术创新能力的提升，将为移动出版发展提供有力支撑。阿里云自主研发的大数据智能计算平台 ODPS，可支持超过 10 万台服务器的并行计算，单日最大数据处理规模 2.79EB，该成果入选世界互联网大会乌镇峰会期间发布的"2022 年世界互联网领先科技成果"评选名单。华为推出的"欧拉开源操作系统"，是全球首个面向数字基础设施的全场景开源操作系统，实现了在一套 OS 架构下全部计算架构的支持，以及对服务器、云计算、边缘计算和嵌入式等场景的支持。该系统面向系统开发者、应用开发者和原生开发者提供极简开发、极致体验的工具链，以支持多设备部署及全场景应用开发，以在政府、金融、运营商、互联网等行业得以应用，是数字基础设施建设的重要成果。③2022 年，腾讯积极助力科技成果在产业数字化、智慧生活、普惠金融以及解决社会痛点问题等方面加速落地。腾讯在人工智能技术方面取得了较大突破，服务水平进一步提高。例如腾讯腾讯推出"无障碍急救"功能，利用语音识别技术实现从文本到语音以及从语音到文本的转换，听障人士在遇到困难时可有效寻求帮助。腾讯发布完全自研的助听器核心算法解决方案，与助听器厂商智听科技联合研发，推出挚听（腾讯天籁 inside）助听器"公益助老款"，凭借天籁 AI 算法和深度学习能力，有效优化佩戴者在多元场景下的综合听感体验，可将复杂场景下语音的清晰度和可懂度提升超过 85%，此外，腾讯运用云游戏技术为实体产业打造全真互联网工厂，助推实体经济与数字经济融合发展。④

（四）直播电商风生水起，传播效应日益显现

过去一年来，短视频和网络直播作为拉动企业销售、提升品牌建设的重要

---

① 工信部：2022 年我国规上互联网企业研发经费规模加快增长_ 腾讯新闻 [EB/OL]. https://new.qq.com/rain/a/20230203A046T900.

② 2022 年全球最具创新力公司 50 强出炉，国内知名大厂均有上榜 | 华为 | 阿里巴巴 | 亚马逊_ 网易订阅 [EB/OL]. https://www.163.com/dy/article/HHKQRM2O05316RQN.html.

③ 2022 世界互联网领先科技成果发布_ 杭州网 [EB/OL]. https://news.hangzhou.com.cn/zjnews/content/2022-11/10/content_8396091.htm.

④ 腾讯发布 2022 年度 ESG 报告 [EB/OL]. https://www.feichangsu.com/cms-52573.html.

途径,持续快速发展。2022 年以来,以抖音、快手为代表的短视频平台成为助力各行业品牌商家寻求新市场、拉动产品新增长的重要渠道,为企业提供营销、数据、场景等支持。据《2022 年度中国直播电商市场数据报告》显示,2022 年直播电商交易规模达 35 000 亿元,同比增长 48.21%。其中,抖音电商交易规模为 15 000 亿元,增速为 40%。2022 年,短视频和网络直播与电商融合进一步深入,视频营销成为电商产业的重要组成部分,而电商成为短视频平台布局重点。过去一年来,以抖音、快手等为代表的短视频平台持续升级电商生态,加快电商闭环建设。两家平台均上线了"商城"入口,与搜索、店铺、橱窗等"货架场景"形成互通,将"货找人"和"人找货"相结合,全面覆盖用户全场景的购物行为和需求。过去一年,平台售出超 300 亿件商品,有 252 万商家、770 万电商作者在平台获得新收入,有 2.3 万家 MCN 机构和超 500 家服务商为商家及作者经营提供支持。[1] 2022 全年,快手电商交易总额(GMV)同比增长 32.5%达 9 012 亿元[2];依托流量和效率优势,持续吸引更多商家入驻,新开店商家数量同比增长近 80%[3]。2022 年 6 月,东方甄选直播间成为抖音乃至全网直播电商领域的一匹黑马,以董宇辉为代表的主播以"知识带货""双语直播"的方式,赢得用户的青睐。不到 20 天,东方甄选粉丝即突破 2 000 万,销售额超过 6 亿元登顶抖音第一。[4] 而东方甄选的出现,在一定程度上带动直播电商方式的改变与创新,在"知识带货"之后,"说唱带货""脱口秀带货"等带货方式不断涌现,直播内容换言之,主播的表达内容及形式对于直播效果的重要性日益提升,图书是东方甄选直播间重要的商品品类,通过主播与作家深度访谈的方式,交流图书的核心内容、作家创作心路乃至成长经历,在拉动图书销售方面取得了良好效果。余华、刘震云、麦家等知名作家都先后走进东方甄选直播间。2022 年 11 月,知名作家毕淑敏携新作《毕淑敏自选集》做客东方甄选直播间,与主播畅谈阅读和写作的意义。当场直播观

---

① 认真创造社会价值,抖音电商助力 18 万新商家年收入突破百万 [EB/OL]. https://www.rbc.cn/shangxun/2023-06/05/cms1395203article.shtml.
② 快手 2022 年营收 942 亿元,电商交易总额破 9 000 亿大关 [EB/OL]. https://new.qq.com/rain/a/20230330A039RP00.
③ 来源:快手财务报告 [EB/OL]. https://ir.kuaishou.com/system/files-encrypted/nasdaq_kms/assets/2022/11/22/2-32-50/C_889584_KUAISHOU-W_1122_1000_ESS.pdf, 2022 年 11 月 22 日.
④ 东方甄选走红一周年,现在怎么样了_腾讯新闻 [EB/OL]. https://new.qq.com/rain/a/20230612A0226D00.

看人数超 1 700 万，销售图书超 3 万套、逾 20 万册。① 出版业与直播行业结合日益紧密，特别是疫情形势严峻期间成为各家出版单位重要的销售渠道。不少出版单位都自建了直播间，组建直播团队，逐渐摸索出与图书类型和品牌调性相匹配的直播模式。此外，直播电商和短视频电商在推进区域经济发展、助力乡村振兴、文化传承、社会公益等方面也发挥积极作用。2022 年，全年国货品牌销量同比增长 110%，老字号销量同比增长 156%，新锐品牌销量同比增长 84%。2022 年 6 月，抖音电商发布"产业成长计划"，扶持 20 余个省份 68 个区域的产业带和中小商家，支持国货和源头产品发展。交个朋友、小杨哥、东方甄选等头部账号主播开始走出直播间开展溯源直播。2022 年，快手上线"快聘"平台，通过"直播带岗"这一创新模式，为蓝领劳动者、大学生、退役军人、残疾人群体等人群搭建就业渠道，实现更精准的岗位匹配。快手与中国妇女发展基金会联合发起的"她力量·乡村振兴帮扶计划"项目，帮助农村妇女就业增收。②

（五）行业规范体系进一步健全，构建移动出版良好发展秩序

随着移动互联网成为信息传播的主要载体，新技术赋能下，信息以更高效率、更多元形态、更多样的方式生产和传播。2022 年，数字经济持续快速发展，围绕网络安全、信息技术、信息服务、重点细分领域等方面监管力度也进一步加强。2022 年以来，着眼于网络生态治理，相关部门出台多项制度。2022 年 2 月，新修订的《网络安全审查办法》（以下简称"《办法》"）施行，将网络平台运营者开展数据处理活动影响或者可能影响国家安全等情形纳入网络安全审查。《互联网信息服务算法推荐管理规定》自 2022 年 3 月 1 日起实施，针对基于算法推荐的互联网信息服务提供者提出了明确要求，强调相关服务提供者积极传播正能量，促进算法应用向上向善。随着触网年龄逐年降低，加强未成年人保护，营造未成年人健康成长的良好环境成为网络治理的重要内容。2022 年 5 月，《关于规范网络直播打赏 加强未成年人保护的意见》出台，

---

① 商贸零售：东方甄选年度复盘：知识带货自成一格，甄选矩阵大有可为［EB/OL］. https://www.jfinfo.com/news/20221221/4016811.
② 快手科技副总裁宋婷婷：短视频直播平台拓展了公益半径，让公益人人可及［EB/OL］. https://tech.huanqiu.com/article/4Dm4y97RDTZ.

明确提出禁止未成年人参与网络直播打赏、严控未成年人从事主播、优化网络直播"青少年模式"、针对未成年人保护成立专门服务团队、加强高峰时段监管等方面要求。《互联网用户账号信息管理规定》，对网络用户账号信息的真实性、变更、展示等方面提出明确要求，并明确网信部门依法对互联网信息服务提供者用户信息管理和使用情况进行监督检查，于2022年8月1日起施行。同日实施的规范还有《移动互联网应用程序信息服务管理规定》，涉及信息内容主体责任、真实身份信息认证、分类管理、行业自律、社会监督及行政管理等条款内容。9月，《互联网弹窗信息推送服务管理规定》颁布，围绕弹窗新闻信息推送、弹窗信息内容导向、弹窗广告等重点环节，对利用弹窗违规推送新闻信息、广告无法一键关闭、弹窗广告标识不明显、恶意炒作娱乐八卦等突出问题提出规范要求，自2022年9月30日起施行。2022年11月，中央网信办发布《关于切实加强网络暴力治理的通知》，就建立健全网暴预警预防机制、强化网暴当事人保护、严防网暴信息传播扩散等作出要求。提出要加强网络暴力内容识别预警、构建网暴技术识别模型、建立涉网暴舆情应急响应机制。同月，工信部、国家网信办联合发布《关于进一步规范移动智能终端应用软件预置行为的通告》，进一步规范移动智能终端App预置行为，提升移动互联网服务供给水平；国家互联网信息办公室2022年第21次室务会议审议通过了《互联网信息服务深度合成管理规定》，针对深度合成技术带来的现实危害与潜在风险，划定深度合成服务的"底线"和"红线"，推进深度合成技术依法依规、有效利用，自2023年1月10日起施行。国家互联网信息办公室发布新修订的《互联网跟帖评论服务管理规定》，对互联网跟帖评论服务加强规范管理，明确各类平台运营主体对跟帖评论的相关主体责任以及跟帖评论服务使用者和公众账号生产运营者应当遵守的有关要求等。

过去一年来，随着网络生态综合治理体系进一步完善，推动移动出版行业秩序更加规范。

二、移动出版产业发展现状

2022年，新冠肺炎疫情再度全国性暴发，人们线上消费需求持续培育。

2022年，大多数互联网应用使用率都实现了一定程度的增长，但增长幅度趋缓，部分应用呈下降态势。截至2022年12月，我国网民互联网应用使用率TOP10依次是：即时通信、网络视频（含短视频）、短视频、网络支付、网络购物、网络新闻、网络直播、网络音乐、线上办公、网络游戏。其中，即时通信保持平稳发展，网民使用率达97.2%。使用网络直播和短视频的网民规模持续增长，网民使用率分别为96.5%和94.8%。受疫情影响，网民的消费意愿有所下降，网络支付和网络购物的网民规模仅有小幅增长，使用规模增长率不到1%。而网络音乐和网络游戏的网民规模则分别出现6.2%和5.8%的下降。同样受疫情影响，线上办公实现较高增长，网民使用规模增幅达到15.1%。网络直播用户使用规模增长率达6.7%，很大程度上得益于直播电商的发展迅速。

表2 我国网民各类网络应用使用率（2022.12）

序号	网络应用	网民使用率（2021.12）	网民使用率（2022.12）	网民使用规模增长率
1	即时通信	97.5%	97.2%	3.1%
2	网络视频（含短视频）	94.5%	96.5%	5.7%
3	短视频	90.5%	94.8%	8.3%
4	网络支付	87.6%	85.4%	0.9%
5	网络购物	81.6%	79.2%	0.4%
6	网络新闻	74.7%	73.4%	1.6%
7	网络直播	68.2%	70.3%	6.7%
8	网络音乐	70.7%	64.1%	-6.2%
9	线上办公	45.4%	50.6%	15.1%
10	网络游戏	53.6%	48.9%	-5.8%

（一）移动阅读

2022年以来，网络文学、有声读物、知识付费等领域持续发展，移动阅读呈现平稳发展态势。据《2022年度中国数字阅读报告》显示，2022年，以移动阅读为核心组成部分的数字阅读市场规模达到463.52亿元，较上一年增长率为11.50%。中国数字阅读用户规模进一步增长，达到5.30亿。人均电子阅读量为 11.88 本，人均有声书阅读量 7.44 本①。据中国新闻出版研究院第二十次全国国民阅读调查报告显示，2022 年，我国成年国民的数字化阅读方式接触率超过 80%，达到 80.1%。其中，手机是移动阅读的主要方式，在数字阅读中占比持续提高。2022 年，77.8% 的成年国民进行过手机阅读，成年国民人均每天手机接触时长达 105.23 分钟，有 32.3% 的成年国民偏好于"在手机上阅读"。有声阅读作为数字阅读的新领域，保持快速发展。2022 年有 8.2% 的成年国民偏好于"听书"，有 35.5% 的成年国民养成了听书习惯②。2022 年，移动阅读持续平稳发展，用户规模保持在 3 亿左右。免费阅读经历了近 5 年的快速增长，用户增长趋于饱和，增速有所减缓。但有声阅读用户则呈现较大的上升势头。2022 年 12 月，有声阅读活跃用户规模达到 2.1 亿，同比增长 19.9%③。从移动阅读的具体领域来看，网络文学的用户留存率较高。从 5 年前就开始接触网络文学的用户占比 60%。每天阅读网络文学时长超过 1 小时及以上的用户超过 66%，表明网络文学已成为移动阅读的重要内容。

从移动阅读的整体市场来看，在用户规模增长趋缓的情况下，各家阅读平台转换发展策略，在内容、版权、作者、技术等方面持续发力，不断寻找新的增长点。2022 年，阅文集团着力培育新人作家，扶持科幻、现实等作品品类，全年新增作家 54 万名，新增小说 95 万本，同时持续深耕 IP 生态，以视觉化为主要方向，持续拓展 IP 运营链条。掌阅科技大力发展免费阅读，免费阅读渐成其阅读业务增长的重要驱动力，优化流量获取方式，实现由通过终端预装获取流量向通过互联网流量平台的精细化运营获取流量转变。④ 过去一年来，掌阅科技进一步加大以人工智能为主的相关技术的投入力度，特别是在 AIGC 技术领域，已接入 AI 大模型进行内容生成的 Prompt Engineering，探索 AIGC 在辅助创作、阅读体验、内容创新等方面的应用。⑤ 七猫、番茄等免费阅读平台

---

① 《2022 年度中国数字阅读报告》发布：增速放缓，付费阅读遭遇挑战 [EB/OL]. https://huacheng. gz-cmc. com/pages/2023/04/24/bed832768f8b41aeb6d2842703c2c08d. html．

② 2023 第二届全民阅读大会 [EB/OL]. https://www. nationalreading. gov. cn/wzzt/dejqmyddhzq/cg-fb/202304/t20230423_713063. html.

③ 中国移动阅读市场年度综合分析 2023 - 易观分析 [EB/OL]. https://www. analysys. cn/article/detail/20021043.

④ 掌阅科技：2022 年实现营收 25.82 亿元 持续强化内容生态建设 [EB/OL]. https://life. zhangbeibao. com/shenghuo/2023/0423/58828. html.

⑤ 拥抱大模型：掌阅向左，阅文向右_ 投资界 [EB/OL]. https://news. pedaily. cn/202308/518750. shtml.

加大对原创的投入力度，通过搭建作者社区，加大作者扶持力度等举措，增强作者作品储备。

（二）移动游戏

2022年，受版号管理加强及疫情导致人们娱乐需求意愿降低等因素影响，移动游戏发展趋缓。据中国音像与数字出版协会游戏工委《2022年中国游戏产业报告》显示，2022年中国游戏市场实际销售收入2 658.84亿元，同比下降10.33%。游戏用户规模6.64亿，同比下降0.33%。继2021年规模增长明显放缓之后，又出现过去八年来的首次下降，表明产业发展已进入存量市场时代。其中，中国移动游戏市场实际销售收入1 930.58亿元，同比下降14.40%。移动游戏实际销售收入在总收入中占比72.61%，出现近五年以来首次下滑；2022年，移动游戏用户规模6.54亿，同比下降0.23%。2022年4月起恢复游戏版号发放。截至12月，全年获批通过了512款游戏，是游戏版号最少的一年，游戏市场供给侧结构性改革进一步深化。与往年一样，角色扮演类是头部移动游戏产品中数量最多、市场份额最大的类型。2022年收入排名前100的移动游戏产品中，角色扮演类占比24%，收入占比为18.17%。多人在线战术竞技类次之；射击类位居第三。2022年收入排名前100的移动游戏产品中，从IP不同来源来看，占比最高的为原创IP，达53%；其余为由客户端游戏、单机游戏等改编而来。① 移动游戏持续规范化、精品化发展。在未成年人防沉迷方面，2022年国内一线游戏公司基本实现"未成年人防沉迷"系统覆盖，2021年8月出台的《关于进一步严格管理切实防止未成年人沉迷网络游戏的通知》得到有效落实，未成年人游戏防沉迷工作取得阶段性进展。未成年人每周游戏时间和消费较2021年得到普遍降低。② 2022年，游戏被赋予了除娱乐产品之外更多的文化价值属性，越来越多的游戏在设计过程中融入了中华优秀传统文化的主题元素，也有一批游戏在传播科普知识和助力社会公益事业等方面发挥重要作用。

---

① 2022年中国游戏产业报告：销售收入8年来首降，出海收入56%来自美日韩［EB/OL］. https://www.shangyexinzhi.com/article/6525004.html.

② 2022游戏行业盘点：厚植底蕴、数实融合、向上向善［EB/OL］. https://3w.huanqiu.com/a/c36dc8/4BE6vGtneDv.

2022年，出海成为游戏企业发展的重点方向。游戏企业积极开拓海外市场。然而，受部分海外国家加强进口游戏监管、海外运营成本增长等政策和市场因素影响，中国游戏走出去面临更大的挑战和压力。2022年，中国自主研发游戏海外市场实际销售收入为173.46亿美元，同比下降3.7%，这是自2018年来首次出现下降。2022年，中国移动游戏的出海游戏收入主要集中在美国、日本、韩国、德国等国家，其中美、日、韩占比最高，分别为32.31%、17.12%和6.97%。2022年中国出海收入TOP30手游产品在App Store和Google Play的总收入为92亿美元，虽回落至2020年的水平，但仍比2019年高出46%。① 2022年，多款游戏在海外市场收获不俗的成绩。如2022年中国手游海外收入TOP30榜单中，米哈游的《原神》蝉联出海手游收入冠军。三七互娱凭借 Puzzles & Survival 等游戏产品，海外市场的收入占整体收入比例高达87%，相较2021年增长18%。由此表明，中国移动游戏出海仍然大有可为。

（三）移动音乐

据国际唱片协会（IFPI）2023年《全球音乐报告》显示，2022年全球录制音乐市场增长9.0%，全年总收入为262亿美元。中国作为亚洲第二大市场增长高达28.4%，首次成为全球前五大音乐市场之一。

自2021年7月，市场监管总局责令解除网络音乐独家版权。数字音乐逐步迈向开放格局。与此同时，"独家"首发模式兴起。政策要求，"与独立音乐人的独家合作期限不得超过三年，与新歌首发的独家合作期限不得超过三十日"，"新歌首发独家"成为各家音乐平台的新竞争点。② 2022年，移动音乐平台市场格局基本稳定，腾讯音乐和网易音乐仍处于行业领先位置。2022年，腾讯音乐娱乐集团在线音乐订阅收入同比增长18.6%，达到人民币87.0亿元，在线音乐付费用户达到8 850万，同比增长16.1%。③ 在内容方面，腾讯音乐加强了与国内外、业内知名公司的合作；同时根据不同受众的欣赏喜好，进一步深

---

① 《2022年中国游戏出海情况报告》摘要发布 | 韩国 | 广州 | 游戏产业 | 网络游戏 | 游戏行业_网易订阅 [EB/OL]. https://www.163.com/dy/article/HTQ21F3405268VD6.html.
② 中国数字音乐版权：从"独家"时代，进入"独家首发"时代？_腾讯新闻 [EB/OL]. https://new.qq.com/rain/a/20230327A076HI00.
③ 腾讯音乐2022年年报：创新音乐的情感表达，创造更大的社会价值-中国日报网 [EB/OL]. https://caijing.chinadaily.com.cn/a/202303/22/WS641ac8e0a3102ada8b234cc4.html.

耕垂类市场。腾讯音乐还通过科技创新，以技术赋能优化用户体验。2022年，腾讯上线了 Muse 引擎，可基于歌曲旋律和歌词，自动化、规模化生成音乐海报，旗下QQ音乐上线的VR新年贺卡功能，可以让收到贺卡的用户使用虚拟形象进入自动生成的虚拟礼物空间并接受祝福。同时，进一步迭代升级基于大数据、算法的个性化推荐，优化产品的智能化、个性化推送，播放时长取得持续增长。另一头部音乐平台网易云音乐在2022年也保持稳定发展，2022年全年营收达到90亿元，较上一年增长28.5%。得益于会员订阅销售收入及社交娱乐收入的增长。2022年，网易云音乐在线音乐服务月活跃用户数稳步增长至1.89亿，且保持着较高的平台用户黏性。在线音乐服务月付费用户数达3 827万，同比增长32.2%。在线音乐服务付费率由2021年的15.8%提升至20.2%，保持领先行业。[①] 过去一年来，网易云音乐持续充盈原创音乐生态，截至2022年底，网易云音乐内容库包含1.16亿首音乐曲目，2022年，平台原创音乐人数量超61.1万；共创作了约260万首音乐曲目；通过完善音乐服务，打造音乐社区，进一步提升用户体验。先后推出云随机功能、专注模式、回忆坐标、音乐百科、风格日推、杜比全景声、TV版氛围空间等基础音乐功能；并通过乐迷团、音乐密友、星评馆、合拍推荐等功能提高社交互动体验；通过BEATSOUL激灵、云村交易所、音乐收藏家等功能深入音乐产业链，加强对音乐人、版权方等深层次合作、授权的服务能力，持续释放音乐价值。

（四）移动音频

2022年以来，"声音经济"持续蓬勃发展。因伴随性强和多场景共存的特点，音频相关应用已成为人们日常生活的重要组成部分，形态日益丰富。据数据显示，2022年我国网络音频用户规模达6.92亿，月均用户达3.3亿人。[②] "80后""90后"为代表的中青年是网络音频的主要群体，整体呈现出年轻化和中高收入水平特征，具有较强的主动消费意愿。同时，数据显示，音频具有较强的用户黏性，每周收听五天及以上的用户占比接近六成，用户每次收听时

---

① 网易云音乐发布2022年财报：全年收入达90亿 增长28.5% | 歌曲 | 李宗盛 | 原创_网易科技 ［EB/OL］. https://www.163.com/tech/article/HU9BCBIS00097U7R.html.

② "耳朵经济"正加速驶入发展快车道——《2023中国在线音频市场发展研究报告》深度解读！［EB/OL］. https://www.sohu.com/a/662644729_121124374.

长集中在 30—60 分钟，呈现碎片化特点。

移动音频的"陪伴"属性，与人们通勤、居家、休闲、途中、亲子等多样场景都有良好的适配度，用户日均收听时长达到近 200 分钟。手机是用户收听音频的主要设备，占比超过 75%。此外，智能家居、智能可穿戴设备、车载音箱等新兴智能设备也成为收听音频的重要方式。在收听场景方面，睡前、早起、午休、通勤途中、开车等场景收听较多。其中，开车时和睡前收听音频最为集中，音频成为用户睡前舒缓一天疲惫压力心情的重要途径，"80 后"在开车时收听音频的占比高于"90 后"。在付费情况方面，数据显示，有 74.1% 的用户曾经在音频平台付费，最主要的付费方式是开通音频平台的会员，占比超过四成；其次是打赏送礼，达 38.7%。年付费金额在 100—149 元的用户占比近四成，达 37.9%，表明音频用户形成了一定的付费习惯。①

2022 年，音频平台实现良好发展。第四季度，适逢成立 10 周年的喜马拉雅实现了首次千万级的季度盈利，为音频领域开启新的十年打下良好的基础。过去一年来，喜马拉雅优化业务架构，将其二三条业务线归拢为自营业务、平台业务和亲子业务三大核心板块。② 2022 年，喜马拉雅创作者人数同比增长 24.6%，优质原创内容月均投稿量同比增长 146%，播客托管数近 2.5 万个，新增优质原创内容播放量达 4.27 亿。过去一年来，喜马拉雅加大对创作者的扶持力度。在产品端，推出了新的创作者体系，从创作活跃指数、内容优质指数、粉丝量级指数、粉丝活跃指数四个维度对创作者等级进行评估，并通过提供培训指导、活动投稿激励、社群互动交流等方式，激励创作者成长。2022 年"双 11"期间，喜马拉雅联合天猫上线"双 11 声动好物节"，聚焦七类生活话题，平台超 5 000 位创作者参与内容产出，相关话题节目收听总时长超 91 万小时，话题活动参与总人数超过 213 万。③

荔枝在 2022 年也实现了首次全年盈利。2022 年，荔枝集团通过丰富产品功能板块，为垂类用户提供互动娱乐体验。以技术赋能业务增长，推出自主研发技术综合平台"声音云"，通过整合基础设施即服务（IaaS）、平台即服务

---

① 赛立信 2022 "耳朵经济"用户行为与需求洞察_音频_内容_互动 [EB/OL]. https://www.sohu.com/a/645012223_362042.
② 喜马拉雅实现首个千万级季度盈利，组织蜕变成效显现 [EB/OL]. https://baijiahao.baidu.com/s?id=1756517704624763814&wfr=spider&for=pc.
③ 喜马拉雅发布《2022 年原创内容生态报告》_人民号 [EB/OL]. https://mp.pdnews.cn/Pc/ArtInfoApi/article?id=33163818.

（PaaS）及软件即服务（SaaS）三大云计算模型，构建技术成果全链路矩阵，实现"多云合一"的业务需求。①荔枝在旗下音频产品和语音聊天机器人"小吱"，丰富用户在线交互体验。积极拥抱元宇宙，试水数字藏品，延伸品牌价值。2022年前夕，荔枝打造"告白电波"数字藏品，共发行8款数字藏品，每款发布5 200份。②

（五）移动视频

2022年以来，我国网络视频发展持续迅猛发展势头。特别是新冠肺炎疫情形势的反复延宕，网络视频已成为人们日常休闲娱乐的重要方式。截至2022年12月，我国网络视频用户规模超10亿，达10.31亿，占网民整体的96.5%。其中，短视频用户规模为10.12亿，占网民整体的94.8%。

2022年，中国泛网络视听产业的市场规模超过7 200亿元，达7 274.4亿元。其中，短视频领域市场规模为2 928.3亿元，占比为40.3%，成为网络视听产业发展重要的拉动力量③。2022年，网络视频市场格局较为稳定，马太效应仍然明显。爱奇艺、腾讯视频、芒果TV、优酷、哔哩哔哩五家综合平台占据近90%的市场份额。其中，爱奇艺优酷腾讯"三足鼎立"格局较为稳定。芒果TV和哔哩哔哩则处于第二梯队。2022年，全网上线网络剧218部，较2021年的279部下降11.1%，网络剧日常进入提质增效新阶段。各家平台围绕剧集、电影、综艺、动漫等领域全面布局，寻求稳健发展的同时，也在探索多赛道并行巩固发展优势。在剧集方面，2022年呈现百花齐放态势，涌现出《开端》《余生，请多指教》《人世间》《梦华录》《星汉灿烂·月升沧海》《苍兰诀》《县委大院》《爱的二八定律》《卿卿日常》等市场与口碑俱佳的剧集，涵盖现实、都市、爱情、悬疑、古装等题材。古装剧和新概念剧格外亮眼。无论是腾讯视频出品的《梦华录》《星汉灿烂·月升沧海》，还是爱奇艺的《苍兰诀》《卿卿日常》，以及优酷的《沉香如屑》《与君初相识》等，均取得了不俗

---

① 荔枝财报｜2022年收入增至22亿元，首次实现全年盈利超市场预期［EB/OL］. https://baijiahao. baidu. com/s? id = 1760537137621808736&wfr = spider&for = pc.
② 中国音频行业变革加速：深度触达"Z世代"，荔枝试水音频数字藏品新玩法［EB/OL］. https://m. 21jingji. com/article/20220524/herald/b3be1c01843de30b8d1a237ea964f33. html.
③ 《中国网络视听发展研究报告（2023）》正式发布 我国网络视听用户规模达10.40亿-国际在线［EB/OL］. https://sc. cri. cn/n/20230330/ecb7a19b - c271 - a1c0 - d64e - 192ef7c96061. html.

的成绩。2022年剧集正片有效播放量TOP15中，7部古装剧上榜，其中，爱奇艺占比近60%。① 云合数据显示，在2022暑期档有效播放霸屏榜中，《星汉灿烂·月升沧海》《梦华录》这两部由腾讯视频制播的剧集占据TOP2，由此也可以看出腾讯视频在这一题材领域的领先优势。此外，腾讯视频还着力打造新概念剧集，如2022年的开年剧集《开端》即是一部以"循环"为概念的悬疑题材剧作，该剧全舆情热度日级峰值断层式领先其他剧集，在2021H1、2022H1热度峰值中均位居TOP1，是当之无愧的开年爆款剧。② 2022年，爱奇艺持续精品战略，打造出《苍兰诀》《警察荣誉》《底线》等热播剧集，以全网剧集正片有效播放1190亿流量领跑四大平台。其中《苍兰诀》是爱奇艺剧场年度冠军，舆情热度、豆瓣评分人数、微博话题阅读量均位列第一。优酷在打造年度爆款剧集方面取得亮眼成绩，聚焦宠爱、悬疑、都市、港剧、合家欢5大剧场，加强类型化创新，创下7部热度破万剧集。爱奇艺、优酷、腾讯2022年独播剧数量均呈上扬态势，其中优酷占比最高，达到58%，较上一年提高13%。

过去一年来，长短视频融合加深。2022年7月，爱奇艺与抖音达成合作，爱奇艺向抖音授权其拥有信息网络传播权及转授权的长视频内容，进行短视频创作，通过短视频平台传播，形成了可观的长尾效应。③ 微短剧成为过去一年里，网络视频领域的新生力量，全年上线172部重点网络微短剧，是2021年的三倍之多。

三、年度影响移动出版产业发展的重要事件

（一）工信部公布首批通过适老化及无障碍水平测试网站和App

1月20日，工业和信息化部"互联网应用适老化及无障碍改造专项行动"，

---

① 年度盘点｜｜2022综艺、剧集：台网竞争格局与市场发展趋势_上新_电视 [EB/OL]. https://roll.sohu.com/a/632922350_121124875.
② 年度观察｜2022，视频平台有何内容新趋势？[EB/OL]. https://baijiahao.baidu.com/s?id=1753653973436114123&wfr=spider&for=pc.
③ 爱奇艺与抖音达成合作，赢的是好内容 [EB/OL]. https://m.thepaper.cn/baijiahao_19096745.

公布了首批通过适老化及无障碍水平评测的网站和App。腾讯新闻、今日头条、中国移动等51个App及中国人民政治协商会议全国委员会门户网站、中华人民共和国外交部门户网站等176家网站获首批通过评测。

（二）《互联网信息服务算法推荐管理规定》等行业规范相继出台实施

2022年，《网络安全审查办法》《关于规范网络直播打赏 加强未成年人保护的意见》《互联网用户账号信息管理规定》《移动互联网应用程序信息服务管理规定》《互联网弹窗信息推送服务管理规定》《关于进一步规范移动智能终端应用软件预置行为的通告》《互联网跟帖评论服务管理规定》等互联网相关规范制度相继颁布实施，行业治理体系进一步完善。特别是《互联网信息服务算法推荐管理规定》《互联网信息服务深度合成管理规定》，推动人工智能等新技术在信息服务领域应用的依法依规、有效利用。

（三）5G R17标准正式冻结，全球5G商用开启新阶段

2022年6月，国际标准组织3GPP宣布5G R17标准正式冻结，标志着5G第二个演进版本标准正式完成。

（四）公安部网安局启动打击整治"网络水军"专项工作

6月27日起，公安部网安局在全国范围内启动为期6个月的依法打击整治"网络水军"专项工作。

（五）中央网信办开展"清朗·移动互联网应用程序领域乱象整治"专项行动

12月12日，中央网信办宣布，开展"清朗·移动互联网应用程序领域乱象整治"专项行动，针对移动互联网应用程序领域在搜索、下载、使用等环节，损害用户合法权益的突出问题开展专项整治，全面规范移动应用程序运营行为，从而加强移动互联网应用程序全链条管理。

四、总结与展望

(一) 行业政策体系不断完善,为高质量发展提供有力保障

高质量发展需要在顶层设计上持续完善。2023年2月,中共中央、国务院印发《数字中国建设整体布局规划》,强调"以数字化驱动生产生活和治理方式变革,为以中国式现代化全面推进中华民族伟大复兴注入强大动力",提出"打造自信繁荣的数字文化"。大力发展网络文化,加强优质网络文化产品供给,引导各类平台和广大网民创作生产积极健康、向上向善的网络文化产品,为移动出版高质量发展提供了行动纲领,提出了更高要求。此外,随着新经济、新模式、新平台的不断涌现,移动出版的新产品、新需求持续丰富,对行业管理也提出了新挑战。相关管理部门加强对新领域、新台的关注,特别是在意识形态阵地和内容质量方面的重视程度日益提升,将持续强化行业指导。与此同时,移动出版质量管理机制将持续健全。针对阅读、音乐、游戏等细分领域,明确质量管理要求,从源头生产、传播、分发等各环节,逐步构建移动出版相关质量管理规范标准体系。

(二) 人工智能技术快速发展,将引发行业深远变革

自2022年底,一款名为ChatGPT聊天机器人程序引爆社交网络。该应用不仅可以进行人机对话,还作为生成式AI工具,基于注意力机制的深度学习模型,从网络上获取大量文本数据进行训练,具有超强的学习能力、响应速度和拟人程度,可以辅助人们编写代码、写文稿、写产品方案、画图等。因ChatGPT的火热,AIGC(人工智能生成内容)作为新兴技术领域引发广泛关。AIGC在数字阅读、视频、教育、新闻、音乐等领域都有良好前景,应用场景不断拓展。百度、掌阅、阿里巴巴等互联网企业纷纷布局。对数字内容领域而言,AIGC作为一种新型内容生产模式,将对数字内容生产方式、商业模式、产品形态、营销模式、服务方式等都带来巨大影响。随着AIGC的知识、数据积累日益丰富,数字内容将迎来生产力变革。需要注意的是,AIGC虽具有广

阔的应用前景，但也引发了业界对于内容质量、隐私规范、版权等方面的诸多质疑，对数字内容的治理方式、人才培养等方面带来新的挑战。

（三）数实加速融合，拓展多元场景

元宇宙成为近年来互联网发展热点，也已成为各地发展新经济的重要方向。数字藏品、虚拟数字人等元宇宙入口加快与各个领域融合，数实融合趋势日益凸显，从消费端延伸至生产端，改变着数字内容的呈现方式、服务场景和营销方式。特别是虚拟数字人在阅读、教育、新闻、会议、游戏、直播、文博、文旅等领域都得以应用，通过构建虚实融合场景，人们的文化消费体验的交互感、沉浸感不断提升，虚拟数字人将成为IP产业链中的重要一环，为移动出版创新发展带来更多可能性，赋能数字版权价值和品牌价值提升。

（作者单位：中国新闻出版研究院）

专题报告

中国数字教育出版产业发展报告

唐世发　杨兴兵

2022年受到新冠肺炎疫情、移动互联网和信息技术发展的驱使，数字教育出版发展迅速，电子出版物和网络出版物成为教育出版社和出版商的热门，同时，数字教育出版还拓宽了传统教育出版的空间，学习者不仅可以接触到电子书籍、电子杂志和电子报纸，还能接触到数字课程、学习网站、数字资源等满足学习者不同的个性化学习需求的数字内容；数字技术的发展使出版社/商改进出版流程、加快出版进程和提高出版品质，增强现实、强交互的数字产品，更加生动地向读者传播出版内容，为行业发展带来了新的发展机会，可穿戴设备、智能语音设备、大数据等新技术将大量涌入教育出版行业，极大地提升了数字教育出版的便捷性和安全性，数字教育出版将更加智能化。

一、数字教育出版业发展环境分析

（一）政策环境分析

2022年2月8日，教育部发布《教育部2022年工作要点》，提出实施教育数字化战略行动，要求"创新资源供给模式、丰富数字资源和服务供给"。2022年4月，中宣部印发《关于推动出版深度融合发展的实施意见》，强调"要着眼加强前沿技术探索应用、促进成熟技术应用推广、健全科技创新应用体系，充分发挥技术对出版融合发展的支撑作用"。数字教育出版是教育行业与出版行业融合发展的创新型应用的体现，这些政策的推行将进一步助推教育与数字出版走向更深层次的融合。

（二）经济环境分析

数字经济受到党和政府的高度关注也得到国家政策积极扶持。2022年1月，国务院印发《"十四五"数字经济发展规划》，提出要协同推进数字产业化和产业数字化，赋能传统产业转型升级，培育新产业新业态新模式。这一政策为数字教育出版产业的创新与发展提供了明确、广阔的市场前景，为数字出版企业创造了便利的生产经营环境。

（三）社会环境分析

党的二十大报告首次出现"推进教育数字化"的表述，这表明"推进教育数字化"是未来发展的行动纲领；教育部长怀进鹏也随后多次表态"大力推进教育信息化、教育资源数字化建设"，我国教育数字化工作已得到国家层面的高度重视。

国家统计局数据显示：2022年前三季度我国人均教育文化娱乐支出为1 790元，由于疫情原因，较2021年下降4.2%，占比10%。[①] 但"双减"后家长对素养类课程开始认可并呈现增加投入，比例达到85%，这说明家长们让孩子去接受素质教育的意愿增强；数字教育出版行业将因此受到消费者不同文化背景的影响，从而改变出版物形式的需求。

互联网和信息技术的发展拓展了各行各业的新发展空间，推动了社会变革，用户对数字教育出版物有多样化需求；同时，技术的革新也给数字教育出版带来巨大商机，诸多数字教育产品层出不穷，助推了中国教育现代化的发展。

（四）技术环境分析

技术不断发展使人类的生活方式发生改变，移动互联网、云计算、流媒体技术、物联网技术等的出现，加速人们进入信息化社会，也促进了数字教育出版产业发展。首先，智能教学软件、虚拟现实技术等改变了数字教育出

---

① 国家统计局.2022年前三季度居民收入和消费支出情况［EB/OL］.https://www.gov.cn/xinwen/2022-10/24/content_5721076.htm.

版方式和带来了新的机遇，更好地支持数字出版的制作、采集、保存和分发。同时，新技术也改变了出版业的经济结构，从而推动出版业的发展势头。其次，增强现实技术为数字出版提供新的交互体验，使用者可以将图书、文章等与虚拟环境相结合，丰富了数字出版的内容；云计算技术也创造了数字出版新的服务模式，使出版商可以更快更高效地为用户提供数字出版内容。最后，社交媒体也带来新的发展机会和交流渠道。出版社、出版商借助社交媒体更有效地将数字出版内容推送到更多用户群体，提高了出版业务效率；社交媒体技术将出版商和用户之间的距离拉近，提供了出版业需求的畅通交流渠道。

二、中国数字教育出版产业发展动态

2022年，中国数字教育出版发展动态主要体现在教育信息化与在线教育两部分，具体发展动态如下。

（一）国内教育信息化行业发展情况

1. 教育信息化加速

受疫情持续影响，国家智慧教育平台[①]正式开通上线，全国大学生、中学生、小学生都居家学习。2022年12月，通过对该平台访问量进行统计发现，其访问量达474亿次，可见教育信息化的发展成效比较快。此外，一些企业也布局教育信息化，据网经社数据统计，教育信息化企业有这三类存在模式。一类是教培机构布局教育信息化，代表企业有：一起教育科技、好未来、新东方等；一类是大厂布局教育信息化，代表企业有：阿里、腾讯、华为、百度等；一类是老牌教育信息化企业：寰烁科技、晓羊教育、翼鸥教育、松鼠AI和昂立STEM等。

2. 教育信息化企业格局处于分散状态

2022年入驻教育信息化领域的企业有10 000家，但大部分规模较小，其

[①] 国家智慧教育平台包括国家中小学智慧教育平台、国家职业教育智慧教育平台、国家高等教育智慧教育平台和国家24365大学生就业服务平台等4个子平台。

中 5 家从事解决方案服务的企业营业总额是 303.88 亿元，只占整个市场的 8.41%，市场份额占比较小，说明国内教育信息化市场处于高度分散状态。这 5 家企业中占比较大的是视源股份为 4.7%，其次为科大讯飞占 2.19%，其他占比天喻信息为 0.66%、立思辰为 0.33%、拓维信息为 0.52%。[①] 此外，华为、腾讯、百度也致力于教育信息化领域的业务发展。华为是国内信息化企业的佼佼者，致力于提供教育信息化解决方案，其产品涵盖了课堂管理、维护管理、资源管理、教学质量管理等领域；腾讯是国内领先的互联网企业，也开始发力教育领域，其产品涵盖了教育管理、教学管理、学习资源、虚拟实验室等领域；国内最大搜索引擎公司百度也在教育领域施加影响力，其产品涵盖了教育管理、学习资源、在线教育等领域。

（二）中国在线教育行业发展情况

1. 在线教育发展情况

在线教育解决了疫情三年来"停课不停学"的号召以及线下教育资源紧张的问题，灵活的教学场景和教学方式以及覆盖面广满足了小初高和大学用户多元化的学习需求，从而使行业规模迅速扩大。

从目前在线教育产业链来看，上游为技术供应商、软硬件供应商、资源供应商，代表供应商有科大讯飞、星网锐捷等；中游主要为一些产品形态商，这些产品形态主要有直播、录播、学习工具等，他们课程产品覆盖低幼阶段、K12 阶段和职业教育阶段等，代表企业有宝宝巴士、凯叔讲故事、新东方、猿辅导、高途课堂、作业帮、中国大学 MOOC、中公教育、中华会计网校等；下游是 B、C 端用户；随着技术更新迭代、教学方式的不断创新和家长信任度不断认可，K12、高职和学历教育将会成为在线教育市场主体，市场份额将达到 86.5%，目前在线教育代表性上市企业有中公教育、昂立教育、学大教育、传智教育、豆神教育、开元教育、行动教育等。

2. 在线教育投融资与动荡

（1）资本退出在线教育。2021 年 7 月"双减"政策出台后，明确禁止资本进入各类培训机构，在线教育重要赛道 K12 轰然倒塌，2022 年在线教育深刻

---

① 数据来源：2022 年 6 月中商产业研究院整理。

转型和求生,开始新的经营模式和发展逻辑,在这一年间,在线教育表现为血雨腥风,有的转型初见黎明的曙光、有的黯然神伤失败离场、有的仍在苦苦摸索,在线教育市场低迷和萧条。

据"电数宝"[①]数据统计显示,2022年在线教育融资仅47起,融资总额仅为13.4亿元人民币,同比下滑90.5%。[②]大幅下滑原因在于国家政策的影响,资本退出学科培训赛道,他们的关注度转向素质教育赛道、职业教育赛道、高等教育赛道,在线教育市场发展从疯狂扩张回归到理性增长。

从表1可以看出,在线教育融资金额排名第一是教育服务商,其次是职业教育。

表1 2022年国内在线教育融资分类表

类别	金额	占比
早教	2 685 万元	1.99%
Steam	1.1 亿元	8.17%
K12	1.08 亿元	8.06%
职业教育	1.95 亿元	14.51%
高等教育	2 000 万元	1.49%
老年教育	1.2 亿元	8.91%
语言类	1.06 亿元	7.88%
知识付费	300 万元	0.22%
教育服务商	6.57 亿元	48.77%

2022年获融资的47家在线教育企业中,融资金额排名前十的如表2所示。

这10家排名企业中,从轮次上分析,排名第一的是战略投资(3.66亿元、占比27.18%),排名第二的是A轮早期投资(3.5亿元、占比25.98%);从区域分布上分析,第一名是北京,融资金额为4.37亿元,第二名是上海,融资金额为2.66亿元,第三名江西亿级。

(2)转型智能教育硬件。"双减"后,在线教育中渗透教、学、评、测、管各个教学环节的智能硬件产品成为众多公司的发力方向,智能硬件是在线教

---

① "电数宝"(DATA.100EC.CN)是网经社旗下的大数据库。
② 2021年融资129起,总金额为141亿元人民币,同比下滑90.5%。

表2 2022年国内在线教育融资金额排名前十榜

序号	融资方	所属行业	所在地	融资时间	融资轮次	融资金额	投资方
1	江西科骏	教育服务商	江西南昌市	2022.11.8	Pre-A轮	数亿人民币	龚虹嘉
2	AmazingTalker	语言类	台湾新北市	2022.2.17	战略投资	1 550万美元	中华开发资本 集富亚洲 500 Global
3	锡鼎智能	教育服务商	上海市	2022.8.26	A轮	亿级人民币	中叶资本 中科创星 苏高新创投等
4	博医时代	职业教育	北京市	2022.3.30	A轮	1亿人民币	康基医疗
5	新中新华科	教育服务商	安徽合肥市	2022.1.12	战略投资	亿级人民币	合肥高投 鼎晖投资
6	墨安科技	教育服务商	上海市	2022.1.7	A轮	亿级人民币	云启资本
7	红松学堂	老年教育	北京市	2022.1.5	A+轮	亿级人民币	BAI资本 经纬创投 创世伙伴资本等
8	Hahow	K12	台湾台北市	2022.1.5	B轮	1 000万美元	宏城创投 合达资本 国发基金
9	职问	职业教育	北京市	2022.10.14	战略投资	5 000万人民币	智联招聘 网易
10	卓世未来	K12	北京市	2022.12.15	A+轮	4 000万人民币	用友网络（领投） 清研资本 力合科创等

育的教学助手和辅助工具。据网经社数据显示，2022年布局教育智能硬件赛道有三类公司：第一类是教育电子公司，主要代表企业是步步高、优学派、读书郎、科大讯飞等；第二类是教育培训公司，主要代表企业有网易有道[①]、作业帮[②]、好未来、新东方、掌门教育、高途等；第三类是互联网科技公司，主要代表企业是腾讯、字节跳动、小米、百度等。

（3）职业教育迎来发展机遇。在线职业教育承担着培养创新型人才和促进创业就业的社会责任。2022年教育部提出"实施国家教育数字化战略行动"，5月职教法修订将职业教育与普通教育视为同等地位；同年，国家智慧教育平台职业教育子平台已汇聚556万条数字资源，用户访问量累计达30.98亿人次，累计访客达2.77亿人。

国家政策提高了职业教育地位，庞大的职业教育市场加速启动，一些企业也纷纷抢占职教领域，知名的在线教育企业有：尚德机构、正保远程教育、达内教育、学慧网、昂立STEM、环球网校等，新崛起的在线教育企业有：高顿网校、粉笔网、嗨学网、犀鸟教育、潭州教育、一只船教育、聚师网、恒企教育、对啊网、赛优教育等，但是这些在线教育企业没有出现垄断巨头，都比较分散，行业发展空间大，随着人工智能、大数据、虚拟现实等技术的更新迭代和产业升级，将为职业教育发展带来新的增长点。

（4）教育"电商化"直播带货成标配。"双减"政策实施后，教育培训企业纷纷转型，一些企业开始引进直播带货，开启教育企业电商化。2022年教育企业中的直播带货给教育培训带来了流量和发展机遇，很多企业纷纷尝试发展，涌现了一些典型企业，他们也尝到了直播带货的甜头：新东方旗下的东方甄选开启双语直播带货；9月24日高途旗下的亲子直播间高途好物入驻抖音；学而思旗下直播间学家优品带货当地农产品和地方特色品牌。

（5）素质教育接棒学科培训成校外培训主流。2021年"双减"后，学科类校外培训行业没落，他们开始向素质教育市场转型。二十大报告明确了发展素质教育、培养德智体美劳全面人才。同时，疫情的持续发展，让家长也认可素质教育，素质教育市场开始小幅规模性增长。2022年素质教育市场出现一些

---

① 网易有道推出有道词典笔X5、有道AI学习机。
② 作业帮推出学习笔、喵喵机单词卡2代，加之之前的喵喵机错题打印机、学习打印机、电子单词卡等形成系列硬件产品。

代表性企业及产品，如新东方、好未来、网易有道、高途、作业帮、掌门教育、火花思维等，其中新东方提供素养课①和素质课②两大类课程产品；好未来以"科教③、科创、科普"为战略方向，其"科教"战略即是素质教育产品的代表。

三、中国数字教育出版细分类型市场与运营分析

（一）数字教育出版类型及价格走势

2022年中国市场数字教育出版主要有以下四种类型。

一是数字教辅：主要是通过各种形式的数字教辅产品，如数字课本、学习指导、课程测试、网络课程、电子书等，帮助用户快乐地完成学习和高效地提升学习效率。

二是数字学习：数字学习有在线课程、视频学习、在线测试、在线练习、游戏学习等形式，这些形式的出现要着力提升用户体验和培养用户自主学习习惯。

三是数字素质教育：这主要是指将数字化技术赋能于素质教育，帮助用户高效地理解课程内容和提高学习效率。

四是数字课程：这主要是指基于数字化技术，培养用户从实践中获得知识和技能的课程，比如编程课程、英语课程等。

2023年中国数字教育出版产品的销售量将保持稳步增长，销售量将达到约4亿份，出版市场主要类型产品的价格保持稳定走势，有望实现较快增长，但价格走势将受下述因素影响。

第一，国家和行业政策。国家和数字教育出版业相关政策的出台和调整，会直接影响到国内数字教育出版行业产品价格波动。

---

① 新东方的素养课程有故事表演、口才、写字、脑力等。
② 新东方的素质课程有编程、美术、机器人、科学等。
③ 好未来"科教"就是素质教育产品，它包含学而思素养、学而思网校等品牌。学而思网校是致力于素质教育的在线学习平台，其课程设计核心素质基础注重"人文"和"科学"，构建多元能力模型，激发兴趣探索，培养孩子透过现象看本质能力、综合实践能力和跨学科理解力。

第二，市场供求关系。国内数字教育出版业产品价格波动，受市场供求关系制约。如果市场供应充沛，产品价格会因此相应下降，反之，如果市场供应紧张，产品价格也会因此上涨；随着市场上新出版物的增加，市场供应量也会增加，而消费者的需求量可能不会及时变化，从而使市场价格增加的幅度受到限制，致使数字教育出版物价格保持稳定。

第三，技术发展与进步。技术的发展使数字教育出版物的精度和质量都得到提高，从而降低了出版成本，使得数字教育出版物价格上涨幅度更加受到抑制，从而使数字教育出版物价格保持稳定；随着移动互联网和数字技术的持续迭代，数字教育出版产品技术水平也在大幅提升，从而直接影响着该行业的产品价格波动。

第四，行业市场竞争。互联网和科技的发展，促使数字教育产品技术含量提升。为满足用户多元化需求，这将使得行业市场竞争加剧。

第五，品牌影响。不同品牌的产品价格也会有所差异，品牌的认可度越高，价格越高，反之，品牌的认可度越低，价格也会越低。

第六，数字教育资源。数字教育资源对国内数字教育出版行业产品价格波动也有一定的影响，当行业内数字教育资源充足时，产品价格也会随之上涨。

（二）数字教育出版市场主要类型销售量

根据近几年的市场发展趋势和消费者的偏好，2022 年数字教育出版产品市场销售量一直保持增长，主要原因在于：第一，数字教材的发展，大量的传统纸质教材已经被取代，它们的市场份额也随之减少，从而影响了数字教材市场的销售量增长；第二，用户对数字教材的使用熟练程度提升，导致传统纸质教科书的需求也随之减少，这也会影响数字教材市场的销售量增长；第三，随着疫情的放开，师生回归传统课堂，数字教育出版物会减少使用。因此，2023 年数字教育出版市场增长速度相对会有所放缓。

此外，数字教育出版业其他市场包括在线培训、企业 e-learning、大数据分析和人工智能等。2023 年有望实现增速 7.7%，增速原因在于以下几点。

其一，出版商正在利用技术的发展，为用户提供更多有魅力的数字教育出版内容，以满足消费者的需求。

其二，政府也在支持数字教育出版业，加大了对数字教育出版业的投资，这有助于推动市场的销售。

其三，数字教育出版业技术的发展，导致用户对行业的产品需求越来越多样化，出版商正在投资更多的资源，以满足不断增长的用户需求。

四、数字教育出版行业存在的问题及发展策略

（一）教育信息化行业存在的问题与解决策略

1. 教育信息化行业存在的问题

（1）传统教育观念和无专项投入制约教育信息化的开展。有些学校校长对教育信息化重视不够，没有将教育信息化纳入整体工作规划和教学计划，仍按照传统的教育观念开展教学，只是为了应付检查而安排学校的电教处或信息中心制订工作计划，而且没有专项资金投入。

（2）"四重四轻"① 现象严重。现在很多学校投入硬件资金过大，软件投入十分缺乏，导致有先进的信息化教学设施，但是很少有应用软件、配套数字资源及熟练使用软硬件的学科老师，很多学校的现代化教学设备成为摆设。

（3）信息化素养培训不够。信息化教学带来新的教学模式、教学方式、管理模式，需要教师掌握教育教学理论的同时还具备媒体使用能力。目前，很多学校的信息化培训只是走形式、不注重实际操练，教师培训结束也就随风而去，教师动手实践能力不够。

2. 教育信息化行业解决策略

（1）学校领导落实信息化政策和教师树立信息化教学理念。各学校校长要落实"三通两平台"政策，坚持建、管、用并举，鼓励教师钻研基于信息化环境的教与学模式并应用到课堂中去，以应用促发展，并将之与教师的绩效考核和评职称挂钩。

（2）加大软件投入共建共享校本资源库。学校每年要拿出一定的资金投入到软件和数字化资源建设方面，通过共建共享的方式建设本校特色资源，鼓励

---

① "四重四轻"是指重硬件轻软件、重建设轻应用、重配备轻培训、重投入轻管理。

教师对现有可利用的资源在教学中进行改造、创新。同时，各县教研室牵头，电教技术人员支持，建立县级学科网站群，定期组织课件制作大赛活动，鼓励教师利用各类素材制作课件。

（3）培养复合型教师队伍。各县教育局加强教师信息化素养、信息化教学设计培训、注重操作实践，打造一支既懂信息化技术又懂学科教学的复合型教师队伍。同时，学校配足网络、设备以及管理和维护人员"陪伴"教师成长，从而推动教与学方式变革。

（二）在线教育行业存在的问题与解决策略

1. 在线教育行业存在的问题

（1）教师传统课堂搬家，学生学习动力不足、效率低下。在线教育是互联网和教育有机融合的一种崭新教育形态，由于过渡时间短，部分教师无法适应在线教育的教学方式，教学课件互动性、社交化弱，是传统课堂的搬家，课堂设计创造力弱；而对部分学生来说，因长时间处于孤立状态、遇到的问题无法解决，导致学习驱动力不足、积极性不高、成绩下滑，此外，网络环境诱惑力大，也容易造成学生身心的松懈以致学习效率低下。

（2）硬件条件受限，评价反馈系统欠合理和互动性锐减。虽然5G时代的信息通信技术更加强大，但是直播教学过程中网络不畅、卡顿、掉线、延迟、系统崩溃等问题层出不穷，导致师生教学活动无法进行、在线体验不佳；在线教育平台很难监管每一个学生学习状态以及互动反馈欠个性化，学生学习效率和成绩无法保障；尽管教师在在线平台可以开设录播课和直播课，但是与传统课堂相比，录播课与直播课的师生互动情况显得相形见绌，这也影响学习者对教材内容知识的认知、理解和吸收。

（3）教学效果欠佳，课程价格高。在线教学平台，师生互动频率缺乏，课程内容没有创新和实践性，影响教与学效果，同时，在线教育课程价格高，但学习效果往往不如预期。

2. 在线教育行业解决策略

（1）转变教师观念，提升教师信息化素养。互联网环境下的教学，教师要提升信息化综合素养、要熟练掌握信息化教学技能，互联网环境下的课程教学理念倡导教师是学习活动组织者、引导者，同时，教师要以学习者为中心，致力于个性化课程设计；教学设计是教学目标是否达成、教学效果好坏的预演。引导学习者通过在线网络自主学习，注重将系统中评价反馈机制引入课程设计，学习者学习完课程后，提供学习效果的反馈、评价和交流，从而加深学习者对知识的理解和应用升华。

（2）把握学习者心理，提高学习效率。针对学习者注意力不集中、学习效率低下的情况，教师要围绕主题任务设计合理的在线课程，开展合作学习、探究学习、互动交流、成果展示等教学活动，让学习者都参与进来；同时，针对参差不齐的学习者设计个性化的教学方案，让学习者结合不同方案的特点和自身情况，选择不同风格的教学方式，从而激发学习者的学习热情。此外，还需加强学习者对学习目的认知、时间管理和良好习惯养成方面的教育，提高学生各方面认知能力。

（3）优化教学模式，实现用户个性化培养。在线教学模式的设计决定了技术与教学融合的程度和教学效果增值的空间，教师进行教学设计时要以课程和学期为单位进行整体设计，在平台和空间中形成知识管理体系和资源共建体系；教学模式设计要呈现多路径、混合形态，不能仅靠直播、录播和PPT来展示学习内容，要在教学过程中穿插教师指导、示范、答疑、游戏等环节来增强教学的互动性和趣味性，同时，平台要利用大数据技术，记录学习者的学习行为数据，进行多维精准分析，根据系统提供的分析报告，让用户实现个性化学习目标。

五、数字教育出版产业发展趋势

（一）教育信息化行业发展趋势

尽管教育信息化在实际教学中还存在一些问题，随着时间的推移，问题会逐步得到解决，教育信息化领域将呈现广阔的发展前景，目前从产品端来看，教育信息化已覆盖"教、学、练、测、评、管"等各教学环节，2023年国内教育信息化发展趋势会朝着以下三个方面推进。

1. **进军高等职业教育信息化市场**

2022 年 9 月 7 日，国务院常务会议宣布设备更新改造专项再贷款与财政贴息配套支持政策，教育数字化为重点支持领域。2022 年 9 月 14 日，教育部发布《关于教育领域扩大投资工作有关事项的通知》，明确专项贷款重点支持范围包括：高校教学科研条件及仪器设备更新升级、学校数字化建设，包括校园网络及信息管理系统提档升级，高性能计算系统，信息中心建设，智慧校园，智慧教室，数据中心的国产代替、实验实训等资金的投入建设。2022 年 9 月 28 日，中国人民银行宣布设立设备更新改造专项再贷款，该项贷款支持领域为教育、卫生健康、文旅体育、实训基地等 10 大领域，其中教育领域主要覆盖高校和职业院校。有关部门出台多项政策，重点支持职业院校、高等学校教学科研、实验实训等重大设备购置与更新改造。然而，当下职业高校智慧课堂建设率不足 20%，说明高等职业教育信息化市场未来发展空间较大。

2. **课后服务将成为教育信息化新增市场**

近些年课后服务市场初步形成，全国中小学校数量多、差异大，需要搭建课后服务管理平台，为课程资源、教辅工具、服务提供商提供接口，搭建"双师课堂"，完成优质素养课程教学。目前，已经有一些教育信息化公司开始进军课后服务市场。

3. **教育信息化服务商与教育服务融合**

随着教育信息化建设的不断推进，教育信息化市场在不断细分，教育信息化服务商不仅提供产品、技术安装、运维，还要兼顾教育技术专家、教育专家多重角色，与学科教师共同教研、备课，共同完成信息化教学任务，以填补学校技术教学方面的不足。

（二）在线教育行业的发展趋势

1. **在线兴趣教育、在线企业学习、高等学历在线教育和在线职业教育是未来最主要发展方向**

在 K12 教育层面，"双减"政策颁布后，国家倡导素质教育，家长开始重视孩子综合教育的培养；在社会层面，一些企业为了更好地发展，从企业内部培养人才，建立了自己的企业大学，满足企业员工终身学习需要，根据相关调研表明，在美国一些上市公司中，有企业大学的平均盈利比没有企业大学的盈利要明显高很多；此外，近些年社会压力大，一些白领通过在线学习课程提升自己的学历和能力以应对社会挑战；除此之外，国家加大对各类职业教育院校的支持，在线职业教育如火如荼。

2. 优质富媒体内容资源是在线教育的核心建设

当前在线教育只是原来纸质资料的电子化，没有形成富媒体、强交互的富媒体资源，随着低龄段用户兴趣需要和成年用户对品质的需要，智能终端逐渐普及。优质的富媒体资源将是各家在线教育企业竞争取胜的利器。

3. 平台型、社交型网站利用人工智能和大数据技术为用户提供精准评估

平台型、社交型网站在线学习已成在线学习的主流方向，但是学习者常面临一个问题，即花费了大量时间，但学习质量和学习效率不尽人意。因此，需要借助人工智能和大数据技术多维记录学习者的学习行为轨迹，并根据学习者的学习行为轨迹为每个用户精准画像输出精准报告，实现个性化学习，这也是在线教育发展的一个核心理念。

（作者单位：北京世元科技有限公司）

中国数字出版标准化年度报告

陈 磊

一、行业背景

（一）吸收最新行业成果，新闻出版体系表已基本成型

随着信息技术的迅猛发展和广泛应用，出版行业从内容到形式都发生了巨大的变化。数字科技进步使数字出版领域多学科专业技术相互交织，让出版物的编辑、制作、出版、发行和消费等诸多环节所涉及的标准和规范的范围日趋扩大，内容日益丰富，出版行业迫切需要一整套科学而先进的标准体系进行行业支撑。《出版业"十四五"时期发展规划》将标准化列入出版业高质量发展的保障措施中，明确提出"优化行业标准体系结构，建立符合出版业发展要求的高质量标准体系，推动标准工作提档升级，强化出版技术支撑"。出版业各标准化专业委员会在各自业务范围内组织专家，结合行业最新发展前沿成果，研制各自领域相关标准体系表，现已基本覆盖出版上下游各业务环节，形成了以标准化技术标委会为依托、涵盖全面、结构科学、设计合理的出版标准体系。

以全国新闻出版标准化技术委员会制定的新闻出版标准体系为例，新闻出版标准体系框架如图1所示。

新闻出版标准体系分为两级，第一级按照标准的属性划分，由基础（通用）标准、产品（服务）标准、方法标准和管理标准组成；一级标准下的二级类目标准则根据实际需要进行扩展，保证标准体系能够随时吸收最新行业发展

```
                        ┌─ 标识
                        ├─ 术语
            ┌─ 基础(通用)─┼─ 数据
            │            ├─ 代码/编码
            │            ├─ 分类
            │            ├─ 体系表
            │            └─ ……
            │
            │            ┌─ 产品(服务)通用
            │            ├─ 图书
            │            ├─ 期刊/报纸
新闻出版      │            ├─ 音像/电子出版
标准体系表 ──┼─ 产品(服务)─┼─ 数字出版
            │            ├─ 跨媒体出版
            │            ├─ 无障碍读物出版
            │            └─ ……
            │
            │            ┌─ 测试
            │            ├─ 统计
            ├─ 方法 ─────┼─ 评估/评价
            │            └─ ……
            │
            │            ┌─ 职业与岗位
            │            ├─ 质量管理
            └─ 管理 ─────┼─ 卓越绩效
                         ├─ 社会责任
                         └─ ……
```

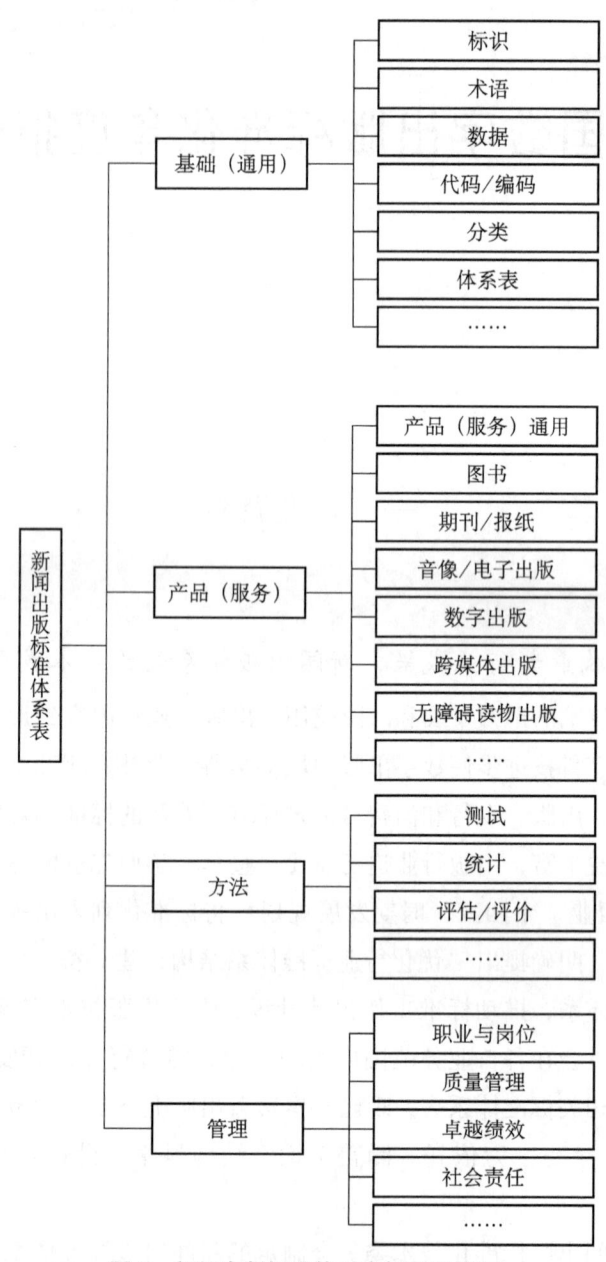

图 1　新闻出版标准体系表框架示意图

实践成就，实现标准体系的科学性与行业适用性，发挥支撑出版事业高质量发展的作用。基础（通用）标准指对新闻出版领域的共性因素所制定的，具有普遍指导作用的标准，其二级类目包括标识、术语、数据、代码/编码、分类等标准。产品（服务）标准指对新闻出版各类产品（服务）应满足的要求，以及工艺要求而制定的标准，其二级类目包括产品（服务）、通用、图书、期刊/报纸、音像/电子出版、数字出版、跨媒体出版、无障碍读物出版等标准。方法标准指对新闻出版相关的技术活动的方法制定的标准，其二级类目包括测试、统计、评估/评价等标准。管理标准指对新闻出版领域中管理机构为行使其管理职能而制定的具有特定管理功能的标准，其二级类目包括职业与岗位、质量管理、卓越绩效和社会责任、编码管理等标准。

全国新闻出版标准化技术委员会制定的新闻出版标准体系中的最大特色是吸收了近来各出版专业分支的学术和行业实践成果，在基础（通用）的一级标准中形成了若干具备行业实用性的二级标准体系，包括《光盘复制标准体系表》《电子书内容标准体系表》《辞书出版标准体系表》《专业内容数字阅读技术标准体系表》《数字教材标准体系表》《出版业区块链技术应用标准体系表》《游戏出版标准体系表》《中小学数字教材标准体系表》《出版质量标准体系表》《出版融合发展人才建设标准体系表》《学术出版标准体系表》等，对出版单位的实际出版工作具有较强的指导性。

（二）组织机构进一步合理化，制度规章逐步完备化

近年来，各级领导机构高端重视标准化工作，对标委会工作给予了巨大支持，推动标委会自身建设不断完善，更上一个台阶。2022年这些建设主要表现在两个方面。第一个方面是标委会的组织机构建设得到进一步加强，各相关标委会均根据行业发展现状对委员进行增补或准备开展推进委员换届工作。全国新闻出版标准化技术委员会原有33名委员，为适应标委会业务发展需求，增补了相关领域的委员7人，新加入标委会的法律出版社、上海辞书出版社、人民音乐出版社、中国地图出版社、国家纸制品质量检验检测中心、北京外研在线数字科技有限公司、深圳职业技术学院传播工程学院等单位的委员涵盖了近年热门的数字出版、数字音乐出版等领域，使标委会的委员构成更加合理，有效提升了标委会的标准化行业保障能力和标准实施执行能力。全国新闻出版信息标准化技术委员会则准备在2023年适当时候全面启动委员换届工作，并根据国家标准委最新要求，线上线下同时公开征集委员，扩大征集力度，以遴选出适合出版发展新阶段下的委员人选。第二方面是标委会制度建设得到重视和

加强。全国新闻出版标准化技术委员会为有效提升标准化技术委员会运行管理水平，增强标准化效能，确保标准化工作推进实施，依据《中华人民共和国标准化法》《新闻出版行业标准化管理办法》等现行标准化相关法律法规及GB/T 1.1—2020《标准化工作导则　第1部分：标准化文件的结构和起草规则》、GB/T 1.2—2020《标准化工作导则　第2部分：以ISO/IEC标准化文件为基础的标准化文件起草规则》、GB/T 20000《标准化工作指南》等标准文本编写基础标准，编写制定了标委会内部使用的标准化工作手册，该手册内容涵盖了标准研制的预研阶段、立项阶段、起草阶段、征求意见阶段、审查阶段和报批阶段，对各阶段工作做了详细规定和要求，对各阶段内工作涉及的相应文件制定了相应模板，使标委会内部工作实现了规范化，做到了精细化管理。中国音像与数字出版协会团体标准化技术委员会在2019年制定并发布了《中国音像与数字出版协会团体标准管理规定》，用于协会及其相关单位标准的立项、制定、修订、批准、复审和日常管理等工作，2022年该标委会再次在协会官网上公布了这一管理规定，进一步向协会各标准化工作参与单位强调了标准化管理规则的重要性。

上述这些积极举措最终体现在标委会考核结果上。2022年7月至11月期间，国家标准化管理委员会面向112家全国专业标准化技术委员会开展了2022年度考核评估工作，考察技术委员会自2018年以来的运行管理情况。考核对象包括了全国新闻出版标准化技术委员会、全国新闻出版信息标准化技术委员会和全国印刷标准化技术委员会，这三家标委会均顺利通过了考核。其中全国新闻出版标准化技术委员会在10项考核指标中，项目完成率、退稿率、标准体系建设与维护、标准制修订过程、宣贯培训均为一档。

二、数字出版标准化现状

（一）标准评奖指示作用显著，引领带动行业关注标准工作

从2021年开始，国家新闻出版署开展的一年一度的科技与标准创新示范项目评选，已在行业掀起了对科技与标准创新的巨大反响，无形中起到了对各

出版相关单位开展标准化宣贯的作用，引起了整个行业对于标准化工作的广泛关注。

2022年发布的《国家新闻出版署关于实施出版业科技与标准创新示范项目的通知》明确提出："每年评选确定10—15项科技与标准研发方面的创新成果，10—15家科技与标准应用方面的示范单位。"从最终入选的标准创新成果名单看，中小学数字教材系列国家标准和《基于5G数字音乐音质要求》团体标准均为当前行业关注热点领域，数字教材是未来教材行业发展的方向，而数字音乐则是数字出版领域增长最快速的业务之一，遴选这两个标准对进一步引导热点领域规范化成长，推动行业有序健康发展起到了示范引领作用。入选标准应用示范单位的江苏康普印刷科技股份有限公司、深圳市裕同包装科技股份有限公司、山东临沂新华印刷物流集团有限责任公司、安徽教育网络出版有限公司和陕西北人印刷机械有限责任公司等5家公司则稍为偏重传统概念的印刷包装领域，起到了促进传统业务向科技和标准创新转型的引导支持和宣传推广作用。

（二）团体标准受到行业关注，相关标准研制突飞猛进

在标准化工作推进方面，团体标准的市场选择化程度较高、技术创新活跃，方便协调相关市场主体共同制定满足市场和创新需要的标准，较为容易形成市场自愿选用，标准及时供给的工作框架。以中国音像与数字出版协会团体标准化技术委员会为代表，出版行业团标工作在2022年里紧跟时代发展，工作领域不断拓宽，标准内容不断充实丰富。

2022年，中国音像与数字出版协会团标委正式发布了《电子出版物技术质量要求》《数字内容资源分类与代码》《基础教育视频教学资源格式》《基于HTML5的基础教育交互教学资源格式》《智能制造知识服务平台建设》《智能制造知识资源建库规范》《面向智能制造专业领域的多模态内容资源一致化知识标引》《音乐平台术语》《音乐平台歌词格式要求》《图书按需印刷数据交换规范》和《电竞赛事通用授权规范》共10项团标，围绕智慧教育、游戏电竞、网络音乐、知识服务等新兴领域进行了扎实布局。有力配合了2022年市场监管总局等16部门联合印发的《关于印发贯彻实施〈国家标准化发展纲要〉行动计划的通知》，持续优化团标体系结构，大幅提升了团标整体研制水平，为

行业标准、国家标准的研制开发提供了高质量团标资源供给。

（三）数字教材标准建设不断深化，首批国标获公布

随着国家教材建设工作的不断推进，以及教育信息化发展对数字化课程资源的需求增大，中小学数字教材已经成为实现基础教育教材现代化发展的必然途径。2019年全国新闻出版标准化技术委员会，向国家标准化管理委员会申请将CY/T 161—2017《中小学数字教材出版基本流程规范》、CY/T 164—2017《中小学数字教材元数据》和CY/T 165—2017《中小学数字教材质量要求及检测方法》升级为国家标准，并于2022年最终形成了GB/T 41469—2022《数字教材 中小学数字教材元数据》、GB/T 41470—2022《数字教材 中小学数字教材质量要求和检测方法》、GB/T 41471—2022《数字教材 中小学数字教材出版基本流程》等3项中小学数字教材相关国家标准，该3项国标于2022年4月15日获得发布，并于同年11月1日正式实施。该系列国家标准的实施，对于推动数字教材行业跨领域的高质量融合发展，将具有重要的标志性引领作用。

此外，全国新闻出版标准化技术委员会还申请并研制了一批数字教材相关标准，截至2022年底，申请立项或在研的数字教材相关行业标准已有4项，涉及标准体系、术语、平台建设及与传统教材的融合等方面，初步覆盖了数字教材的各相关业务领域。具体如表1所示。

表1 数字教材相关标准汇总表

	名称	状态	主要内容和适用范围
1	复合教材制作质量要求	二次征求意见	规定了复合教材的构成要素、制作基本流程及相关质量要求。适用于除中小学教材之外的复合教材的制作质量管理。
2	数字教材标准体系表	送审阶段	提出了数字教材标准化体系的层次结构和标准明细表。适用于指导数字教材制作、发布和内容管理等标准的制、修订。
3	中小学数字教材管理与服务平台建设要求	送审阶段	提出了关于中小学数字教材管理与服务平台建设的基本原则、平台运营单位要求、平台建设总体要求、数字教材管理功能要求、数字教材服务功能要求和平台数据接口要求。适用于中小学数字教材管理与服务平台建设和运营。

(续表)

	名称	状态	主要内容和适用范围
4	数字教材术语	起草阶段	界定了数字教材相关的术语及其定义。适用于大中小学阶段数字教材的研究、设计研发、出版管理和教学应用。

（四）声像方面标准不断完善，为音像制品网络化发展夯实基础

2022年前，涉及出版业声像方面的标准共有4项，1项为国家标准GB/T 33665—2017《声像节目数字出版物技术要求及检测方法》，3项为行业标准，分为为CY/T 183.1—2019《有声读物 第1部分：录音制作》、CY/T 183.2—2019《有声读物 第2部分：发布平台》和CY/T 183.3—2019《有声读物 第3部分：质量要求与评测》。这些标准的研制和出台集中在2020年前，因为明确了标准化对象，满足了当时产业发展和管理需求，回应了规范出版业声像制作、发布传播及质量评价的社会呼声，在行业迅速铺开并取得良好社会效益。但近两年来，伴随我国全民阅读事业的持续发展，目前这些标准在行业应用中也逐步显露出其不足。最主要的问题是当时音视频相关技术并未预计到网络串流技术的发展速度，采标参数较低。在近两年5G等无线传播技术普遍升级，网络传输速度几何级提速的背景下，这些技术指标已经妨碍到出版声像事业未来的高质量发展。特别是有声读物作为当前"互联网＋"时代最贴切人民生活的阅读方式，具有强伴随性、能充分解放读者眼睛、进行碎片化阅读的特点，已经成为全民阅读的重要组成部分。

为此，全国新闻出版标准化技术委员会积极行动，在2022年组织相关专家对GB/T 33665—2017声像国家标准进行了修订，根据已颁布的AVS[①]国家标准GB/T 33475.2—2016《信息技术 高效多媒体编码 第2部分：视频》和GB/T 33475.3—2018《信息技术 高效多媒体编码 第3部分：音频》，在标准中加入了声频编码格式和视频编码格式，确保了该标准的先进性。同时，国家标准化管理委员会于2022年底下达的《2022年基本公共服务领域推荐性国家标准专项计划的通知》，正式批复全国新闻出版标准化技术委员会于2022年

---

① AVS是我国具备自主知识产权的第二代信源编码标准。

中提出的申请，准予3项有声读物行业标准正式升级为国家标准。

（五）强化数字教育出版标准研制开发，数字教育相关出版资源建设将有标可依

数字教育出版产品管理需要进行规范。一方面，作为出版单位尤其是教育出版单位，如何在网络出版阵地坚持正确的政治方向、舆论导向、价值取向，如何落实线上线下一把尺子、一个标准，如何落实教育国家事权和立德树人根本任务，是教育出版单位在深度融合发展阶段必须要解决的问题。目前教育出版单位在进行数字出版产品质量管控时尚缺乏适用的依据，质量管理工作规范性待加强。另一方面，教育出版产品类型与传统出版产品类型不同，目前数字出版产品标准尚不能覆盖数字教育出版产品类型，如教材配套资源、数字课程、教学课件、数字教材、试题库等。同时，现有的出版标准体系庞杂，部分时间较久，不太适应教育数字出版发展的需要，其质量模型的全面性系统性、对教育产品的针对性、对网络出版的适用性等均有待提高。因此，全国新闻出版标准化技术委员会集合一批数字教育出版企业，开展一系列与数字教育出版相关的标准研制工作。截至2022年底，已有7项行业标准在研或预研中。

数字出版产品是教育出版单位深度融合发展的必然选择。教育出版深度融合发展要求教育出版社要从单纯纸质教材出版商转向教育服务提供商。数字出版产品是信息时代教育内容的重要表现形式，是教育服务的重要内容，也必然成为教育出版单位的重要产品线。走在融合发展前沿的教育出版单位不断投入大量人力物力财力研发数字教育资源，形成了初具规模的数字教育出版产品，成为教育出版单位融合发展的重要业务板块。预研中的《面向高等教育和职业教育数字出版产品质量要求》将构建高等教育职业教育数字出版产品完整质量模型，对数字教育出版产品相关术语进行修订，使之适用于高等教育职业教育数字出版产品质量管理，填补当前职业教育、高等教育缺乏相关标准规制的空白。预计此标准将于2023年或2024年正式申请立项。

因为教材属于国家事权，是特殊出版门类，因此在统计数字教育出版相关标准时，未将数字教材相关标准计算在内。数字教育出版相关行业标准如表2所示。

表 2　数字教育出版相关标准汇总

	名称	状态	主要内容和适用范围
1	数字教育出版 课程制作要求 第 1 部分 课程元数据	报批阶段	规定了数字教育出版课程的元数据规格、课程元数据和元数据封装。适用于出版领域的数字教育出版课程的管理与应用。
2	数字教育出版 课程制作要求 第 2 部分 试题资源元数据	报批阶段	规定了数字教育出版试题资源的元数据规格、试题资源元数据和试题资源封装等。适用于出版领域的数字教育出版课程的试题资源的管理与应用。
3	数字教育出版 课程制作要求 第 3 部分 课程制作流程	报批阶段	规定了数字教育出版课程资源的构成、制作流程及制作环节。适用于出版领域数字教育出版课程的制作与管理。
4	数字教育出版 课程制作要求 第 4 部分 课程质量管理	报批阶段	规定了数字教育出版课程的质量要素构成、管理模式、管理规则、评价流程和评价结论等。适用于出版领域数字教育出版课程的质量管理。
5	数字教育出版 课程制作要求 第 5 部分 知识体系描述	报批阶段	规定了数字教育出版知识体系表达、知识体系构建和知识体系维护。适用于出版领域的数字教育出版知识体系建设与管理。
6	数字教育资源评价指南	送审阶段	规定了数字教育资源的评价原则、评价维度和要素、评价流程等。适用于数字教育资源的质量评价活动。
7	面向高等教育和职业教育数字出版产品质量要求	预研阶段	规定了高等教育职业教育数字出版产品质量要求。适用于高等教育职业教育数字出版产品质量管理。

（六）出版融合发展为标准建设提供更广阔的舞台空间

传统出版与数字科技相融合对高质量发展提出的客观要求，为数字出版标准事业发展带来了巨大契机。

一方面，传统媒体与新媒体融合发展，使标准成为引领行业发展的重要抓手。本着"急用先行"的原则，一批出版融合背景下急需、特需的数字出版标准得到了研制发布。由全国新闻出版信息标准化技术委员会在 2022 年报批并在同年获得发布的《期刊全文 XML 描述标签集》，是期刊实现全流程数字化管理、生产、传播及知识复用的基础，为期刊的数字化高质量发展打下了坚实基础。由全国新闻出版标准化技术委员会报批的 5 项行业标准《出版企业社会责任指南》《版权资源权利描述》《静态图像识别与检索技术规则》《出版物虚拟现实（VR）技术应用要求》和《四角号码检字法》，同样在关键行业节点上填补了当前产业空白，对关键出版业务场景实现了规范化技术支撑。

另一方面，数字科技发展客观上给标准事业提供了丰富的行业基础，拓宽了行业标准化发展思路，加速了行业的标准化发展进程。一些行业前沿探索性的实践也正在迅速转化为标准，加速形成行业生产力。如全国新闻出版标准化技术委员会归口启动研制的 3 项国家标准《新闻出版 知识服务 知识本体构建流程》《新闻出版 知识服务 知识元提取与标引》和《新闻出版 知识服务 知识体系建设与应用》，及正在研制中的 5 项行业标准《区块链技术在版权保护中的应用技术规范》《出版业区块链技术应用标准体系表》《复合数字教材制作质量要求》《出版物二维码技术应用要求》和《数字教育出版课程制作要求》，均瞄准了数字出版发展的前沿痛点。与此同时，和标准化相关的科研活动也得到了极大加强。如全国新闻出版信息标准化技术委员会牵头承担的国家重点研发计划项目"数字出版技术标准研究"经过层层把关和审核，于 2022 年 5 月通过项目验收，并最终得到 88.67 的好成绩。

三、存在的问题和对策

（一）数字教材发展凸显部门协调问题

从纸质教材到数字教材的创新发展，既是出版领域数字化转型升级的内生要求，也是教育信息化发展的实际需求。数字教材作为未来教材的发展方向，也作为国家事权的一部分，既涉及出版部门又涉及教育部门，其标准化业务的发展客观上需要建立起一套跨部门的有效协调机制，使数字教材的出版管理在标准规范细则上能够跟上行业发展的实际形势，实现对数字教材国家治理工作的科学化支撑。这一问题随着数字教材标准化工作的深化愈加突出，主要表现在以下两个方面。

第一个方面，数字教材的基础定义有待出版和教育两个部门开展系统梳理。当前，与数字教材出版相关的定义较多，数字教材、数字课程、电子书、电子图书、电子课本、电子书包、智媒体、数据库等不下几十个，但是各定义的范围及定义间的交叉关联关系尚未体系化、系统化，亟待下工夫厘清。譬如，现有关于数字教材的定义，最早出现于 CY/T 125—2015《中小学数字教材加工规范》，修改成型于 GB/T 41470—2022《数字教材　中小学数字教材质量要求和检测方法》，其定义为："依据中小学课程规划或课程标准、教学大纲系统编写、开发，适用于信息化环境下教学活动的电子图书。"但该定义仅适用于中小学数字教材，无法涵盖高等教育、职业教育。而教育部在 2019 年发布《大中小学教材管理办法》时，将"教材"定义确定为："本办法所称……教材是……教学用书，以及作为教材内容组成部分的教学材料（主要包括教材配套的音视频、图册和活动手册等）。"且规定"数字教材……可参照本办法管理"。出版和教育两个部门对于教材和数字教材的定义难以统一，缺乏通用上位术语定义，客观上造成了行业认知困难。

第二个方面，缺乏统一的数字教材质量管理要求。数字教材出版产品构成包括多个方面，兼顾教育、出版、技术特性，同时质量管理要兼顾图片、音视频、文档、网页等多种媒体形式，差错计算要考虑单个文件和整个产品。需要建立起一整套数字教材的通用质量模型，能够全面覆盖各方面质量要求，并对各相关教育领域提出跨领域的通用检测方法。

国家政协委员、中国新闻出版研究院院长魏玉山，在 2022 年两会提案中不但明确指出了这一问题，也为这一问题提出了解决方案："建立数字教材（教学资源）管理协调机制。由中宣部与教育部共同组建工作专班，制定《数字教材（教学资源）管理办法》，对数字教材（教学资源）的编制、编辑、审核、出版发布、选用使用、保障机制等方面进行全面规范，促进其健康发展。"[①]

（二）数字出版新职业标准亟待开展研究制定

我国人力资源和社会保障部自 1999 年开始颁布《中华人民共和国职业分类大典》，对职业进行分类，以开展劳动力需求预测和规划，引导职业教育培训，加强人力资源管理。该职业大典平均每 7—10 年进行修订，人社部还同时

---

① 中国网．魏玉山两会提案：加强数字教材管理，建设中国出版大学［EB/OL］．http://edu.china.com.cn/2022-03/07/content_78091950.htm?f=pad&a=true．

组织研制《职业分类和代码》的相应国家标准，以标准形式规范职业分类。该职业大典中对于出版行业新增的数字新职业设定为数字出版编辑、网络编辑和电子音乐编辑。这一数字新职业分类较为粗放，明显与当前数字环境下的实际工种分类难以匹配对应，如电子音乐编辑职业特性与有声读物、音像产品相关编辑门类较为接近，甚至有重合的部分，仅把电子音乐作为单独职业分类显然不妥。目前，出版行业尚未制定相应的职业分类标准及相关职业技能标准，特别是数字化条件下出版要素及所涉产业尚未厘清，数字出版相关职业边界范围尚未框定。结合现行标准及法律政策，围绕什么是数字出版，数字出版包括哪些领域，该领域包括哪些职业，该职业在人社体系、出版体系、教育体系中的定位均需要开展相应研究。

急需增补研制行业所需的新职业标准。国家人社部 2022 年 10 月公布的最新职业分类标准大典中的职业设定对于数字化条件下内容出版流程"加工制作""编辑出版""传播发行"的三个环节覆盖不足，存在职业空白。需要在此基础上对现有国家职业分类进行增补升级，并针对当前行业迫切需要的新职业种类研制相应技能标准，以适应当前出版融合的新发展格局。同时，应打造出版新职业标准体系。站在全局角度，基于出版高质量发展的数字出版专业人才需求，结合国家职业分类标准大典，研制数字化环境下的出版新职业标准体系，并对数字化环境下重要出版新职业的业务形态、岗位职责、技能要求等提出具体规范的要求。职业标准在行业内具有统一的规范性和指导性，有助于行业内人才在质量和结构等方面实现优化，更好地满足出版事业高质量发展需求。制定新的职业标准可以引导整个行业向更优质、高效和可持续的目标努力，推动行业加速升级，进一步提升行业在国内和国际市场的竞争力。当前出版单位普遍依靠外部数字科技公司开展数字内容加工制作，出版体制外的外源性数字资源已经成为数字出版资源的重要来源和补充，通过研制新职业的标准体系并制定相应标准，可有效提高依附出版产业链的相关人才技能素质，稳步推动行业升级发展进程，增强市场竞争力，更贴近新时代的发展要求。

此外，开展数字环境下新职业的相关标准研究也是加强巩固意识形态阵地的客观需求。对意识形态问题，习近平总书记在不同场合多次指示并明确强调："意识形态决定文化前进方向和发展道路。""面对改革发展稳定复杂局面和社会思想意识多元多样、媒体格局深刻变化，……一刻也不能放松和削弱意识形态工作。"数字出版领域已成为意识形态争夺的重要战场。抓住抓紧新职业标准建设，通过新职业岗位标准规范综合提升从业人员的政治判断力、政治领悟力和政治站位，打牢社会主义意识形态的根本政治基础，就能牵住数字出版意识形态工作的"牛鼻子"，全面把握意识形态工作主动，建设意识形态安全优质的内容行业加工制作环境。

（作者单位：中国新闻出版研究院）

中国数字版权保护状况年度报告

李 婧 田 晶

2022年，党的二十大报告对"加快建设数字中国""加强知识产权法治保障"做出了重要部署，进一步指明了走好中国特色数字版权发展之路的前进方向。在新冠肺炎疫情、乌克兰危机、全球性通货膨胀等风险挑战的持续影响下，世界经济进入全面数字化转型的发展时期。这一年《"十四五"数字经济发展规划》发布，元宇宙技术引入比赛场地，NFT数字藏品市场火热开局，ChatGPT让人工智能应用再上新台阶，数字版权迎来了新的发展机遇。

《世界互联网发展报告（2022）》指出，中国互联网发展指数仅次于美国，位居世界第二。我国全年网上零售持续增长，信息服务消费较快增长，数字经济已成为稳增长、促转型、保民生的重要支柱。根据中国互联网络信息中心（CNNIC）发布的第51次《中国互联网络发展状况统计报告》显示，截至2022年12月，我国网民规模达10.67亿，互联网普及率达75.6%，移动物联网连接数达到18.45亿户。全国网上零售额达13.79万亿元。[1]

党的二十大报告强调"加强知识产权法治保障，形成支持全面创新的基础制度"。在努力提高我国经济竞争力的同时，完善产权保护制度势在必行。为贯彻落实党中央、国务院关于强化知识产权保护的决策部署，在陆续修订《商标法》《专利法》《著作权法》的基础上，2022年有关部门制定、修改了相关知识产权政策法规，首次修改了《反垄断法》，发布了《关于适用〈反不正当竞争法〉若干问题的解释》《关于第一审知识产权民事、行政案件管辖的若干规定》《关于强化知识产权协同保护的意见》等法规文件。

人民法院充分发挥审批职能，弘扬和引领优秀文化，加强著作权和相关权

---

[1] 第51次中国互联网络发展状况统计报告［EB/OL］. https://baijiahao.baidu.com/s？id=1761312742418509029&wfr=spider&for=pc.

利保护;"剑网行动"继续对重点领域的版权规范进行整治和查处,新技术推动着版权相关产业的多元化发展,社会各界对版权保护关注程度大幅提升,数字版权保护已然是版权工作的主战场。

一、我国数字版权保护新进展

2022年,知识产权保护是不容忽视的话题,我国在知识产权行政保护方面稳步提升效能;在司法保护方面不断完善机制。《2023年全国知识产权行政保护工作方案》提出总体要求:强化法治保障、严格产权保护,坚持改革驱动、质量引领,全面加强知识产权行政保护,继续加大对重点领域、关键环节侵犯知识产权行为的打击和治理力度,高质量推进知识产权行政保护工作,不断提升知识产权全链条保护水平,持续建设支撑国际一流营商环境和创新环境的知识产权保护体系。

在数字版权保护方面,我国从立法保护、司法保护、行政保护及社会保护层面均采取了一系列措施,取得全面新进展。

(一)整体概述

1. 数字版权立法保护新进展

(1)全国人大常委会通过关于修改《反垄断法》的决定。2022年6月24日,第十三届全国人大常委会第三十五次会议表决通过关于修改《反垄断法》的决定,该法自2022年8月1日起实施。本次修改《反垄断法》是自2008年实施以来的首次修改。修改后的《反垄断法》完善了相关制度设计,明确了经营者在依法竞争的同时合规经营,规定了垄断协议的安全港规则,增加了对个人隐私和个人信息保护方面的有关规定。

(2)最高人民法院发布《关于适用〈反不正当竞争法〉若干问题的解释》。2022年3月16日,《最高人民法院关于适用〈中华人民共和国反不正当竞争法〉若干问题的解释》(以下简称"《解释》")正式公布,并于3月20日起施行。

《解释》根据修订后的《反不正当竞争法》,重点对一般条款、仿冒混淆、虚假宣传、商业诋毁、网络不正当竞争行为等问题作了细化规定。该司法解释的出台，旨在营造稳定公平透明可预期的营商环境，维护统一的公平竞争制度，保护经营者和消费者的合法权益，而且及时回应了新领域新业态知识产权司法保护的需求。

（3）最高人民法院印发《关于第一审知识产权民事、行政案件管辖的若干规定》和《基层人民法院管辖第一审知识产权民事、行政案件标准的通知》。《最高人民法院关于第一审知识产权民事、行政案件管辖的若干规定》于2021年12月27日由最高人民法院审判委员会通过，并自2022年5月1日起施行。该规定旨在解决各地第一审知识产权案件管辖标准不一、管辖布局不够完善、当事人诉讼不便等问题。明确涉及侵权案件由上述特定法院管辖，而将不涉及较强专业技术性问题的知识产权合同纠纷案件作为普通知识产权确定管辖。

根据《最高人民法院关于第一审知识产权民事、行政案件管辖的若干规定》，最高人民法院确定了具有知识产权民事、行政案件管辖权的基层人民法院及其管辖区域、管辖第一审知识产权民事案件诉讼标的额的标准，并自2022年5月1日起施行。除个别地区，每个中级法院辖区内至少有1个基层人民法院具有知识产权案件管辖权。同时，确定了基层人民法院管辖第一审知识产权民事案件的诉讼标的额标准。

（4）《互联网信息服务深度合成管理规定》实施。国家网信办、工信部、公安部联合发布《互联网信息服务深度合成管理规定》（以下简称"《规定》"），《规定》自2023年1月10日起施行。

这是我国第一部针对深度合成服务治理的专门性部门规章，明确了生成合成类算法治理的对象，确立了算法治理的基本原则，建立健全行业标准、行业准则和自律管理制度，强化深度合成服务提供者和技术支持者的主体责任。

（5）新修订的《移动互联网应用程序信息服务管理规定》发布。2022年6月，国家互联网信息办公室发布新修订的《移动互联网应用程序信息服务管理规定（以下简称"《规定》"》。新《规定》自2022年8月1日起施行。新《规定》对2016年《移动互联网应用程序信息服务管理规定》进行了全面修订，主要是对应用程序提供者和应用程序分发平台进行合规管理。

（6）首个国家AIGC监管文件，生成式AI服务管理办法公布征求意见稿。2023年4月，国家互联网信息办公室发布《关于〈生成式人工智能服务管理办法（征求意见稿）〉公开征求意见的通知》，这是国家首次针对当下火爆的生成式 AI 产业发布规范性政策。

本次征求意见稿是为了促进生成式人工智能健康发展和规范应用，对支持行业合规发展传递出积极的信号。根据意见稿，AI 生成内容同其他互联网上的内容一样，应当遵守法律法规的要求，尊重社会公德、公序良俗。保护好个人信息和商业秘密的内容是 AI 生成内容的重要防线。

2. **数字版权司法保护新进展**

（1）互联网司法成效显著。过去 5 年，人民法院信息化建设从以数据为中心向以知识为中心、智慧法院为内核、司法数据为中台转变。自杭州、北京、广州互联网法院设立以来，率先出台在线诉讼、在线调解、在线运行"三大规则"，人民法院确立互联网司法规则，形成了全业务网上办理、全流程依法公开、全方位智能服务的智慧法院信息系统，实现跨域立案服务全覆盖和跨境网上立案。截至 2022 年 7 月，全国法院提供跨域立案服务 15.4 万件，涉及当事人遍布海内外 30 个国家和地区。[①] 智慧法院建设不断向纵深发展，大数据、人工智能、区块链等前沿技术陆续融入审判执行，"互联网＋诉讼"服务逐渐在各地诉讼服务大厅设立，截至 2022 年底，全国已有 3 500 多家法院接通"人民法院在线服务"平台[②]，"庭网线巡"四位一体诉讼服务形成纠纷解决和诉讼服务模式不断创新。

2021 年至 2022 年，最高人民法院先后印发《人民法院在线诉讼规则》《人民法院在线调解规则》《人民法院在线运行规则》，实现了互联网司法从实践到制度的跨越，表明中国互联网司法规则体系的基本确立。2022 年 12 月，最高人民法院发布《关于规范和加强人工智能司法应用的意见》。根据该意见，人民法院从顶层设计、司法数据中台和智慧法院大脑建设、应用系统建设、关键核心技术攻关等 5 个方面，全方位加强和推动人工智能在司法领域的应用。

（2）互联网审判机制不断创新。全国具有知识产权民事案件管辖权的基层

[①] 最高法：推动实现更高水平的数字正义［EB/OL］. https://www.chinacourt.org/article/detail/2022/08/id/6890459.shtml.
[②] 最高法：全国 3 500 多家法院全部开通"一站式"在线诉讼服务功能［EB/OL］. https://www.court.gov.cn/zixun-xiangqing-346931.html.

法院包括互联网法院已经达 558 家。最高人民法院积极推进全国各地法院开展知识产权民事、行政和刑事案件"三合一"审判机制改革，十地法院已实现辖区内知识产权案件"三合一"审理机制全覆盖。

杭州互联网法院于 2022 年 8 月 10 日发布的《网络知识产权审判白皮书》称，随着网络技术发展迭代，网络知识产权案件类型也日渐复杂。杭州互联网法院首创的电子证据平台，在一定程度上解决了电子证据生成、存储、传播、使用的全程可信问题。首创的异步审理模式针对在线审理"时间差"，当事人可以不同地、不同时参加诉讼，实现诉权保障与诉讼效率的有机统一，审理期限平均缩短 25 天。2022 年浙江法院建成知识产权特设"共享法庭"49 家，初步形成广泛覆盖的运行体系，同时出台《知识产权特设"共享法庭"运行规程》，提供一站式、全方位的知识产权司法服务。

浙江省高级人民法院牵头研发包括"知识产权协同保护""版权 AI 智审""凤凰知识产权智审"等为内核的"法护知产"集成应用，是知识产权全链条智能化审判的技术创新，创新了多场景跨部门知识产权协同保护的知识产权数字化治理大格局。

2022 年广东省新增具有知识产权案件管辖权的基层法院 14 个，累计达 46 个，实现全省各地市平均至少有 1 个基层法院管辖知识产权案件，并大幅提高基层法院管辖的诉讼标的额标准，又深化全省知识产权民事、行政、刑事审判"三合一"改革，推动全省 58 个法院的改革，初步形成贯通全省三级法院的"三合一"审判机制。

（3）著作权司法保护水平提升。当前，网络生态环境越来越复杂，网络治理面临越来越多的挑战，案件涉及体育赛事、网络游戏、智能手机、网络音乐、网络文学、网络直播、网络作品、数字作品等多个领域，我国采取了很多方法、路径和方案，多方共治、多措并举。法院在审理这些案件的时候，从公平、正义、效率等法律的基本价值出发，做出了很多具有中国特色、并且未来也能够引领世界范围内的互联网法治建设的经典案例，如无人直播第一案、首例涉人脸信息保护民事诉讼的公益案件等。

人民法院全面贯彻实施著作权法，保护著作权相关权益。最高人民法院不断总结审判经验，着力解决著作权审判领域法律适用疑难问题。最高人民法院提审并改判"大头儿子"美术作品著作权侵权案，厘清著作权归属认定规则，取得良好社会效果。办理侵害作品信息网络传播权管辖请示案,明确侵害信息网络传播权民事案件管辖问题及司法解释适用标准。北京市高级人民法院针对图片侵权案件中许可使用费标准的问题予以答复,促进辖区图片侵权案件裁判尺度统一。北京知识产权法院统筹处理中文学术文献网络数据库企业间著作权侵权互诉系列案,一揽子促成全市 1 000 余起案件调解,妥善化解纠纷。[1]

(4) 数字经济领域司法保护重点发力。各地人民法院积极探索和加强数字经济领域知识产权司法保护,促进数字经济高质量发展。审理了大量数据云存储、数据开源、数据确权、数据交易、数据服务、数据市场不正当竞争等案件,切实维护了数据安全。

广东深圳中院出台《加强数字经济知识产权司法保护的实施意见》,助力深圳数字经济高质量发展。北京市高级人民法院制定发布了《北京市高级人民法院为加快建设全球数字经济标杆城市提供司法保障工作规划(2023—2025)》,结合当前审判实际,针对数字经济各重点领域产业特点,确立涉数字经济新类型案件裁判规则,加强前沿法律问题研究,提供高效的司法服务保障。北京法院高度重视对涉数字经济案件的审理,严厉打击侵权和制止不正当竞争行为,以裁判树规则、以规则促治理。在"百灵鸟 QQ 营销"案中,对恶意研发销售群发性营销软件"寄生"他人社交产品的行为予以打击。北京法院创造性地将"天平链"与"版权链"跨链对接,让司法和行政协同保护,切实解决数字证据认证难的问题。同时,通过惩罚性赔偿、行为保全等制度,发挥数字化技术助力审判优势,和现有知识产权司法保护制度的效能,全面服务首都数字经济。

3. 数字版权行政保护新进展

(1) 中央办公厅、国务院办公厅印发《关于推进实施国家文化数字化战略的意见》。2022 年 3 月,中央办公厅、国务院办公厅出台《关于推进实施国家文化数字化战略的意见》(以下简称"《意见》"),《意见》要求,在数据采集加工、交易分发、传输存储及数据治理等环节,制定文化数据安全标准,强化中华文化数据库数据入库标准,构建完善的文化数据安全监管体系,完善文化

---

[1] 中国法院知识产权司法保护状况(2022 年)[EB/OL]. https://www.chinacourt.org/article/detail/2023/04/id/7254547.shtml.

资源数据和文化数字内容的产权保护措施。该项意见的提出，为今后数字版权保护指明了工作重点与前进方向。

（2）"剑网2022"开展针对文献数据库、短视频和网络文学等重点领域的专项整治。2022年9月至11月，国家版权局、工业和信息化部、公安部、国家互联网信息办公室四部门联合开展打击网络侵权盗版"剑网2022"专项行动。聚焦网络重点领域，重点整治非法传播冬奥赛事节目行为、权利人和广大家长反映强烈的危害青少年权益的侵权盗版行为、电影盗录传播违法犯罪行为，以及文献数据库、短视频和网络文学、NFT数字藏品、"剧本杀"等重点领域侵权盗版行为。全国各级版权执法部门共检查实体市场相关单位65.35万家次，查办侵权盗版案件3 378件（网络案件1 180件），删除侵权盗版链接84.62万条，关闭侵权盗版网站（App）1 692个，处置侵权账号1.54万个，版权环境进一步净化。① 这次行动为构建版权保护社会共治的格局，维护清朗的网络空间秩序打下了坚实的基础。

（3）加强对知识分享平台版权监管。2022年，针对知识分享平台侵权使用作品、强制独家授权等问题，国家版权局在联合多部门开展的"剑网行动"中对文献数据库未经授权、超授权使用传播他人作品等侵权行为进行整治，加强对知识服务全链条版权监管与行政执法，推进知识资源平台版权合规，推动知识服务行业规范发展。2022年12月26日，市场监管总局对知网垄断行为依法作出行政处罚决定，责令知网停止违法行为，并处罚款8 760万元。

（4）全国著作权质权登记信息实现统一查询。2022年9月，按照《国务院关于开展营商环境创新试点工作的意见》的要求，国家版权局联合中国人民银行，指导中国版权保护中心与中国人民银行征信中心实现全国著作权质权登记信息统一查询，促进了版权运营和价值转化，缓解了中小微企业的融资困难，进一步优化了市场营商环境。

4. 数字版权社会保护新进展

长短视频平台协同合作。《中国互联网络发展状况统计报告》数据显示，截至2022年6月，我国短视频用户规模增至9.62亿，占网民整体规模的

---

① 2022中国版权十件大事［EB/OL］. https://www.ncac.gov.cn/chinacopyright/contents/12756/357400.shtml.

91.5%。短视频行业成为数字版权领域发展最为迅猛的行业，而长短视频平台因为版权问题与短视频平台冲突不断。

2022年，长短视频平台通过尝试开展版权合作，积极解决版权侵权问题。3月17日，抖音与搜狐视频达成合作；6月30日，快手宣布与乐视视频达成合作；7月19日，抖音宣布与爱奇艺达成合作。长短视频平台加强版权合作，使得短视频平台可以获得更多长视频版权授权，大大解决了短视频平台版权侵权的问题，也推动了行业版权治理和共赢发展。①

（二）年度对比分析

较之2021年，2022年的数字版权保护在立法保护、司法保护、行政保护和社会保护方面都有一些新进展。

在立法保护方面，《反垄断法》和《反不正当竞争法》司法解释的发布，有利于推动行业竞争，促进优化资源配置，保护消费者的利益，也是充分发挥知识产权审判职能作用、及时回应新领域新业态司法需求的重要举措。《互联网信息服务深度合成管理规定》的实施和新《移动互联网应用程序信息服务管理规定》的发布则系统规范了深度合成服务，完善了深度合成治理体系，进一步依法监管移动互联网应用程序，促进应用程序信息服务健康有序发展。

在司法保护方面，人民法院紧紧围绕"努力让人民群众在每一个司法案件中感受到公平正义"目标，坚持促公正提效率，做好司法为民、公正司法。进一步"加强知识产权法治保障，有力支持全面创新"，积极利用科技发展助力司法审判，坚持依法平等保护，同时加大违法的惩处力度。

在行政保护方面，2022年"剑网行动"取得显著成效，集中整治了短视频、文献数据库、剧本杀等领域，突出查办了一批案件，进一步加大了对网络侵权盗版案件的处罚力度。

在社会保护方面，长短视频加强版权合作，共同构建了立体多元的视听生态体系，这说明不仅要重视版权保护机制，还要建设版权共建共享新机制。

---

① 网络视频版权产业的共建共享共治论坛：长短视频合作共赢成业界共识［EB/OL］. http://news.sohu.com/a/648457887_362042.

二、各省区版权保护状况统计分析

（一）各地区版权保护状况综述

2022年全国法院新收各类知识产权案件526 165件，其中，民事一审案件438 480件，比2021年的民事案件数量下降20.31%，行政一审案件20 634件，刑事一审案件5 336件。民事案件中涉及著作权的案件255 693件，商标权的112 474件，专利权的38 970件，其他类型的31 343件。[①]

与2021年相比，2022年各地新收知识产权案件的数量和审结数大部分地区呈下降趋势。除专利案件外，著作权和商标案件同比分别下降29.07%和9.82%。

（二）我国部分地区版权保护情况

1. 北　京

2022年，北京法院共受理知识产权民事、行政案件72 778件，审结案件74 506件。[②]

北京法院有三个著作权相关案例入选"2022年中国法院十大知识产权案件"和"50件典型知识产权案例"。其中北京知识产权法院审结的"深圳市腾讯计算机系统有限公司与郴州七啸网络科技有限公司等不正当竞争纠纷案"入选"2022年中国法院十大知识产权案件"。入选2022年中国法院50件典型知识产权案例中，北京高级人民法院审理的"听声识剧"侵害作品信息网络传播权纠纷案涉及AI智能识别技术和长短视频，本案再审判决厘清了短视频应用场景下行使信息网络传播权的认定规则。北京丰台法院审理的首例"冬奥会吉祥物"形象美术作品著作权刑事案，以刑事手段追究严惩侵犯冬奥知识产权的

[①] 中国法院知识产权司法保护状况2022 [EB/OL]. https://www.chinacourt.org/article/detail/2023/04/id/7254547.shtml.

[②] 北京高院发布2022年度知识产权司法保护十大案例和商标授权确权司法保护十大案例 [EB/OL]. https://baijiahao.baidu.com/s?id=1764133257590983677&wfr=spider&for=pc.

犯罪行为。

全国各省2022年度著作权典型案例中，中国音像著作权集体管理协会（以下简称"音集协"）与天合文化集团有限公司（以下简称"天合集团"）著作权许可使用合同纠纷案判决，解除音集协与天合集团之间的系列合同，挽回了天合集团违约给著作权权利人带来的重大利益损失。该案的审理有利推动了我国著作权集体管理制度的发展完善，进一步明确了商业公司不得介入集体管理工作。

北京法院建立"多元调解＋速裁"和诉源治理新机制，推动纠纷解决，通过"多元调解＋速裁"，实现60%以上的一审民商事案件在诉讼前端得到快速解决。法院的"一号响应"诉源治理机制，在2022年响应基层组织诉源治理司法需求2 701个，从源头化解矛盾纠纷，使得2022年新收案件比上年下降21.9%。①

北京法院高起点高标准建设北京金融法院和北京互联网法院，金融法院加强金融审判机制的创新，建设国家级金融法治协同平台，法院成立以来审结金融案件10 714件，有力服务着国家金融战略实施和国家金融管理中心功能的建设。北京互联网法院建立了具有世界影响力的互联网司法平台，创设全国首个"天平链"电子证据平台，法院成立以来审结互联网案件164 370件，有力促进网络强国战略实施和网络空间治理。

行政执法方面，北京市文化市场综合执法总队在2022年持续开展执法规范化和标准化建设，全面实施执法检查清单制度，制作并公示51类涉企检查单模版，统一检查标准，有效减少随意执法。同时印发《关于调整文化市场综合执法行政处罚程序和相关文书的通知》，为依法用权、规范履职提供基础性支撑。知识产权行政执法方面，市文化市场综合执法总队共检监测发现侵权链接约534.7万余条，受理并调处各类著作权纠纷案件1.4万件。

为健全首都知识产权法规政策体系，市委、市政府出台《北京市知识产权强国示范城市建设纲要（2021—2035年）》，知识产权局颁布《北京市知识产权保护条例》，与市司法局等11个部门联合印发《北京市关于加强知识产权纠纷多元调解工作的实施意见》，与市高院等11个部门联合印发《关于加强版权

---

① 北京市高级人民法院工作报告［EB/OL］. https://baijiahao.baidu.com/s?id=1756699156955134844&wfr=spider&for=pc.

保护共建行政司法协同机制工作任务清单》。

2. 上 海

2022年，上海法院共受理各类知识产权案件42 150件，审结42 763件，同比分别下降20.89%和12.91%。[①] 上海作品版权登记数量突破38万件，同比增长10%，市版权局率先推进跨地区作品登记改革。

上海法院审理的新类型案件和有社会影响力的案件不断增多，其中入选"2022年中国法院十大知识产权案件"1件，入选"2022年中国法院50件典型知识产权案例"3件，入选"全国法院反不正当竞争十大典型案例"1件。

上海知识产权法院在审理网络著作权侵权案件中，综合运用"通知—删除"规则，"接触+实质性相似"的判定等司法规则，平衡权利人、平台经营者和社会公众的利益，在保护互联网领域创新创造和文化繁荣的同时，加强网络空间的法治治理。该法院审理的《三体》有声读物著作权侵权案，以及"奥特曼""小猪佩奇""熊出没"知名动漫形象等著作权侵权案，引起社会广泛关注。其中，"葫芦娃"诉"福禄娃"著作权侵权案等3件案例入选2022年人民法院案例选；"涉中超联赛图片"滥用市场支配地位纠纷案入选2022年人民法院反垄断和反不正当竞争十大典型案例。

2022年6月，上海高级人民法院发布管辖新规，将上海法院普通知识产权案件由集中管辖调整为属地管辖。7月印发《关于加强新时代审批工作为知识产权强市建设提供有力司法服务和保障的意见》，明确上海法院加强新时代知识产权审判的总体要求、目标任务和具体举措。上海知识产权法院与上海市第三中级人民法院联合发布《关于深化建设一流法院服务保障知识产权强国建设实施意见（2022—2024）》，提出加强知识产权司法保护的六大方面，形成知识产权刑事、民事、行政司法保护合力，进一步加大对知识产权犯罪的打击力度和对侵犯知识产权行为的惩治力度。上海成为国家知识产权局首批数据知识产权工作试点地方，起草了数据知识产权登记试点办法草案，搭建了数据知识产权登记审查平台。[②]

[①] 上海法院知识产权审判白皮书发布［EB/OL］. https://baijiahao.baidu.com/s? id=1764259235667553551&wfr=spider&for=pc.

[②] 上海法院发布知识产权审判白皮书和典型案例［EB/OL］. https://www.hshfy.sh.cn/shfy/web/xxnr.jsp? pa=aaWQ9MTAyMDMwMDU5MCZ4aD0xJmxtZG09bG0xNzEPdcssz.

在推进版权发展方面，上海市版权局缩短了图书出版和复制境外音像制品著作权授权合同登记办结时限，从15个工作日缩短至2个工作日，作品版权登记受理从全市单一窗口扩展到全域通办。

3. 广　东

2022年，广东法院共审结各类知识产权案件12万件，新收知识产权案件117 095件，数量历史性回落。新收知识产权民事、刑事和行政案件分别为118 697件、1 631件、38件。其中，受理著作权案件64 392件，商标案件18 632件，专利案件11 676件，反不正当竞争案件1 888件。新收专利案件、技术合同案件、反不正当竞争案件继续呈上升趋势，其他均不同程度地下降。①

广东法院在2022年涌现出一批典型性案例。广东省高级人民法院（以下简称"广东高院"）审理的饶昌俊与深圳市大百姓时代文化传媒有限公司、深圳市大百姓网络视频黄页有限公司著作权侵权纠纷案，和广州知识产权法院审理的广州加盐文化传播有限公司与北京字节跳动科技有限公司、悠久传媒（北京）有限责任公司侵害作品信息网络传播权纠纷案入选最高院发布的50件知识产权典型案件中的著作权案件。

全省法院进一步加大民事侵权判赔力度。2022年，全省法院知识产权民事案件平均判赔数额达50.3万元，判赔数额支持比例从50%提升至65%，并在96件案中依法适用惩罚性赔偿严惩侵权人。② 广东高院在"《我的世界》VS《迷你世界》"游戏侵权案中，首次认定沙盒类游戏画面构成视听作品，厘清游戏画面与玩法设计的关系，采用多种方式计算被告侵权获利，依法全额支持原告赔偿诉请5 000万元，作出了国内游戏侵权案件最高判赔数额，提振了维权方的信心和震慑了侵权方不法行为，并对今后类似案例的裁判有重大示范指导意义，得到《法治日报》《中国知识产权报》等主流媒体的报道和肯定。广州知识产权法院审理的腾讯公司与银光公司、谢荣著作权侵权及不正当竞争纠纷案，涉及微信软件合法权益保护，该案的判赔额高达1 719万余元，高判赔再次显示了数据安全的重要性，明确制止和警示侵权行为。而周某假冒注册商标罪刑事

---

① 广东法院知识产权司法保护状况白皮书［EB/OL］. https://www.gdcourts.gov.cn/index.php?v=show&id=57055.

② 同上。

附带民事公益诉讼案中，判决被告支付公益诉讼惩罚性赔偿金1 383万余元。此类案件的判决结果，彰显了法院依法加强对知名商标、创新成果的保护，严厉惩治知识产权侵权行为的基本立场。

广东知识产权综合发展指数连续10年位居全国首位，在全国知识产权保护工作检查考核中连续获"优秀"等次，入围国务院2022年度知识产权创造、运用、保护、管理和服务工作成效突出拟给予督查激励的公示名单。

在知识产权行政保护上，2022年全省公安机关共破获侵犯知识产权犯罪案件2 600余起；全省版权行政执法监管机构共出动执法人检查单位18 620家次，立案查处侵权盗版案件144宗。广东相继颁布《广东省知识产权保护条例》《广东省版权条例》《广东省地理标志条例》等，形成较完整的政策法规体系，其中《广东省版权条例》是全国首部以"版权"命名的地方性法规，也是全国第一部以推动版权事业和产业高质量发展为立法目的的地方性法规。

三、数字版权保护技术发展状况

据国家统计局的统计，2022年我国互联网文化娱乐平台等行业实现两位数增长。① 数字版权产业的发展，为使用者带来更加多元的文化体验，也带来了新的挑战。

（一）AI智审系统：数据决策，人机共建

在版权案件的审理中，尤其是图片版权纠纷，往往面临诸多问题，如：原告确实是作品的原创作者吗？原创作品与被控侵权作品相似度是多少？改动多少能构成新作品？浙江法院推出的数字法院重点项目"版权AI智审"系统，可以实现单图溯源、创新比对、相似比对，填补了国内司法领域图案查重、图案比对应用的空白。

原告通过"版权AI智审"系统上传原告图片，AI在本地海量数据中进行相同、相似图案检索，并自动进行评分和时间次序排列，以外网搜索比对作为

---

① 国家统计局. 国家统计局解读2022年全国规模以上文化及相关产业企业营业收入数据［EB/OL］. https://www.gov.cn/xinwen/2023-01/30/content_5739156.htm.

补充，通过查重追溯创作源头，判断是否原创。"版权 AI 智审"系统还可将上传的争议图片，与溯源图片或疑似图片进行对比，AI 从线条重合度、强弱对比度、块状分割比对三方面综合打分，一键生成创新程度图文报告，包括整体构图、主图对比、副图对比、主要不同点 4 个分报告和一个相似度总报告，检验争议图形的创新程度，也对相似度做出判断。

截至 2022 年底，系统总计收到溯源申请案件 581 件，已反馈 536 件，其中 336 件查到存在相似图在先使用情况，收到比对申请 59 件，已全部反馈。版权 AI 智审在浙江法院办案办公平台上线后，全省法官可以在办案、办公、庭审中直接调用版权 AI 智审模块。

法院还开发出了更加便捷的版权 AI 智审微信小程序，标志着"版权 AI 智审"正式由电脑端向手机端普及，为进一步降低个人维权取证难度、防范恶意维权提供助力。

在江苏苏州的法院，AI 智能法官还能梳理案情、辅助审判，实现了案件当庭审理、当庭质证、当庭宣判、当庭答疑，自动生成裁判文书，并实时完成案卷归档，AI 法官通过学习近亿份裁判文书、法律法规、文书模板、法律实体、链条法律知识图谱等，能实现自动识别庭审笔录并实时展现在屏幕上，通过语义智能分析，动态生成案件争议焦点，提示法官审理要点，帮助法官快速精准审理案件，为法官裁判提供支持。可见 AI 法官的智能之处在于：善于总结争议焦点、预测裁判结果、计算裁判数额，并在法官判决后，自动生成裁判文书。在 AI 法官的辅助下，苏州市吴江区人民法院开发区人民法庭达成 2 天智审 8 个案件并当场出具文书的突破，当庭宣判率达 100%。[①]

（二）区块链技术助力著作权登记与司法审判

数字化技术的发展，海量作品被创作和传播，传统的著作权登记模式申请材料复杂、登记时间长、费用高等，不能满足互联网作品创作数量大、传播快、随时创作随时保护的需求。版权行业充分利用信息化技术手段，聚焦聚力、推动区块链、大数据等技术在版权领域的应用。

国家版权局公布了 2022 年全国著作权登记情况，2022 年全国著作权登记

---

① 擎盾法律人工智能. AI 法官智审速判"四个当庭"，人机共建庭审新秩序！[EB/OL]. https://www.sohu.com/a/600474019_120805080.

总量达 6 353 144 件，同比增长 1.42%；全国共完成作品登记 4 517 453 件，同比增长 13.39%，其中，北京市、中国版权保护中心、上海市、江苏省、福建省等占比较高。①

从技术升级的角度，北京市知识产权局推进区块链可信数字版权生态链建设，完成签发 25 万份数字身份证书，320 万件数字作品登记证书上链。北京创新推出"版权链—天平链 2.0"行政司法协同治理平台，实现了著作权登记与司法审判的"双标统一""双链协同"，达到了"确权强化、举证简化、维权优化、认证易化"的目标效果；创新推出的数字版权证书，通过"一证三版（数字、电子、纸质）"建立可信版权证书体系，有效解决了数字经济时代版权产业对版权证书的需求；北京互联网法院运用区块链技术建成的"天平链"电子证据平台，采集上链电子数据存证达 2 亿条，实现作品侵权取证、诉讼认证"一站式"解决。安徽省搭建版权在线数字服务平台，提供区块链版权存证确权、授权交易、监测维权服务。江苏省积极推广在线公证办理，微版权知识产权保护平台为企业和个人提供数据知识产权登记公证、存证公证和取证公证等"一站式"知识产权在线保护公证服务。

四、典型案例分析

（一）【案情】"胖虎打疫苗"NFT 数字作品侵权案

〔浙江省杭州市中级人民法院（2022）浙 01 民终 5272 号〕

深圳奇策迭出文化创意有限公司（以下简称"奇策公司"）经漫画家马千里授权享有《我不是胖虎》系列作品独占性著作财产权。2021 年 12 月，奇策公司在杭州原与宙科技有限公司（以下简称"原与宙公司"）经营的 Bigverse 数字藏品交易平台发现有用户铸造并发布了《胖虎打疫苗》NFT 数字作品，并以 899 元价格进行了交易，该作品与马千里在微博发布的插图作品完全一致，甚至作品右下角还带有作者微博名"不二马大叔"的水印。奇策公司遂以原与

---

① 国家版权局. 国家版权局关于 2022 年全国著作权登记情况的通报［EB/OL］. https://www.ncac.gov.cn/chinacopyright/contents/12228/357527.shtml.

宙公司侵害其信息网络传播权为由诉至杭州互联网法院。

一审法院认为，NFT 数字作品交易符合信息网络传播行为的特征，结合交易模式、技术特点、平台控制能力、营利模式等，涉案平台应建立有效的知识产权审查机制，认定原与宙公司侵权成立。原与宙公司不服，提起上诉。浙江省杭州市中级人民法院二审认为，NFT 数字作品的上架发布阶段涉及信息网络传播行为，作为数字藏品的一种形式，NFT 数字作品使用的技术可较为有效地避免后续流转中被反复复制的风险。基于 NFT 数字作品交易网络服务伴随着相应财产性权益的产生、移转以及可能引发的侵权后果等因素，此类服务提供者应当审查 NFT 数字作品来源的合法性，确认 NFT 数字作品铸造者具有适当权利。本案中，原与宙公司未尽到相应的注意义务，故驳回上诉，维持原判。

【典型意义】本案系涉及 NFT 数字作品交易平台责任的典型案件。判决对以区块链作为底层核心技术的 NFT 数字作品的法律属性、交易模式下的行为界定、交易平台的属性以及责任认定等方面进行了积极探索，对于构建公开透明可信可溯源的链上数字作品新生态、推动数字产业发展具有启示意义。

（二）【案情】向用户提供分享 1 分钟影视片段不构成合理使用

〔北京市高级人民法院（2022）京民再 62 号〕

西安佳韵社数字娱乐发行股份有限公司（以下简称"佳韵社公司"）依法取得涉案作品《我的团长我的团》独占性著作权财产权及维权权利。2019 年 10 月，上海箫明企业发展有限公司（以下简称"箫明公司"）运营的"飞幕"App"听声识剧"功能向公众提供涉案作品 1 分钟片段；并通过"影视笔记"栏目供用户评论并发布涉案作品片段，使其他用户可浏览观看所发布涉案作品片段。佳韵社公司以箫明公司侵害作品信息网络传播权为由诉至北京互联网法院。

一审法院认为，箫明公司未经许可提供涉案作品的行为构成侵权。二审法院则认为，需要结合作品性质和长度、涉案 App 的提供方式和客观效果、对涉案作品潜在市场或价值的影响等因素进行个案判断，本案碎片化的片段性使用客观上未构成对涉案作品的实质性利用和替代效果，构成合理使用，认定不构成侵权。再审法院认为，信息网络传播权所涉及的"提供行为"中的公众可以在其个人选定的时间和地点获得作品系指公众获得作品的可能性，而非公众实际获得作品；以片段化方式使公众获得作品与信息网络传播权所涉及的公众获得作品的可能性判断无关；箫明公司通过"听声识剧"向公众按一分钟时长提供涉案作品片段的行为属于行使涉案作品信息网络传播权的行为，构成直接侵权。同时，"影视笔记"功能使用涉案作品片段属于非必要性操作，不属于合理使用，箫明公司为用户提供涉案作品片段及存储空间的行为构成帮助侵权。

【典型意义】本案系影视内容分享平台创新技术边界的典型案例。再审判决对认定"提供作品行为"的考量因素、"合理使用"作品的必要性、影视内容分享平台的注意义务进行了明确限定。在鼓励技术创新的同时，应当对技术应用采取审慎的态度，平衡内容提供者与技术提供者的利益，以推动内容与技术共同发展。

（三）【案情】算法推荐中平台运营商帮助侵权责任认定标准
〔广州知识产权法院（2021）粤73民终5651号〕

广州加盐文化传播有限公司（以下简称"加盐公司"）是《17年前阿里全员隔离 马云是怎么熬过非典的?!》一文的著作权人。悠久传媒（北京）有限责任公司（以下简称"悠久公司"）在其运营的科普网转载前述文章后，该文章被RSS内容源接入同步技术接入至今日头条平台，该平台运用文本分类算法将前述文章发布于其"首页/科技"版块，北京字节跳动科技有限公司（以下简称"字节公司"）是今日头条平台的运营商。加盐公司以字节公司、悠久公司侵害其信息网络传播权为由，向法院提起诉讼，诉请停止侵权、消除影响及赔偿损失。

广州知识产权法院生效判决认为：字节公司采用RSS内容源接入同步技术和文本分类算法来实现其所运营网络平台上用户内容的快速接入和版块分发，进行平台内容的类型化推荐，其具备采取必要预防措施的技术条件和信息管理能力，应承担与其算法能力及平台内容管理模式相符的责任。因此，字节公司对于今日头条平台上展现率高、阅读量大的文章，负有采取预防侵权必要技术措施的义务，如其未采取预防侵权的必要技术措施，则应根据其所提供网络服务的方式、管理信息能力、获利分配模式以及停止侵权措施等因素，确定其相应的帮助侵权责任。字节公司、悠久公司的行为使悠久公司未经许可所转载的涉案文章得以在今日头条平台发布，广州互联网法院一审判决字节公司、悠久公司赔偿加盐公司经济损失。被告不服一审判决,提起上诉。广州知识产权法院二审判决驳回上诉,维持原判。

【典型意义】使用内容源接入同步技术和文本分类算法等数字信息技术作为运营工具,已成为互联网内容平台的新业态。本案明晰了平台运营者帮助侵权责任认定的算法技术基础和法律依据,规范了数字技术在内容平台的应用,对强化网络资讯的著作权保护,护航数字经济健康发展具有积极意义。

五、数字版权保护存在的困境及应对措施

现阶段,数字版权产业已成为数字经济的重要组成部分。中国人民大学国家版权贸易基地发布的 2022 数字版权保护与发展年度关键词显示,文化数字化、数据产权、知识分享平台反垄断规制、算法推送的版权侵权责任、长短视频合作等话题成为数字版权保护与发展的年度关键词。[①] 数字技术的发展,使得数字出版形式多样化,数字载体多元化,也导致了数字侵权形式复杂化。

(一) 存在的困境

1. 新技术、新业态诱发新型版权侵权问题

数字经济下,创作方式更加灵活,数字化复制成本更低,网络传播速度更快,侵权方式也不断创新。2023 年 1 月,腾讯研究院发布的《中国网络版权产业十年发展回顾》显示,中国网络版权产业市场规模从 2013 年的 2 100 多亿元增长至 2021 年的 14 009.6 亿元。2022 年,我国网络版权市场规模为 16 775 亿元,其中,网络视频行业发展可圈可点,市场规模达到 4 370.3 亿元,相较于 2021 年增加 788.1 亿元[②]。随之而来的是新业态侵权案件数量在知识产权审判案件中的占比提升,而且网络视频面临版权权属认定难、侵权发现难、版权维权难等困境。其中,算法推送引发的侵权问题备受关注,2022 年 9 月,全国首

[①] 中国知识产权网. 数字版权关键词:保护与发展 [EB/OL]. www.cnipr.com/sj/al/bq/202301/t20230112_249608.html.

[②] 2023 年中国网络视频版权发展概述及发展建议分析 [EB/OL]. https://www.sohu.com/a/674383219_120992537.

例短视频平台算法推荐侵权纠纷判决生效，该案中，某短视频平台作为算法推送服务提供者，对被诉侵权视频的信息网络传播有帮助作用，应承担侵权责任。

除短视频、网络直播侵权外，剧本杀、计算机软件、数据库、人工智能等新领域出现侵权新问题。根据最高检《关于加强新时代检察机关网络法治工作的意见》，应"依法加强对计算机软件、数据库、网络域名、数字版权、数字内容作品等网络知识产权的司法保护"、加强对元宇宙、人工智能、区块链、云计算等新技术新业态相关法律问题的前瞻研究"。

ChatGPT等人机交互的人工智能工具也在这一年火爆出圈，ChatGPT通过海量数据学习，能够模仿人类思维和学习过程，能够理解用户意图并提供快速回答，还能够进行写作、绘画、制作视频和编写程序等创造活动，被誉为人工智能发展的里程碑。但AI学习海量数字版权内容进行商用是否侵犯版权方的合法权益？未经许可爬取他人海量数字版权作品或数据库的行为是否构成不正当竞争？其再创作生成的文案、脚本、代码、绘画、论文等是否构成对原作品的改编？AI生成品是否应当获得著作权法保护？这些由AI引发的数字版权问题引发社会各界热议。

2. 知识产权保护技术落后阻碍了数字版权产业的发展

近几年热议的区块链技术利用它的存证机制和哈希算法，可以将数字作品与版权流转的信息记录下来并存入区块链中，依靠智能合约完成合同签署，时间戳和哈希值能为收益分配提供证据支持。但是在实际推广应用中却面临这样的困境：若对创作之中的作品进行记录，区块链数据复杂、无法篡改的特点很难对尚处于创作环节的作品记录进行更新修正。而且哈希值是一串代码，无法完整反映作品内容。

数字时代，数据权利的保护面临更多困境，企业之间的数据争夺愈演愈烈，如华为与腾讯的数据之争，菜鸟与顺丰的"物流数据"之争，以及中国数据不正当竞争第一案——新浪微博诉脉脉不正当竞争案，本质上是个人信息保护之争。同时暴露出社交网络的开放性、先天不足的安全隐患和技术保护措施的薄弱。个人数据蕴含了个人隐私和人格要素，大量的数据泄露和滥用事件，说明在数据市场上，不论是平台定向推送、虚拟画像，还是人肉搜索、暗网交易等，数据主体权益极易受到严重威胁和破坏。

3. 版权侵权黑产借力互联网平台漏洞扩张

数字版权侵权豢养的黑色产业已从传统线下基本全部转移至线上，而互联网平台已经成为黑产隐匿交易的主要阵地，尤其是以用户生成内容的 UGC 平台侵权现象最为严重，侵权者利用各大平台优势和管理漏洞，形成了具有无数条侵权通路的水母型侵权架构，由一个侵权中枢用不同的身份信息注册大量账号，每个账号以普通用户身份获取平台给予的流量和空间资源从事侵权活动，任一条侵权触手被追踪举报都可以立刻断掉，而账号内的侵权内容只需一个新的账号，立刻就能复制如初，最常见的侵权黑产以公众号、视频号为引流宣传入口，以网盘、小程序为交易平台，以互联网支付手段为变现工具，黑产链条成本极低，隐匿性极强。

相对于侵权黑产的快速扩张，著作权人维权难度陡增。一方面，侵权人隐匿在互联网平台上，而 UGC 平台以避风港原则和保护用户信息为由，仅提供断开侵权内链接，非诉讼阶段拒绝提供侵权人信息，即便涉诉依旧拒绝关停侵权人账号，甚至在庭审阶段其所提供的信息也无法查找到侵权人。另一方面，水母型侵权架构下，黑产的任一条触手都无关紧要，断开服务也无法真正扼制侵权行为。著作权人再一次进入无限循环的猫捉老鼠游戏，常常投入了大量的维权精力和成本也是徒劳。从大量涉 UGC 平台诉讼可以看出，平台责任仍是社会关注的重点问题。

4. 知识产权司法保障体系不够完善

进入数字化时代后，版权登记机构、互联网存证平台、司法审判机关或行政机关等之间的"信息孤岛"现象严重，缺乏有效的协同、互动，调证查询手段传统，尚未真正、有效解决数字版权保护过程中存在的确权难、取证难、举证难等"顽疾"。司法机关立案难、审判周期长等问题一直是困扰权利人的问题，较历史同期这一问题有所缓解但仍未彻底解决，尤其在最高人民法院第 42 号裁定确定的互联网著作权侵权案件适用"被告所在地"管辖原则后，客观上增大了权利人的维权成本，对地方保护主义的担忧加剧，不利于数字版权保护和对侵权行为的扼制。同时，著作权侵权法定判赔标准普遍降低，惩罚性判赔认定较难，相较之下，从不正当竞争角度入手保障损失成为新趋势。在 UGC 平台规则下，著作权人在平台用户侵权问题上难获有效保障，即便各大平台普遍设立了知识产权保障机制，但实际效果并不理想，尤其在锁定侵权人方面能力不足，所提供用户实名信息与人民法院锁定被告需要的信息不对等，人民法院在审理此类案件中，送达难题凸显，有些平台对于法院调卷配合不积极，导致著作权人被动撤诉。

（二）应对措施

1. 运用更先进的版权保护技术防范侵权行为

加强版权保护技术工具的开发与应用，以应对更加隐蔽、更加多样的侵权行为，使得反盗版智能化、打击精确化。比如利用区块链、大数据、人工智能等技术手段，可以探索更高效的侵权线索监控、侵权主体追踪、侵权行为及时屏蔽下架等问题。虽然区块链技术在数字版权保护方面有优势也有局限性，仍可成为数字版权保护的着眼点，深挖区块链技术优势，推进其在数字版权保护领域的应用，就可以实现技术进步促进版权保护发展。另外，要积极构建人工智能信息安全保障体系、安全监管体系，尽快研究和评估出人工智能对国家安全、个人信息安全的影响，逐步建立起人工智能安全监测和预警机制。

2. 相关方积极协同联动保护版权

权利人、平台方、版权登记机构、存证平台、司法机关、行政机关等应积极协同联动共同保护数字版权。权利人在创作完成之时，及时通过相关区块链平台进行登记、记录相关信息，同时向相关平台提供原创声明或提供相关原创担保，尽可能实现真原创、可回溯、有保证的确权。平台方经过审核、检查，生成专属的证书和数字签名。在后续传播的过程中，无论"转手"多少次，都记录下各个流转、交易环节的信息，并保证相关权利或利益的有序、安全流转。当出现侵权时，前述记录能够证明权利人享有相应权利，并可以利用第三方取证、存证工具进行取证、存证。

在司法保护环节，相关法院尽可能"上链"，便于法院直接审查调取相关平台的确权信息、交易信息等，还便于法院进行举证、质证。

在行政保护环节，相关行政部门也要尽可能"上链"。同时，还应加大网络出版、发行的监管，保证数字版权安全、正义、清朗的网络环境。

3. 加强侵权管理，完善相关法律法规

紧跟行业的发展，尽快完善相关法律法规，加快推进《中华人民共和国著作权法实施条例》《民间文学艺术作品著作权保护条例》等配套法规的制定、修订工作,加快推进《著作权行政处罚实施办法》《作品自愿登记试行办法》等规章和规范性文件的修改完善。加强版权行政执法指导制度建设,研究制定新领域、新业态版权保护政策措施,为技术发展带来的新问题提供制度保障。

就社会各界最关心的人工智能问题,中共中央、国务院发布《关于构建数据基础制度更好发挥数据要素作用的意见》(以下简称"数据二十条"),强调"应建立健全数据要素各参与方合法权益保护制度","充分保护数据来源者合法权益""保障数据来源者享有获取或复制转移由其促成产生数据的权益"。国家互联网信息办公室发布的《生成式人工智能服务管理办法(征求意见稿)》第七条:"提供者应当对生成式人工智能产品的预训练数据、优化训练数据来源的合法性负责。用于生成式人工智能产品的预训练、优化训练数据,应满足以下要求:(二)不含有侵犯知识产权的内容。"上述制度仍是原则性的规范,缺乏适用规则,现有的《著作权法》《反不正当竞争法》等法律法规在适用人工智能问题上适用性不足,我们期待立法的进一步明确和完善。

4. 加强司法保护力度

明确 UGC 平台的责任。算法推荐决策过程往往隐藏着平台的价值观和决策观,平台也从技术提供者转变为综合服务提供者,平台不可能绝对中立,因此不能以"避风港原则"为由减免应尽义务。平台需承担更高的注意义务及热点版权审查义务,采取措施防止侵权。当侵权行为发生时,平台应及时履行过滤、删除等必要措施。

加大对著作权侵犯行为的惩处和追责力度,放宽适用惩罚性赔偿标准。侵权是一笔经济账,当侵权被发现概率低、判赔远低于侵权获利,只会激发更多的人铤而走险,发不义之财。因此,提高侵权赔偿额度仍是扼制侵权的重要手段,其关乎民众价值观和社会导向问题。

司法审判机关在面对以 ChatGPT 为代表的人工智能侵权问题上,应充分考量内容创作者、数据库运营者的合法权益,在人工智能训练的现阶段,提供更优质的、经过筛选的、符合现有社会价值观的内容更有利促进了人工智能对社会的有益贡献,只有保障了现有数据内容加工者的合法权益,才能促进更多更好内容的创作。

综上,数字经济时代要加快推进实施数据知识产权保护工程,深入探索和研究大数据、人工智能等新领域新业态的知识产权保护制度和监管制度，建立健全仲裁、调解、公证和维权体系，健全数据知识产权侵权惩罚性赔偿制度。

六、2023年数字版权保护展望

现阶段，数字出版行业与人工智能技术的结合越来越紧密，VR技术也在不断渗透到出版文娱行业。数字出版产业的迅速发展，使得各国不断加强版权的维护。我国在数字版权保护方面的举措也在不断完善，不仅对数字版权技术进行保护，还对数字内容进行保护。加强数字作品的版权保护，促进数字作品的版权流通，对于全面深入推进数字经济、数字文化战略具有重要意义。

"数据二十条"的出台，明确提出建立保障权益、合规使用的数据产权制度，国务院机构改革中新组建了国家数据局，是在国家层面上推进政府数据治理的组织化表现，也是完善国家宏观数据治理体系，提升数据治理能力的重要举措。

进一步加强数字版权、数据权利的技术、立法、司法、行政保护，对于构建适应数字作品、数据特征、符合数字经济发展规律、保障国家个人数据安全、彰显创造创新具有重大现实意义。

拥抱数字化浪潮，拥抱智能化趋势，解好数字版权保护与发展这一时代命题，各方正在共同努力，共同推进。

（作者单位：中文在线集团股份有限公司）

中国数字出版教育年度报告

张　博　蒲楚原　罗宝仪　周梦月

一、中国数字出版教育新进展

2022年，数字出版行业继续保持快速发展的态势，随着人们对数字阅读的需求不断增长，数字出版行业对人才的需求也在不断增加。为了适应这种趋势，数字出版人才培养也有了新的进展，主要聚焦于培养相关的创新人才、专精人才、国际化人才，具体进展如下。

（一）明确目标，从出版大国迈向出版强国

作为我国文化产业重要组成部分的出版事业正在蓬勃发展，图书品种不断增加，出版质量稳步提升。我国目前正处在一个由出版大国向出版强国转变的关键时期，出版人才培养与学科建设已经成为为出版强国服务的一个重要途径。建设出版学学科体系和专业教育体系，培养高素质复合型出版产业技术技能型专门人才，已经成为出版业高质量发展的迫切需求。在这种情况下，2022年7月24日，第一届全国出版学科共建工作会议在北京大学隆重举行，中宣部常务副部长张建春在会上讲话，大会决定在全国范围内设立第一批5个共建单位，其中北京印刷学院与中国出版协会将共建"出版学院"，建构出版人才培养的新格局和新模式。

作为出版学中一个重要的分支学科，数字出版——一种新的文化业态与出版形式，它的重要性日增，成为出版业高质量发展新引擎，是传承社会主义文化必不可少的新生力量。人才是文化创新与发展之根本，关注出版领

域，对数字出版创新和紧缺人才、复合人才的培养已迫在眉睫，成为时代的要求。

（二）加强创新，培养中国特色出版学科创新型人才

全球已经进入了文化、经济与科技迅速发展的时代，给中国出版业带来了良好的环境。但是，随着社会信息化水平的提高和新媒体技术的普及应用，人们对于信息传递方式提出了更高要求，出版企业面临着前所未有的机遇与挑战。一方面，信息时代为出版物提供了广阔市场；另一方面，市场竞争程度不断加剧，行业竞争日趋激烈。"互联网+"时代为出版业提供新契机的同时也提出了更高要求。出版业加速自身的转型和对优秀传统文化的传承与传播，推动了文化传播方式与形式的转变。出版业作为文化产业中的一个重要部分，还需要"互联网+"环境下的创新和改革。人才是推动数字产品提供商到内容服务商的转变以及出版业的转型与发展的关键因素之一，是凝炼和增强出版业文化核心竞争力的主体因子。目前，我国正在推进供给侧结构性改革，这对于提升出版业整体水平有着至关重要的意义。随着数字化浪潮席卷全球，中国出版业面临着前所未有的挑战。因此，出版创新型人才建设要将选题策划能力、原创意识、设计思维的培养提上日程。注重创意人才队伍建设，创意人才不仅能引领出版业走向创新之路，而且可以推动出版业向纵深方向发展。

在目前学科交叉融合背景下，出版高等教育发展有了新动向，即以交叉学科的范式建构出版学、培养出版人才，放大技术对学科建设和人才培养的作用。另外，以主要的出版问题、出版工程与出版战略为方向，从知识要素、能力要素、个性品质与思维意识等方面进行同步强化训练，优化出版学科及人才培养知识结构，培养兼具知识和技能的新型出版人才，由此促进创意和创新型数字出版人才的培养。

数字出版人才既要精通数字技术，还要有创新与创意的能力。2022年，数字出版企业重点关注创意与创新型人才的培育，鼓励职工出主意、出计划，促进了数字出版企业创新发展。同时，数字出版业也在进行人才培养模式改革，通过多种途径提高员工创新能力。数字出版企业亦着手搭建创新平台，为创新提供了更加广阔的空间与机遇，为数字出版培养更多好人才。

（三）人才专精化，满足多元化、专业化人才需求

2022年7月24日，首届全国出版学科共建工作会议在北京大学召开，会议强调"贯通政产学研用，高起点谋划部署出版学科共建工作"。人才培养专精化，指将专业理论知识融入教学实践，培训图书编辑、网络编辑等，为科技期刊建立数据库并提供知识服务、图书网络营销、版权运营等业务岗位匹配高精尖型人才。

表1列出了我国一些大学出版专业（方向）的主要课程，由此可见，一些院校已由设置跨专业课程向培养特色人才的课程转变，同时，在选材方面，还倾向于面向应用。这些都反映出了我国出版业发展的新趋势，即出版专业越来越注重学生综合素质和职业能力的提高，以及对未来社会所需人才类型的准确定位。

表1 我国高校出版专业（方向）课程设置

大学名称	课程性质	课程名称
武汉大学	理论类	出版学基础、编辑学原理、出版企业管理、出版经济学、数字出版概论
	技术类	高级语言程序设计、信息系统设计与应用、网页设计与网站建设
	实践类	网络编辑、出版装帧设计、期刊策划与运营、畅销书策划与运作
南京大学	理论类	编辑出版学概论、数字出版概论、出版物发行与营销、中外编辑出版史
	技术类	数字出版技术、数字资源管理技术、Web智能技术
	实践类	出版策划与选题实务、出版物编辑、电子多媒体出版物管理、期刊出版与策划
中国传媒大学	理论类	传播学概论、新媒体文化引论、电子与网络出版概论、媒体管理概论、多媒体作品赏析、设计构成
	技术类	视频编辑、摄影系列课程、专业应用软件、数字图像处理艺术
	实践类	多媒体作品编创、广播电视节目制作、多媒体出版物脚本写作
浙江大学	理论类	编辑出版学概论、中国编辑出版史、现代汉语、汉语语用学、文字学、校勘学
	技术类	音像编辑与制作
	实践类	编辑策划、文学写作、电视节目策划与编导

（续表）

大学名称	课程性质	课程名称
上海理工大学	理论类	出版学概论、出版物营销、出版企业经营与管理、中外出版史、出版法规、数字营销理论与实务
	技术类	数字出版及技术、数字媒体技术与应用、数据挖掘基础与应用、数字媒体界面设计
	实践类	出版物编辑与制作、网络出版物编辑、期刊编辑、出版市场调研及分析、数字教育出版实践研究

多元化的课程设置：出版行业对出版的要求越来越多元化，为出版人才培养而开设的课程亦更趋多元化，为了满足出版行业需求的转变，高校出版专业中也涌现出了较多的数字出版、跨媒体出版、知识产权及其他有关课程。突出实践能力的培养：在出版行业，实践能力很重要，比如出版策划、编辑技能等，市场推广和其他课程在出版专业实践课程中也有所呈现。加强跨学科融合：出版行业要求各方面人才协同，文学、艺术、设计和其他有关课程也被列为选修课程，以期培养出掌握多领域知识的出版人才。

（四）出版走出去，建设国际化出版人才队伍

新时期我国出版国际传播人才需求出现了新特征。出版国际传播人才队伍建设，要把机制创新作为突破口，注重培养机制、使用机制、合作机制和管理机制的建立与不断创新，不断优化机制，为出版国际传播人才队伍建设探索新路，构建出版国际传播人才培养新发展格局，对中国出版的国际传播进行人才支撑。

互联网与数字技术快速发展和国际传播环境的复杂性，对编辑策划人才的政治素养、业务水平及应用数字技术能力都提出了新要求。我国出版业应借鉴发达国家的经验，从加强顶层设计、健全人才培养体系等方面着手，提高编辑出版队伍的整体素质和国际竞争力。为了完成出版国际传播人才队伍的建设，高校出版专业与出版企业通过培养机制创新，推动了具有国际视野与开拓创新意识的编辑策划人才培养；通过合作机制创新，提高编辑人才国际化素养；通过优化人才使用机制，健全人才选拔机制，培养版权贸易及国际营销优秀人才；高等学校实行跨学科的人才培养机制，探索培养复合型人才的途径，深入推进校企合作人才培养机制建设，实现学校与企业之间的互促与合作，为出版的国际传播培养后备人才。

此外，国家实施对外翻译出版工程（包括经典中国国际出版工程、丝路书香工程、中外图书互译计划等），通过对翻译专家信息库的构建、推行国内外合作翻译，通过对翻译人才的系列激励机制，如对翻译费的资助，打造对外翻译人才队伍，以期实现我国出版国际传播能力的建设。

（五）科技型企业，成为出版人才专精化培养新动力

为了更好地了解数字出版行业人才市场需求的变化，本文针对前程无忧、中华英才、一览英才、卓越英才等招聘网站，分别以"数字出版""编辑出版""新媒体""编辑主任""发行""数字出版主管""数字出版主任""网站运营""网站运营主管""校对""新媒体运营编辑""新媒体运营主管""责任主编""主编"为搜索关键词进行职位搜索，去重后得到9 906条招聘数据，分别包括343条数字出版、2 398条编辑出版、7 165条新媒体相关招聘职位数据。图1、图2、图3分别为数字出版岗位招聘企业类型分布、编辑出版岗位招聘企业类型分布、新媒体岗位招聘企业类型分布，可以看出数字出版岗位开设

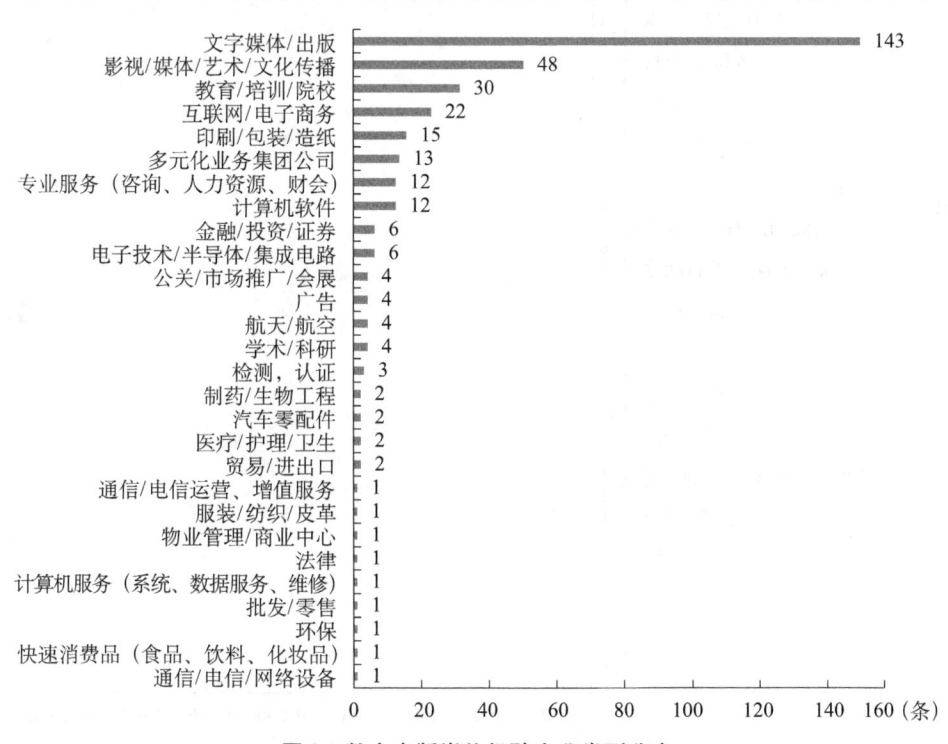

企业类型	数量（条）
文字媒体/出版	143
影视/媒体/艺术/文化传播	48
教育/培训/院校	30
互联网/电子商务	22
印刷/包装/造纸	15
多元化业务集团公司	13
专业服务（咨询、人力资源、财会）	12
计算机软件	12
金融/投资/证券	6
电子技术/半导体/集成电路	6
公关/市场推广/会展	4
广告	4
航天/航空	4
学术/科研	4
检测，认证	3
制药/生物工程	2
汽车零配件	2
医疗/护理/卫生	2
贸易/进出口	2
通信/电信运营、增值服务	1
服装/纺织/皮革	1
物业管理/商业中心	1
法律	1
计算机服务（系统、数据服务、维修）	1
批发/零售	1
环保	1
快速消费品（食品、饮料、化妆品）	1
通信/电信/网络设备	1

图1　数字出版岗位招聘企业类型分布

最多的企业类型为文字媒体/出版，编辑出版岗位开设最多的企业类型为影视/媒体/艺术/文化传播，而新媒体岗位开设最多的企业类型则为互联网/电子商务，即当下企业所缺数字出版人才的方向除文字媒体、文化传播外，还需具备有关互联网/电子商务等知识的数字出版人才。

除此之外，与媒体、广告、出版印刷、文化传播关联性较低的金融、电子技术、半导体、通信、计算机等类型的企业也占领较多比例，意味着数字出版的融合型技术人才培养可以在未来对接这些企业所需的其他专业知识进行联合培养。

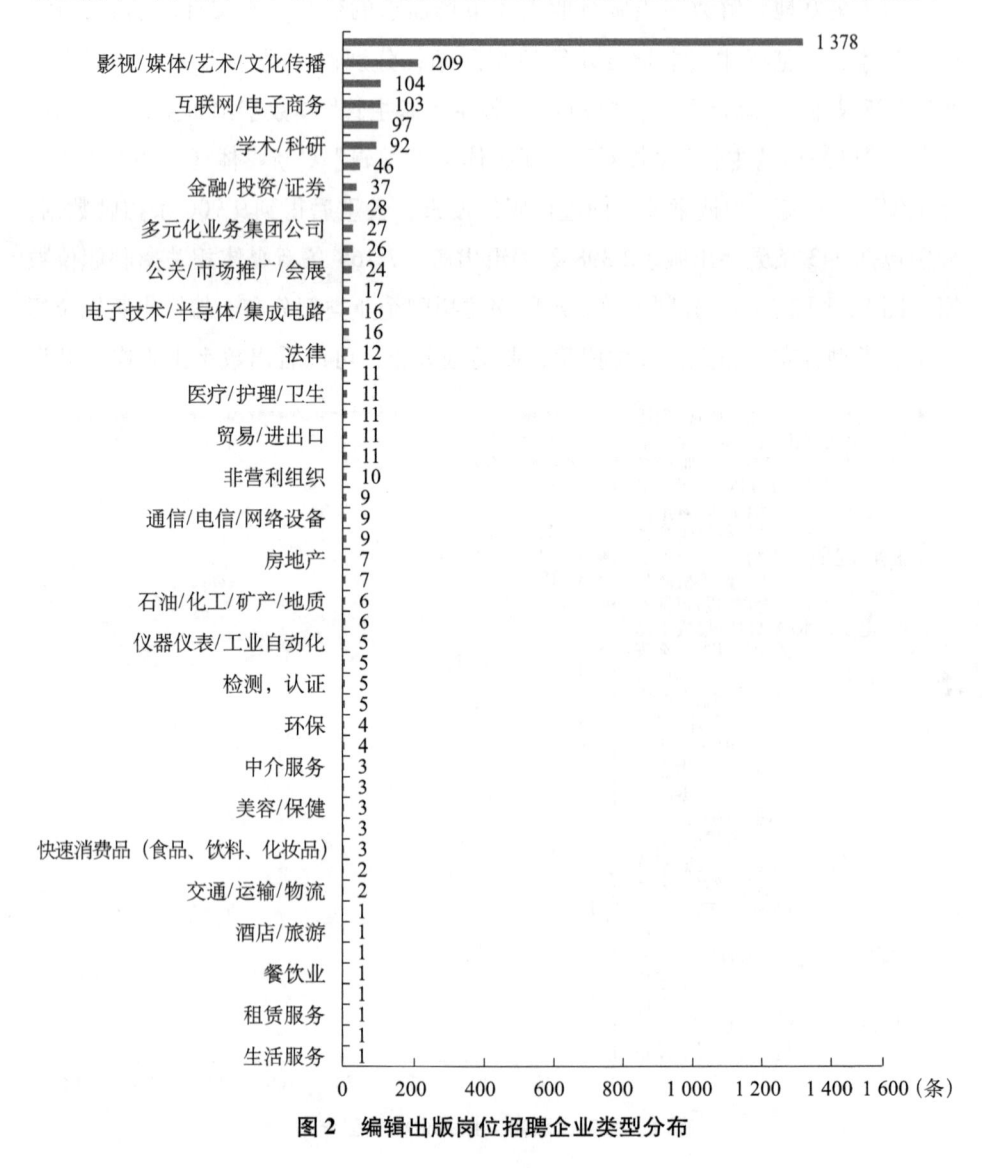

企业类型	数量
影视/媒体/艺术/文化传播	1 378
互联网/电子商务	209
学术/科研	104
金融/投资/证券	103
多元化业务集团公司	97
公关/市场推广/会展	92
电子技术/半导体/集成电路	46
法律	37
医疗/护理/卫生	28
贸易/进出口	27
非营利组织	26
通信/电信/网络设备	24
房地产	17
石油/化工/矿产/地质	16
仪器仪表/工业自动化	16
检测，认证	12
环保	11
中介服务	11
美容/保健	11
快速消费品（食品、饮料、化妆品）	11
交通/运输/物流	10
酒店/旅游	9
餐饮业	9
租赁服务	9
生活服务	7

图 2　编辑出版岗位招聘企业类型分布

行业	数量
互联网/电子商务	631
教育/培训/院校	487
快速消费品（食品、饮料、化妆品）	447
房地产	403
专业服务（咨询、人力资源、财会）	354
服装/纺织/皮革	343
建筑/建材/工程	297
电子技术/半导体/集成电路	261
机械/设备/重工	254
多元化业务集团公司	245
家居/室内设计/装潢	241
广告	218
金融/投资/证券	198
仪器仪表/工业自动化	192
文字媒体/出版	175
生活服务	173
奢侈品/收藏品/工艺品/珠宝	169
美容/保健	161
环保	158
石油/化工/矿产/地质	123
法律	119
学术/科研	115
通信/电信运营、增值服务	108
电气/电力/水利	96
网络游戏	87
政府/公共事业	85
汽车零配件	78
外包服务	72
会计/审计	69
银行	69
采掘业/冶炼	60

图3　新媒体岗位招聘企业类型分布

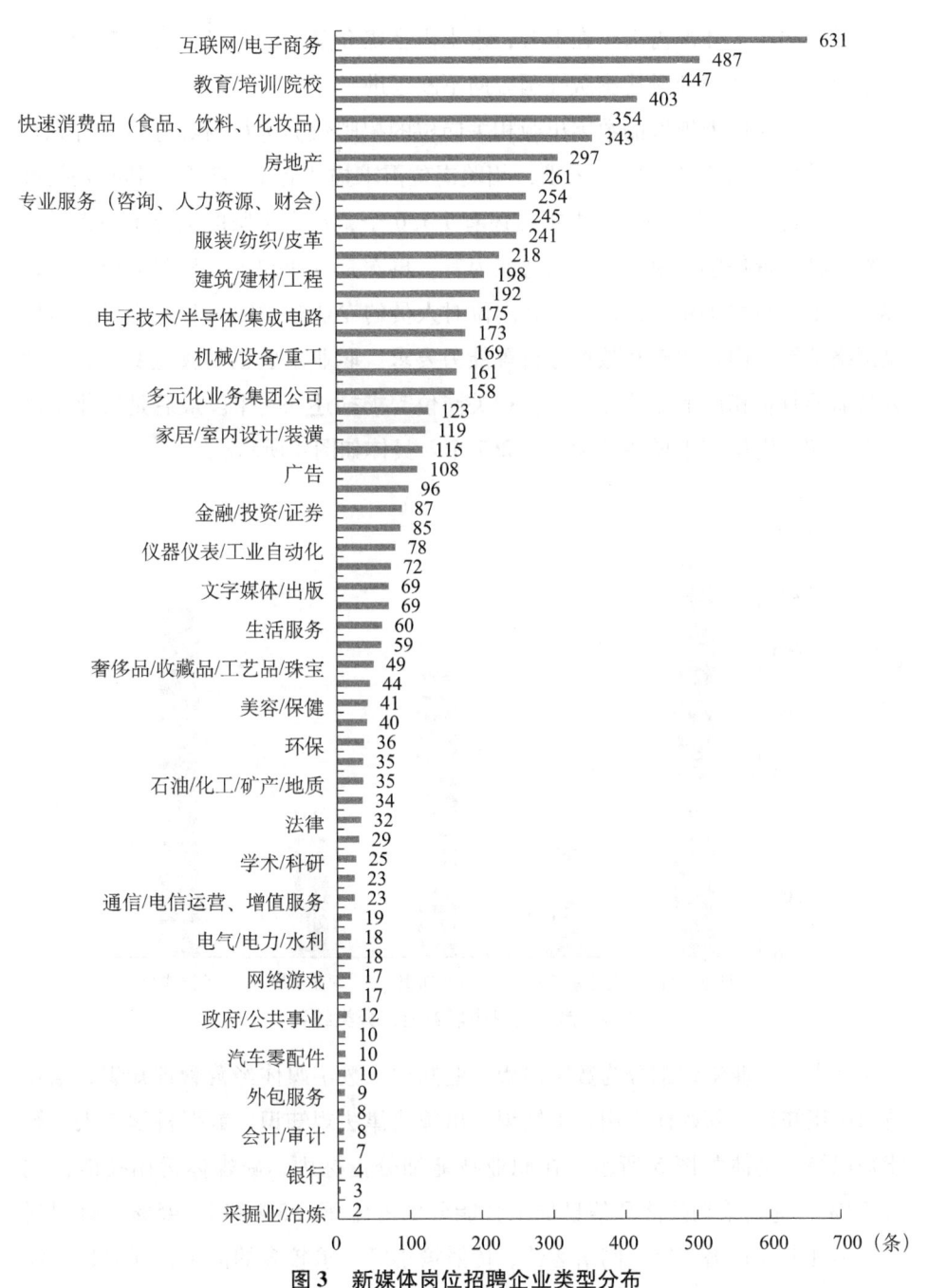

以上对2022年度数字出版、编辑出版、新媒体相关招聘信息的分析表明，行业人才的企业类型总体构成虽未发生太大改变，但专业性强的非相关类型企

业对数字出版人才的需求正在上升，未来需在媒介融合的背景下对其精专度进行细分，向着建设新时代出版强国方向不断迈进。

进一步对以上抓取的数字出版相关岗位的招聘数据进行内容分析，首先发现职业技能为最重要的招聘要求，相关岗位需求描述有1 287个。其次是关键能力，关键能力相关的岗位需求描述有1 150个，数字出版的岗位重视人员的创新精神、责任感、执行力、沟通能力等。再次是专业知识，相关岗位需求描述860个，与往年相比，数字出版岗位对人员的专业知识需要日益提升，特别是网络营销、内容生产和数据分析等能力要求。职业素质也是较重要的，从业人员需要具备相应的品德和素质，相关岗位需求描述394个。最后是文化基础知识，相关岗位需求描述最少，仅267个。具体如图4所示。

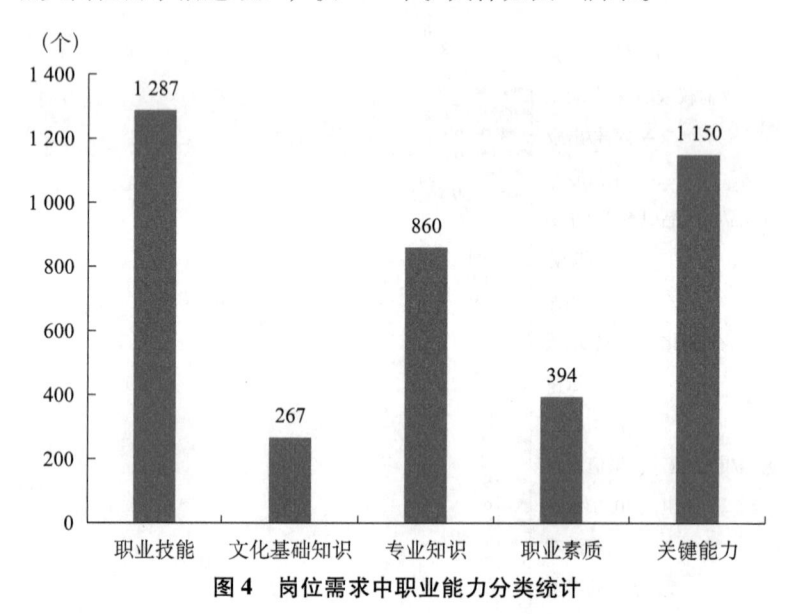

图4　岗位需求中职业能力分类统计

其中，专业知识细分为数字出版专业知识、数字媒体经营管理知识、信息技术应用知识、新媒体应用技术知识、出版法律法规知识、数据科学与人工智能知识等。具体如图5所示。在职业技能细分指标中，新媒体运用技能占比24.30%，选题策划技能和信息加工技能分别占比20.55%和17.45%。针对抖音、小红书等直播带货、网络运营、传播策划等需求较多的岗位，同时也要注意到，数据科学相关知识以及数据分析技能成为数字出版领域新增的相关技能，数据驱动的运营策划等需求日趋提升。具体如图6所示。

图5 专业知识细分指标占比图

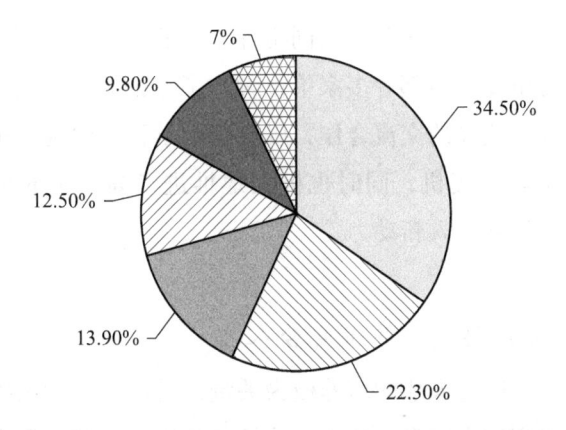

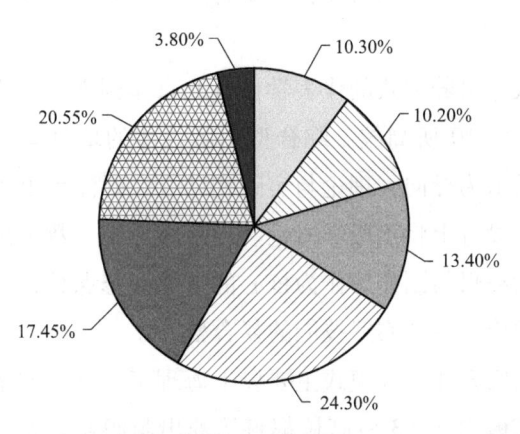

- 数字出版专业知识 34.50%
- 新媒体应用技术知识 22.30%
- 信息技术应用知识 13.90%
- 出版法律法规知识 12.50%
- 数据科学与人工智能知识 9.80%
- 数字媒体经营管理知识 7%

图6 职业技能细分指标占比

- 选题策划技能 24.30%
- 信息加工技能 20.55%
- 数据分析技能 17.45%
- 数字技术应用技能 13.40%
- 出版商务技能 10.30%
- 非结构性创作技能 10.20%
- 新媒体运用技能 3.80%

二、中国数字出版教育的典型范例

2021年12月，国家新闻出版署在《出版业"十四五"时期发展规划》指出要继续推进出版业高质量发展保障工程，并作出将"深入推进出版学学科建设"列入这一工程的重要决定，同时提出了要建构具有中国特色社会主义的出版学学科体系。2022年7月24日，由国家新闻出版署主办的首届全国出版学科共建工作会在中宣部和教育部的共同指导下于北京顺利召开。北京大学、中国出版集团、上海市委宣传部等多家单位参与了首批共建。全国出版学科共建会是一次出版学界和业界的交流合作，以出版学学科共建为抓手为新时代出版学学科发展带来了新的契机，同时也极大地推进了高质量的出版人才队伍建设，为出版业繁荣发展注入新动力。

（一）三类培养模式，共造复合人才

高校教育对于出版业人才的培养极为关键，是高质量的出版人才队伍建设的基石，其中尤以高校出版专业硕士人才培养为重。通过查看有资格授予出版专业硕士学位的34所高校对于出版专业的人才培养方案发现，我国高校出版专业硕士人才的培养模式大致可以分为3种类型，分别是综合型、实践业务型及特色型。

综合型出版人才培养模式的代表学校有北京印刷学院、华东师范大学、南京大学、武汉大学等10所高校。综合型出版人才的培养模式下的课程模式以满足行业的人才需求为导向，理论与实践相结合，既注重出版理论又注重出版技能教育。在课程设置上将出版学概论、出版学导论、数字出版、出版企业经营与管理、出版物编辑与制作等作为核心的专业必修课程，力图为出版行业培养出既精通专业理论又具备实践技能的复合型人才。

实践业务型出版人才培养模式主要以上海理工大学、暨南大学、中国传媒大学为代表。在该模式下，3所高校都将培养出版职业素养、提升出版职业能力视为培养核心，以培养出高层次应用型人才。3所代表学校在实践业务型培养模式之下还设有不同的培养方向，如上海理工大学的数字编辑和数字营销方向，暨南大学的出版经营与管理方向。在课程设置上，3所代表高校除了开设传统的出版专业课程，如出版学概论、出版物编辑与制作、出版物营销等，还开设了符合本专业不同培养方向的选修课程，并配套具有显著实践意义的教学活动，以达到培养出"高层次应用型人才"的人才培养目的。

特色型出版人才培养模式的代表高校有复旦大学、青岛科技大学、南昌大学等。其中复旦大学的特色在于其注重科研的教学型出版人才培养模式，青岛科技大学的特色在于其对于国际出版人才培养的探索，开设外国出版专题、中外出版评论、出版专业英语等选修课，力图培养出与国际接轨的出版人才，推

动中国出版业"走出去"。南昌大学的特色在于依托本地区的文化资源,将地域文化特征与出版业专业人才培养结合起来形成的区域型出版人才培养模式,这对于我国出版人才培养模式而言是一大创新,同时也进一步满足了出版业对特色化、专门化出版人才的需求。

(二) 明确办学特色,紧密联系行业

"国家兴盛,人才为本;大城兴起,人才为要。"新时代的出版业发展人才是重要推动力,而高校是孕育和培养人才的第一阵地,高校已经承担起人才培养的大任,利用自身资源与优势,打造出各具特色式办学体系。如上海理工大学依托其在计算机及数字技术方面的资源优势,在人才培养方向上设置了数字编辑和数字营销方向,并配套有数字媒体界面设计、数字营销理论与实务、数据专业出版实践研究、数据挖掘基础与应用等课程。此外,上海理工大学在出版专业的人才培养计划中明确以出版业界的职业标准来考核人才,如要求学生要具备达到职业水准的专业知识和职业技能或是出版物发行师职业资格的相应水平等,这些在人才培养计划上的要求也在高校与业界不同的人才评价体系之间搭建起一座桥梁,有利于提升高校出版专业人才的业界认可度。北京印刷学院极大地发挥了自身出版专业院校的资源和优势,确立了"坚持小精尖、避免大而全、有所为有所不为"的学科建设定位,并将其出版专业与"工、文、艺、管"等多学科进行深度融合,全力打造出了具有北京印刷学院特色的出版学科体系,并与知名出版机构密切合作,建成一批以国家级大学生校外实践基地为代表的实践平台。复旦大学的出版专业硕士点设置在中文语言文学系下,其专业建设依托中文系浓厚的学科传统,设置有出版业务与实践、数字出版两个培养方向,在此基础上注重提升学生语言文字知识,要求学生掌握各类写作文体,同时还注重提升学生的艺术审美修养。同时,其出版人才培养网络与复旦大学新闻学院及上海世纪出版集团都有合作,实现了中文学科打牢基础、新闻传播学科拓宽视野、校企联合丰富实践内容的三位一体。

(三) 赓续红色出版基因,打造特色教育模式

高校思政教育的任务是立德树人,而出版工作的重要任务是传承教化,两者在本质上有相通之处,因此做好思政教育是高校培养高质量复合型出版人才

的必经之路。以传承印刷文明，发展出版文化为办学使命的北京印刷学院，在马克思主义出版观的引领下，将思政教育本质与高校自身底色完美结合，根据学校的办学定位、特色学科专业体系、教材体系打造出"红色主题"与"案例教学"相结合特色的思政课程，同时在教学对象上注重因材施教，分层教学。在本科学段，北京印刷学院开创"思政课程创优"计划，将富有政治性的红色元素和包裹着革命文化、优秀传统的社会主义先进文化带入课堂，以红色文化的感染力点亮学生思想文化底色，培养学生的红色出版情怀。在培养情怀的同时北京印刷学院也注重学生的教学实践，将思政教育与专业学习结合起来在"红色出版""红色印刷""红色设计"等系列教学案例中，引导学生形成马克思主义出版观的科学思维和方法，通过案例教学和实践形成红色研究方向并推动产出创新性的研究论文。在研究生学段，北京印刷学院开设了"新时代中国特色社会主义理论与实践"课程，提升学生思想层次，让其深入学习如何将马克思主义与出版行业实践结合起来。除此之外还组织了有关习近平总书记关于出版的重要论述及相关内容的多场专题讲座，这种以将案例讲解和专题讲座结合起来的课程获得研究生们的一致认可。作为首批出版学科建设试点的高校之一，北京印刷学院在出版专业的学科建设上重视在课程教育中嵌入思政元素，开展红色出版史教育，挖掘红色出版基因，把出版学科优势转化为教育教学资源，形成以"马克思主义出版观+红色出版史教育"为特色，学科、学术、学生一体化的分层分类思想政治教育模式，在此教育模式之下培养出知识应用熟、政治觉悟高、综合能力强的新时代出版人才。

三、中国数字出版教育发展中的主要问题

当前我国数字出版产业发展的主旋律已经从以往偏向于追求规模增长向当前高质量发展转变，数字出版产业转型升级与融合发展不断得到深化，并且走向国际化的倾向有所加强，数字出版业面临着新的发展机遇。在这个大背景下，数字出版产业制度保障不断完善，发展需求日益旺盛。因此，急需更多优秀、高质量、国际化的数字出版产业人才，这对于数字出版人才培养基础的数字出版教育发展也提出了更高的要求与挑战，目前在"走出去"人才、培养路

径满足岗位需求、学科建设方面，中国的数字出版教育仍有很大的进步空间。

（一）"走出去"人才培养进步空间较大

习近平总书记多次指出"讲好中国故事，传播好中国声音"的重要意义，要进一步加强我国国际传播的建设，树立更加全面、立体的中国。近几年，世界各国的文化交流愈发频繁，国际局势多变，世界上的舆论形势也越来越复杂。特别是在2019年末新冠肺炎疫情在全球范围内蔓延的同时全球数字出版产业快速发展，这对中国国际化的对外出版的数字化转型提出了新的挑战与机遇。

目前我国数字出版在"走出去"进程中缺乏的人才主要是复合型人才，这类人才需同时具备信息技术应用素养、精通编辑出版业务并且还需要具有良好的国际传播能力。同时，培养专业的版权贸易人才、跨文化翻译人才、小语种人才都是在未来数字出版教育体系中需要融合发展的建设目标。目前国内的出版社，较少拥有海外雇员或海外主题编辑部门，总体上人才队伍缺少系统化的全球配置。我国数字出版行业，乃至整个出版业，严重缺乏一批了解国际出版市场需求、运行规律，掌握国际版权贸易知识的高水平、国际化数字出版人才，这已经是一个中国由出版大国走向出版强国的重大障碍。我国数字出版长期可持续发展能力弱，"走出去"任重而道远，作为"走出去"基石的人才，其培养仍然有较大的进步空间。

（二）培养路径无法完全满足岗位需求

中外出版企业对出版一体化发展的需要，说明出版企业的人才培养工作是一个艰巨且长期的任务。目前出版融合大背景下的高校，以往分段负责、各司其职的培养模式已经无法适应当前形势的发展要求，出版企业等数字出版人才培养主体不能仅仅依靠自身力量来完成，需要进一步加强协同培养。

从目前就业市场上有关数字出版的关键岗位需求结构来看，其对核心岗位人员的知识和技能需求表现出文化、技术、商业等多领域涵盖，综合性与专业性兼备的态势。而目前，高校以学科归属和教学资源为基础培养的高校毕业生，其知识和技能难以匹配出版融合发展之下的岗位需求，因此培养路径应是校、企、培多方联合的。但是目前综合性人才匮乏，对人才需要量的升级也使得无法大规模进行"优胜劣汰";在校企的合作中,由于学校的管理体制等原因,行业导师的参与程度较低,导师的选聘和考核制度还不健全也较大阻碍了高校学生满足岗位需求的能力培养;高校开设的数字出版课程中设有图像处理、编程语言、界面设计、数据分析等课程,但是相应的教材、案例大多老旧,无论是图像创意策划、工具运用、分析报告等方面都与企业中实战要求有较大的差距。因此出版企业、高校、行业协会、第三方培训机构等都需要在人才培养过程中不断地进行技能和知识的更新。

(三) 学科归属不同且建设滞后

出版学学科归属不同且建设滞后,数字出版作为其衍生学科也有同样的问题,这也导致了高校无法培养出体量足够、规格适配的数字出版人才。目前数字出版专业在我国各类院校中,在具体专业设置上归属混乱:在工科类院校中归属学院,如包装与印刷学院、人文学院、艺术类学院等,而多数综合类与传媒类院校将数字出版专业设置新闻传播学院或信息管理学院,同时数字出版专业在一些院校中仅招收研究生。这种归属混乱导致人才培养的目标、要求与课程设置上形成了较大的差异,难以形成统一的培养标准,学术边界也不清晰,这不利于出版学科的可持续发展,甚至影响出版行业的转型升级。

出版学科建设落后,因为之前出版专业未有独立招收博士研究生,所以高校中的师资力量主要来源于中国语言文学和新闻传播学等一级学科中出版方向。并随着数字出版的渐兴搭配计算机、信息管理等专业的教师,但是数量较少。甚至有些院校的老师中并非出身于出版,而是其他近似方向老师兼任,可见人才匮乏。而在课程设置上,当前我国高校使用的出版学科专业教科书中,一些内容较为陈旧,观念滞后。实践与工具类的课程中,教授内容泛化,无法满足学科发展建设中对人才的需求,缺乏针对性、适用性。这些导致数字出版学科整体的学科知识、理论结构的建设上缺少系统性和前瞻性。

四、加快中国数字出版教育发展的对策

"国家兴盛,人才为本;大城兴起,人才为要。"人才是兴业之本,高校教

育则是人才培养的摇篮。随着数字出版成为出版业的主导业态，行业内对出版人才的培养提出更多、更高要求以满足出版业向前发展的需要。伴随着信息传播技术的高速发展与深度融合，高校对出版学科的建设与育人模式需与时俱进，鉴于此，本报告提出以下对策。

（一）立足时代与行业之需，推进学科共建顶层设计

党的二十大报告指出推进文化自信自强，铸就社会主义文化新辉煌。作为我国社会主义先进文化有机组成部分的出版业，肩负着传承中华优秀传统文化、传播中国声音和中国思想、实现国内外交流"双循环"的重要使命。在促进中国数字出版教育发展和人才队伍建设的过程中，党和国家需要不断加强顶层设计。《新闻出版业"十二五"时期发展规划》中指出把非公有文化机构的人才队伍纳入高校和行业人才建设体系。通过人才激励机制和选拔机制的完善，形成有利于人才交流与施展的体制环境，从而实现以高质量人才引领出版学科高质量发展。

2022年教育部将"出版"纳入《研究生教育学科专业目录（2022年）》，为出版高层次、高质量人才培养带来重大契机，建设整体统筹、开放动态和自主独立的出版学科体系势在必行，对出版学科共建从顶层上做规划，从实施方案上做支持。而高校的出版学科教育中要面对新技术、新模式、新业态，坚持以培养具有较高的政治意识、过硬的专业能力、主动顺应信息化发展趋势的行业所需人才为导向，适时调整出版人才的培养计划，以满足现代出版业中复合型人才、高端型人才的需求。

（二）革新人才培养模式，实现政产学研用协同

现代出版业对人才的需求实际上是打造一个能够兼任数字化和融合出版工作的人才矩阵，同时包含传统编辑、新媒体运营人员、信息技术人员、数据分析人员等多元化人才。出版人才的培养工作是一项复杂且长期的任务，针对当下出版学生实战能力不足、高校教研成果难以有效转化等问题，政府、高校、企业等相关主体应当协同创新，应时而变，扎根行业，形成"政产学研用一体化"的人才培养模式。

数字出版是出版行业在数字化时代中融合发展的关键环节，高校要时刻关

注业界的动向与变化，加强数字出版人才与出版行业之间的接轨深度，高校教育与行业发展同向而行，让出版人才的培养模式既能遵循出版教育的基本理念，实现教学资源到培养目标的有效转化，又能符合出版产业融合发展的趋势。

对于政府而言，可以以基金为抓手，引领政产学研各界的相通相融，打破出版人才培养、出版学术研究、出版行业之前的壁垒，共同建设出版学科。政府需要搭建学术类纵向基金课题和企业横向基金课题之间相融的桥梁，提出出版企业在接受基金支持后需反哺出版学科建设与人才培养的相关措施，从而激励高校出版学科科研创新的主动性和积极性，优化资源配置和实现人才的高效聚集。

"政产学研用"中的"产"是出版人才教育与培养过程中的重要环节。出版学科一直重视实践，但是目前国内出版学科的教师往往存在理论充足、实践经验尚且不足的问题，出版行业精英加入高校培养模式则可以弥补业界前沿动态和实践方面的不足。一方面，业界精英将自身的实践经验授予学生，让学生对出版相关工作有真实体悟，提升课堂教学的实践导向和实用价值。譬如北京印刷学院在出版专业硕士的培养中加入了"双导师"制的理念，以期实现高校与出版企业的联合培养。另一方面，以复旦大学新闻学院与上海世纪出版集团等机构合作为例，高校和出版机构进行校企合作，为学生打造实践平台，引导学生将学术理论转换为实战成果，对出版工作和出版企业的运营有更加真切的体验与认识。除此以外，校企合作也能成为学界教师的"练兵场"，丰富教师的实践经验，从而加深课堂中内容与实操的融会贯通。

因此，高校对于出版人才的培养需同时着眼于理论学习与实践学习，以政产学研用合作的人才培养模式，对学生进行全流程的业态同频培养，促进产业、高校与个人的三方共生，加快知识、信息与数据的融通，提高数字时代中出版人的能力。

（三）建设中国特色教材体系，打造高质量师资队伍

《"十四五"文化发展规划》指出，要"把习近平新时代中国特色社会主义思想贯穿哲学社会科学各领域各学科，加快构建中国特色哲学社会科学，推进学科体系、学术体系、话语体系建设和创新"。目前，出版学的理论体系和

学科体系难以满足出版产业高质量发展和转型升级的需求，亟须重视国内实践经验，从国内出版实践中挖掘新的材料、提出与时俱进的新观点、形成具有中国特色的出版学科知识逻辑和理论结构。教材和教学是出版人才培养的基石，教材的编写应当适应出版行业和出版学科发展的大趋势，教学的组织应当在理论上回应业界发展所提出的问题。出版学科作为一门交叉学科，在教材和课程的设置上要做到跨领域、跨专业的融通，将文学、史学、哲学、管理学、统计学等学科的范式引入出版学当中，以进行学科的交叉和知识的交融。在教材的编写过程中，吸纳出版业界精英参与编写，使理论知识和实践材料相互佐证，保证出版学教材内容的前瞻性。与此同时，重视出版人才"走出去"能力和个人特色的培养，通过设置针对高校自身培养目标的特色教材课程，开设国际出版法、国际出版贸易等课程，从而丰富出版专业人才技能与素质的多样性。

在高校培养出版人才的过程中，教师一直是一盏重要的"引路灯"，高质量的师资队伍显得尤为重要。当下大多数高校出版学科的教师大都属于新闻传播学、文学方面，这一方面能促进学科之间的交流，但另一方面也要注重教师研究方向与出版专业之间的契合度，必须以出版学科为核心，保证教研过程中的专业性与针对性。高质量的师资队伍能成为促使学生成功从学校踏进出版企业的重要力量。

综上所述，充分结合出版行业的发展需求和学科建设的要求，创新出版人才培养的内容和模式，提升出版人才培养的效果，有利于推动出版产业的高质量发展，为建设出版强国提供强而有力的人才支撑。

（作者单位：上海理工大学）

中国国家出版产业基地（园区）研究报告

重庆华略数字文化研究院

2022年，党的二十大胜利召开，全党全国各族人民迈上了全面建设社会主义现代化国家新征程，正在向第二个百年奋斗目标全面进军。习近平总书记强调，推进文化自信自强，铸就社会主义文化新辉煌，指出繁荣发展文化事业和文化产业，健全现代文化产业体系和市场体系，实施重大文化产业项目带动战略。国家出版产业基地（园区）作为新闻出版产业高质量发展的重要平台、供给侧改革的重要载体，是社会主义现代文化产业体系和市场体系的重要平台，是统筹区域经济发展布局和出版产业发展实际的重要支点。

根据《国家出版产业基地（园区）管理办法》的规定，国家出版产业基地（园区）管理办公室设立在中宣部文改办，主要内容包括出版创意策划、内容采集加工、产品生产制作、数字内容服务、印刷复制、出版物物流配送、进出口贸易、音乐、动漫游戏等为主要发展方向，主要对象为国家数字出版基地、国家音乐产业基地、国家文化出口基地、国家新闻出版小镇、国家新闻出版装备基地等基地（园区）。

近年来，数字技术迅猛发展、内容需求不断增长，新形态、新模式、新平台层出不穷，产业融合、产城融合步伐不断加快。随着产业环境不断变化，国家出版产业基地（园区）发展呈现出系列新特征。总体来看，国家出版产业基地（园区）发展两极分化趋势更加突出，基地（园区）与城市经济发展融合持续加深，区域经济发展对基地（园区）发展的驱动愈加突出。元宇宙、数字互娱、动漫、游戏、电竞、数字影音等经济效益显著、技术带动性强的业态，在各个国家出版产业基地（园区）的产业生态中表现活跃。从城市分布来看，北京、上海、广州、成都、长沙、武汉等数字文化产业基础较好，国家出版产业基地（园区）高质量发展基础条件持续向好迎来新机遇。

一、2022年国家出版产业基地（园区）发展基本概况

（一）党的二十大为国家出版产业基地（园区）发展提供新指引

习近平总书记在党的二十大报告中强调，要推进文化自信自强，铸就社会主义文化新辉煌，并指出要健全现代文化产业体系和市场体系，实施重大文化产业项目带动战略。这为国家出版产业基地（园区）助力新闻出版业高质量发展提供了根本遵循。《国家出版产业基地（园区）管理办法》规定，国家出版产业基地（园区）建设的总体要求是：自觉承担"举旗帜、聚民心、育新人、兴文化、展形象"的使命任务，坚持正确的政治方向、出版导向，坚持把社会效益放在首位，注重统筹区域经济发展布局和出版产业发展实际，注重统筹出版资源的优化配置和集聚融合，注重统筹出版产品、业态、技术创新和体制机制、发展模式、管理方式创新，着力提高出版产业规模化、集约化、专业化水平，着力加快出版产业优化升级，为人民群众提供更加丰富、更加优质的出版产品和服务。2022年，国家出版产业基地（园区）在功能建设、业态升级、产业品质等方面的发展呈现良好态势，在支撑区域产业经济发展、整合区域出版产业资源、引领先进技术在出版业中的应用等方面发挥更加突出的作用，成为健全文化产业体系和市场体系的重要力量，为区域重大文化产业项目落地提供载体支撑。党的二十大提出了繁荣发展文化事业和文化产业新要求。这对国家出版产业基地（园区）管理主体，持续改善管理服务，强化政策支持，优化功能定位，明确产业方向，夯实产业基础等提出新要求。如何更好地激发基地（园区）的社会效益和经济效益，发挥好基地（平台）的带动作用，成为国家出版产业基地（园区）高质量发展的新任务。

（二）平台载体功能持续完善，助推国家出版产业基地（园区）不断升级

基础设施、平台体系的持续建设完善，有效完善了国家出版产业基地（园区）平台功能。2022年1月，中南国家数字出版基地马栏山园区开工奠基仪式

在马栏山视频文创产业园举行；2022年6月，首块底板混凝土浇筑顺利；2023年7月，主体结构全面封顶。该项目总建筑面积约29.3万平方米，建设有产业办公楼、人才公寓、多功能中心、数字文化艺术中心、演播中心等，预计2024年竣工。2022年3月，武汉文化投资发展集团旗下的华中国家数字出版基地（智谷文化产业园）招商签约大会举行，20个项目集中签约入驻园区二期，涵盖数字创意、工业设计、智能网联汽车、文化旅游、文化金融等"文化+"新兴产业领域，投资总金额达53.87亿元。2022年12月，天津数字出版产业园提升改造施工项目主体结构全面封顶，进入机电安装和装饰装修阶段。该项目总占地面积约2万平方米；围绕智慧教育、游戏电竞、网络文学、数字版权四大板块，打造集原创、研发、生产、孵化、运营为一体的现代化融合出版创意基地，构建数字出版融合发展生态。

（三）音乐产业有力助推国家出版产业基地（园区）融入城市文创产业集群

国家音乐产业基地发展活跃，音乐产业成为促进城市文化产业发展、提升城市文化品质的重要组成部分。2022年4月，位于浙江国家音乐产业基地萧山园区的中国数字音乐基地举行了线上音乐节，为音乐产业的数字化、网络化推广提供新样本。中国数字音乐基地已成立音乐产业专家顾问团、全国首个"数字音乐产业发展研究院"、国家音乐产业基地未来工程实验室，筹建了公益性"音乐音频综合服务平台"，发布了全国首个5G音乐标准，落户了网易云音乐等20余家知名企业，年营收超100亿元，成为国家音乐产业基地发展的重要代表。2022年5月，成都市印发《音乐之都建设规划》，明确提出到2025年，基本建成国际音乐之都，并以建成全国一流的音乐创作生产地、具有国际影响力的音乐演艺聚集地、具有国际吸引力的高品质音乐生活消费地为核心支撑；到2035年，建成具有世界影响力的现代音乐产业领军城市和以音乐演艺为核心影响力的国际音乐之都；还明确了优化产业布局、引培音乐人才、壮大音乐企业、推进设施建设打造、推动音乐产业发展、塑造城市音乐品牌、深化音城融合、加强环境保护等具体举措。2022年成都市音乐产业产值达502.53亿元，连续3年超过500亿元。2022年12月，上海音乐学院发起成立"数字音乐专业联盟"，该联盟将作为高校与行业的桥梁和纽带，一方面致力于推动联盟企业研发自主知识产权的新产品，建立更广泛的产业发展平台；同时，积极联动高校的创新资源，促进成果转化应用，成为音乐产业基地园区产学研融合发展的示范性项目。

（四）元宇宙为国家出版产业基地（园区）开辟新的发展赛道

元宇宙成为城市经济发展热点，为国家出版产业基地（园区）新业态繁荣发展带来新赛道，为基地（园区）产业发展带来新机遇。2022年7月，"2022上海元宇宙峰会"在上海浦东软件园举办，整合张江元宇宙领域的维智科技、SAP、百度、埃森哲、上科大等20余家集政、产、学、研、资各领域的专业机构、龙头企业等产业资源，成立了张江元宇宙创新发展联盟。2022年7月，上海市人民政府办公厅印发培育元宇宙新赛道的行动方案，明确了培育元宇宙新赛道方案要求，到2025年，元宇宙相关产业规模达到3 500亿元，带动软件和信息服务业规模超过15 000亿元、电子信息制造业规模突破5 500亿元；培育10家以上具有国际竞争力的创新型头部企业和"链主企业"，打造100家以上掌握核心技术、高能级高成长的"专精特新"企业；打造50个以上垂直场景融合赋能的创新示范应用，推出100个以上引领行业前沿的标杆性产品和服务。2022年8月，上海召开2022全球元宇宙大会，大会围绕元宇宙基础设施布局、数字核心技术创新、元宇宙产城联盟体系建设、全球规则标准合作等，政、产、学、研、用多方共同助推产业发展进行了研讨。2022年9月，武汉硚口区举办"2022首届元宇宙产业峰会"，元宇宙产业创新基地（产业孵化器）揭牌，湖北元宇宙产业联盟成立，元宇宙产业研究院筹备启动。2022年11月，四川成都举办第二届国际区块链创新应用博览会，国内首个基于现实地理数据的城市级会展元宇宙品牌——GIEF元宇宙上线公测。2022年12月，武汉光谷科幻产业发展研讨会暨光谷元宇宙研究院成立，发布了《光谷打造科幻产业三年行动计划（2022—2025）》，提出内容创制与运营、数字设计、数字人、混合现实、沉浸式体验科幻产业全产业链，拓展"科幻+大科学""科幻+商业""科幻+教育""科幻+旅游""科幻+数字园区"等5大应用场景。

（五）数字互动娱乐已成为国家出版产业基地（园区）竞争红海

游戏、电竞、动漫等互动娱乐业态成为国家出版产业基地（园区）发展热点，省市竞争不断加剧。长沙马栏山视频文创园作为中南国家数字出版基地的重要支撑园区，引进了山海经动漫影视总部基地、创梦乐谷（长沙）动漫游戏产业园等产业项目，汇聚了芒果超媒、中广天择、中南传媒、电广传媒 4 家主板上市公司和 3 500 多家文创科创企业，一批国家级重点实验室、工程实验室和科研机构相继入驻。2022 年，湖南全省动漫游戏及相关业务年度总产值达 448.52 亿元，同比增长 7.61%。湖南省互联网文化旅游协会数据显示，湖南省电竞相关企业数量达 1 139 家，全国排名第二，仅次于广东省；全国知名职业电竞选手中，湖南籍选手多达 30%。2022 年 8 月，北京国有文化资产管理中心主办的"电竞北京 2022"，设置 VR 电竞、模拟器电竞等创新项目，拓展了电子竞技的类型。2022 年 11 月，马栏山视频文创产业园举行了 2022 第八届湖湘动漫月暨首届湖南数字文化嘉年华开幕式，吸引了 1 500 多家相关知名企业、机构参与。2022 年前三季度，湖南全省动漫与游戏产业总产值超过 239 亿元，同比增长 11.26%，成为湖南省经济社会中增幅最高的产业之一。

（六）文化"走出去"成为国家出版产业基地（园区）高质量发展新主题

近年来，随着文化产业"走出去"不断推进，国家出版产业基地（园区）在推动海外文化贸易方面取得明显成效。2022 年 7 月，商务部、中宣部等 27 部门联合印发了《关于推进对外文化贸易高质量发展的意见》，在文化领域深化改革、培育文化贸易竞争优势、激活创新发展动能、激发市场主体活力、拓展合作渠道网络、强化组织保障等方面进行了部署，并在文化领域审批改革、发展数字文化贸易、国家文化出口基地建设、鼓励数字文化平台国际化发展等方面进行了具体部署。2022 年 9 月，"中国（浙江）影视产业国际合作区——构建多层次多维度影视人才培养平台"和"浙江数字文化国际合作区——'版钉'助力中国数字文化'走出去'"入围基地第二批创新实践案例。在 2021 年，"中国（浙江）影视产业国际合作区——构建多层次多维度影视人才培养平台"将 10 万多小时华语影视作品发行授权至 180 个国家和地区，实现影视出口 1 166 万元；"浙江数字文化国际合作区——'版钉'助力中国数字文化'走出去'"实现出口数字内容 8 万分钟，数字文化服务出口额达 2 100 万元。游戏、动漫、电竞、网络文学正成为输出中国文化的重要载体。

二、2022 年国家出版产业基地（园区）主要特点

（一）产业政策的牵引作用更加突出

产业政策是国家出版产业基地（园区）发展基础因素。2022 年，产业政策对国家出版产业基地（园区）的牵引集中体现在业态布局上，尤其是经济效益显著、技术特征突出的有关业态。但近年来，已鲜有出台国家出版产业基地（园区）建设发展的专项规划、制度、政策，相关产业政策主要分布于有关的产业规划或者政策制度。2022 年，元宇宙、游戏、电竞、动漫、音乐等业态成为各基地（园区）所在区域重点拓展领域。北京、上海、成都、杭州、重庆等城市无一不在元宇宙领域出台专门政策、成立发展联盟、投入专项资金、设立专门园区、建设专项场景。此外，游戏、电竞、动漫、音乐等经济效益显著的产业业态，也成为各基地（园区）区域追捧的重点业态。

（二）产业基础的支撑作用更加突出

产业基础对国家出版产业基地（园区）支撑作用愈加突出。2022 年，国家出版产业基地（园区）的内容、技术、资本、人才等竞争性要素配置失衡进一步加剧。基于市场要素的聚集优势，各基地（园区）的产业优势差异不断拉大，北京、上海、杭州、广州、长沙、武汉等城市已形成显著的竞争优势。国家出版产业基地（园区）期望发挥后发优势赢得竞争，综合成本已变得极其高昂。此外，数字内容产业龙头企业，凭借海量用户规模优势、市场话语权，在生产资源配置中不断提升议价能力，在各出版产业基地（园区）均布局落子，但附加值高的产业环节却始终集中在少数城市。龙头企业对政策、人才、金融、公共服务等生产要素的虹吸现象变得更加隐蔽。以内容、技术、资本、人才为基础的稀缺支撑要素，成为国家出版产业基地（园区）高质量发展的关键变量。

（三）业态升级的促进作用更加突出

业态升级是国家出版产业基地（园区）可持续、高质量发展的重要路径。

2022年，元宇宙、区块链、人工智能等技术在城市经济中的广泛渗透，倒逼国家出版产业基地（园区）治理体系提档升级。在新的技术和市场条件下，国家出版产业基地（园区）设施条件、政策生态、治理服务、公共平台等面临挑战，亟待优化升级。2022年，部分国家出版产业基地（园区）设施条件仍在持续改善建设，如中南国家数字出版基地、天津国家数字出版基地。这为国家出版产业基地（园区）的业态升级奠定了更好的发展基础。同时，国内主要城市抢滩元宇宙、区块链、人工智能，依托数字技术不断加快推进文化产业转型升级，也为各国家出版产业基地（园区）相关产业发展提供了优质的技术应用基础。

（四）平台体系的支撑作用更加突出

国家出版产业基地（园区）作为产业要素聚集平台，对区域新闻出版产业发展具有较强的支撑作用。数字技术的深度渗透，加快消弭内容、平台、技术、资源、资本边界，单一属性平台已经难以支撑产业持续发展。2022年，国家出版产业基地（园区）作为核心主体举行的建设、活动、招商等已不再是主流，取而代之的则是"数字+""技术+""资本+""平台+"等形态的各类活动。国家出版产业基地（园区）的产业形态、技术应用、平台发展、政策支持、人才支撑等已呈现显著复合型特点。在产业基础本就薄弱的情况下，针对单一业态、单一园区的要素投入已难以实现持续繁荣。国家出版产业基地（园区）的发展生态体系性重塑已变得愈加紧迫。

三、国家出版产业基地（园区）发展面临的主要挑战与趋势研判

（一）国家出版产业基地（园区）发展面临挑战

1. 生产要素竞争

国家出版产业基地（园区）是内容、资本、技术、人才和政策等生产要素聚集平台，资本、人才、内容等稀缺性要素竞争优势获取，对其发展至关重

要。我国经济发展新常态对竞争性产业要素有效配置带来新挑战、提出新要求。区域市场规模、产业生态等成熟度较低的国家出版产业基地（园区），难以在市场化环境中获得有利的要素配置优势，反而在投入大量资金、政策、土地等传统要素后，存在被产业低端价值链锁定的风险。

2. 政策体系错配

内容、技术、平台、渠道作为新闻出版产业的核心领域，对政策需求具有极强的差异性。近年来，平台控制用户群体黏性、技术驱动业态升级、算法主导分发渠道，加快了出版各业态优势向部分头部企业聚集。国家出版产业基地（园区）优先吸纳"链主"企业，期望依托龙头企业带动中小微企业建立产业生态。市场资源更青睐抗风险能力、盈利能力强的大企业。此外，公共政策也设置各种门槛，中小微企业难以惠及。针对性地制定政策，引导市场要素在服务龙头企业的同时，扩大中小微企业惠及面，降低基地（园区）各类市场主体的综合运行成本，成为基地（园区）高质量发展的重要方向。

3. 基础功能缺陷

国家出版产业基地（园区）在城市经济运行中具有独特文化价值、经济效益，"举旗帜、聚民心、育新人、兴文化、展形象"是其使命任务。如何坚持正确的政治方向、出版导向，确保基地（园区）坚持把社会效益放在首位，是国家出版产业基地（园区）建设发展的重要基础性功能。面对严峻复杂的经济社会挑战，从政策体系、功能建设、发展规划、社会责任等方面，丰富基地（园区）功能建设，对发挥基地（园区）文化产业示范作用，补齐基地（园区）在公共文化服务体系中的短板，丰富城市发展功能有重要作用。此外，在新的技术浪潮中，国家出版产业基地（园区）在平台共创、技术共享、资源共融等方面的机制设计、平台搭建也亟待加强。

（二）国家出版产业基地（园区）发展趋势研判

1. 融合发展持续加深

一是出版相关产业融合持续加深。国家出版产业基地（园区）内相关产业融合发展将进一步加深，数字文创、游戏动漫、电竞互娱、数字教育、数字音乐等业态成为第三产业发展的重要内容，将为国家出版产业基地（园区）发展带来更多机遇。二是园区功能与城市功能融合持续加深。国家出版产业基地（园区）的经济功能、文化功能和城市功能融合发展趋势将更加突出。基地（园区）的新业态、新场景、新文化地持续发展，对城市品质提升将形成更加显著的促进作用。三是产业政策融合持续加深。国家出版产业基地（园区）政策体系深度调整周期尚未结束，相关的服务管理规范、新兴产业培育孵化、公共服务体系升级等产业支持政策，将深度融入数字经济、数字文化、数字治理等领域的政策体系。

2. 区域协同持续加深

一是产业布局协同持续加深。国家出版产业基地（园区）主要分布在我国京津冀、长三角、粤港澳大湾区、成渝地区等经济重镇。区域一体化协同将为国家出版产业基地（园区）的资源共建、布局优化、技术共享、政策融通等提供基础。二是优质要素资源持续向优质产业聚集。国家出版产业基地（园区）作为要素聚集平台，对相关市场要素有较强吸引力。因此，盈利能力、技术能力、内容创新，引导消费场景、技术应用、资金投入等快速向优质内容业态积聚。三是国内统一市场建设驱动产业协同土壤持续改善。国内统一市场建设助推消费环境持续优化，文化消费活力将持续释放。国家出版产业基地（园区）企业研发多元化、个性化产品或服务的土壤将更加肥沃，区域间产业协同市场驱动力将更加强大。

3. 技术发展持续加快

一是元宇宙发展政策将进入调整期。虚拟现实技术的硬件、软件开发，场景搭建更加成熟，元宇宙推广普及的技术、应用基础日臻完善。产业政策效能持续释放面临考验，元宇宙产业政策加快进入调整期。国家出版产业基地（园区）抢抓元宇宙产业发展机遇已更加紧迫。二是区块链技术应用渗透持续加深。区块链技术与数字内容、数字版权、数字文创等领域融合持续加深，版权保护的智能化水平不断提升。国家出版产业基地（园区）区块链融入内容产业发展的技术、项目、平台等将不断增加。三是数字技术支撑数字娱乐产业高速发展。随着居民文娱消费加快步入上升通道。这将激发虚拟现实、大数据、人工智能等技术，在互动娱乐产业中的应用水平不断加深，数字娱乐产业加快成为支撑基地（园区）高质量发展的核心业态。

4. 基地治理持续深化

一是基础功能平台日趋完善。经济发展新常态、产业发展新环境，倒逼国家出版产业基地（园区）在基础平台、功能、制度等方面持续升级，国家出版产业基地（园区）在治理水平、设施水平、制度体系等方面有望迎来提档升级新机遇。二是基地（园区）规范治理常态化。新一轮党政机关机构改革的完成，依据管理制度常态化规范基地（园区）发展、提升基地园区治理成效，成为促进国家出版产业基地（园区）规范发展的常规基础工作。三是基地（园区）智慧治理水平持续提升。随着数字中国的深入推进，国家出版产业基地（园区）治理的智能化水平将为基地（园区）发展注入新活力，机制设计、技术研发、平台应用将成为国家出版产业基地（园区）智慧治理手段创新新抓手。

（课题组成员：袁毅、王倩、吴子鑫、杨金明）

中国"新闻出版+虚拟现实"融合发展研究报告

刘 钊

一、2022年"新闻出版+虚拟现实"行业发展概况

2016是虚拟现实产业的发展元年，虚拟现实（VR）和增强现实（AR）技术快速发展，短短几年时间，这些技术就开始在部分领域应用并取得了令人瞩目的成就，国内多家新闻出版单位也顺应时势，纷纷试水，结合自身的资源优势，进行创新性发展。

虽然，经过6年的渐进发展，目前来看虚拟现实技术与新闻出版行业的结合并没有带来行业的颠覆性发展也没有为行业创造巨大的经济增长点，但是虚拟现实技术在出版行业的应用确实给读者带来了非凡的阅读体验，促进了读者与作者和出版单位的互动，为整个出版行业的创新找到了一个新的创新发力点。因此，即便2017年和2018年虚拟现实行业的发展遭遇了冰冻期，但是2019年整个行业又开始了缓慢复苏，新闻出版行业也已经接受VR/AR技术，并且在磨合历练中相互促进。2019年VR/AR行业借助5G、人工智能、超高清视频、云计算大数据等技术的高速发展，大力提升了虚拟现实设备的体验感，用户对虚拟现实的认可度不断提高，新闻出版行业也迅速跟进这些新的发展动向，整体呈现出稳步务实、向好发展的特点，新模式新业态不断涌现，为读者提供了丰富多彩的阅读体验。

2021—2022年，元宇宙概念横空出世，元宇宙概念与虚拟现实技术具有天然耦合性，是虚拟现实技术实现二次突破的关键转折点，整个虚拟现实行业再次进入爆发期。同时，新闻出版行业也紧抓机遇，顺应形势，进一步推动行业

与元宇宙虚拟现实产业深度融合，相关部门也迅速出台相应政策提供助力，而对元宇宙虚拟现实行业的研究也进入一个新的阶段，可以说，2021—2022年元宇宙虚拟现实新闻出版行业的发展表现为三个"新"，即新趋势、新政策、新动态。

（一）新趋势

2021年以来，元宇宙相关话题一直保持较高热度。科技界、投资界、产业界以及地方政府都对元宇宙的发展表现出较高热情，美国、日本和韩国等国家的政府和企业逐步意识到元宇宙发展带来的巨大潜力和战略价值，争相投入重要资源布局元宇宙赛道。

国内多地政府已着手布局元宇宙产业，北京、上海、重庆、浙江、安徽和江西等省市已出台相关支持性政策文件。当前，传统互联网红利的逐步消退与虚拟现实技术的不断进步正在形成交汇，推动元宇宙顺势而出，成为未来经济社会数字化转型的主要手段之一，并承载了对下一代网络空间发展的期望与探索。

元宇宙的概念最早由科幻作家尼尔·斯蒂芬森（Neal Stephenson）于1992年在其著作《雪崩》中提出。元宇宙概念经过近30年的发展，仍没有一个统一的定义，但当前主流的观点普遍认为，元宇宙是指网络化的虚拟现实，人们在元宇宙中表现为自己设计的"化身"，从事世俗的和非凡的活动；像在游戏中一样，人们居住并控制着在空间中移动的角色。基础设施完善的虚拟世界，可以和现实物理世界一样，全方位实现身份认同、货币交易、社区归属感到交友社交、职业发展等个人和社会需求。

被认为是"元宇宙第一股"的Roblox给出了元宇宙的八大要素，包括身份、社交、沉浸感、低延迟、多元化、随时随地、经济系统和文明。人们可以随时随地、低延迟地与元宇宙进行链接，以虚拟身份的形象进行具有沉浸感的社交；同时，元宇宙拥有大量多元化的内容和出色的经济系统确保人们可以长期生活在元宇宙中，一起改善甚至创造数字文明。

元宇宙概念的落地离不开虚拟现实技术，两者是相辅相成的，元宇宙需要虚拟现实提供硬件和算力，虚拟现实技术则需要利用元宇宙空间实现质的突破，从而真正进入游戏、社交、消费等大领域。因此，自元宇宙概念诞生以后,虚拟现实行业便迎来再次爆发,这也给新闻出版行业再次利用虚拟现实技术实现转型提供了新的契机。

(二)新政策

2021—2022 年虚拟现实产业的蓬勃发展离不开政策红利的支持,作为战略性新型产业,国家高度重视虚拟现实技术发展,积极规划并且进行了重点布局,在"十四五"规划纲要中将虚拟现实技术列为数字经济重点产业。

中央层面,国务院印发的《"十四五"数字经济发展规划》指出要探索发展跨越物理边界的"虚拟"产业园区和产业集群,加快产业资源虚拟化集聚、平台化运营和网络化协同,构建虚实结合的产业数字化新生态。深化人工智能、虚拟现实、8K 高清视频等技术的融合,拓展社交、购物、娱乐、展览等领域的应用。工业和信息化部等 10 部门联合印发《5G 应用"扬帆"行动计划(2021—2023 年)》,指出要推动虚拟现实、增强现实等沉浸式设备工程化攻关,重点突破感知交互、内容制作等关键核心技术,重点支持建设与 5G 结合的人工智能、增强现实/虚拟现实(AR/VR)等共性技术平台。教育部等 7 部门联合印发《"十四五"特殊教育发展提升行动计划》,指出要鼓励充分应用互联网、云计算、大数据、虚拟现实和人工智能等新技术,推进特殊教育智慧校园、智慧课堂建设。

具体到新闻出版领域,国家新闻出版署印发《关于开展出版业科技与标准创新示范项目试点工作的通知》,指出要加强虚拟现实技术在出版领域的创新应用和研究;中共中央宣传部印发《关于推动出版深度融合发展的实施意见》,围绕加快推动出版深度融合发展,构建数字时代新型出版传播体系,坚持系统推进与示范引领相结合的总体思路,从战略谋划、内容建设、技术支撑、重点项目、人才队伍、保障体系等 6 个方面提出 20 项主要措施,并对未来一个时期出版融合发展的目标、方向、路径、措施等作出全面部署,提出明确要求,为以书报刊为主要产品形态的出版业,进一步指明了出版融合发展的方向。

地方层面,北京、山东、江西、上海、江苏、云南、四川、贵州、河北、青岛、深圳、杭州等地均出台了相关政策以加强虚拟现实技术的应用和产业融合。譬如,2022 年,为推动山东省虚拟现实产业高质量发展,山东省公布了

《山东省推动虚拟现实产业高质量发展三年行动计划（2022—2024年）》，对山东青岛的定位进一步明确——打造全球领先的虚拟现实研发高地；充分发挥歌尔全球研发中心创新引领作用，加快创建国家虚拟现实制造业创新中心；依托北京航空航天大学、北京理工大学等高校以及虚拟现实技术国家级重点实验室，重点围绕近眼显示、感知交互、空间定位、人机协同、开发平台、渲染处理等核心技术开展研究，确立虚拟现实关键技术领域的龙头地位，加快虚拟现实技术向生产力的转化拟现实技术以对真实世界数字化映射的特性。

（三）新动态

中国新闻出版研究院一直致力于出版融合研究，已在行业内"新闻出版+虚拟现实"领域开拓多年，积累了品牌资源和实践经验，面对元宇宙这一新趋势，2022年中国新闻出版研究院决定成立元宇宙出版与阅读实验室，作为中宣部出版业技术与标准应用重点实验室的分研究中心，着手建设元宇宙资讯中心平台、元宇宙出版与阅读平台、开展元宇宙以及出版融合相关的课题研究、开展人才培训、努力构建面向元宇宙的出版标准化。

同时，为全面展示新闻出版虚拟现实领域的最新发展和总体面貌，深入交流虚拟现实产业涌现的新技术、新方案、新成果、新模式，进一步探索传统出版与数字技术相融合的新型出版业态，中国新闻出版研究院在2022年组织开展了首届虚拟现实新闻出版创新应用案例征集活动。

经过案例征集、分类整理、行业测评及专家评审等环节，结合案例主题内容、融合性、创新性以及推广应用等情况，经过专家综合评测和认真研判，中国新闻出版研究院从进入评审环节的97个案例中，最终确定了创新应用案例50个，优秀组织单位10家。评选出来的这些优秀案例和优秀单位为今后元宇宙虚拟现实新闻出版融合发展提供了范例和榜样。

二、2022年"新闻出版+虚拟现实"行业具体应用

2021年下半年以来，随着元宇宙概念的兴起，虚拟现实技术在制造、教育、医疗、出版等领域的应用明显提速，典型案例不断涌现。具体到新闻出版

领域，2021—2022年虚拟现实技术在图书出版、新闻传媒以及杂志这些行业的应用都有可圈可点的表现，为广大读者带来了不少全新体验。

（一）图书出版

出版单位将VR/AR技术嵌入图书之中，然后借助头显设备给读者带来全新的阅读方式，这是虚拟现实技术与出版行业相结合的最初切入点，也是目前最主要的发力点。在这方面，各大出版集团作为传统出版业的主力军与排头兵，在引进与应用新技术方面起到了领风气之先的表率作用。

目前国内已有凤凰出版传媒集团、北京出版集团、吉林出版集团、山东出版集团等多家出版集团对VR/AR数字出版展开布局，探寻新的出版增长点。国内多家出版社，包括清华大学出版社、北京大学出版社、复旦大学出版社、电子工业出版社、建筑工业出版社、中国劳动社会保障出版社、科学出版社以及高等教育出版社等，也快速将教材内容转换为基于VR/AR技术的全新三维可视化知识产品，为出版社数字化转型助力。

事实上2016年虚拟现实概念刚刚兴起时，各大出版集团、出版单位都跃跃欲试，一窝蜂似的展开了新型图书出版大比拼，盲目地出版了很多与市场脱节的图书，结果读者对很多图书的反映并不好。经过这几年的市场洗礼，出版单位开始探索出VR/AR在图书出版领域的精准发力点，将焦点放在了童书、教育出版和专业图书出版这3个细分领域。

在童书出版领域，对于抽象思维尚未开发完全的儿童来说，AR/VR技术能够更加直观、具体、可触摸地展现科学知识。在处理好电子产品使用频率与时长的情况下，AR/VR技术提供的动画特效、声效、互动设计等增值服务，将带领广大儿童进入一种全新的阅读模式。尤其是2019年AR技术成了资本和市场的新宠，相比VR技术，AR对设备的依赖程度低甚至可以裸眼观看，无须设备支持而且没有延迟感和眩晕感，对眼睛几乎没有伤害，所以AR技术与童书的结合迅速受到了儿童和家长的欢迎，目前，市场上的VR/AR童书的销量比较好，从事VR/AR出版的各个出版单位基本上都把童书领域列为重点开发领域。

2021年以VR视角追忆百年党史的文献资料和党史研究成果内容更加丰富。例如，由江苏凤凰少年儿童出版社的《童心向党·百年辉煌》系列图书，将 AR/VR/MR 等技术与内容相结合，实现了从文字到身临其境的阅读体验，充分调动了读者的阅读积极性。咪咕数字传媒积极寻源引入最新党政学习材料，通过虚拟现实、增强现实、人工智能等新技术为主题出版带来新读法、新听法、新看法，全面展现 5G 赋能之下的红色阅读新场景。解放军出版社以融媒体形式创新再版的《星火燎原》配套 H5、AR 产品，以书中《从藏身洞到地道战》一文为基础将地道战知识的普及与用户的互动充分结合在一起，成为奋进新时代精气神的源泉。广东省出版集团推出《梦想起航：中国共产党创立的故事》，将图书、党史教育与现代 VR 融媒技术有机融合，使青少年读者在 VR 融媒党建云课堂中，获得富有感染力、震撼力的 VR 一体机体验、VR 交互机体验和沉浸式红色剧场体验。

  教育是最先利用虚拟现实技术并将之具体运用的行业，在政策激励和市场带动的综合影响下，这一市场持续增长，前景广阔。虚拟现实技术在教育领域的应用主要包括中小学教育、职业教育、高等教育等方面。在中小学教育方面，结合虚拟现实沉浸式教学的体验，可以解决课堂教学中抽象、困难的知识点，实现由传统的"以教促学"的学习方式向学习者通过自身与信息环境的相互作用来得到知识，让学生对课程更加感兴趣。在职业教育方面，在消防、物流、航空航天等教学与实景实践相结合领域人员培训中加入虚拟现实技术，利用虚拟现实的交互性，实现由学生自行动手操作，避免实训风险、降低操作成本，达到教学及实训大纲要求，提高教育教学质量。在高等教育方面，在虚拟实验室、虚拟设计工坊等方面部署，能够打破实验教学的场地、费用等限制，积极推动虚拟显示技术在科研创新中的应用。教材和教具正是虚拟现实技术在教育领域应用的媒介，没有合适的教材教具，虚拟现实技术再好也无法落地，难以达到理想的效果，因此，各大出版集团开始从出版传统的纸质教材向出版新式 VR/AR 教材转型。

  在图书出版产业转型发展过程中，专业图书出版一直是数字化转型的弄潮儿，在专业图书出版领域的数字化运用也更加深入，知识服务目标亦更加清晰，用户群相对平稳并愿意支付一定费用。而虚拟现实技术在这一行业的深入运用给诸多专业图书出版社带来了新的机遇，结合新技术新手段，这些新型专业图书表现出了强大的呈现能力，给应用者带来的体验是前所未有的，随着虚拟现实技术的不断完善，尤其是 5G 和人工智能技术的加速应用，虚拟现实产业给专业图书出版的影响力正在逐步增长。

在专业图书出版上，VR/AR 与医学类图书的结合较为成功。众所周知，医学是一个非常讲究精确性的专业行当，传统医学图书都是二维图书，缺乏立体感和可操作性，读者看到却不能实际体会到，对一些专业性知识只能凭借想象来感受，所以传统医学图书的阅读感不佳。而且，医学中很多知识经过纸媒转换（必须增加很多抽象概念便于阐述与理解）后信息清晰度整体变低，需要耗费读者较多时间进行抽象和具象的转换，在垂直出版领域医学知识传播（教与学）的难度较高。但是，虚拟现实技术与出版行业结合后可以有效解决这个问题，例如人民卫生出版社一直在结合技术探索更优质的医学知识传播的解决方案，在视听技术发展后，人卫社持续投入经费，联合医学院校共同将医学知识进行视频、动画的三维立体转化，并整体创新了医学数字出版的形态，取得了丰富成果。

除了医学领域，建筑、机械工业、石油化工等多个行业的专业图书均可以利用虚拟现实技术。由电子工业出版社出版的《室内 VR 场景制作教程》，便是将虚拟现实技术与建筑行业的相关专业知识结合，可以帮助建筑从业者快速掌握室内 VR 场景绘制方法和流程，使用户依托实景交互进入虚拟建筑物就能够获得 360 度的体验。石油工业出版社开发的石油职业培训模拟仿真系统采用 VR、3D 动画、数据库等先进技术，真实模拟了采油井场、计量间、抽油机等工作环境和关键设备，在虚拟"仿真工作室"中，操作者如同进入工程操作现场的真实环境，解决了职业培训中所涉及的危险环境现场和现实交互操作问题。可以说，虚拟现实技术为出版社完成由内容提供商向信息服务商的转变带来了良机。

（二）新闻传媒

传统纸媒行业的数字化转型已经发展了十余年，时至今日，纸质报纸几乎已经完全淡出了人们的日常生活，年轻人更是成为了纸质报纸的绝缘体，智能手机和平板电脑上的媒体 App 和各大社交平台才是他们主要的信息源。在这种大背景下，传统纸媒应用最新的虚拟现实技术吸引读者几乎是顺理成章的事情，所以，自 2016 年虚拟现实技术在国内兴起之时，就已经有不少传统媒体投入资金开发新型新闻阅读方式。

2021年6月，中国青年报社记者深入云南省西双版纳傣族自治州、普洱市、玉溪市，以及北移亚洲象群安全防范及应急处置指挥部，采访了近60位与象打过交道的村民、专家、志愿者等，通过虚拟现实技术、交互地图等视觉设计和编程手段，完整、立体讲述亚洲象北移事件。《大象，回家了》一文，以沉浸式体验向读者展现了中国生态保护进程中人与自然和谐共生的故事，成为《中国青年报》媒体融合改革的一次生动实践，为全球生物多样性保护提供了独特的观察视角。2021年11月，沈阳遭遇暴雪天气，沈阳广播电视台"VR直播+新闻"，将TECHE全景相机装置搭载至除雪车上，进行了8K、VR全景直播。与传统的二维新闻报道相比，VR新闻报道打破了拍摄/直播视角的局限性，观众不再受时空限制，在手机上就能观看到立体式720度全景。开放性的视野为观众带来了身临新闻发生现场的沉浸式体验，为新闻报道带来更加便携深入的传播效果。《江西日报》植入虚拟主播"江小端"，推出AR直播报纸，引导读者扫描报纸上南昌之星摩天轮和南昌三大VR产业基地图片，将立体3D的摩天轮、产业基地全景图神奇地呈现在手机屏幕上，打破了新媒体与纸媒之间的受众界线。《中国日报》为迎接中国共产党成立100周年，推出AR特别报道，以纯正地道的英文阅读和介绍，让全球的阅读者瞬间"穿越"百年，使南湖红船、石库门会址等一大重要场景跃然纸上。《解放军报》推出的"全息报道"将融图文、视频、音频等新媒体与VR技术结合，通过高效共享的"标签化"编目检索系统，打通报纸、电视、广播、网络媒体各平台之间的界限，使报纸从平面到立体全息展现，满足了受众多维度需求。

与此同时，虚拟现实技术还出现在科技发展、两会、国庆阅兵等重大主题类新闻报道之中，新华社、《人民日报》、财经传媒、中央电视台、《北京日报》、《长江日报》、《青岛日报》等媒体充分把握科学技术为新闻传播带来的新机遇，在探索中践行责任与使命。此外，《广州日报》《辽沈晚报》《潇湘晨报》《大连晚报》《郑州晚报》《青岛晚报》《重庆商报》《沈阳晚报》《海南日报》《生活报》《重庆晚报》《法制晚报》等12家报社共同成立VR新闻实验室。《江苏经济报》开设VR/AR工作室，组建新华"90VR"团队，运用虚拟现实技术、增强现实技术进行新闻出版内容的创新。从未来发展的方向看，将沉浸式内容和交互模式运用到新闻报道中以专题报道的形式真实呈现事件热点，已成为新闻传播的发展新契机。

会议报道是传统报纸的重要任务，新华社客户端是国内首批采用端内原生AR技术报道全国两会的新闻媒体，2021—2022年两会期间，新华社就依托增强现实技术，发布了《AR看两会｜政府工作报告中的民生福利》，用户只要点击对应的"小新机器人"，依托这一功能，完成身份认证，就能够在手机上观看政府工作报告。目前，新华社客户端5.0版能够全面支持AR功能，通过对图片和事物的扫描，利用手机观看到相应报道，用户能够在对应场景内完成互动操作。例如，凭借增强现实功能打造的新闻2.0"天地工程"，用户能够把火箭发射的视频搭配到任何的平面之内，根据自己想要的题目，点击发射钮，观看完整的火箭发射程序，无论是现实体验还是观赏效果都非常理想。或许未来，AR阅读将成为常态。

（三）期　刊

随着信息技术的发展和人们阅读习惯的改变，传统的纸质期刊正与现代信息技术相融合，向数字化方向转型。虽然我国目前的电子杂志和电子期刊如雨后春笋般相继涌现，尤其是借助智能手机，各个杂志社和期刊社都推出了App软件，数字阅读已成主流，但是与报纸传媒相比，期刊的数字化程度还有待提高，特别是在科技期刊和专业期刊领域，人们依然依赖于传统的纸质杂志。就虚拟现实技术而言，它与期刊相结合，可以将静态变为动态，将极为有限的纸质版面延伸到更为广大的数字空间，无形中延伸了传播空间和时间，这种期刊形态和内容的新变化，有效搭建了读者与出版商的互动平台，其沉浸式的体验方式，能给读者带来更强的感官刺激，因此，最先应用虚拟现实技术的主要是时尚杂志和一些大众期刊。

时尚杂志和大众期刊使用虚拟现实技术取得了初步成果的同时，科技期刊和专业期刊的出版生态也在发生变化。科技期刊是一类发表自然科学及技术成果的杂志，按期刊内容可分为综合性期刊、学术性期刊、技术性期刊、检索性期刊和科普性期刊。《中国科技期刊发展蓝皮书（2020）》显示，截至2019年底，我国科技期刊总量为4 958种，其中按学科分布，基础科学类期刊1 556种，技术科学类期刊2 267种，医药卫生类期刊1 135种。根据数据分析结果，目前已知的应用VR技术的科技期刊主要有6种，其中，应用VR技术出版论文最多的是科普性期刊，其次是学术性期刊。VR 技术在科技期刊出版中的学科领域主要为人文与社会科学、医药卫生。除《航空知识》外，其余 4 种科普性期刊利用 VR 技术展示动植物、军事装备和科技产品等，为少儿带来视觉、听觉的直观体验。《航空知识》是国内较早尝试使用 VR 技术进行信息传播的科普期刊，不仅能以生动、立体的形象进行航空科普信息的传播，还能满足用户的沉浸式体验需求，尊重用户的个性化信息接收需求。《创伤与急诊电子杂志》在真正意义上实现了利用 VR 和 AR 技术办刊，在"VR/AR + 出版传媒"领域实现先试先行。当然，与庞大的科技期刊总量相比，目前主动应用虚拟现实技术的科技期刊仍然很少，事实上虚拟现实等新媒体技术的加入不仅可以提高科技信息的传播速度，还可以改善用户的友好体验度，实现科技期刊和专业期刊传播效果的扩大化。尤其是与传统纸质期刊或目前的数字化期刊相比，VR/AR 技术在科技论文的仪器设备展示、实验过程再观、实验结果表达等方面展现出较大的优越性。相信随着 VR/AR 技术的不断成熟与进步，虚拟现实一定能够在科技期刊和专业期刊领域大展拳脚。

　　在期刊领域，少儿杂志也是应用虚拟现实技术较早并取得较大成绩的细分领域。2016 年前后，不少期刊社陆续推出了运用 AR 技术的少儿刊物，将持续产出的传统纸媒内容与数字资源融合起来，促进刊物呈现形式的多媒体化。但是由于少儿期刊的主要发行渠道为线下发行，2020 年春季，随着疫情袭来，全国范围内的少年儿童停课居家，少儿期刊错过了 2020 年春季大征订，导致订阅量受到一定的冲击，普遍下降。2021 年下半年，"双减"政策的推进也成为少儿期刊订阅的影响因素，不少小学挤压少儿期刊进校的空间，少儿期刊亟须寻找新的营销突破口。在相对艰难的生存状态下，多数少儿期刊开始压缩成本，AR 技术在少儿期刊中的运用开始进入沉寂期。进入 2022 年，仅存 5 家少儿期刊出版单位在运用 AR 技术。

　　少儿杂志应用虚拟现实技术经历了一个探索、繁荣然后衰落的完整周期，尤其是 2020 年后，少儿杂志社对虚拟现实技术的兴趣骤减，从原来的一拥而上转为问者寥寥，因此少儿杂志与虚拟现实技术的融合转型提供了对整个大的出版传媒行业一定的参考价值和示范意义，具有充分的代表性和分析价值，值得认真研究反思。

三、"新闻出版+虚拟现实"融合发展存在的问题与对策

"新闻出版+虚拟现实"为我国新闻出版行业实现转型升级、提高生产效能带来了时代机遇。然而，此种出版方式毕竟只是一种新媒介的融合产物，发展历时短，在技术和内容形式上的融合还不完全，尤其是元宇宙概念，目前还处在争论阶段，尚未有实际动作落地，谈深度融合为时过早。在技术极速更新换代时，与其发展同步的生产实践很难追赶上技术发展的步伐，传统出版行业由于存在原始生产的惯性，无法有效与新技术实现同步耦合，行业创新也会因此受到牵制，无法做到切实有效的有机融合，容易陷入浅层融合的困境中。所以，要想实现元宇宙虚拟现实新闻出版行业的真正长久发展，必须要在看到发展成绩的同时正视存在的问题。

（一）存在的问题

1. 内容生产单一化，用户体验缺乏持久力

不管科学技术如何发展，媒介如何更迭，都改变不了一个事实——内容为王。在新闻出版行业的转型升级过程中，首先无法忽视的一点是，虚拟现实出版的技术成本较高，而出版机构或者个人创作者的预算又不足以支撑内容的深度开发，导致业内普遍存在"重硬实力轻软实力"的现象，所以，大部分出版物在营销宣传中，会将虚拟现实技术进行过度包装，从而忽视内容，一定程度上弱化内容上的投入。这样的做法不仅仅会使出版物的形式和内容割裂开来，也会破坏读者的阅读体验，将虚拟现实技术的沉浸感转化为对新技术的好奇而忽视对内容的沉浸，这是本末倒置的后果。同时，在追逐流量的市场氛围下，绝大部分的内容生产者为追逐短期利益，盲目跟风制作低端化、同质化的内容，导致市面上的虚拟现实出版作品质量良莠不齐，同质化问题十分严重。以目前快手平台为例，在搜索框内搜索话题"#全景视频#"，绝大部分360°全景视频存在贴图重复、内容营养缺失等问题，容易给读者带来审美疲劳，从而失去对虚拟现实出版物的阅读兴趣。除此之外，虚拟现实出版物容易出现技术强于内容的情况，尽管全新的阅读体验会给读者带来多感官的刺激体验，但在一

定程度上也会模糊人们最初的阅读动机，当出版物失去了知识传播和传承的核心意义时就成了没有灵魂的空壳。

2. 文化与科技融合型人才匮乏，制约行业转型

依托虚拟现实、人工智能等技术，新闻出版行业将拥有巨大的转向动能，手握高速发展快车道的"门票"。但目前来说，对于新闻出版企业，人才的匮乏才是制约行业迅速转型的"绊脚石"。我国发展数字出版至今，绝大部分出版单位都已经成立了相关的数字出版部门，为我国新闻出版产业发展提供了人才基础。但是，我国新闻出版企业普遍存在转型慢、转型难、转型浅等结构性问题，对人才的吸纳存在速度慢、数量少、培养体系不健全等问题。一方面，我国产学研融合不彻底，高校人才脱离产业实践，无法有效将业务和科技进行融合发展。另一方面，人才培养涉及环节多且复杂，我国人才培养体系不健全，缺乏系统性培养融合型人才的培养基地，短期培训无法弥补知识和实践上的空缺。

3. 审查机制落后，虚拟现实内容监管制度亟须完善

在虚拟现实技术和出版进行融合的过程中，会不断出现新的产品形态和内容形态，对于如雨后春笋般出现的新内容形态而言，移动互联网的监管和督查存在一定的延迟，目前对于虚拟现实内容的监管还没有一个行之有效的管理政策，所以，虚拟现实内容的生产和生态环境亟须引导和改善。在目前的内容市场上，虚拟现实内容缺乏相应的出版版号审查，没有较为统一的内容规范和标准，可能存在大量盗版作品，虚拟现实技术本身无害，但其特性一旦被有心之人利用，其带来的影响远比传统纸质出版物大得多。总的来说，与传统互联网的内容审查一样，虚拟现实出版同样存在着版权保护等诸多问题。目前，不管是针对虚拟现实技术还是虚拟现实出版来说，都缺乏行之有效且行业统一的法律法规，这也是其监管难点所在，需要政府部门和企业高校、产业机构等多方协作，共同努力，建立专门的监管体系，规范市场环境。

要想利用好元宇宙与虚拟现实技术实现融合发展，新闻出版行业除了要紧跟硬件的快速发展外，软件、人才等发展也需要迅速跟上。虚拟现实新闻出版物的行业标准、内容监管以及相关人才的培养和引进均需要快速建立起来，在打好基础的同时，不忘进行成本方面的权衡和考虑。总之，内容生产与监管、

技术局限和人才需求等是目前在新闻出版行业发展元宇宙虚拟现实技术的主要切入点。

（二）对　策

1. 加快标准体系建设，促进行业纵向融合发展

加快制定出版行业元宇宙虚拟现实出版物的系统、接口、设备、质量安全舒适性等多个方面的统一标准，发挥标准对产业的引导支撑作用，建立产学研用协同机制，健全虚拟现实出版物的标准和评价体系。2019年全国新闻出版标准化技术委员会牵头起草的《出版业AR技术应用规范》行业标准，拉开了AR出版行业标准制定工作的序幕。随着行业标准的制定，将进一步规范AR技术在出版行业的标准化应用，推动关键技术研发，有效降低AR出版的生产、运营成本，提高AR出版物的制作、管理水平，增强AR出版产品的市场竞争力，保障出版安全。

2. 提升内容供给质量，开创内容创作新时代

大力发展元宇宙虚拟现实内容产业，加快元宇宙虚拟现实行业在出版业的内容开发，建设统一的网络分发和内容服务平台，推动元宇宙虚拟现实内容生产制作和分发，丰富元宇宙虚拟现实内容服务。对新闻出版行业而言，VR/AR技术是手段，硬件是载体，最重要的核心是优质内容。经过这几年的市场检验，VR/AR出版物还是很吸引读者的，广大读者也愿意尝试这种新的阅读方式，但是除了花样更多的阅读形式，读者们最关注的还是内容本身，而读者对VR/AR出版物抱怨最多的也是内容单一匮乏。所以，对于出版行业来说，增强虚拟现实内容生产创新能力，培育虚拟现实内容生产生态，提供高质量虚拟现实内容至关重要。

3. 完善人才供给体系，培育出版行业复合人才

《全球虚拟现实人才报告》中显示，现阶段中国虚拟现实人才数量仅占全球的2%，但对虚拟实现人才的需求却达18%，而各个出版单位更是严重缺乏既懂虚拟现实技术又有出版编辑知识的行业人才。因此，加强出版行业虚拟现实产业人才发展的统筹规划，完善从研发到转化，从生产到管理的人才供给体系已经迫在眉睫。各大高等院校应该加强虚拟现实相关学科专业和课程建设，以高层次创新人才为重点，各个出版单位要实施优秀人才引进计划，完善科研成果转化挂靠机制，以紧缺型技术人才和后备人才为重点，依托高校和科研机构实施虚拟现实专业人才培养计划，健全技术人才使用、评价、激励和保障政策。

4. 联合元宇宙、5G、人工智能新技术，融合多行业应用

元宇宙、商用 5G 和人工智能是近年来极为火爆的概念，加快元宇宙、商用 5G 和人工智能技术的推广，促进"新闻出版＋VR/AR＋元宇宙＋5G＋人工智能"的多维度融合，有利于减少新闻出版业融合发展的阻力。目前，主管部门和应用部门合作引导和推进"VR＋"发展，各方都在强力推广和深化实用性强、示范性好的虚拟现实技术产品在制造、教育、文化、健康、商贸、安防、医疗、旅游、文化创意等重点行业、特色领域的渗透应用，创新社会服务方式。出版行业应该抓住这个机会，开展全国性的实地调研考察工作，加强与不同行业、不同企业的信息沟通，对接多个行业应用部门、企业，尤其是与出版行业有天然联系的文化、教育部门，建立需求对接机制，融合行业应用需求并快速传到相关企业，实现产业链的有效对接。

5. 发挥示范带头作用，建立榜样引领体制

出版行业主管部门应当加强战略规划，对产业发展和地方布局进行科学引导，对标准、安全规范等进行梳理。在科学规划的指引下，努力推动地方产业发展与国家总体规划的协同，避免产业盲目扩张发展，推动地方实现差异化发展。各地的出版行业主管部门应该因地制宜，依托各地产业基础，推动出版行业虚拟现实创新中心、产业应用示范基地建设，在发展基础较好的地区，加速推进应用示范，发挥地方示范引领作用。同时，中央以及省市的主管部门应该建立相应的选拔机制和评价机制，选择几家在出版行业与虚拟现实融合发展方面表现优异的企事业单位给予资金与政策支持，建立榜样引领体制，树立正面导向，促使出版单位加大力度与虚拟现实产业融合发展。

（作者单位：中国新闻出版研究院）

中国数字主题出版产业研究报告

重庆华略数字文化研究院

2022年注定是极不平凡的一年。这一年是我国踏上全面建设社会主义现代化国家、向第二个百年奋斗目标进军新征程的重要一年。这一年，党的二十大胜利召开。党的二十大报告提出"坚持和发展马克思主义，必须同中华优秀传统文化相结合""建设具有强大凝聚力和引领力的社会主义意识形态""高质量发展是全面建设社会主义现代化国家的首要任务"等一系列新思想、新理论、新观点，这些都需要主题出版做亮做优做强，发挥重要作用。

2022年，中国数字主题出版着眼文化强国、出版强国建设战略目标，加快推进中华优秀传统文化创造性转化与创新性发展，不断夯实意识形态主阵地地位，推进数字主题出版实现高质量发展。数字主题出版产业高质量发展是推进国家文化数字化战略的重要抓手，在满足人民日益增长的精神文化需求，增强中华文明传播力、影响力，展现可信、可爱、可敬的中国形象等方面发挥更加重要的作用。

一、数字主题出版产业发展态势

（一）数字主题出版形态得以丰富

2022年，中宣部公布主题出版重点出版物选题160种，相比2019年的90种增长了78%。其中音像电子出版物选题20种，相比2019年的13种增长了54%。2022年3月，中共中央办公厅、国务院办公厅出台《关于推进实施国家文化数字化战略的意见》，推进数字主题出版高质量发展。在重点选题上，高质量数字主题出版产品得以彰显，《百炼成钢：中国共产党的 100 年》《VR 视界——红色文化体验馆》《军歌嘹亮——庆祝中国人民解放军建军 95 周年歌曲集》等数字主题出版产品为受众提供全方位、互动式、沉浸式数字阅读体验。其中《百炼成钢：中国共产党的 100 年》系列短视频遴选了百年历程中 100 个重要事件，生成 100 集光影故事。该短视频在江苏卫视、腾讯视频、爱奇艺等网络平台同步上映，开播仅一周，各视频平台总点击量已达到 3.3 亿次。此外，中央广播电视总台推出《军歌最嘹亮》建军 95 周年主题云歌会，直播时长近 5 小时，得到受众的青睐和喜爱。

（二）少儿数字主题出版发展势头强劲

少儿主题出版受到社会各界的高度重视和读者的喜爱。2022 年 8 月，由时代出版传媒股份有限公司、安徽少年儿童出版社等企业举办的"《桦皮船》数字藏品揭幕暨阿拉伯文版签约仪式"在黄安书会举行，该藏品以"民族文化的追溯与传承"为命题进行切入，让大众通过数字藏品独特的窗口，借由交通工具的层层过渡，洞察从现代都市生活到传统民族生活的生态全貌，创造性记录、传承民族文化传统，延续民族非遗生命力，激发青少年的民族认同感与感知力，为弘扬民族精神的优质出版物提供了融合发展新路径。同时入选 2022 年重点主题出版物的《列车开往乞力马扎罗》电子书，围绕新中国成立以来第一大援外工程"坦赞铁路"的历史与当下，勾连起三代人的命运流转，表达了源远流长的中非友谊，为少儿读者刻画了和平美好的发展场景。

（三）数字主题出版营销模式不断拓展

2022 年，数字主题出版除依托"数博会""图书订货会"等传统线下营销模式外，积极拓展营销模式，短视频营销、直播营销成为新热点。根据《中国互联网络发展状况统计报告》显示，截至 2022 年 12 月，我国网民规模达 10.67 亿，同比增长 3.4%，互联网普及率达 75.6%。短视频营销模式日益受到出版机构的重视。通过整理近 3 年主题出版重点出版物选题目录数据发现，我国主题出版重点图书选题合计立项 545 项，立项数量排名靠前的 10 家出版社中，均已开设抖音账号。其中人民文学出版社粉丝数量达 76 万人，为主题出版短视频营销奠定受众基础。福建少年儿童出版社推出的《勐宝小象》，实现了用户体验消费升级。在直播营销方面，主题出版依托电商平台、网络视频平台和互联网社交媒体强化营销效果。黑龙江教育出版社以《中国名片》的直播讲解，生动描绘了新时期中国高铁这张名片的铸造历程，激发了广大读者的消费热情，提升了受众的消费体验。

（四）数字主题出版彰显地域特色

在地方主题出版发展过程中，以往采用较少形式如音乐、微视频、动画等纷纷出现，丰富了数字主题出版业态。同时，地方主题出版具有较强的现场感、贴近性，目标受众较为清晰甚至精准，数字主题出版的传播效果得到增强。2022年，重庆出版集团推出巴渝文化系列影像丛书《老重庆影像志》，该套丛书作为体现重庆地方文化的重磅书，充分挖掘地方文化内涵和底蕴，多角度展示地方文化特色。成都音像出版社推出的《精巧中国》、江苏凤凰电子音像出版社推出的《奋斗与辉煌：全面建成小康的苏南样本》，浙江电子音像出版社和浙江科学技术出版社联合出版的《历程：共同富裕高质量发展的浙江样本》均体现了地域特色发展的生动实践。新疆音像出版社出版的《筑梦中国·振兴新疆路》入选主题出版重点出版物选题，深度开发一批电子书、有声书、广播剧和纪录片，逐步推动新疆出版深度融合发展。

二、数字主题出版产业发展的问题与对策

（一）数字主题出版产业发展面临的问题

1. 数字主题出版精品系列不突出

一是数字主题出版精品不多。综合160种主题出版重点出版物来看，聚焦"四史"选题策划出版的有上百种，数字主题出版选题20种，占总数的12.5%，围绕党和国家重大战略部署、关键时间节点、重要热点趋势的数字主题出版精品数量亟待增加。二是难以形成数字主题出版精品系列。从数字主题出版产品发展历程来看，少儿类主题出版产品更能成就精品系列，但2022年

少儿主题出版物仅包括《中国少年》《中国的孩子》《勐宝小象》《列车开往乞力马扎罗》《桦皮船》《冬格措拉的孩子》《院士解锁中国科技》7 种，少儿数字主题出版产品开发明显不足。三是数字主题出版精品发展模式不成熟。重点主题出版物大多是以图书等实体表现形式进行传播，电子书、视频书、有声书、影视转化、动画动漫、知识服务、在线教育、互动游戏等热门领域，难觅主题出版物的踪迹，融入 AI、AR、VR 等现代技术手段加强主题出版沉浸式场景打造的力度也较为薄弱，主题出版数字化发展模式尚不成熟。

2. 数字主题出版运作机制不完善

一是全产业链运营理念缺失。数字主题出版产品选题、生产加工、场景设计、营销传播等全产业链运营理念尚不清晰，出版机构较难突破主题出版作品数字化加工壁垒，物理层面的数字化整合，无法产生融合的产品升级反应，也无法真正形成用户思维、数字化思维和数据库思维。《精巧中国》《中国高度》等数字主题出版产品受众反馈度不高，数字主题出版产品影响力尚未凸显。二是优质 IP 资源稀缺。一方面是已有的优质 IP 资源挖掘度不够，比如少儿主题出版精品系列不突出；另一方面是新打造的 IP 难以成势，比如《精神的追寻——中国共产党人精神谱系（系列微视频）》还必须聚焦选题和受众深化 IP。三是经营模式滞后。数字主题出版投入产出效率评价机制欠缺，影响其经营效率的关键因素难以确定，较难精准满足受众的多样化精神文化需求。

3. 数字主题出版"走出去"发展依然困难

一方面，数字主题出版产品较难"走出去"。2022 年，中宣部公布的 160 种主题出版重点出版物中对外输出的作品为数不多，比如外文出版社的《习近平谈治国理政（第四卷）》《新时代中国之治：如何跳出治乱兴衰的历史周期率？》，五洲传播社的《"中国道路与世界之问"丛书》明确定位国际传播，而大部分主题出版作品倾向于本土传播，数字主题出版产品海外传播力度较弱。另一方面，海外主题出版数字化传播阵地建设不强。主题出版"走出去"主要依托"一带一路"倡议，2022 年已有数十家中国主题出版海外联合编辑部和出版中心成立、建设和发展，肩负着主题出版国际传播使命。但总体来看，他们主要是对主题出版作品传播，比如把《习近平谈治国理政》系列作品作为主题出版"走出去"的重要窗口，数字主题出版产品"走出去"，主题出版数据库联合共建，在线教育平台搭建等方面依然面临诸多困难。

（二）数字主题出版产业发展的对策建议

1. 打造数字主题出版精品

一方面提高数字主题出版内容质量。要始终坚持人民本位理念，以数字主题出版内容精品促进人民精神文化生活消费升级。出版机构要充分运用数字技术追踪消费数据和信息，促进数字主题出版内容质量提升。在内容呈现方面，要加强沉浸式场景打造，多场景设置游戏动漫场景，尤其是在场景中融入中华优秀传统文化元素，提高主题出版内容质量，强化受众体验消费空间。另一方面，打造数字主题出版品牌工程。广泛运用新技术创新打造数字主题出版品牌产品，着力构建数字主题出版产品品牌库。重点围绕主题出版使命，丰富数字主题出版品牌产品类型，构建产品核心矩阵，提升数字主题出版影响力和牵引力。要构建数字影像展、微视频、动漫动画、互动游戏、数字音乐、纪录片等数字主题出版产品体系。此外，数字平台建设和主题数据库建设也必须加快步伐。

2. 完善数字主题出版运作机制

一是加快整合内容与渠道。要将国家重要政策、重大理论和观点、优秀文化融入数字主题出版产品，彰显主题出版数字特色，促进数字主题出版品牌产品传播渠道建设。陕西科学技术出版社推出的《VR视界——红色文化体验馆》将红色文化资源与沉浸式场景充分整合，让受众真切感受红色文化的发展脉络。二是加强互联网络平台联动传播。加强学习强国 App、党报党刊数字化平台、全媒体平台互动关联，拓展数字主题出版产品的传播范围，不断强化数字主题出版选题，提高数字主题出版产品的市场占有率。三是促进经营模式革新。要强化主题出版数据库、数字化平台功能和作用，开发数字资源交易与服务平台，提供一体化数字版权推广服务。要拓展数字主题出版形态，扩大数字主题出版产品主营业务收入，延伸产业链条，实现产品价值增值。

3. 夯实数字主题出版"走出去"基础

一是把握数字主题出版国际性特点。调研国际出版市场现状，了解海外受众阅读兴趣和需求，针对性开发满足海外受众需要的数字主题出版产品。当前，越来越多的海外受众期待快速获取应对国际重大难题的中国智慧和中国方案。数字主题出版"走出去"要成为海外受众深入了解中国、了解中华文化、学习中国治理方案的重要途径。二是提高数字主题出版质量，适应本土消费习惯和需求。以主题出版图书为基础推进其数字化过程是数字主题出版"走出去"的主要模式之一。比如，加快已入"剑桥中国文库"的系列主题出版图书的数字化进程，是打造数字主题出版品牌产品的有效方式，要紧密结合本土受众消费习惯和消费需求进行出版实践。三是利用国际书博会、数博会实现受众引流。出版机构借助这类交流平台，数字主题出版产品更有可能获得海外受众的青睐和喜爱，融入主题数字出版产品的文化内涵、价值才能迸发出新的生机与活力，不断增强中华文明传播力、影响力，展现可信、可爱、可敬的中国形象。

三、数字主题出版产业发展趋势

（一）增强数字主题出版内容设计定位

一是增强内容设计的政治性。党的二十大报告为主题出版工作提供了重要指引，赋予了新的使命，在主题出版数字化发展基础上，坚持以人民为中心的创作导向，缔造更多彰显时代特性、贴近群众生活、深受人民喜爱的精神产品。数字主题出版促进中华优秀传统文化创造性转化和创新性发展，是数字主题出版内容设计政治性的体现。二是强化内容设计的市场性。一方面要结合重大时间节点、热点策划数字主题出版选题。推进选题规模化、系列化，力求做深做透每一个数字主题出版产品，打造数字主题出版精品系列。另一方面，数字主题出版要做到立意宏大、切口深入、场景独特、亲和表达。逐步建立和强化市场淘汰机制，消解同质化、不接地气、简单说教的数字主题出版劣质产品影响。三是增强内容设计的特色性。地方出版社是数字主题出版的生力军，是实现国家高度与区域特色主题对接耦合的重要力量。发挥本土特色优势，深挖地域文化资源禀赋，是提升数字主题出版差异化、特色化竞争的抓手。基于地域特色的数字主题出版产品，还要注重地域空间限制，形成优势产品，将影响力延伸到全国甚至海外。

（二）健全数字主题出版人才培育体系

一是健全人才培育机制。要持续深化"数博会""数字出版年会"等数字主题出版高质量发展平台优势，推进人才培养为数字主题出版提供思想源泉、内容支撑和实践动力。数字主题出版精品的产生离不开创作人才、管理人才加持，要深化地域间数字主题出版项目合作机制，拓展数字主题出版人才发展空间。以考核评价机制激发数字主题出版人才活力的培养方式也必须引起重视。二是加快建设作者群。数字主题出版产品创作队伍建设与维护，是形成数字主题出版精品系列的关键。基于作者群体的社群营销也进一步提升数字主题出版产品的传播效果。三是推进出版编辑人才建设。编辑人才是数字主题出版选题的策划者、内容把关者、文化传播者和产品营销者。媒体深度融合发展进程中，编辑在探索数字主题出版的新内容表达、新形式呈现等方面发挥更加重要的作用。出版机构要给予更多配套资源和支持，强化资深编辑在数字主题出版领域持续发力，形成出版编辑的"学徒制"，不断发掘年轻化的编辑新军。

（三）促进数字主题出版传播体系建设

一是强化市场细分传播。数字主题出版分众化传播要求对目标受众进行细分，使用不同的传播方式，满足差异化、个性化的内容需求。出版机构基于受众消费偏好和数字阅读习惯，要积极拓展电子书、视频书、有声书、动画动漫、微视频、新场景等数字主题出版产品传播形态，尤其是拓展文学主题、少儿主题和科技主题出版产品缔造空间。二是融媒体产品将更加丰富。主题出版与动漫游戏结合度将更为紧密、更有层次，原创动漫游戏产品将快速激发受众阅读兴趣，引导社会大众理解党和国家的政策方针、战略举措，达成数字主题出版的责任和使命。沉浸式阅读体验是数字主题出版必须关注的领域，加快在该领域的布局是把握市场机遇的关键。三是线上线下融合传播更为迫切。即时传播是数字主题出版产品优势之一，线上线下传播有效衔接有助于数字主题出版优化产品布局和场景设计，倒逼数字主题出版精品系列生成。

（课题组成员：游登贵、徐川明、杨诗柔、项雨欣）

中国有声阅读产业年度报告

张馨月　孙晓翠　王姿懿　于千雯

一、有声阅读产业概述

2022—2023 年，包括有声阅读产业在内的中国文化产业发展迅猛。艾媒咨询数据显示，2022 年中国声音经济产业市场规模达 3 816.6 亿元，预计 2023 年将超过 5 100 亿元。有声阅读产业持续发展，成为增长潜力最强的阅读媒介产业之一。

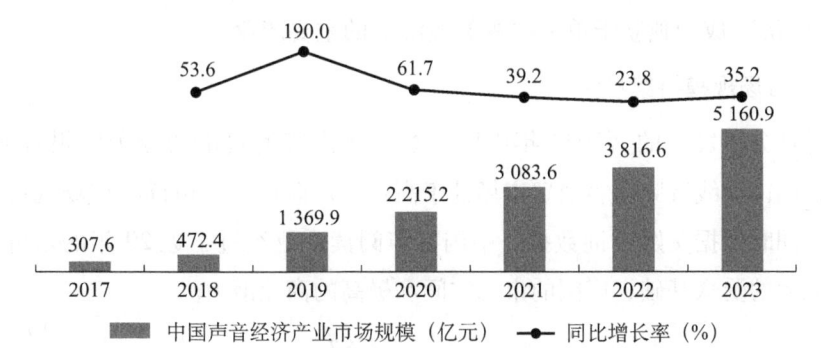

图 1　2017—2023 年中国声音经济产业市场规模、增长率及预测

数据来源：艾媒咨询

随着"后疫情时代"的到来，我国有声阅读产业在政治、经济、社会等多方因素共同作用下迎来全新业态。

（一）政策支持

政策支持是我国各行各业蓬勃发展的重要条件，也引导着有声阅读产业持续向好发展。

1. 国家高度重视、深入推进全民阅读

近年来，国家大力倡导、深入推进全民阅读事业。2023 年 3 月 5 日，第十四届全国人民代表大会第一次会议上，全民阅读连续第十年写入政府工作报告。国家高度重视全民阅读、不断开展全民阅读活动，作为全民阅读重要组成部分的有声阅读产业在这些政策支持下蓬勃发展。

2. 声音经济市场监管日益规范

如今，世界已进入融媒体新时代，互联网使得用户获取信息更加迅速便捷，也更为碎片化。短视频等媒介的成长，扩大了有声阅读主播的影响力。"科普"与"误导"仅一线之隔，"娱乐"与"煽动"变得界限模糊。对此，我国出台了针对有声阅读产业"持证上岗"的一系列新规，让专业类的有声阅读产品有规可依。

（二）经济发展

放眼国内有声阅读产业，其在市场回暖大背景下保持了高速发展趋势。"耳朵经济"成为独立于单一"视觉经济"的重要产业。

1. 市场规模持续扩大

易观分析发布的《2022 年中国在线音频内容消费市场分析》报告显示，目前，国内在线音频内容消费市场处于高速发展阶段，有声读物市场规模继续扩大。同时根据艾媒咨询数据，中国有声阅读产业经过了近 20 年的培育，具备了庞大的受众基础、广阔的市场空间和极高的商业潜力。

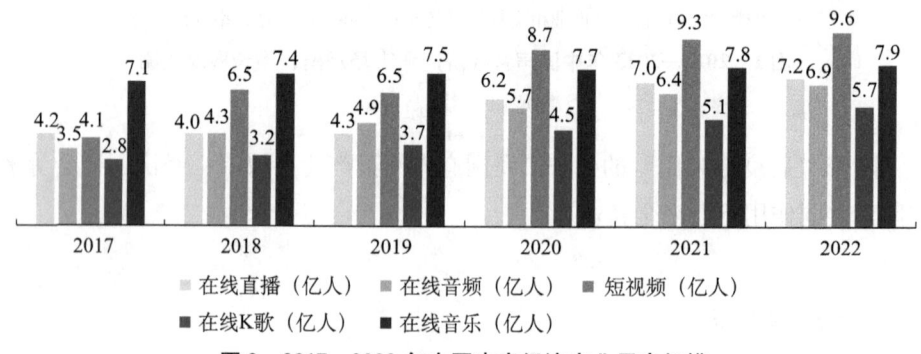

年份	在线直播（亿人）	在线音频（亿人）	短视频（亿人）	在线K歌（亿人）	在线音乐（亿人）
2017	4.2	3.5	4.1	2.8	7.1
2018	4.0	4.3	6.5	3.2	7.4
2019	4.3	4.9	6.5	3.7	7.5
2020	6.2	5.7	8.7	4.5	7.7
2021	7.0	6.4	9.3	5.1	7.8
2022	7.2	6.9	9.6	5.7	7.9

图 2　2017—2022 年中国声音经济产业用户规模

数据来源：艾媒咨询

2. 用户规模稳步增长

艾媒咨询数据显示，中国在线直播、在线音频和短视频用户规模大体保持稳定增长。2022年，在线直播和在线音频用户规模分别达7.2亿人和6.9亿人，声音经济相关行业的品类不断丰富，适应国民文化娱乐需求的内容不断增加，声音经济发展前景依然广阔。

（三）社会支持

移动互联网的勃兴和媒介技术的发展，将耳朵"唤醒"，也为有声阅读产业带来了用户的需求革新与升级。

1. 数字阅读介质使用率上升

第二十次全国国民阅读调查数据显示，2022年我国有三成以上（35.5%）的成年国民有听书习惯，较2021年的平均水平（32.7%）提高了2.8个百分点，未来国民听书比重仍将不断提高。相关统计显示，数字阅读率首次超过传统阅读率，这意味着有声阅读产业受众群体持续扩大，为产业发展提供群众基础。

2. 用户重视收听体验和内容质量

随着有声阅读产业的用户基础不断扩大，有声阅读平台需进一步稳固自身内容优势，持续深入挖掘垂直领域的内容布局，满足用户多样化的收听需求。艾媒咨询研究报告指出，七成用户购买过付费在线音频节目，将近六成用户愿意为知识技能型音频付费，并且选择音频类知识付费产品时优先考虑内容丰富度。

（四）技术赋能

1. 5G赋能有声阅读的全场景覆盖

5G构筑"万物互联"的传播格局，加速突破媒介壁垒。这意味着有声阅读载体不断拓展至各智能终端，并呈现出全场景覆盖的发展趋势。以中央广播电视总台声音新媒体平台云听为例，云听产品现已覆盖360儿童手表等多品牌智能穿戴设备。在全场景覆盖的智能终端支撑下，有声阅读成为应用新技术的重要场景和产业，焕发新的活力。

2. 人工智能助力有声阅读产品制作

依托算法机制、人工智能技术的不断升级，有声阅读产品交互性增强，生产效率提高，推送机制日益成熟。如天猫读书的 AI 趣味听书、豆瓣阅读的朗读功能等，均可实现文本内容在线语音输出，并根据用户喜好提供多种声音类型，满足了用户多样性、个性化需求。

二、有声阅读产业发展现状

（一）市场整体现状

2022 年，全球数字出版产业呈现强劲发展实力，保持较好发展势头；有声阅读产业作为数字出版的重要分支之一，发展规模持续扩张。各国十分重视有声阅读产业的发展，不断加快有声阅读产品的开发。我国有声书市场已步入成熟期，有声阅读产业在多方面不断发展创新。政治、经济、社会多方推动的发展背景使得我国有声阅读产业整体稳中有进，互联网科技与多样终端推动有声阅读产业各细分领域实现技术底座上的跨越式创新，各平台受众扩张的同时受众需求更垂直，我国有声阅读产业呈现全产业链变革趋势。

1. 全球有声阅读产业规模

贝哲斯咨询统计的有声读物市场数据显示，2022 年全球有声读物市场规模达到了 608.27 亿元（人民币），预估到 2028 年，市场规模将以 26.01% 的增速达到 2 434.74 亿元。目前，播客已成为海外出版传媒市场新的增长点。2022 年 5 月发布的《美国播客广告收入研究报告》显示，2021 年美国播客广告收入同比增长 72% 至 14 亿美元；增速是整个互联网广告市场（35%）的两倍。新闻出版商和流媒体平台是播客市场上最活跃的力量。

2. 中国有声书市场步入成熟期

目前，我国成年国民有声阅读习惯逐渐养成，且规模逐渐扩大。有声阅读产业高速发展，产业规模也随之不断扩大，我国的有声阅读已经形成了基本的市场规模。同时，全新的有声阅读产业价值链也逐渐成型，产业规模扩大、新平台入局、老平台创新、市场竞争加剧、受众基础扩张，多方面呈现不断发展态势。这意味着，我国有声阅读产业进入相对稳定的发展。

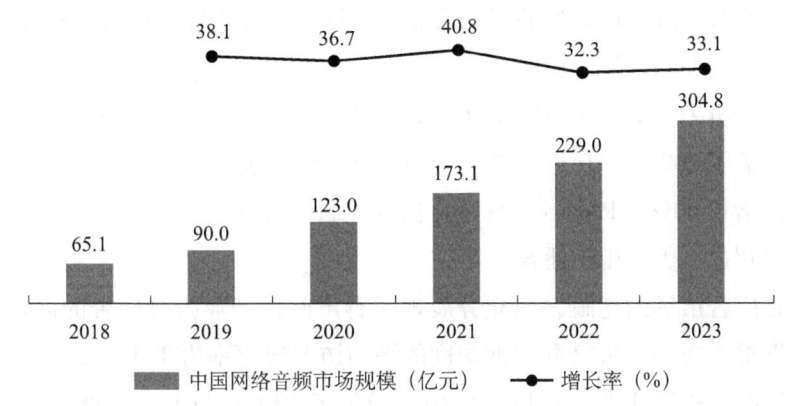

图 3　2018—2023 年中国网络音频行业市场规模、增长率及预测

数据来源：艾媒网

3. 场景消费成为新的增长点

我国有声阅读产业发展已摆脱二维的平面化增长，在媒体技术发展下，转为包含用户与平台多角度、线上与线下共拓展的，三维的立体化增长。智能终端的丰富与普及为有声阅读扩大用户群体，摆脱终端限制。以车载端为代表的移动场景，成为有声阅读产业拓展的新方向。2022 年中国车载音乐市场规模达 169.8 亿元，预计 2025 年有望突破 350 亿元。网约车的普及也推动车载听书、有声小说等一系列有声阅读产品的发展。目前，越来越多的汽车厂商开始加强车内生态的布局，这也让中国有声阅读平台开始重视车载端产品布局。

同时，为进一步满足市场需求，有声阅读平台除了拓展线上业务，也开始布局线下业务。各平台将音频内容导入商铺、文娱中心等线下生活和消费场景，从线上移动性收听到广播式收听。这不仅促进了音频内容的传播，也在一定程度上激活了这些生活场景的活力。比如，Tims 咖啡与蜻蜓 FM 合作推出音浪主题咖啡店，不仅扩大了音频行业领域，而且为用户提供了具有强大社交属性的"音频+咖啡"生活场景。吉林地铁与喜马拉雅合作，打造地铁上的"有声图书馆"，加强公共文化推广。有声阅读产业的线下发展既与线上平台实现有效联动，又能将有声阅读产品融入生活场景，实现平铺式普及。

4. 播客广告市场表现亮眼

目前，中国的声音经济正处于较快的增长期，我国有声阅读产业已形成以喜马拉雅为龙头，包含懒人畅听、荔枝、蜻蜓 FM、番茄畅听等较为稳定的有声阅读平台竞争梯队，其地位较为稳定。未来播客用户还会持续增加，在 2022 年我国将成长为除美国以外的第二大播客市场，播客广告市场也会随着播客市场普及而走向新的发展阶段。

播客分析公司 Podsights 发布了《2022 年第四季度广告基准报告》，报告中的数据覆盖了 2021 年 10 月至 2022 年 9 月期间的活动，实现了近 110 亿的展现量，同比增长 60%。Podsights 估计，播客广告市场规模为 20 亿美元，每 4 美元中就有超过 1 美元用于播客广告。

播客广告市场的亮眼表现充分展现了有声阅读产业投放广告的商业价值。同时根据报告数据，2022 年第四季度的平均访客转化率为 1.31%，与 2022 年第三季度的平均转化率（1.17%）相比增长了 19%；与上一季度（0.037%）相比，2022 年第四季度的平均购买转化率也上升至 0.044%。与前四个季度的报告相比，平均潜在客户转化率达到 0.11%，创历史新高。

高转化率意味着有声阅读平台用户的活跃性与有声阅读产业整体的活性发展。全球知名的市场研究机构 eMarketer 的调查报告显示，到 2024 年底，播客的收听者将达 5 亿，而中国市场播客覆盖率的占比为 8.7%，低于全球平均覆盖率 18.7%。

（二）细分市场现状

1. 职业教育成为有声阅读市场新风口

有声阅读产业在发展初期以 PGC 生产模式为主，由各有声平台利用自身版权优势对网络文学作品进行有声化制作、与专业音频团队合作生产有声阅读作品，以及邀请知名主持人开设有声栏目等。其更多是从平台向受众的，单向的内容输出。这样的生产模式，虽然在一定程度上能够保证有声阅读作品质量，但其生产成本偏高、生产效率较低，且对于用户需求的回应也较为滞后，逐渐不适应时代要求。

"万物互联"背景下，有声阅读产业的高速发展、有声阅读产品的特殊性质、科技与互联网的发展催生了声音经济新业态。随着声音经济行业的蓬勃发展，声音经济行业对人才输入的需求增加，行业人才缺口不断扩大。目前音频直播是新兴声音职业中人才缺口最大的，约 1 000 万；其次是有声书演播，人才缺口约800万。基础教育体系供给的人才数量，已逐渐无法满足日益增长的声音人才需求，声音相关的职业技能培训机构不断涌现。

面对这一现状，专业声音培训相关产业应运而生。如十方融海旗下设立梨花声音研修院，为大众提供专业化、体系化、实战化的声音训练课程；喜马拉雅"攀登计划"致力于培养有声书主播。同时，不少有声阅读平台充分利用用户高参与度的意愿，以"PGC + PUGC"的运营模式，激励用户自主生产有声阅读作品，既为用户提供发声渠道，又在一定程度上填补作品生产缺口。例如，"懒人听书""声浪计划"以现金激励和资源扶持优质的播客创作者，累计孵化主播1.3万人，累计播放量58.34亿次。

有声阅读产业的发展催生了衍生产业，其产业链的完善也为有声阅读市场提供新风口。由此可见，未来有声阅读产业发展需要各平台联动行业上、中、下游，以优质内容激发产业活力，以合作共赢推动全产业链发展。

2. 有声阅读助推儿童教育

近年来，随着有声阅读用户平均素质与受教育水平的提高，利用有声阅读平台学习知识、增长技能的用户需求大幅增加，为用户提供便利求知渠道成为有声阅读平台在提供休闲娱乐之外的重要职能。例如，"懒人听书"打造《英语入门王：从ABC到流畅口语》等音频栏目，为有志于自我提升的职场人提供通勤路上的知识库。

儿童电子教育已成为当下儿童成长教育的重要门类，有声阅读已成为儿童电子教育中成长较为迅速的一个细分市场。有声阅读具有准入门槛低的特点，使各年龄段的听众都能经由平台实现内容获取；同时，有声阅读将书本内容由单一视觉刺激转化为听觉刺激，既能使不识字或识字不多的儿童能够自主学习，又能将生硬的学习内容以更生动的、便于接受的有声阅读作品形式呈现出来。

有声阅读产品以声音传递知识，提升儿童学习兴趣，对学龄前儿童的启蒙教育、学龄儿童的知识普及具有重要意义，也为有声阅读产业带来新的发展方向和市场。例如，北京出版集团与北京猿力教育科技有限公司签署战略合作协议，涉及少儿教育、少儿科普、育儿教育、研学培训等产业板块，计划推出包括有声书在内的衍生文创产品；上海教育出版社推出了"阅读+在线音频+线上资源"组合形式的"语文素养文库"书系。有声阅读产业与儿童教育的融合既意味着儿童教育形式创新，也开启了有声阅读产业的发展新模块。

3. 新一代读者有望成为有声读物市场新蓝海

资料显示，有声阅读用户的年龄结构年轻化，25—40 岁的用户占总用户的 65%，是有声阅读的主力军。中青年群体大多为上班族，收听有声阅读作品的目的包括充实通勤时间、放松身心等。有声阅读平台为迎合这部分用户的爱好，内容往往以有声化小说、脱口秀等轻松主题为主。

近年来，有声阅读市场的扩张不仅体现在有声阅读平台方的产业链发展与细分领域创新，还体现在受众方的拓展。根据 Mob 研究院数据，有声听书最受 45 岁以上人群青睐。这一年龄群体可以被称为"新老人"，指的是健康状况良好、受教育程度较高、社会经济参与意识较强、消费理念更加现代化，但还没有被充分服务的中老年人群。有声阅读市场中，不同年龄层的听众呈现出差异化的特征；其中，"新老人"群体和"新生代"的"Z 世代""千禧一代"听众在有声读物消费市场中表现亮眼。

有声阅读产业应当充分认识并抓住中老年这一用户群体，为有声阅读产业的持续发展开拓蓝海市场。例如，中央广播电视总台音频客户端云听与中国老龄协会信息中心合作打造"云听客户端（乐龄版）"，以人机交互智能收听方式为主要发力点，并与银龄书院合作开展"云听银龄悦读"计划，邀请老年用户上线播音；喜马拉雅在为老年人提供适合的有声书的同时，还为老年人开放主播道路。

同时，"Z 世代"（12—26 岁）和"千禧一代"（27—42 岁）现在是重要的图书消费者。年轻群体的兴起在给有声阅读产业带来庞大市场的同时，也给各平台带来新的考量，对娱乐性、故事性内容的偏爱与对更便捷、更碎片化的终端传播的要求，推动有声阅读产业利用科技不断发展。例如猫耳 FM 打造网络文学有声化版块，选择"大 IP"，联合知名声优进行有声化产出，就有效迎合了年轻群体。新的受众群体以个性化需求倒推有声阅读平台垂直化发展，不同偏向的读者需求形成有声读物市场新蓝海。

（三）市场结构现状

多种产业背景条件为我国有声阅读产业的发展奠定了良好的基础，如国家持续推行利于有声阅读产业发展的政策举措；我国经济保持了良好的增长势头；科学技术也为有声阅读平台发展提供新契机；社会公众有声阅读习惯逐渐养成；同时，用户需求革新升级。这使得我国有声阅读平台不断发展，市场竞争激烈。有声阅读市场结构在呈现出"头部平台领先、其余平台随后"的基础态势外，也在产业成熟背景下回归理性。

1. 头部效应明显，差异化竞争优势突出

2022年听书App市场环境延续了过去几年的激烈程度。在白热化的竞争中，喜马拉雅App成为唯一一个月活过亿的有声音频平台，市场份额远超其他平台。

在"二八定律"明显的有声阅读App市场，具有独特优势的其他听书App从同质化竞争走向差异化竞争，逐渐凸显出优势并在盈利模式上获得突破。譬如，荔枝FM瞄准Z世代年轻用户，打造了UGC内容社区；而蜻蜓FM则培养了内容偏好相对专一的用户群体，使其持续关注感兴趣的内容品类，具有较强的垂类内容忠诚度。

2. 有声阅读市场回归理性，玩家竞争激烈

随着有声阅读产业的成熟，有声阅读市场逐渐回归理性，但有声阅读赛道玩家竞争也愈发激烈。字节跳动基于番茄小说App上线的番茄畅听、腾讯音乐打造的懒人畅听、微信平台依托社交流量打造的微信听书等，在2022年引起了有声阅读市场的新一轮激烈竞争。

对标国外苹果Podcast、Spotify、Google Podcast等播客平台打造的国内播客App也纷纷进驻市场争夺份额，如小宇宙、汽水儿、皮艇、荔枝播客、看理想等，以及内置于网易云音乐、QQ音乐、微信读书、喜马拉雅FM、蜻蜓FM中的大量播客。这些播客平台有的具有字节跳动、快手等互联网大厂基因，有的内置于App中，成为有声读物App或音乐App的子功能。现阶段，一度小众的播客赛道在各方纷纷入局的情况下可谓相当拥挤，优质的有声读物内容创作者成为各播客平台努力发掘和抢夺的资源。

（四）终端市场现状

1. 国外智能音响设备销量不佳

2022年，受到新冠肺炎疫情对经济的冲击以及市场逐渐饱和的影响，国外

智能音响设备销量不佳。市场调研分析机构 Canalys 报告显示，2022 年，全球 PC 出货量下降的同时，全球智能手机市场出货量跌破 12 亿部，仅为 11.93 亿部，同比下降 12%；智能手表、智能手环等可穿戴设备的出货量也出现了显著下降，如苹果可穿戴设备出货量同比下滑 17% 至 1 380 万、谷歌出货量同比下滑 25% 至 400 万、三星出货量同比下滑 35% 至 290 万。

同样在智能家居领域，全球智能家居设备也显现颓势。2022 年，全球智能家居设备出货量仅为 8.74 亿台，出货量下降 2.6%；其中，智能音箱和视频娱乐设备（如电视和流媒体设备）首当其冲。

2. 中国智能音响设备市场表现一般

与国外销售情况类似，2022 年我国智能音响设备终端市场表现也较为一般。洛图科技《中国智能音箱零售市场月度追踪》显示，2022 年中国智能音箱市场销量为 2 631 万台，同比下降 28%；市场销售额为 75.3 亿元，同比下降 25%。这些数据表明，我国智能音响设备市场进入低谷期。

2022 年，国内国际智能音响终端市场表现均不佳。该表现一方面受疫情和经济形势影响，另一方面也可归因于过去数年间，目标用户群体相关产品已经普及。我国智能音响设备市场寻求新的增长点则需要拓宽用户群体，提升产品附加值，丰富用户体验。

3. 车载端产品布局步伐加快

艾媒咨询数据显示，2022 年中国车载音乐市场规模达 169.8 亿元，预计 2025 年有望突破 350 亿元。有声阅读产业加快布局多终端、汽车厂商对车内生态的日益重视都推动中国主流在线音娱平台对车载端产品布局的拓展。通过技术创新提升客户体验，逐步构建差异化的竞争优势，提升品牌核心竞争力成为有声阅读平台在车载端市场发展的重要战略。

（五）运营模式分析

在后疫情时代，用户对有声阅读产品需求量稳中有进，有声阅读平台持续扩张，产业发展趋于成熟。领先性、差异化、丰富化的运营模式创新与应用，成为在产业竞争中脱颖而出的关键。

1. 内容为王

有声阅读虽然在形式上不断创新，但其本质是一种文化传播行为，内容始

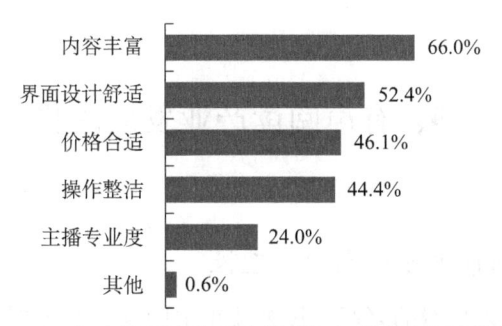

内容丰富	66.0%
界面设计舒适	52.4%
价格合适	46.1%
操作整洁	44.4%
主播专业度	24.0%
其他	0.6%

图 4　2022 年中国用户选择音频类知识付费产品考虑因素

数据来源：艾媒咨询

终是有声阅读平台核心竞争力。一方面，有声阅读平台以内容彰显独特性，例如猫耳 FM 将还原网文打造为自身内容特点，将小说粉丝高效转化为自身用户。另一方面，平台打造爆款 IP、与内容生产平台合作，以头部作品提高用户忠诚度，以大量优质作品吸引潜在用户。例如"得到听书"与新星、中信、社会科学文献等多家出版社长期保持着密切合作，保证平台能够及时获得重点图书资源并跟进解读服务，实现内容为王战略下的平台基础建构。

2. 创新生产

有声阅读平台摆脱单一 PGC 生产模式，以"PGC + UGC + PUGC"的全新生产模式推动专业人士与普通用户的优势互补，活跃平台内外生产潜力。根据艾媒咨询数据，超过五成的音频用户有意愿进行音频内容创作。所以，有声阅读平台在为用户提供生产平台的同时，还进一步健全主播培养机制，完善有声阅读作品生产流程。例如，"懒人听书"有一套主播标识加 V 机制，根据主播人气、作品数量、节目更新连续性等评判标准，通过签约固定主播增加自身音频造血能力。

3. 与时俱进

线上线下深度整合的互动营销模式已成为有声阅读产业适应万物互联时代的有效创新措施。云听与宁波城铁公司共同打造的"党史有声车厢"，成为长三角地区首个可以"听党史"的有声列车；得到听书"拍案惊奇"系列线上主题活动与周五线下听书会活动相配合，使观众以听觉为链接，在线上与线下的互动中放大了情感体验，获得"存在感"、构建"沉浸感"、享受"氛围感"。

三、有声阅读产业发展趋势

（一）有声阅读产业逐渐回归理性

随着互联网知识付费的兴起，过去几年中国互联网上崛起了众多有声阅读平台。但和曾经的电子书一样，有声书也逐渐从新生事物变为传统业务。与电子书市场的疲软状态相比，有声书市场经历了广播剧、知识付费、播客等多种声音形态的爆火，热度迭起。时至2022年相较于数年前的高速增长，国内有声书市场增速放缓、逐渐降温，行业回归理性。

回归理性不仅体现在市场的反应上，也体现在有声读物出版方的出版行为上。2022年，有声书平台的声音处理能力进一步提升，内容品质方面进行了供需侧改革，紧密关注热点内容，强化用户本位意识；对于播讲音质、人工智能语音处理技术等方面有了更高的追求，有助于"耳朵经济"的纵深发展。

此外，回归理性还体现在版权领域。平台方加强对有声读物的内容审核，打击盗版，深入探索版权合作模式。譬如，喜马拉雅平台通过版权合作，与中信出版社、磨铁图书、果麦文化、译林出版社开展合作，实现了出版社版权的声音价值最大化。

（二）有声书平台试水音频综艺

2022年，更多有声书平台试水音频综艺。对于不少都市青年而言，通勤路途乏味、独处时光漫长，音频综艺成为解放双眼、放松身心的极佳选择。其中，尤其是喜剧效果强的音频更具有极高的收听需求。

喜马拉雅App喜剧厂牌"爱逗喜剧"自制了车内唠聊互动音频综艺《早安，打工人》音频综艺IP，近几年爆火的脱口秀、喜剧大会、播客等音频版权也被引入有声书平台中，为听众带来了丰富轻松的有声阅读体验。音频综艺或将成为有声读物平台吸引年轻用户群体、增强用户黏性的重要举措。

（三）有声读物应用出海或将成为新增长点

近几年，伴随着5G技术的发展和国内应用开发能力的成熟，中国泛娱乐应用已经进入国际领先水平，App 出海成为不少互联网大厂的技术增长点。在国内，有声读物 App 已有大量存量用户，增量用户市场开拓受限；而让应用走出国门有助于开拓潜在市场，寻找新的增长点。

从市场层面来看，有声读物出海也有助于业务增长。目前，欧洲、中东、非洲、俄罗斯的有声读物使用时长增长明显；中东的沙特等国家和地区人均 GDP 高，消费能力强。喜马拉雅开发的国际版"Himalaya"等有声读物应用出海不仅带来了经济效益，也有助于推动中华文化"走出去"。

（四）有声读物平台社交属性或将增强

目前，国内不少听书和播客 App 都已经在增强社交属性方面进行了诸多尝试，比如评论交互、有声读物音频弹幕、主播直播和互动、音频转发分享、与好友"一起听"等功能。有声读物作为内容产品本身就具有较高的可讨论度，尤其播客类有声读物常有观点输出与思维碰撞，受到年轻群体的喜爱。因此，有声读物平台或将为增强平台社交属性设计研发更多功能，以提升平台社交属性，增强用户黏性。

参考文献：

［1］艾媒网．2022 年中国声音经济数字化应用发展趋势报告［EB/OL］．2023．https：//www.iimedia.cn/c400/91728.html．

［2］洛图科技．年报 | 2022 年中国音频硬件市场总结与展望［EB/OL］．2023．https：//www.163.com/dy/article/HUBQU29Q0531D3YN.html．

［3］王瑶．有声读物 App "懒人畅听"小说频道内容运营策略研究［D］．青岛科技大学，2022．

［4］中国新闻出版研究院．第十九次全国国民阅读调查报告［R］．2022．

［5］王璐琦．5G 时代有声阅读发展新样态探究——以中央广播电视总台声音新媒体平台云听为例［J］．中国广播，2022，346（04）：14－17．

［6］贝哲斯咨询．2022—2029 年中国有声读物市场数据分析与发展洞察报告［EB/OL］．2022．https：//bbs.csdn.net/topics/608843949．

［7］艾瑞网．2021 中国网络音频产业研究报告［EB/OL］．2021．https：//report.iresearch.cn/report_pdf.aspx?id=3909．

［8］高雪倩．"后疫情时代"有声阅读市场变化趋势及出版社的应对策略［J］．传播与版权，2022（09）：49－51．

［9］陈艺淳．流媒体时代的中国播客内容生产与商业化——以小宇宙播客平台为例［J］．视听，2022，179（03）：156－159．DOI：10．19395/j．cnki．1674－246x．2022．03．035．

［10］Mob 研究院．2022 年声音经济洞察报告［EB/OL］．2022－04－27．http：//www．199it．com/archives/1425803．html．

［11］Mob 研究院：Canalys．2022 年 Q4 可穿戴设备出货量大跌 18% 苹果市场份额提高至 27．5%［EB/OL］．2023－03－09．https：//baijiahao．baidu．com/s? id＝1759859621503241098&wfr＝spider&for＝pc．

［12］Canalys．2022 年第四季度，个人智能音频设备领域下降 26%［EB/OL］．2023－03－10．http：//www．sc2p．com/toutiao/20230310/68856．html．

［13］IDC．2022 年全球智能家居设备出货量为 8．74 亿台［EB/OL］．2023－01－06．https：//mp．weixin．qq．com/s/YnzpkmBEhIT14ZStGW－d4w．

［14］IT 之家．2022 年中国智能音箱市场销量 2 631 万台 同比下降 28%［EB/OL］．2023－01－30．https：//baijiahao．baidu．com/s? id＝1756438579515213166&wfr＝spider&for＝pc．

［15］艾媒咨询．2022—2023 年中国车载音频行业发展年度研究报告［EB/OL］．2022．https：//www．iimedia．cn/c400/91492．html．动点科技．131% 的增幅之后，如何拥抱有声书出海的蓝海？［EB/OL］．2022－04－26．https：//baijiahao．baidu．com/s? id＝1731098421207313243&wfr＝spider&for＝pc．

［16］经济观察报．喜马拉雅实现首个千万级季度盈利，组织蜕变成效显现［EB/OL］．2023．https：//baijiahao．baidu．com/s? id＝1756650702974968205 9&wfr＝spider&for＝pc．

［17］中国新闻出版广电网．有声精品出版：推动产业链条深度融合［EB/OL］．2023．https：//www．chinaxwcb．com/info/585198．

（张馨月单位：伦敦艺术大学；孙晓翠、王姿懿单位：山东大学新闻传播学院；于千雯单位：武汉大学信息管理学院）

中国数字技术赋能数字出版高质量发展报告

重庆华略数字文化研究院

技术是数字出版发展的关键支撑性驱动因素。5G、VR、AR、区块链等新兴技术,为数字出版提供了强大赋能,助力数字出版内容更加丰富多彩,产品形态更加多元灵活,传播渠道更加广泛便捷,商业模式更加多样创新。同时,技术发展也给数字出版带来了新的挑战和问题,如技术应用能力不足、创新人才保障体系不完整、内容质量参差不齐、数据治理缺乏规范等。

一、数字技术在选题策划中的应用

数字出版活动主要关注用户需求、内容价值、品牌形象、社会效益和经济效益等四方面,其中的基础要求是高质量选题和高品质内容。从用户数据出发分析用户行为和市场兴奋点,提升选题策划细分用户精准和作者选配的有效性,进而提升选题策划的准确性、稳定性、合理性,提升出版工作的社会效益和经济效益。

(一)数字技术加快选题策划效率

运用大数据、数据分析、文本挖掘、自然语言处理等方法,能实现出版选题智能推荐、评估和优化,提高选题的质量和效率。利用大数据及 AI,可对市场上当前的数字出版的产品类型、呈现方式、内容、取得的收益等进行多维度分析,发现热点话题、前沿领域、行业动态,减少选题筛选分析数据的时间,提升选题效率。

如学术出版商爱思唯尔与伦敦大学学院共建的"UCL 大数据研究所"，通过人工智能技术抓取研究热点，帮助研究人员确定选题方向。《大卫·贝克汉姆》作为京东联合新世界出版社基于读者需求出版的第一本图书，依托人工智能技术对图书销售数据和用户行为数据进行分析。当当网推出的《中国诗词大会·上》和《中国诗词大会·下》迅速进入新书热卖的前十名榜单，就是通过大数据技术在社会热点中发现的选题。

作家画像是数字技术提升选题工作效率的又一个应用场景。以作家大数据为基础，导入知识图谱、作家关系图等，通过 AI 对不同作者稿件主题、风格、质量等因素进行有效分析，对不同作者与数字出版物进行匹配，自动提取出合适的作者，提高约稿对象的匹配度。建立选题框架后，AI 可针对框架进行评估，匹配并推荐合适专家群体。

重庆非晓数据科技有限公司旗下学术大数据服务，利用自身的学术资源和技术能力，为高校、科研机构、出版社等提供学术期刊、学术论文、学术会议等的数据分析、数据挖掘、数据可视化、数据传播等服务。其产品"学术期刊精准传播系统"可把学术期刊发表的代表性论文及其他需要传播的内容通过多维度筛选、大数据计算，定向、精准地推送给同领域、同学科、本刊引用者、对标刊物作者、同研究主题作者等目标群体，从而实现精准推送。

（二）数字技术提高选题针对性

通过利用人工智能、大数据、云计算等数字技术，可实现选题的个性化定制、智能匹配和在线协作，提高选题的创新性和多样性。在选题增加的情况下，通过数字技术分析用户行为，结合用户消费习惯，针对性发放数字内容，根据用户喜好生产选题，整体提高选题的针对性及成功率。

亚马逊、当当、京东等电商平台和微信读书、晋江文学城等阅读平台已初步形成了一个规模庞大的有关图书的"模拟"计算机，将读者的购买行为、阅读行为、评论行为等讯息编码和处理形成数据链条。根据开发的分析阅读模式算法，可以结合群体智能对书籍出版进行更好的预测，确定作品的畅销潜力。[①]

[①] Ali Albazaz. How Inkitt Publishes Your Books：From Preparation to Promotion［EB/OL］.（2017-05-27）[2018-04-04]. http://www.inkitt.com/writersblog/how-inkitt-publishes-your-books-from-preparation-to-promotion.

利用数字技术，同时也可保证选题的实时性，通过大数据、AI等技术对用户进行实时跟踪，利用大数据抓取当下热点，使选题更符合用户的实时喜好。加大该类内容选题，保证热点全覆盖，使选题针对性再提高。如淘宝、当当等线上电商平台根据实时热点，推送相关主题活动，向读者推荐相关图书；七猫、阅文等小说阅读平台推送当下热门电视剧、电影相关原创小说。

二、数字技术在数字出版内容编辑领域的应用

现阶段，内容创作逐渐由"人"单一主体逐步演化为"人—机"双主体①。数字内容生产门槛也随数字技术力的增长而下降。以往高质量的数字内容生产，通常需要团队协助。当前，在各类数字工具的协助下，团队写作的人力需求大幅下降，数字内容生产编辑效率反而快速提升。

（一）数字技术重构数字出版内容生产模式

数字出版行业很早就进行了AI与出版生产相结合的尝试，如《极简区块链》便是由AI翻译后人工校对的出版图书，微软的AI小冰独立创作了世界上首部完全由人工智能创作的诗集等。随着AI技术的不断发展，AI可改变数字生产这一理论，已获得广泛认可。

较人工生产内容，AI生成内容有高速率、平均品质等特点，现在AI已能做到生成影音图文。如文本生成有ChatGPT、文心一言等；图像生成有DALE、文心一格等；音频生成有DeepMusic、WaveNet等；视频生成有Imagen video、videoGPT等。互联网上已涌现大量的AI生成作品，网络作家匪迦发现，可使用AI进行细节生成，作家进行前后逻辑性判断和修正，这样可大幅节约创作时间，也有Jacky这样使用AI技术创作绘画的作家，其使用AICG创作了"太空歌剧院"图像作品，并在美国科罗拉多州举办的新兴数字艺术家竞赛中获得了一等奖。

---

① 廖秉宜，李姝虹，张晓姚. 高质量发展语境下我国数字出版业创新路径研究［J］. 中国编辑，2023（07）：24－31.

（二）数字技术促进多维度统一价值标准构建

当下数字内容以指数级激增，单一的人工审核，已无法适应海量内容生产和摘要式碎片阅读的需求。加之人的认识局限和内容的包容度不同，无法构建内容审核中的多维度统一标准。此外，人工审核易出现人工疲劳，一定程度上将影响内容审核效率和质量。

例如，YouTube 利用"人工 + AI"进行视频审核，AI 可过滤掉违反社区准则和版权法的内容，对视频内容涉及色情、暴力、仇恨、骚扰、欺诈等违反社区准则的行为进行检测和处理。根据 YouTube 官方数据显示，仅 2020 年第二季度，YouTube 共移除超过 1 100 万个违反社区准则的视频，其中 99.2% 是由 AI 自动标记。除 YouTube 外，国内的微博、百度论坛等大多数平台均采用"人工 + AI"审核处理方式，在大幅减少人力成本的情况下，保持了数字内容合法合规的产出。

利用数字技术对文字、图片、视频等数字内容进行审核时，可做到：精准迅速地标记出内容中黄色、暴力等高敏信息，及时清理和屏蔽有违公序良俗的内容传播；精准迅速分辨内容情绪导向，有效降低争议内容产生；有效识别危害国家安全的内容，及时清除可能对国家政权、主权、统一和领土完整、人民福祉、经济社会可持续发展造成危害的信息，维护国家、社会安全。其中，5G 的高速率、低时延、大容量、泛链接等特点，加快了 AI 审核在线内容的效率，也进一步优化网络环境。

三、数字技术在数字出版物呈现领域应用

出版物呈现形式是出版物的外在表现，也是传达出版物内容和价值的直接方式。在出版物呈现中，数字技术可以实现出版物的多媒体化、互动化和个性化，提高出版物的表现力和吸引力。其对于吸引和满足读者需求，提升出版物品质和水平，促进出版物创新和发展都有着重要意义。

（一）数字技术丰富数字出版物呈现形式

VR/AR 等是近年来数字内容热门呈现形式之一。IDC 预测数据显示，

2021 年全球 AR/VR 总投资规模接近 146.7 亿美元，并有望在 2026 年增至 747.3 亿美元，其中，中国市场五年 CAGR 预计将达 43.8%，增速位列全球第一。在政策上我国对发展 VR/AR 产业给予大力支持。2022 年，国务院、工信部、文旅部等共发文提及 14 次增强 VR/AR 建设。

在"VR + 出版"的应用上，我国较早可以追溯到由电子工业出版社在 2015 推出的《梵高地图》。① 随后 VR 产品不断增加，出现了如北京少年儿童出版社出版的 VR 图书《恐龙世界大冒险》；红星传媒和二十一世纪出版集团出版的《谁是鱼儿的好爸爸》和《水宝宝的奇妙之旅》等出版物。

由于 VR 自身特性，VR 游戏在近几年也逐渐增多。以主流游戏平台 Steam 为例，截至 2022 年上半年底，VR 游戏数量已达 6 683，其中 VR 独占游戏，即专门为 VR 设备开发的游戏数量为 5 532，占比高达 82.8%。近年来，国内游戏企业及工作室愈发重视 VR 游戏的内容研发，国产 VR 游戏内容正蓄势待发。目前，国内 VR 游戏市场竞争头部企业为字节和网易，网易影核发布真实擂台竞技类动作 VR 游戏《Creed：荣耀擂台》入围 PICO 平台"最佳运动"VR 游戏榜单。

对比 VR，我国 AR 的应用更早。在 2008 年我国便在儿童教育、游戏等领域应用了 AR，2012—2015 年陆续出品了《采掘机械与液压传动》《让科学从书里跑出来》系列丛书等。在 2016 年，支付宝的 AR 集五福，电子工业出版社推出的《消失的世界》等，极大地推进 AR 在我国的应用普及。

5G 高速率的特征可以使 VR 等短时间内需大量数据流通的产品拥有更好的体验，画面的清晰度，画面质量会大幅提升，低延迟的特性也可使用户使用 VR 极少出现动作与画面不一致的情况，用户体验大为改善。在咪咕中信书店 App 上，随着 5G 新基建落地，打通线上线下场景的会员制书店、包含纸电音视频文创等形态，以及 5G 阅读新形态——云上 VR 书店、"5G + AR 图书"相继出现。

（二）数字技术优化数字出版物呈现形式

在出版物呈现形式中，主要有出版物封装和出版物内容排版两大内容，数

---

① 李薇，夏海清. AR/VR 技术在数字出版领域中的应用与前景探究［J］. 传媒论坛，2022，5(18)：93 - 96.

字技术可最大限度地加快两者效率，整体优化最终呈现形式。

在出版物封装中，《中国科学院院士讲述科学》这类通过智能语音合成技术，让中国科学院院士以自己的声音讲述科学故事，并配以图文、视频、动画等多媒体元素的产品。VR/AR 技术也使出版物拥有更丰富的呈现形式，利用大数据技术，对市场上热门产品进行分析，综合题材内容，对出版物呈现形式给予有效数据支撑。根据数据结果，利用 AI、云计算等数据对出版物可取得的最终效果进行模拟，也可在数字出版物未出版前提供有效的数据支撑，更改封装形式，达到优化出版物呈现形式的目的。

在出版物内容排版中，Midjourney 类可根据用户输入的提示词，生成不同风格和主题的图像，并排版成产品，也有 Adobe Illustrator 可进行文字的基本编辑、排版和设计的产品。

四、数字技术在营销发行中的应用

数字技术可根据对消费行为的动态掌握和消费意图的精准认定，预测读者的购买意愿和行为，更好地匹配内容供给与消费两端，精准满足用户需求，从而为出版商提供更好的商业化和市场推广支持。[①]

（一）数字技术精准产品投放

AI 可结合大数据、5G 等技术根据用户消费习惯、用户阅读习惯、产品使用情况、媒介偏好等数据，综合企业各产品特性，结合数据挖掘、自然语言处理、机器学习等技术，对海量用户数据进行分析，实现产品精准推送。

目前，已有出版单位利用 AI 进行产品投放，主要做法是建立企业 AI 算法。如阅文集团便通过数据挖掘和深度学习技术，对数字出版物内容进行聚类、分类、关联、推荐等操作，发现数字出版物之间的相似性、差异性、关联性等特征，为用户提供更精准的阅读推荐服务。

重庆出版集团联合天翼云，打造了"安全阅读云+渝书坊+出版业工业互

[①] 靳建国. AI 时代传统出版单位融合出版路径探析［J］. 名作欣赏, 2023（21）：94-96.

联网"等平台。2021 年，其销售额同比增长 24.23%，平台运行成本下降 15%，计算能力全年稳定性达 99.95%。B 站、抖音、快手等视频平台，则可以通过机器学习、计算机视觉、知识图谱等技术，对用户的行为、兴趣、需求等进行预测和分析，实现内容精准投放。腾讯等游戏公司利用 AI 技术提升了社交网络和游戏智能化水平，优化了游戏开发和游戏运营效果，提高游戏品质和用户满意度。

（二）数字技术重构出版营销模式

在数字产品营销中最为直观的体现之一便是通过大量数据对用户进行多维度、快速分析，识别个体用户或用户群的偏好，针对营销推广，在减少推广成本的同时，扩大最后的营销效果。

"大数据 + AI"结合智能算法精准捕捉消费者特征信息、优化消费者群体分类，实现对消费行为的动态掌握和消费意图的精准认定，预测读者的购买意愿和行为，更好地匹配内容供给与消费两端，精准满足用户需求，从而为出版商提供更好的商业化和市场推广支持。①

大数据增加营销利润主要从减少营销成本和增加营销收益两方面入手。过去产品营销更多采取的是大广告、大推广的营销模式，最终取得利益与投入推广资金直接挂钩，且转换率较为平稳。现在，可利用大数据首先进行用户分析，对产品进行针对投放，从而大幅减少投入成本，投入产出率也得以明显提升。

利用"大数据 + AI"，可做到千人千面的营销策略，对用户可能需要的数字产品智能投放，提升用户体验，从而增加用户对平台的依赖性。此外，利用大数据对市场进行整体判断，分析当下热门产品及销售用户，做到预判用户喜好，达到多产品多模式投放，起到刺激用户消费的作用。

五、技术赋能数字出版面临的挑战和问题

随着数字出版技术迅速发展，在技术运用方面也面临诸多挑战，安全、版

---

① 靳建国. AI 时代传统出版单位融合出版路径探析［J］. 名作欣赏，2023（21）：94 - 96.

权等问题，都是数字出版行业在利用技术赋能时所必须面对与解决的问题。

（一）数字环境安全面临挑战

2022年6月，西北工业大学遭受美国NSA网络攻击后所出具的调查报告显示，近年来美国NSA下属TAO对我国国内的网络目标实施了上万次的网络恶意攻击，其利用网络攻击武器平台、零日漏洞及其控制的网络设备持续扩大攻击范围和规模。① 据统计，零日漏洞的攻击数量逐年翻倍增加，2020年的36个零日漏洞中有27个为web零日漏洞攻击，2021年的90个零日漏洞中有超过80个web零日漏洞攻击，零日漏洞在近年的攻击中占有较大比重，已成为常态化的攻击手段。

由于数字出版本身具有较强的数据性，对于黑客攻击、木马威胁、文件破解等技术手段，如不采取有效措施，会对整体数字环境造成毁灭性打击。大数据技术应用所带来的数据滥用问题，区块链技术应用存在的算力资源浪费问题等都是潜在的或发生的问题。这些问题如不采取有效措施，甚至会对数字产品用户造成不可避免的经济、信息损失。

（二）数字侵权频发

由于数字产品本身易复制、易传播，且部分企业利用数字产品隐性侵权的事件屡见不鲜，如对网页数据进行快速收集，在部分不允许爬虫的网页、数据中，也有企业利用自身技术优势进行强制爬取，且这类侵权在未公布之前很难发现。

AI训练最终效果如何，很大程度上受训练数据的影响。但大量授权数据会导致AI训练成本增加，所以在进行AI训练时，许多企业选择绕过版权，大量采用未授权的作品进行AI训练，侵犯他人合法权益，破坏良好的版权环境，形成技术垄断。

（三）人才培养面临困境

当前，数字技术更新迭代不断加快，导致数字企业培养技术人才的难度逐

---

① 周映，汪鑫. 数字出版技术安全的现状与优化路径分析［J］. 出版广角，2022（23）：78-82. DOI：10.16491/j.cnki.cn45-1216/g2.2022.23.015.

渐增加。高昂的学习成本，增加了企业对新兴技术应用的壁垒，导致数字产品质量提升缓慢，部分产品质量粗陋、隐患丛生，甚至对用户及企业都存在不小的威胁。还有部分企业在使用新兴技术的同时，缺乏相关产品策划，以新技术实现老想法，部分新数字产品存在"老旧感"，便是体现之一。

在缺乏与技术相匹配的策划人员时，无法体现出新技术带来的优势，使数字产品存在着同质化严重等问题，导致用户选择困难和审美疲劳；数字出版人才存在着数量不足、结构不合理等问题，导致创新能力不强和专业水平不高。

六、技术赋能数字出版的发展对策和建议

（一）加强技术规范体系建设

技术发展带来了数字出版模式改变，也使数字出版面临数据安全缺失、伦理失范等危害，应从政策体系、企业内部治理、从业者思想3个方面规范数字出版技术。

在政策体系上，针对数字技术安全、数字技术伦理、数字产品数据等方面，制定数字资源治理相关政策，加快研制和推广普及技术安全标准，将数字技术在出版领域的应用标准化、规范化，对相关技术人才，应给予政策支持。

在企业内部治理上，首先应对出版数据科学分层治理，对高价值内部数据和外部数据进行分离，采取不同数据读取方式。数据存储时，建立企业内部数据存储规范体系，设计相应保密模式。对数字安全技术应保持持续关注，以"动态防御"为基本理念，在动态封装、动态验证、动态混淆和动态令牌方面进行部署，做到企业数据全方位、零漏洞守护。

在思想上，从业者应加快思想与技术的融合，增强自身技能学习，建立良好的法律观、伦理观，在面对利用技术侵权等行为时，及时有效维权。对相关技术应抱有相关兴趣，了解相关技术底层原理，并能将技术与工作相结合，探索建立新的工作模式。

（二）增强版权与技术安全控制

技术赋能数字出版遇到的最大困难之一就是版权与技术安全问题，应从"政策+技术"入手解决版权问题，通过优化顶层设计解决技术安全问题。

在数字版权方面，一是完善版权保护政策体系和执行机制。在企业使用相关可能涉及侵权的技术时，应做到对查验部门透明化，保存 AI 训练材料，在其他企业、个人提出侵权时，可将训练资料交由政府相关部门进行三方查验。二是加强应用区块链技术在版权保护领域的普及应用。以相关政策法规支撑、规范区块链应用，将区块链与数字版权保护相融合，利用区块链自身特征，透明化数字版权交易。有效利用区块链的私链，保护参与者的个人隐私和个人权益，根据作者、读者的权限对不同作品进行开放和约束，并监控参与者的具体行为，实名化区块链使用者信息，并加强违约的处罚。对区块链的公链，应确保其处于国家系统监控下，政府应享有最终解释权，记录公链上的一切行为，规范整体数字版权环境。

在技术安全方面，一是提升顶层设计完备性。以意识形态安全为根本，具备全局性、决定性、关联性、可操作性特征，明确技术服务意识形态的最终目的。二是加大数字出版技术人员培养力度。明确专门机构与负责人，完善整体运行体系，确保数字出版技术习得、采纳、应用、反馈、运维、迭代等各环节的安全。

（三）加强技术融合

出版企业所用到的数字技术种类丰富，5G、大数据服务、云计算、数字印刷技术、数字版权保护技术等技术的深化应用将推动出版业朝着"智能出版"方向发展[1]。

价值链是企业生存的基因，价值链重构是数字经济时代企业转型升级的有效手段[2]，通过增强技术与企业结合，可更有效、快速地加快企业价值链重构。

---

[1] 张新新，杜方伟. 科技赋能出版："十三五"时期出版业数字技术的应用［J］. 中国编辑，2020（12）：4-11.

[2] 吴浩强，刘慧岭. 数字技术赋能出版企业价值链重构研究——基于中信出版集团与中华书局的双案例分析［J］. 科技与出版，2021（10）：61-70.

价值链重构，可进一步增强企业的营销综合效益、各产业相关环节间的关联，更好满足用户多元化需求。

一是加强数字技术融合应用，促进多种技术融合发展，将数字技术深度融合进数字产品选题、生产、分发等环节，推进"智能出版"建设。二是加快转变经营管理模式，打造为消费者提供全方位知识服务的商业模式，构建价值创造新生态。在实现数字技术深度融合应用后，仍需持续深化各数字技术的深度集成，动态调整技术赋能企业模式。

（课题组成员：吴子鑫、王皓、董康、刘爱民）

中国西部地区数字内容产业发展报告

重庆华略数字文化研究院

数字内容产业作为信息技术与文化创意高度融合的产业，有网络游戏、数字动漫、数字阅读、数字视频等细分领域，且各领域之间呈现相互交融的状态。科学技术对数字内容产业的发展起着至关重要的作用，随着人工智能的运用，数字内容产业迎来了变革与机遇，这深刻影响着西部地区的经济和社会发展。西部文化资源丰富，各个省区市发挥所长，重视数字游戏、数字动漫等方面的发展，整体呈现以成都、重庆、西安为中心的发展格局。

一、西部地区数字内容产业发展环境

（一）顶层设计更加完善

2022年10月，党的二十大召开，习近平总书记在党的二十大报告中对"推进文化自信自强，铸就社会主义文化新辉煌"作出重要部署，要求"繁荣发展文化事业和文化产业"。2022年8月，中共中央办公厅、国务院办公厅印发《"十四五"文化发展规划》，文件明确提出加快发展数字出版、数字影视、数字演播、数字艺术、数字印刷、数字创意、数字动漫、数字娱乐、高新视频等新型文化业态，改造提升传统文化业态，促进结构调整和优化升级。鼓励文化单位和广大网民依托网络平台依法进行文化创作表达，推出更多优秀的网络文学、综艺、影视、动漫、音乐、体育、游戏产品和数字出版产品、服务，推出更多高品质的短视频、网络剧、网络纪录片等网络视听节目，发展积极健康的网络文化。实施网络精品出版、网络音乐产业扶持计划。2022年3月，中共中央、国务院发布《关于加快建设全国统一大市场的意见》强调"通过市场需求引导创新资源有效配置，促进创新要素有序流动和合理配置，完善促进自主创新成果市场化应用的体制机制，支撑科技创新和新兴产业发展"。2023年2月27日，中共中央、国务院印发《数字中国建设整体布局规划》，提出"释放商业数据价值潜能，加快建立数据产权制度，开展数据资产计价研究，建立数据要素按价值贡献参与分配机制"数据要素的流通驱动着数字内容产业发展。2022年11月，工业和信息化部等5部门联合发布《虚拟现实与行业应用融合发展行动计划（2022—2026年）》提出，到2026年，三维化、虚实融合沉浸影音关键技术重点突破，新一代适人化虚拟现实终端产品不断丰富。

（二）省区市立足优势推动产业发展

西部各省区市在各领域关于数字经济顶层设计的指引下，注重数字内容产业发展，因地制宜地布局本土化的培育路径。重庆市提出做精做靓数字内容产业，这一举措体现在数字内容装备加快应用软件和辅助工具研发，大力发展数字内容新业态，建设文化内容数字资源平台，鼓励区县打造具有特色的数字内容优势产业集群等方面。内蒙古自治区壮大数字经济，建立数据资源交易机构和数据开发利用平台，大力发展数据加工处理、分析应用、流通交易等产业，打造和林格尔"中国云谷"软件和信息技术集聚区，促进数字经济与实体经济深度融合。广西壮族自治区数字基础设施不断完善，加快新基建项目投资，推进中国—东盟信息港建设，运营好柳州国际互联网数据专用通道，积极打造中国—东盟北斗总部基地，推动国家新型互联网交换中心落地。四川省提出，数字文化产业发展全面提速、质效明显提升，新闻信息、出版发行、网络视听、创意设计、文化装备等领域涌现一批领军企业和全国品牌文化产业，综合实力跻身全国前列。贵州省保持数字经济发展良好态势，加快建设数字经济发展创新区，围绕打造面向全国的算力保障基地，加快推进"东数西算"工程，培育区块链、人工智能、数据清洗加工等新兴数字产业。云南省加快长征、长江国家文化公园（云南段）和国家方志馆南方丝绸之路分馆建设，推进千里边疆文化长廊等建设。西藏自治区实施现代服务业质量提升行动，提升边境一线和南亚游等精品线路。陕西省以推进特色文旅产业数字化为目标，引导支持5G、人工智能、交互式虚拟现实等数字技术在文旅领域融合应用，推动创意设计、工艺美术、动漫、网络视频等数字文化产业加快发展。充分运用数字技术，创新文旅消费场景，培育壮大云旅游、云直播、云娱乐等消费新形态，发展云演艺、数字艺术、网络视听、文化电商、沉浸式体验等新业态。甘肃省大力发展在线文娱，鼓励传统线下文化娱乐业态线上化，支持打造数字精品内容和新兴数字资源传播平台。青海省筑牢数字基础设施，深入推进 IPv6 规模部署和应用，加快网络、数据中心、云服务等基础设施 IPv6 升级改造，提升 IPv6 端到端贯通能力。宁夏回族自治区着力实施数字化社会工程，加快环保、交通、金融、文化等领域数字化转型。新疆维吾尔自治区紧跟数字时代发展步伐，大力发展数字经济，实施"数字强基"工程，推进乌鲁木齐、克拉玛依云计算产业园数据中心建设。

（三）科技与数字内容产业相互驱动

数字内容产业的发展离不开科技创新，同时又反向驱动科技进步。两者呈现相互启发、相互促进的趋势。AIGC（AI Generated Content，人工智能生成内容）在数字内容产业领域不断被应用则是论述这种关系最好的例子。在游戏领域，一方面，人工智能技术在游戏关卡、画面、音乐等制作流程上为其开发节省时间和资源；另一方面，游戏是人工智能的训练测试场，帮助 AI 提升决策能力。如腾讯基于自主研发的 AI 开放研究平台，举办"开悟"大赛，利用游戏复杂环境提升 AI 研究能力。在数字音乐领域，AI 技术逐步深入。2022 年"HIFIVE 音乐开放平台"推出了"AI 音乐开放能力"服务，提供交互式作曲、作词智能编曲等服务。字节跳动的海绵乐队 App 引入 AI 智能提供创作。动感地带世界杯音乐盛典采用了 XR 虚拟制片全流程内容生产模式，运用了超 1 500 台虚拟灯光，打造了 80 多个场景。酷狗阿波罗实验室发布了 AI 学习和还原杨超越的音频特征演唱的《漫步人生路》，酷狗阿波罗研发的"超越 AI"是行业首个粤语歌声合成技术，将粤语、国语混合建模，只需要提供国语的录音数据，就能合成粤语歌，在 AI 赋能音乐领域的同时又反向驱动了 AI 技术的学习能力。

（四）新兴文化消费市场形成

元宇宙、数字藏品、虚拟人、VR 智能穿戴设备等新兴文化消费市场逐渐形成，对数字内容产业的生产模式、消费行为产生了深刻的影响。在数字音乐领域，2022 年虚拟偶像鹿晓希、虚拟歌手 Luya 成功出道；咪咕音乐举办全球首个全场景数实融合"世界杯元宇宙"音乐盛典秀,升级演艺交互体验。在数字阅读领域,利用 AI 技术为书中的角色创造"生命",根据小说中角色所塑造的形象、特点,匹配不同的音色、外表形象。微软小冰为阅文集团的小说《全职高手》创建了虚拟形象,利用可交互的特点,满足了读者的亲密陪伴需求。

数字出版内容生产模式拓展了消费者以往只为真人偶像和歌手、线下演唱会、文字阅读等消费的模式,越来越堵的消费行为发生在虚拟、线上、有声阅读等新兴消费市场中。

二、网络游戏发展持续向好

(一) 成渝地区游戏出版稳中有升

网络游戏以四川、重庆为主要代表。根据 2022 年全国网络游戏审批名单显示,2022 年,全国出版游戏共有 468 款。西部地区,四川省出版游戏 36 款,比上年减少了 7.69%,占全国出版游戏 7.69%,;重庆市出版游戏 7 款,较上年增长了 250%,占全国出版游戏 1.5%;西部其余省区市 2022 年未出版游戏。据报道,成都高新区已聚集游戏电竞企业 300 余家,2022 年 61 家规模以上企业实现营收 558.2 亿元,同比增长 2.8%,占成都高新区数字文创产业总营收的 76.6%。

(二) 赛事平台推动人才培养

四川与重庆联合举办的"川渝大学生电子竞技大赛"于 2023 年 5 月在忠县开幕,设置有王者荣耀、和平精英等比赛项目。贵阳举办"爽爽贵阳电子竞技大赛",引入网易电竞 NeXT 全国总决赛、腾讯 2023 西南王者荣耀邀请赛等具有影响力的电竞赛事。成都高新区正在联合腾讯、完美世界等游戏企业与高校联合开展电竞人才培养。腾讯开悟大赛以《王者荣耀》为模拟环境,让学生参与比赛,探索前沿技术在游戏领域的应用潜力。大型赛事、战队落户成都将推动成都赛事运营、内容制作传播、电竞文化氛围的塑造。2022 年,腾讯 CF 联盟落户成都,引入了 10 支全国知名战队,打造了全国领先的电竞馆以及赛事直播业务体系,致力于构建国内一流的电竞产业生态圈。同年,AG 电竞西南总部落户成都高新区，助推成都电竞多元化发展。璧山与阿里元境宣布，启动"元创之境　梦界空间"元宇宙"创想+"数字内容创作大赛，旨在挖掘更多数字内容产业方面的相关人才。

（三）产业链协作力度加大

外包团队围绕大厂辐射开来，不同类型企业合作加强。西山居游戏成都公司、龙渊网络等企业直接将美术外包业务交给成都的本土企业完成，就近构建产业链上下游关系，达到减少沟通成本、降低预算、方便验收的目的。重庆网易文创数字经济产业园已吸引腾讯锦鹏科技有限公司、重庆华体电竞科技有限公司等近百家企业入驻，涵盖游戏研发、游戏运营、美术外包的细分领域，推动重庆游戏产业相关配套产业升级。重庆成立数字内容产业发展协会，围绕游戏动漫、电子竞技、线上直播、网络视听等产业方向，加强"产学研用"融合发展。2023年，四川省游戏创新发展中心正式成立并落户成都高新区。同时，四川网络游戏预审服务站、四川省游戏产业技术协会将同步入驻并开展业务。四川省游戏创新发展中心的落地将提升省内游戏版号申请效率，缩短省内游戏上市时间，为游戏产业发展营造良好环境。

三、数字音乐以成渝地区为主

（一）成都"音乐之都"内涵持续丰富

2022年5月，成都市人民政府发布《关于支持音乐产业发展促进国际音乐之都建设的实施意见》，鼓励打造在线音乐行业大数据平台，探索构建有影响力的数字音乐基地。对在蓉发展数字音乐平台、数字音乐制作、在线音乐新产品等各类项目和业态，视项目综合效益，给予实际投资额50%以内最高不超过200万元的支持奖励。四川打造了"四季音乐季""五大音乐小镇"以及《只有峨眉山》《丝路神灯》等音乐旅游、沉浸式旅游演艺消费新场景。2023年3月，四川天府新区文创和会展局与腾讯音乐娱乐集团签署了《关于数字音乐创新生态项目的战略合作协议》，双方将发挥优势，在原创内容、科技研发、资源整合等方面推进数字音乐产业高质量发展。

（二）技术赋能传统音乐保护

入选 2022 年度文化和旅游部重点实验室资助项目立项名单的"西安鼓乐的数字化保护与沉浸式体验方法研究"项目，利用数字音频分析、旋律建模、标注检索等信息技术处理方法对西安鼓乐开展数字化保护与传承，并融入 VR、AR 等技术对西安鼓乐进行开发。新疆音像出版社利用便携式设备记录了分散在新疆各地的民间艺人与音乐息息相关的一切，形成了旨在挖掘、整理和保护民间音乐的《丝路中道乐舞文化带考察方案》。

（三）重庆音乐活动频繁

重庆市音乐艺术中心落地大渡口，将为重庆音乐带来更多可能性，完善"音乐＋产业"生态链，助力钓鱼嘴音乐半岛影响力建设。大渡口通过持续举办音乐节、沙龙、音乐会等引进音乐资源的方式扩大音乐供给。2022 年，大渡口"花开的声音"沉浸式音乐会开启。2023 年"花开的声音"暨"花花好市"音乐集市成功举办，音乐与集市相结合，给游客新鲜感、丰富了游客的游玩体验。此外，大渡口艺术湾区还将启动草莓音乐节、百姓大舞台、智跑重庆、户外音乐节、市民乐团周末赏析音乐会、音乐星空露营、咖啡师大赛等活动。2023"重庆乐堡 WHY NOT 音乐节"邀请了老中青三代人喜爱的乐队及艺人参加。中交茄子溪音悦港作为"公园大渡口、多彩艺术湾"建设的重要节点项目，未来将在音乐产业方面打造音乐版权交易中心，音乐品牌创作空间等音乐产业基地，在配套设施部分设置主题公寓、音乐休闲区等配套内容。

四、技术推动数字动漫发展

（一）平台助力动漫产业协作发展

西安连续举办"新光奖"国际原创动漫大赛，聚集行业智慧，搭建了文旅融合创新平台。西安举办了"秦创原·第六届大学生文创动漫嘉年华文化创新创意大赛",为陕西动漫文创搭建交流合作的平台。"中国文化艺术政府奖第四届动漫奖颁奖活动"在成都举办,该奖项体现了我国动漫产业的最高水准。据介绍,与上届动漫奖相比,西部地区新增了四川、广西、新疆的获奖项目,进一步激励了西部地区动漫产业的发展。"共建新格局　共享新机遇"第一届中国优质ACG企业交流推介会作为该奖项的活动之一,搭建了动漫领域政府和企业的交流平台,助力动漫产业协作发展。

(二) 注重动漫IP商业化开发

艾尔平方正在围绕《汉化日记》IP进行短视频、动漫电影、周边产品的开发和制作。成都星阅辰石将联合网络文学平台围绕动漫作品《遮天》开发新的文学内容；和游戏厂商合作打造新IP,联系芒果TV打造线下剧本杀或者音乐产品。成都打造的天府国际动漫城,定位为全国首创动漫主题产商旅无界融合中心,建设有国风国潮商业街区、ACG主题场馆、动漫主题酒店、动漫产业孵化器大楼等业态。天府国际动漫城已与神番动漫、云顶动画、分子互动、声娱文化、漫博潮玩等国内20家文创一线企业达成合作。世纪华通宣布将在成华区建立西部区域总部。

(三) 借助新技术辅助制作

《2022年成都市市级文化产业发展专项资金数字文创产业引导项目扶持计划申报指南》的颁布将全面促进数字技术与文化创意深度融合。政策支持下,成都动漫核心技术研发阔步向前,为成都动漫产业发展奠定了产业基础、提供了技术保障。成都动作捕捉、表情捕捉、VR/AR、人工智能等技术发展,为动漫产业的发展提供了技术保障。艾尔平方投入百万元打造了动作捕捉辅助系统,借助该系统,真人的灵活动作能够运用到动漫作品的人物角色上,使得动漫人物呈现画面更加接近真实。成都星合互娱联合海艺开发海艺AI,该产品目前有文生图、图生图、高清修复等功能,使用者可以通过调整提示词信息、基础设置和高级设置等生成目标图,以此达到效率提升的目的,该AI产品的开发有利于动漫人物角色的创造。

五、数字阅读传播优秀传统文化

（一）深挖本土红色资源

贵州数字出版有限公司挖掘贵州红色资源，开发的"红色记忆·贵州红色文化公共服务平台"入驻国家知识服务平台。新疆人民出版社以地方特色创新主题教育，推出《中国新疆原创文学有声读物：序曲》《热闹的巴扎》等一批绘本、数字复合出版物和有声读物，全方位、立体式展现中国共产党带领新疆各族人民完整准确贯彻新时代党的治疆方略、建设美丽新疆的壮美画卷，努力讲好新疆故事。陕西太白文艺出版社有限责任公司"'红色陕西'融媒体党建馆"项目入选中国新闻出版研究院《首届虚拟现实新闻出版创新应用案例》，该项目利用 VR 技术对红色文化内容进行了全景式还原。

（二）鼓励读者积极参与活动

为养成文化自觉自信、提高中华优秀传统文化传播力和影响力，出版社作出了有益的探索。2023 年，新疆图书馆联合相关单位开展了"游红色景点·阅经典文化"——2023 年"读着经典游新疆"主题教育活动，设置了红色景点打卡、火力值 PK、每日任务抽奖等 3 大活动刺激读者参与活动，提高读者阅读积极性，在行走中拾起对经典文化的热爱。甘肃通过线上线下交互的方式，多样化开展数字化阅读。线上完善智慧图书馆服务功能、健全公共数字文化服务平台，线下"百馆荐书陇原共读""跟着期刊看世界""智慧阅读"线上资源推介、面向全省读者开展"陇原儿女读甘肃"文化作品征集、珍贵书影巡展、馆藏古籍展、图书馆"寻宝季"等活动为居民提供丰富、便捷的数字阅读产品。实景"剧本杀"逐渐流行，成为带动城市微旅行的全新业态。贵阳举办沉浸式文娱剧本微旅行"飞花令·十二滩泉主奇遇记"活动，设置了"飞花令出""春景流连""春风乍起""春满人间"等 8 大内容。

（三）积极开拓有声读物市场

陕西太白文艺出版社有限责任公司联合喜马拉雅等平台打造了"太白历史荟"品牌，开发了《话说五代十国》《话说大明系列》等作品。四川天地出版社有限公司的《我用一生爱中国：伊莎白·柯鲁克的故事（有声版）》和广西接力出版社的《捣蛋头上学记·脑洞研究院》项目入选国家新闻出版署"2022年全国有声读物精品出版工程"。新疆青少年出版社有限公司深度开发一批电子书、有声书、广播剧和纪录片，并积极布局直播带货、短视频、云数字、云馆配等，开发了"江格尔绘本系列""国粹戏剧图画书系列""'故事中国'图画书系列"等图书的多媒体电子书，和洪恩有声绘本、咿啦看书等少儿类专业平台合作制作具有动画效果和交互式体验的产品，与新疆城市广播电台合作将"少儿红色经典系列"等图书制作成广播剧。

六、打造数字视频产业链

（一）产学研合作助力产城融合

成都影视硅谷作为全国规模最大的超高清产业基地，以"由显示屏做出显示度"为理念，与成都影视城和四川传媒学院进行合作，充分发挥产学研优势，致力培养复合型技术人才，为成都市探索开拓示范性数字场景。基地与四川传媒学院共享人力资源，组建了超高清视频内容与应用创新研发设计团队，学院师生深度参与影视内容创作，充分发挥学院人力资源优势，实现产学研深度合作。

（二）科技助力产业生态建设

重庆永川聚焦虚拟数字人、数字内容制作，建成了2万平米"永川科技片场"，拥有1 000台服务器驻地渲染中心、400平米超大杜比全景声终混棚、1 000平米含100个VICON摄像机的顶级光学动捕棚等行业顶尖配套设施。为支持数字文创企业高质量发展，2022 年 3 月，永川发布《重庆市永川区支持数字文创产业高质量发展若干政策》，简称"数字文创 17 条"，对于永川企业制作、出品的元宇宙、影视、动漫、游戏、综艺等数字文创项目，在平台、房租、金融方面给予补贴。已成熟构建起"科技、平台、人才、服务"一体化产业生态。贵州多彩新媒以高尖端技术为纪录片进行赋能，利用 8K 全流程制作技术、杜比全景声技术、融合 VR 技术，让观众身临其境般感受贵州独特的自然环境。

（三）构建视听产业链条

据报道，永川科技影视棚除已形成从拍摄到后期制作的完整产业链，成熟构建起"科技+人才""平台+服务"一体化产业生态。陕西西咸新区秦汉新城影视文化产业基地已吸引了 226 家注册企业，覆盖剧本原创、投资策划、拍摄制作、宣传发行、衍生品开发等影视文化全产业链。贵州网络视听产业园为入驻企业提供人才招聘、资质认证、技术支持、产业推介等服务，已入驻的企业涵盖影视投资挖掘、影视拍摄制作、视听技术研发、视听渠道传播。

据报道，甘肃现有网络视听节目制作机构 430 家，广大网络视听节目制作人员立足本土，深入挖掘当地优秀传统文化。甘肃网络视频作品深入挖掘优秀传统文化，网络纪录片《敦煌岁时节令》展示了二十四节气之美，短视频《文脉兰州》，回顾了皋兰书院、兰山书院、五泉书院的历史文化。云南网络广播电视台制作的短视频《时空大折叠——云南的生物多样性》展示了云南的生物多样性和丰富的自然资源，该作品入选 2022 年度优秀网络视听作品。贵州多彩新媒体股份有限公司联合策划出品的贵州首部 8K 生态人文纪录片《万物之生·贵州》篇在赤水开机，将全面展示贵州的生态景观、地质风貌等资源。

七、西部地区数字内容产业发展的问题和建议

（一）西部地区数字内容产业发展的问题

1. 西部地区文化产业潜力未充分释放

西部地区资源广袤，极具地域特色，西部地区的特色文化资源能为科技与

文化高度融合的数字内容产业的发展提供有力支撑。但受到市场环境、科技水平等影响，西部地区对文化资源的开发、转换还存在一定差距，西部数字内容产品的供给与用户旺盛的需求是西部文化消费的主要矛盾。

2. 西部地区技术发展水平和东部地区有一定差距

技术作为数字内容产业发展的重要底座，西部受经济条件、发展地理环境等因素的影响，数字内容产业整体发展与东部地区相比还存在一定差距，具有较大的发展空间。技术是与数字内容产业强有力的支撑，但大多数技术研发和技术平台都在北京、上海、深圳等地，西部地区技术研发水平和技术平台发展水平还处于低水平状态。

3. 西部地区数字内容产业人才流失严重

人才是数字内容产业发展的重要资源，高技能、复合型人才对推动产业发展，地区经济发展发挥着关键作用。西部省市区薪资水平和人才配套政策对人才的吸引不足，人才集聚水平相对较低，复合型人才短缺，人才流失严重。在调研中发现相关院校的大量学生在毕业后并未留在西部工作，而转向北京、广东等经济发达的地区。随着国家对成渝双城经济圈建设的大力投入，选择在重庆、成都就业的毕业生也较多，四川美术学院2022年主要选择留在川渝地区就业的比例高达61.34%，但西部其他省份依然不理想。

（二）对西部地区数字内容产业发展的建议

1. 充分发挥西部地区文化资源优势

习近平总书记在文化传承发展座谈会上指出："只有全面深入了解中华文明的历史，才能更有效地推动中华优秀传统文化创造性转化、创新性发展，更有力地推进中国特色社会主义文化建设，建设中华民族现代文明。"对于西部而言，要全面深入了解西部地区的优秀传统文化，充分发挥西部独特文化资源优势，对其进行创造性转化、创新性发展。

2. 加强西部地区人工智能等技术的研发

AIGC在2023年引发大家关注，国内外大型互联网企业积极开发相关大模型。重庆发布《人工智能行动计划》，推进自主的人工智能框架、算子等根技术和AIGC等关键技术研发。西部加强对人工智能、AIGC等关键技术的研发，充分为数字内容产业赋能,还要提前合理布局数字内容产业基础设施建设,做好数字内容产业基础设施建设的科学规划,深入实施"东数西算"工程,加快数字内容产业基础设施数字。

3. 优化西部地区人才发展环境

西部数字内容产业人才流失严重,高端人才呈现稀缺状态。为留住本地人才,吸引外地人才来到西部,建议优化人才发展环境。一是搭建成长平台,加强数字内容产业培训平台建设,以学校专业建设为主,同时以专业机构培训补充为辅,构建数字内容产业人才立体培养体系。二是联合企业,打破产学研壁垒,积极推进数字内容相关企业与相关学校相关专业开展校企合作,学生参与企业项目、了解企业需求。三是为回西部创业的人才、企业提供相关便利服务。

八、西部地区数字内容产业发展趋势

(一)肩负文化使命,传承优秀传统文化

国家主席习近平在文化传承发展座谈会上强调:担负起新的文化使命,努力建设中华民族现代文明。中宣部出版局副局长杨芳表示,新时代向数字内容产业提出了更高的要求:聚焦高质量发展,秉持高远的文化追求,以正向价值为基石,以创新创造为驱动,着力推动网络出版业健康可持续发展。目前,网络游戏、数字教育、数字视频等细分领域在保护文化遗产和宣传当地特色文旅资源,传承非物质文化遗产等方面取得了一定的成就。在未来,数字内容产业将继续坚定文化自信,持续创作精品内容,传承优秀传统文化。

(二)数字内容产业市场规模将稳定增长

随着人工智能等技术的发展,产业链的上中下游及数字内容产业细分领域相互之间融合越发紧密。受国家政策指引,西部各省区市因地制宜发挥各自优势,大力发展数字内容产业,在数字内容产业生产模式、内容传播模式、内容

消费模式上进行创新。未来，数字内容产业市场规模将稳定增长，各细分领域将不断发展完善，核心业态保持稳定发展，新生的细分业态增长强劲。

（三）数字内容产业与科技创新相互驱动

2022年，AI创作在动漫、游戏、音乐、数字阅读等领域均有涉及，AI创作的能力也不断提升，愈加成熟，从辅助内容创作的工具逐渐走向创作的主体。数字内容产业的发展离不开科技的创新。人工智能、数字引擎等新兴技术在数字内容产业被大规模应用，而数字内容产业的反馈数据又将对科技创新形成助推效应。目前，数字内容产业与科技创新之间的相互驱动被应用在建筑构造、医学治疗、自动驾驶等领域。在未来，这种相互驱动也会被应用到其他更多领域。

（课题组成员：姚惠、黄志贵、黄黎平、巫国义）

中国西部地区数字阅读发展报告

重庆华略数字文化研究院

党的十八大以来，以习近平同志为核心的党中央把握全球数字化发展与数字化转型的重大历史机遇，全面部署数字中国建设，高度重视推动全民阅读、建设书香中国。习近平总书记致信祝贺首届全民阅读大会举办时强调，"希望全社会都参与到阅读中来，形成爱读书、读好书、善读书的浓厚氛围"。中国新闻出版研究院第二十次国民阅读调查结果显示，2022年，我国国民包括网络阅读、手机阅读等在内的数字化阅读方式的接触率为80.1%。数字阅读已然成为推动全民阅读、构建学习型社会的重要力量。2022年，西部数字阅读行业市场规模呈现量缓质升的态势，数字资源深度挖掘，实现量和质的双重提升，知识产权管理意识强化，保护力度不断加大，但受制于生活节奏、经济发展等因素，部分地区与北上广等一线城市差距仍然较大。

一、西部地区数字阅读发展环境持续优化

（一）顶层设计不断强化

《2022年提升全民数字素养与技能工作要点》《关于推动出版深度融合发展的实施意见》《关于推进实施国家文化数字化战略的意见》等文件相继发布，强化了西部数字阅读建设的顶层设计，进一步完善了西部地区数字阅读发展政策体系。以上文件制定了"十四五"时期数字阅读等建设方向及目标，为出版单位探索融合发展新模式、新业态、新领域提供了行动指引。全国各地加大优质数字资源供给，拓展数字资源获取渠道，推动数字资源开放共享，促进数字

公共服务公平普及，提高全民网络文明素养，强化全民数字道德伦理规范，为下一阶段数字阅读服务体系建设打下基础。

截至2022年，全民阅读连续9次被写入政府工作报告，从"倡导全民阅读"发展至"深入推进全民阅读"，全民阅读的深度和广度不断延伸。2021年《中华人民共和国国民经济和社会发展第十四个五年规划和2035年远景目标纲要》提出"深入推进全民阅读，建设'书香中国'"，全民阅读上升为国家发展战略；2022年10月，"深化全民阅读活动"写入党的二十大报告。同时，在2023年政府工作报告中强调构建全民阅读服务体系。在"书香中国"品牌的引领下，书香重庆、书香云南、书香四川等西部地方品牌活动不断发展巩固，实施文艺精品繁荣计划，创新推进文化惠民工程；培育一批品牌文化产业园区等。

四川、重庆、甘肃、西藏等西部12省区市根据《中共中央办公厅、国务院办公厅印发〈关于推进实施国家文化数字化战略的意见〉的通知》，制定发布了《四川省推进国家文化数字化战略实施方案》《甘肃省推进国家文化数字化战略的实施方案》《西藏自治区关于推进实施国家文化数字化战略的实施方案》《广西贯彻落实国家文化数字化战略实施方案》等文件，针对"十四五"期间不同阶段制定目标，提出加快推进公共文化服务和文化产业数字化发展，加快文化数字化基础设施建设，搭建文化数据服务平台，构建数字化文化产品和服务供给体系，加快文化产业数字化布局等要求。《重庆市"十四五"文化发展改革规划》《重庆市文化产业发展"十四五"规划》等也对实施文化数字化战略作出进一步规划。《云南省2022年全民阅读工作实施方案》《关于加快数字化转型发展深入推进数字广西建设的实施意见》等文件，从形成文化数据库、建设基础设施、服务平台，布局数字化文化消费新场景等方面入手，分阶段制定目标，积极推动落实各项工作，深入推进地方数字品牌建设，组织开展主题鲜明、内容丰富、形式多样的全民阅读活动，创新阅读方式，建成文化数字化基础设施和服务平台，布局文化产业数字化，形成线上线下融合互动、立体覆盖的文化服务供给体系。

（二）数字阅读基础设施建设不断推进

关于数字化阅读基础设施的一系列部署相继展开。习近平总书记在中央财经委员会第十一次会议上指出，加快新型基础设施建设，提升传统基础设施水平。《中华人民共和国国民经济和社会发展第十四个五年规划和2035年远景目标纲要》将"加快建设新型基础设施"作为专门一节列出；《"十四五"国家信息化规划》提出建设泛在智联的数字基础设施体系；《"十四五"数字经济发展规划》提出优化升级数字基础设施；《扩大内需战略规划纲要（2022—2035年）》要求系统布局新型基础设施。截至2023年5月，国家发改委正在牵头加快推进新型基础设施建设，部署全国一体化大数据中心体系，系统推进数字基础设施建设。随着全国各地深入推动全民阅读，打造"书香中国"，西部各省区市积极响应，制定相关实施方案，为数字阅读基础设施建设指引方向，明确各省区市重点工作任务。电子阅报栏和阅书屏、图书馆、实体书店、文化体验中心等文化场馆纷纷设置有声阅读墙、有声图书馆等数字阅读设施；数字农家书屋和数字图书馆建设颇显成效。

数字图书馆建设发展迅速。随着全民阅读的推广，西部各地加速数字图书馆的建设，推动数字图书馆实现省区市全覆盖，提升了数字阅读的普及率。截至2022年11月，重庆已建成数字图书馆43个，数字阅读资源总量达1 542TB，国家等级馆率达100%，一级馆率为83.3%，位居全国第五，建筑面积约38.2万平方米。截至2022年3月，中央财政已累计投入资金5 000余万元，实现了数字图书馆推广工程服务平台在全市公共图书馆全覆盖；全部开通网上图书馆、手机图书馆、手机App等数字阅读新载体，打破了阅读时空界限，为进一步推进重庆市公共数字图书馆建设提供了强有力的保障。《四川省图书馆暨全省公共图书馆2022年阅读报告》显示，新型阅读空间全省共1 294个。智慧应用场景全省共917个，电子阅览终端7 261台，数字阅读资源总量约1.5万TB，数字资源库2 240个，较2021年增长55.56%。

（三）技术赋能数字阅读多元化

数字阅读是内容与技术融合发展的典型产物，云平台、大数据、人工智能等关键核心技术的创新发展，为西部数字阅读高质量发展注入澎湃动力。技术提供优质数字阅读体验。大数据等技术的应用为数字阅读提供有趣、便捷的阅读体验。截至2023年，四川省共有智慧应用场景917个、电子阅览终端7 261台。四川省图书馆2022年全新上线川图智慧阅读空间，通过"瀑布流电子借阅系统"、阅读本及阅读本自助借阅柜、数字书法机和智能棋艺桌等，增加了阅读的趣味性。2022 年对外开放的天府人文艺术图书馆有 24 小时自助图书馆、机器人馆员、智慧墙、大数据实时发布等设施设备，使阅读更便捷化、舒适化。在首届全民阅读大会上，数字阅读体验馆集合了 VR 阅读、5G 高清视频、5G 高清听书、AI 智能导读等创新阅读服务，为用户提供丰富有趣的沉浸式阅读新体验。

科技赋能数字阅读方式迭代更新。人工智能、大数据等先进技术为数字阅读提供了更多元的发展空间，网络阅读、听书和视频化阅读等方式，为数字阅读带来了新的发展动力。VR 数字图书馆通过构建虚拟空间，百分百还原图书馆真实场景，读者随时随地均可参观。呼和浩特市图书馆上线智慧空间和虚拟数字人，通过 VR 技术实现线上沉浸式阅读。由四川省游戏工委、新华文轩四川数字出版传媒有限公司牵头搭建的"苍穹"元宇宙于 2022 年 7 月发布，融合了游戏、区块链、云计算、人工智能、数字孪生、扩展现实（XR）等多元科技，让用户拥有自己的图书馆和藏书阁。

二、西部地区数字阅读发展的主要特征

西部地区数字阅读产业整体发展趋于稳定，数字农家书屋建设效果显著，主题阅读资源供给加大，阅读方式进一步融合，阅读场景进一步下沉，个性化阅读进一步彰显，知识产权管理持续推进。

（一）数字农家书屋建设效果显著

截至 2022 年 12 月底，全国数字农家书屋达 36.1 万个，占全国农家书屋总量的 3/5，比 2019 年的 12.5 万个增长了近两倍。贵州、广西等西部地区也加快了数字农家书屋建设步伐。贵州省率先在全国进行数字农家书屋建设，利用省数字图书馆的书刊资源和省财经学院的计算机技术支撑，创建数字农家书屋。同时依托多彩贵州"广电云"村村通、户户用工程，建设包含 100 余万种电子图书的电视图书馆，并与贵州省数字图书馆互联互通，率先在全国建立城乡有线广播电视与数字阅读有机结合的公共文化信息服务平台，实现了城乡数

字阅读的普惠化、智能化、长效化全覆盖。2022 年，广西认真贯彻中央关于创新实施文化惠民工程、加强出版公共服务体系建设的决策部署，将农家书屋出版物补充更新列入自治区人民政府为民办实事项目并大力推进，截至 11 月底，顺利完成这一文化惠民任务，共筹措资金 2 900 多万元，为全区 15 278 个农家书屋（其中，中央支持建设 14 353 个，自治区自建 925 个）补充更新出版物 105.91 万册。2019 年开始，广西全区实体农家书屋升级为 15 143 个"数字农家书屋"，搭建广西数字网络图书馆（数字农家书屋）主平台及自主研发具有广西本地特色的分平台。云南省新闻出版局与中国卫星通信集团航天数字传媒有限公司签署战略合作协议，在数字出版发行领域、数字农家书屋建设方面深入合作，共同在西南边疆兴建卫星数字农家书屋，如德宏州瑞丽市卫星数字农家书屋、保山市隆阳区金鸡乡育德农家书屋。为建设好数字农家书屋，各地还围绕管理人员培训等推出系列举措，帮助村民提升数字素养。重庆市部分区县借助新时代文明实践志愿者服务队伍和社会力量，壮大数字农家书屋的工作力量。

（二）数字阅读企业稳中有进

1. 西部地区数字阅读企业增速放缓，加强与国内头部平台合作

根据企查猫数据显示，截至 2023 年 6 月，西部地区数字阅读相关企业数量占全国的 20.88%，主要分布在四川、陕西，其次是重庆、广西、云南、贵州、新疆等地。注册资本超过千万的企业超过 3 万家，其中陕西、四川最多。近几年，西部地区数字阅读企业数量保持稳定增长，到 2022 年增速放缓，总数占全国的 19.89%。四川、重庆、陕西、广西等西部地区多家单位与樊登读书、喜马拉雅、同方知网、科大讯飞等各大阅读网站合作，共同开发制作推出有声读物、电子书和视频产品。数字阅读企业与主流文学平台和大神作家联动，举行主题读书活动，通过自身平台资源，为读者提供优质阅读服务。

2. 数字阅读企业产品形式多样

各出版单位根据自身优势、业务特点和特定需求进行融合发展项目的开发、策划、储备、实施了一批具有一定辐射、示范效应的融合发展项目。如广西教育出版社的"青少年健康成长教育平台"，发展势头良好，内容丰富。广

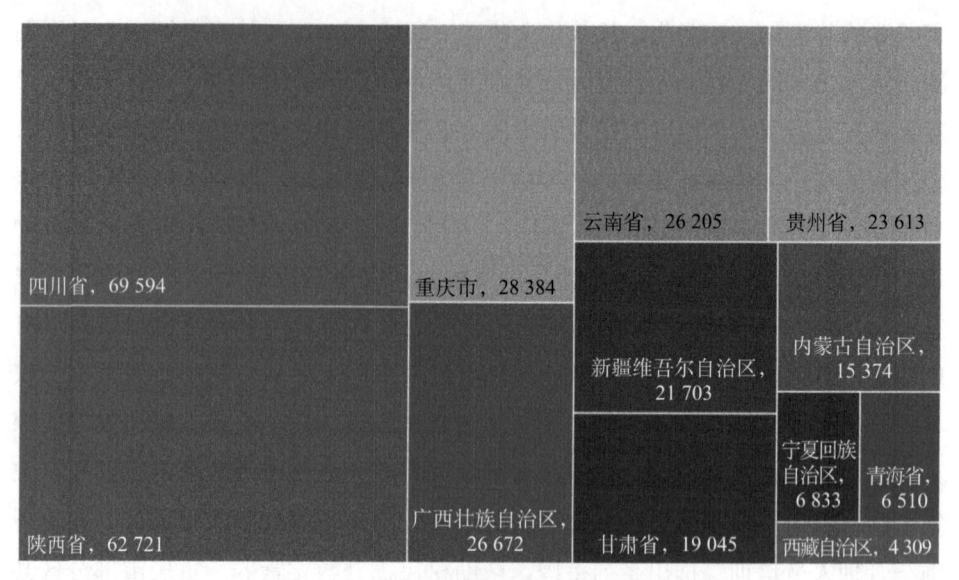

图 1　西部地区数字阅读相关企业分布

数据来源：企查猫

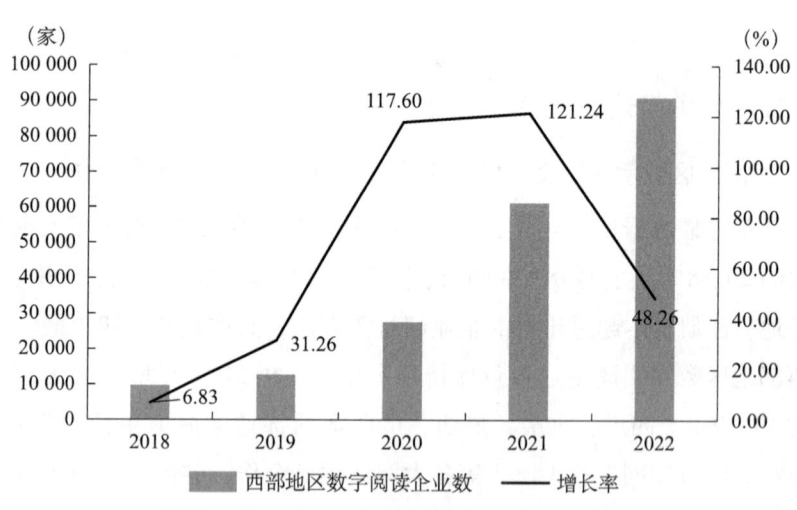

图 2　近五年西部地区数字阅读相关企业数量

数据来源：企查猫　经项目组整理制图

西接力出版社的《捣蛋头上学记·脑洞研究院》、四川天地出版社《我用一生爱中国：伊莎白·柯鲁克的故事》入选 2022 年全国有声读物精品出版工程。其中《捣蛋头上学记·脑洞研究院》通过"IP+故事化"的呈现形式，将课程 IP 化，用最吸引儿童的声音形式和故事 IP，开发孩子的想象力思维和写作能力，在少儿音频产品新形态的拓展探索方面迈出了有力的一步。自2022年4月29日上线截至11月17日，仅喜马拉雅单平台，已收获播放量为539.8万，在喜马拉雅儿童新品榜最高排名12。陕西新华出版传媒集团搭建"智慧学习服务平台""'书香陕西'全民阅读数字平台""中国西部重大文化资源IP运营平台"，进一步丰富出版融合产品形态。

已形成可持续"走出去"的发展生态。各地出版社紧贴"一带一路"倡议，输出语种和国家、地区不断增多，尤其是"一带一路"国家版权输出不断增加，与国外出版机构签订版权输出协议，建立对外编辑部，与俄罗斯、乌克兰、白俄罗斯、哈萨克斯坦、印度、马来西亚、越南、泰国、印度尼西亚等多个国家建立了广泛的联系。如广西人民出版社、接力出版社等积极和国外出版社合作，其中接力出版社向14个国家和地区的26家出版社输出图书版权134种，输出国家分别为加拿大、瑞典、韩国、泰国、越南等。三苏文化出版工程与多个国外出版机构签订包括首批成果在内的相关实物出口和版权输出协议；新华文轩与中国外文局签订《中国主题图书国际合作出版协作机制工作备忘录》等，强强联合共同提升文化传播能力。搭建国内外交流平台。陕西人民出版社承办"中韩图书交流展"等活动，为23家韩国出版社和省内16家出版社提供交流机会，扩大对外影响力。

（三）数字阅读作者集中川渝地区

1. 川渝地区网文作家最多

《2022年度中国数字阅读报告》显示，2022年中国数字阅读平台上架作品总量达5 271.86万部，其中网络文学作品量约3 458.84万部，占65.61%，这无疑不彰显网络文学作为数字阅读主力军的地位。阅文集团发布的《2021网络文学作家画像》数据显示，全国有超过2 000万人从事网络文学创作，位于西部的川渝地区网文作家最多。2022年，西部省区市作家协会组织架构逐步完善，积极搭建沟通交流平台，加大作家引导和扶持力度。重庆建立全国首个网络文学创作基地和网络文学图书馆等线下活动载体，组织开展实践体验、主题沙龙、成果展示、联谊交流等活动，汇聚和培养最优秀的作者和作品，定期邀请全国知名作家到基地进行写作培训。四川通过大力推进"网著新时代"四川网络作家引导计划，开展四川省网络小说排行榜评审等方式，助力网络文学发展。

2. 科幻网络文学作者主要来自四川

《中国科幻网络文学白皮书（2022）》显示，广东、江苏等沿海经济发达地区以及四川这一中国科幻重镇仍然是新增作家分布最多的几个省份。创作了一批优秀的科幻佳作，如万象峰年的《赛什腾之眼》和《飞裂苍穹》分获华语科幻星云奖中篇金奖和短篇银奖，阿缺以重庆为背景的近未来科幻故事《重庆的尽头是晚霞》获得未来科幻大师征文"成渝"邀请赛读者选择奖。进一步强化了成都"中国科幻之都"，四川"中国科幻高地"的文化定位。四川省科幻作协专委会、四川省科幻学会、四川省科普作协科幻专委会、成都市科幻协会等相关机构，对外积极组织参与中国作协、中国科协主导的一系列活动，与国内外其他科幻组织建立了良好的协助交流关系；在内部强化作家、科幻迷等多个层面的组织建设，开展了一系列活动，同时出版一系列科幻作品，做好"引进来"和"走出去"。

（四）数字阅读内容供给持续夯实

1. 主旋律、正能量精品阅读内容供给加大

龙源数字传媒集团发布的"2022 知识阅读城市 TOP100"榜单中，西部有 17 个城市入选，其中排名前 50 的分别是重庆、西安、昆明、贵阳、南宁、成都、兰州、银川、遵义等城市。通过对浏览阅读等数据的统计排名，反映了各城市对全民阅读的重视程度，也体现了党和国家在文化、教育、思想领域的政策导向。有利于促进正能量阅读，提高主流文化、主流价值观的影响力。2015 年起，中宣部每年都会开展主题出版物重点选题立项工作，主题出版选题上报数量从 2015 年的 1 401 项增加到 2022 年的 2 240 项，其中入选的主题出版重点出版物从 2015 年的 125 项增长到 2022 年的 160 项。2015 年，新疆、西藏、陕西、四川、广西、重庆等 6 个西部地区入选 17 种选题，2022 年，新疆、云南等西部 12 省区市均有选题入选，且选题数量增长了 29.4%。相关企业数字内容储备丰富，数字阅读已经成为持续夯实全民阅读服务体系、助力文化数字化的重要产业力量。

2. 数字资源实现量和质的提升

随着西部各地区数据平台建设不断推进，数字资源实现量和质的提升。如

《四川省图书馆暨全省公共图书馆 2022 年阅读报告》显示，四川省公共图书馆的电子图书为 7 404 万册，较 2021 年新增约 2 622 万册，同比增长 54.82%。数字资源总量约 1.5 万 TB，新增对外服务数字资源量约 2 267TB。四川数字资源库 2 240 个，较 2021 年增加 800 个，同比增长 55.56%。重庆初步实现数字资源的统筹管理、整合归集、共享利用。重庆市大数据发展局建设的一体化数字资源系统，初步实现重庆市数字资源的统一配置、统筹管理，形成全市数字资源一本账，数字资源的数量和质量都得到了显著提升。数字资源配置效率明显提升，实现数字资源一站式浏览查询，跨区域跨层级资源申请共享更加便捷，资源审批时间大幅降低。

（五）数字阅读平台丰富多元

本土企业持续探索，打造国内优质数字阅读平台。随着人工智能的快速发展，阅读方式进一步融合，阅读场景进一步下沉，个性化阅读进一步彰显，阅读平台更加丰富多元。重庆优启科技有限公司主营品牌产品书香小说 App 为 1 亿用户提供高品质阅读内容和智能化阅读体验，是国内最优秀的数字内容平台之一。书香内容平台除与数百家原创网站及出版社有深层次合作之外，还自有两家原创文学网站品牌——漫香小说网及安夏书院。书香小说项目涵盖历史、科技、天文、地理、生物、IP 等多个大类，数百个小类。"走读广西"——文旅融合背景下的全民阅读推广新模式项目成功入选中宣部出版局"2022—2023 年全民阅读优秀项目"。"走读广西"发挥公共图书馆等公共文化场馆馆藏和地方文旅资源优势，注重突出民族团结、红色文化、山水文化以及亲子阅读等主题，开发了展览讲座、自驾游、研学游等线上线下创新实践阅读推广方式。

打造全媒体推广方式，推动融媒体平台发展。甘肃、新疆、重庆、广西、陕西等地加快融合发展。甘肃读者出版传媒股份有限公司着力为读者提供多方位多形式的综合知识服务，用技术赋能内容，打造融媒体平台。《读者》强国号订阅人数突破 4 000 万，"每日一读"系列文章单篇最高累计阅读量达 979 万。《读者》微信公众号订户数超 600 万，"读者"喜马拉雅免费音频累积播放量 8.51 亿次。目前，读者新媒体商业平台矩阵总订阅人数超过 1 600 万。将"书香新疆"数字化阅读平台、"书香新疆"抖音号、"书香新疆"微视、"书香新疆"电视阅读频道与传统出版物做有机融合，打造全媒体传播方式，开发更多功能性融媒体出版物，充分把握数字时代不同受众群体的新型阅读需求，推出广为读者接受、适合网络传播的数字出版产品和服务。

（六）知识产权保护力度不断加大

1. 积极响应实施盗版打击

2022年5月，重庆、四川、贵州、云南、陕西、甘肃、青海等20地省级网络作协、12个网文平台，川渝等地522名网文作家共同发起《倡议书》，呼吁社会各界联合起来对网络文学侵权盗版行为予以曝光、公示，呼吁搜索引擎严格履行平台责任，及时清理、屏蔽"笔趣阁"等盗版站点。7月，中国作家协会联合相关行业发起《网络文学行业文明公约》，呼吁加强网络文明建设，优化网络文学行业生态，推动网络文学高质量发展。

2. 建立健全数字阅读版权保护机制

内蒙古、广西、重庆、四川等西部9个省区市将版权保护纳入2023年工作计划，针对地区知识产权发展阶段定制发展任务。广西提出加快建设面向东盟科技创新合作区、中国—东盟/RCEP国际知识产权总部基地。推进质量强桂建设，强化知识产权全链条保护。《广西贯彻落实国家文化数字化战略实施方案》将加强文化数据安全保障和监管。积极参与文化数据安全标准制定，将完善文化资源数据和文化数字内容的产权保护措施列入重点任务。重庆、甘肃提出构建高标准市场体系。支持知识产权法庭建设，加快建设知识产权保护中心。四川提出要加快产业技术创新和成果转化。实施专利转化专项行动，探索创建知识产权金融生态示范区。云南、宁夏、新疆加快建设高标准市场体系，强化知识产权保护和运用。陕西着力打通知识产权创造、运用、保护、管理和服务全链条。

3. 积极探索版权服务标准化

西部国家版权交易中心版权工作服务站作为我国西部地区唯一国家级版权贸易机构，坚持版权社会化服务和版权市场化运营发展定位，积极探索开展版权服务标准化运行新模式，提供从版权登记到交易、监测、保护、维权的"全链路服务"。依托"NCC西部国家版权链"对"丝路版权网"的支持，完善作品登记功能，实现一作品一数字标识符号和版权数字登记证书，为版权授权和维权提供保障。建设运营的一站式OTO版权贸易与保护平台，以大数据、云计算、区块链、人工智能为核心技术，以丝路版权网为载体，为文字作品、图片作品、视听作品等提供版权登记、评估、交易、融资、监测、保护等一站式服务。

三、西部地区数字阅读发展面临的挑战

（一）西部地区存在数字阅读鸿沟

西部各地区数字阅读产业正处于不同的发展阶段，不同地区面临的问题和困难不一样。一是西部地区省市区经济实力偏弱，与东中部地区存在着较大的差距。优质的数字阅读平台、内容的打造需要一定的技术和成本支出，经济相对落后的地区难以支付高昂的费用。二是国民对数字阅读的接受度和对数字阅读公共设施使用率等有待提升，数字阅读用户群体素质较一线城市有差距，受教育水平不同，对事物的接受程度不同。三是数字阅读设施建设进度不同。基础设施建设完善情况决定了数字阅读发展的硬件水平，由于西部地形复杂等原因，部分地区数字阅读基础设施建设仍存在不足。

（二）西部地区数字阅读高质量内容较少

一是文化潜力挖掘不足。文化资源运用不充分，西部文化具有地域性、多元性和原生态性，文化资源丰富，现有的数字阅读内容在对文化资源的开发上过于单一，挖掘不够。二是西部各地区数字阅读精品相对较少，有影响力和知名度的数字阅读产品较少。根据数据显示，虽然每年西部地区都有数字阅读作品产出，但精品仍不足，较比北上广一线城市，精品内容数量相对较少。三是创作者素质能力参差不齐。部分创作者版权意识不强，复制他人的作品构思、内容、框架等，侵犯原作者的利益，造成作品的同质化，无法保证优质作品输出，数字阅读市场面临挑战。

（三）西部地区数字阅读缺乏技术支撑力

一是数字阅读企业整体实力较弱。本土数字阅读头部企业较少，优质项目

较少，受资金、人才等问题的限制，导致数字阅读企业对大、好项目难以形成较强的支撑力。二是关键技术人才的缺失。区块链、云计算等关键性技术人才集中分布在北上广等经济发达地区，西部地区存在留住和引进人才难的问题，且缺乏复合型技术人才。虽然西部地区有不少培训机构、企业通过培训等方式不断加大培养力度，但院校学生毕业后选择本专业就业率较低以及人才流失等问题仍制约着行业高质量发展。

（四）西部地区数字阅读运营有待创新

一是 IP 长线运营挖掘不够。西部数字阅读 IP 品牌较少，长线化运营潜力有待挖掘。整体来讲，西部现有影响力较大的数字阅读产品较少，从 IP 运营等角度来看，西部网文 IP 仍需要在长线化、精品化运营等方向上加大力度。二是有效推广亟待加强。数字阅读形式单一制约推广有效性，阅读内容和平台呈现形式不够多样化，AI、大数据等技术运用不充分，部分平台功能大同小异，阅读内容形式同质化。三是营销活动缺乏创新。缺少有传播力和影响力的营销活动，运营推广平台单一，缺乏对数字技术、人工智能等先进技术的深度掌握，未实现营销活动智慧化。

四、西部地区数字阅读发展建议

（一）优化西部数字阅读服务

遵循西部地区数字阅读发展规律，针对不同地区、人群、环境等，整合资源，筑牢基础，补齐短板。提升国民素养，营造数字阅读氛围。拓展数字阅读消费新场景。吸引越来越多的人使用数字阅读产品。构建全媒体矩阵式形态，打造集看书、听书、互动社区、滚动图片等形式于一体的全媒体数字阅读矩阵，强化信息技术的支撑引领作用，充分借助虚拟现实、增强现实、混合现实、区块链等新技术优势，提供更多元、更先进的阅读服务，为读者带来沉浸式、多场景化阅读体验。结合西部各地区数字阅读环境建设公共阅读设施。对标各地数字阅读基础设施建设进度，各省区市强化政府职能部门引导力，根据区域发展实际情况制定方案，建设适合本地群众的具有特色的数字阅读设施。加快数字阅读基础设施建设步伐，加快推进城市和乡村数字资源共享，乡村设置专职管理部门，推动基础设施建设管理。

（二）打造西部地区高质量数字阅读内容

进一步激活文化资源，加强优秀传统文化数字阅读精品打造。建立一支具备专业知识、方法和技能的历史文化作者团队，加强历史文化精品输出，打造一批质、量并存的数字阅读内容。强化历史文化作品宣传推广，提高历史文化的社会效益和经济效益。推动"文化出海"，扩大西部地区文化影响力和知名度，加强各区域头部企业合作，打造一批有影响力的数字阅读产品。头部企业带动有潜力、有创新能力的企业，以强带弱、强强联合等形式，各地区协同发展，整体提升西部数字阅读企业实力，形成一批有特色、有代表性的西部数字阅读产品。

（三）推动西部地区数字技术深度掌握

对深度学习基础技术研发给予政策资金引导，对复合型技术人才提供资金支持，规范人工智能等关键技术的学科设置和职业培训，加大对从事基础技术和创新研发核心人才的培养力度，鼓励采用产学研联动模式，确保人才储备充足，确保将人才留住和引进来。政府走进高校，针对毕业生打造留住人才的系列措施，鼓励学生本地就业、创业，做好就业、创业宣传。联合企业优化就业环境，推动数字技术融合应用。首先是核心技术人才供给，鼓励企业开发创新项目，建立研发部，加大对优质项目的扶持力度。打造一批数字技术融合产品，提供优质数字阅读服务平台。

（四）打造西部地区数字阅读 IP 全产业链运营

政策释放利好信息。完善 IP 产业体系，推进优质文化资源开发，推动西部地区优秀传统文化创造性转化、创新性发展。支持线上线下多元化发展，数字阅读平台规范有序发展，鼓励影视、动漫、游戏等 IP 衍生创新发展。丰富 IP 储备，鼓励新人作者创作，评选头部作家，加大优质作品扶持力度。持续积累新人作家和作品，加强数字阅读平台管理，保障作家权益，作家和作品数量稳步增加。顺应阅读移动化、智能化的趋势，通过科技持续创新阅读形式，结合企业运营特征，确定实施方案；与高校、企业等品牌合作，实现阅读推广方式多样化，开展特色营销活动，吸引读者，扩大数字阅读影响力。在影视、动漫、游戏等领域，持续进行精品IP作品长线系列化开发，围绕IP开发多种形态的衍生品，配合影视、动漫、游戏等内容的上线，进行联动推广。

（课题组成员：杨金明、王皓、李俊、陈璐）

重庆市数字出版产业发展报告

重庆华略数字文化研究院

重庆加快出版深度融合发展，促进数字出版产业发展能级转换，集中力量提升出版业集聚能力、创新能力、驱动能力、带动能力和辐射能力，实施出版能级转换工程驱动数字出版业高质量发展，产业结构得以进一步优化，产业发展质量进一步提升。

一、数字出版产业运行情况

（一）运行基本情况

2022年，重庆数字出版产业总产出较上年增长6.16%，增加值较上年增长6.16%，利润较上年增长1.92%，增幅减缓5.29个百分点，税收较上年负增长3%。数字出版产业增幅高于地区生产总值增幅3.56个百分点，对地区生产总值贡献为0.51%，较上年增加0.01个百分点；占全市数字经济核心产业增加值的6.60%。

纵向看，近5年，重庆数字出版产业总产出、增加值、利润和资产整体呈下降趋势。2022年，重庆数字出版业总资产短暂止降转升。其中，2022年数字出版产业总产出、增加值、利润，较2021年分别下降0.33个、1.04个、5.29个百分点，总资产止降转升增加4.15个百分点。具体如图1所示。

观照经济社会发展的情况，总产出、增加值、利润下降主要原因如下：一是受到经济大环境影响，数字出版产业发展滞缓；二是全国数字出版产业发展政策进入调整期，引起数字出版产业活动调整，导致产业活动阶段性波动；三

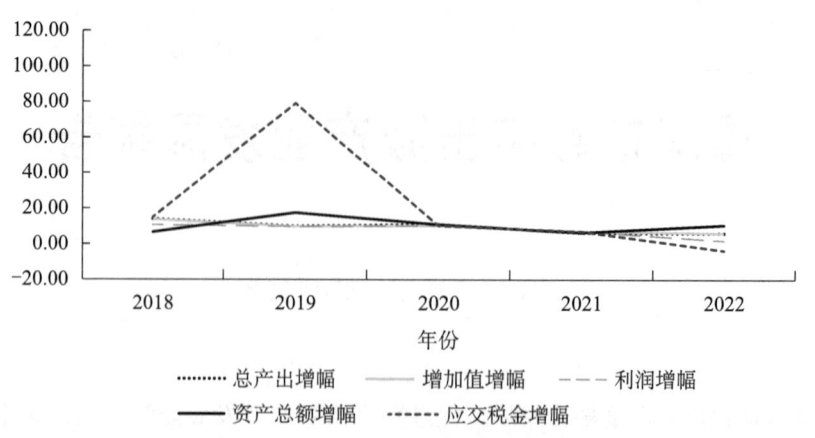

图 1　2018—2022 年重庆数字出版产业运行情况

是全市数字经济产业结构调整，数字出版新的增长点尚未完全形成；四是数字出版产业活动已渐次出现边际收益递减现象；五是全市数字出版项目产品化程度低，市场大循环能力较弱。税收降低的主要原因有两个：一是国家税收政策调整效应呈现，全行业获得税收政策红利，减少税收支出；二是营收总体产出和利润本身在下降，税基降低。

（二）产业集群运行情况

全市数字出版业按现行分类方法，分成数字出版服务、数字出版支撑服务和数字出版设备制造三大产业体系。三大体系中，数字出版服务产出增长 9.06%、数字出版支撑服务产出增长 2.93%、数字出版设备制造产出增长 2.10%。核心业务营收高于相关业务营收 8 个百分点，呈现出核心业务产出大于相关业务产出的态势。具体如图 2 所示。与其他领域的"相关大，核心小"不同的原因是，数字出版产业统计核算口径和数字出版产业特征密切相关。

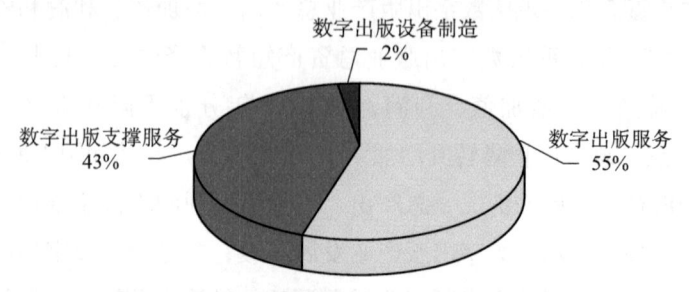

图 2　2022 年数字出版三大体系产出分布情况

根据产业活动相关性，重庆数字出版业分为互联网出版、文献数据库出版服务、数字教育、网络游戏、数字创意与知识产权服务、数字出版支撑服务、数字出版设备制造等7个产业集群，数字出版支撑服务占34%，互联网出版服务占29%，网络游戏占15%，其他的产业集群占比均在10%以下，整体体量较小。具体如图3所示。

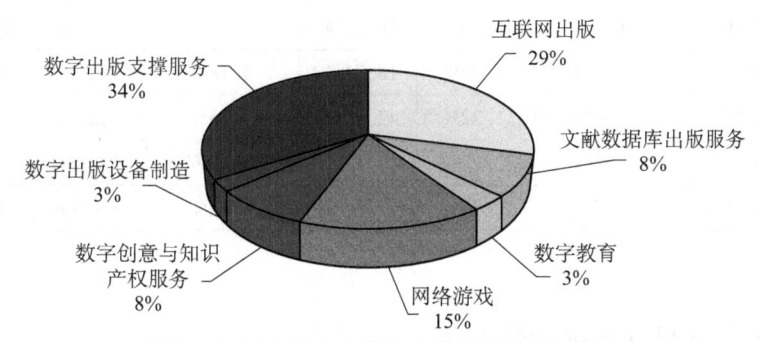

图3 2022年数字出版产业集群产出分布情况

2022年，7个集群中，互联网出版总产出增长2.40%，文献数据库出版服务产出增长16.91%，数字教育产出增长12.75%，网络游戏产出增长19.41%，数字创意与知识产权服务产出增长9.50%，数字出版设备制造产出增长2.10%，数字出版支撑服务产出增长1.11%。除互联网出版和数字创意与知识产权服务活动增幅高于上年外，其他5个集群的产出增幅低于上年同期。具体如表1所示。

表1 2018—2022年重庆数字出版产业集群产出增幅情况

年份	互联网出版	文献数据库出版服务	数字教育	网络游戏	数字创意与知识产权服务	数字出版设备制造	数字出版支撑服务
2018	13.90%	318.16%	34.10%	12.82%	3.31%	9.48%	13.30%
2019	9.30%	58.04%	26.02%	18.10%	4.15%	4.37%	5.28%
2020	4.00%	43.33%	31.22%	36.07%	14.17%	3.12%	5.27%
2021	2.01%	20.11%	22.72%	20.85%	7.97%	2.85%	2.10%
2022	2.40%	16.91%	12.75%	19.41%	9.50%	2.10%	1.11%

7个产业集群增加值最高的是数字出版支撑服务，较上年增长1.38%，其次是互联网出版增加值，较上年增长3.0%，网络游戏增加值较上年增长19.92%，也是增幅最大的行业。数字出版设备制造增加值为-4.86%。具体

如表 2 所示。增加值出现负增长，主要考虑行业的工资水平、利润率、税收和固定资产折旧周期性原因。

表 2　2018—2022 年重庆数字出版产业集群增加值增幅情况

年份	互联网出版	文献数据库出版服务	数字教育	网络游戏	数字创意与知识产权服务	数字出版设备制造	数字出版支撑服务
2018	7.42%	101.30%	35.09%	38.22%	-1.67%	9.48%	12.68%
2019	9.33%	57.84%	26.02%	18.71%	4.18%	4.37%	5.24%
2020	4.92%	41.50%	31.22%	42.26%	3.85%	-22.66%	4.92%
2021	1.03%	22.30%	22.72%	15.71%	18.89%	37.13%	2.54%
2022	3.02%	16.13%	12.75%	19.92%	8.82%	-4.86%	1.38%

（三）典型行业运行情况

在纳入统计的 22 个行业中，数字出版软件开发、互联网接入服务、互联网广告服务、游戏研发与制作、网络游戏服务占全市总产出的 65.30%；增加值占全市的 68.59%；总资产占全行业的 65.30%，总利润占全部利润的 68.60%；应交税费占全市的 68.60%。

总产出增长速度较快的 5 个行业是：网络游戏研发与制作，增幅为 26.80%；数字图书出版服务，增幅为 21.93%；网络视频，增幅为 20.77%；数字出版平台运营，增幅为 20.72%；互联视听内容，增幅为 20.21%。增加值增幅较大的五个行业是，网络游戏研发与制作，增幅为 26.80%；网络视频，增幅为 20.77%；互联网视频节目增幅为 20.21%，数字内容加工服务，增幅为 19.66%；数字图书出版服务，增幅为 18.41%。互联网广告连续 5 年下降，其中近 3 年负增长，2022 年增幅为 -4.11%，互联网广告的市场正在被直播带货和自媒体挤占。

（四）重庆两江国家数字出版基地运行情况

2022 年，重庆两江国家数字出版基地总产出、增加值、资产、税金、利润等增幅均高出全市水平。其中数字出版及相关产业总产出较上年增长 12.90%，高出全市增速 6.74 个百分点；增加值增长 11.77%，高出市水平 5.61 个百分点；资产总额增幅为 25.43%，高出全市水平 14.78 个百分点；应交税费增长 0.31%，高出全市水平 3.8 个百分点；利润增长 7.47%，高出全市水平 5.55 个百分点。具体如图 4 所示。

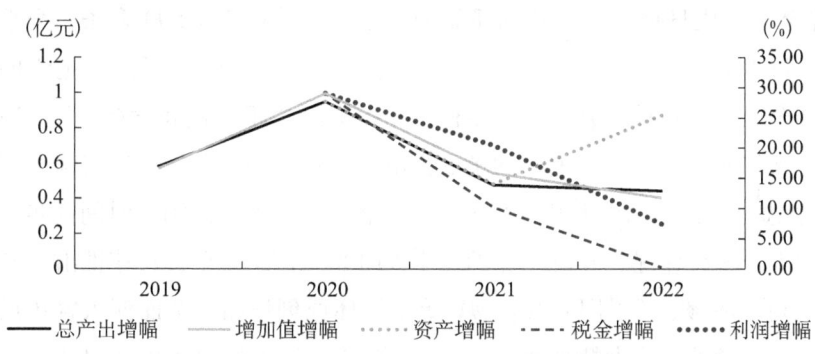

图 4　2019—2022 年重庆两江新区国家数字出版基地运行情况

重庆两江国家数字出版基地主要指标在全市的比重持续增加，其中总产出占全市的 47.45%，增加值占全市的 51.75%，资产总额占全市的 47.45%，税收占全市的 36.22%，利润占全市的 53.90%。具体如表 3 所示。两江国家数字出版基地集聚效应和引领能力基本形成。

表 3　重庆两江国家数字出版基地全市占比

年份	总产出	增加值	资产总额	税收	利润
2019	36.24%	38.85%	33.95%	28.96%	38.85%
2020	41.72%	45.48%	39.08%	33.90%	45.48%
2021	44.62%	49.15%	41.86%	34.85%	51.12%
2022	47.45%	51.75%	47.45%	36.22%	53.90%

二、重庆数字出版产业运行特征

（一）主题出版选题策划能力不断提升

中国共产党第二十次全国代表大会是在全党全国各族人民迈上全面建设社会主义现代化国家新征程、向第二个百年奋斗目标进军的关键时刻召开的一次十分重要的大会。世界瞩目，国人兴奋。重庆数字出版业策划和推出一批高品质的数字出版内容。重庆日报网自9月2日，开设"喜迎党的二十大 书写新篇章"栏目以来，截至大会闭幕，重庆日报共刊发党的二十大相关报道稿件400余条。重庆日报客户端共刊播党的二十大相关稿件1 500多条，全平台点击量超过1.15亿次，党的二十大胜利闭幕后，在第一时间开设"把党的二十大精神全面落实在重庆大地上"专栏，先后推出"跟着代表学精神""新时代新征程新伟业"等栏目。七一网策划推出"我们的新时代""我们这十年"等20多个选题。党的二十大开幕当天，七一客户端、七一网第一时间同步直播党的二十大开幕会盛况、开设"党的二十大时光"网络专题，迅速推出《党的二十大金句》海报、《强国有我》MV等全媒体原创作品，全面深入宣传反映全市学习贯彻党的二十大精神情况；"七一视评"推出的《中国化时代化的马克思主义行》等学习贯彻党的二十大精神系列内容被中央网信办推介给全国各新闻网站，传播量超过1.5亿。华龙网推出的《党的二十大专题报道》浏览量超3亿，《微视频"天路"背后的中国答案》，全网总浏览量达到1.06亿，相关专题作品，浏览量逾百万的达到213件，逾千万的有10件。城乡统筹网开设了《领航中国》《沿着总书记的足迹》《喜迎党代会、奋进新征程》《奋进新征程、建功新时代》等网上主题宣传，全年刊发、转载、推送重点稿件近1 000篇，总点击量超480余万人次。重报传媒紧扣党的二十大精神，推出《我家就在岛上住》短视频内容，同时推出了《二十大为啥如此重要？这些知识你应该了解》《9个重要表述 带你理解高质量发展》《打江山守江山 守的是人民的心》《党的二十大报告点赞这9个创新领域》等作品。

（二）数字教育领域有序拓展

课堂内外群读共写云平台建成题库，库内共约3 500道测评题目，从阅读感知、阅读理解、阅读评鉴、阅读表达四个模型维度进行考察，为学生推荐个性化学习路径；已研发教师教学备授课资源共计约1 000份电子文档资源，500余节视频课程，覆盖小初高全学龄段；搭建作文库，收录课堂内外小初高3本作文刊物及相关图书近7年优秀作文，共计2.5万余篇，可供教师进行关键字搜索；截至2022年底，云平台已经获得约5万名语文教师的青睐。西南大学出版社基础教育数字服务平台改版上线"基础教育资源服务平台"，更新数字内容近 6 000 条,"天生数学"更新文章 150 篇,数字资源 7 000 个,全年为近 300 万册图书提供增值服务,"小学语文分级阅读平台"为小学学校提供测评、训练、教研服务,并尝试开发个性化学习诊断报告、个性化阅读手册等增值服务,探索 B2B2C 模式初见成效,数字资源开发与制作纵深推进,全年新开发各类数字教育资源 187 种,开发国家智慧教育平台教学视频课 612 节。重庆大学出版社数据资源建设量级扩展,2022 年 12 月底,该社官网上可阅读或下载的数字资源 76 000 余个,形式包括电子教案、电子课件、课程的习题/试题及答案、教学视频、案例范本等。重庆大学电子音像出版社的课书房(keshufang.com)着力打造全国职业技术教育与培训的优质资源集散地,不断丰富平台数字内容采编、云分发及运营、在线教学、选题辅助、知识认证、版权保护与交易功能,提供课程、专题、学习路径、教学云平台、新形态教材服务,全年日均独立 IP 约为 1.5 万个,日均访问量(PV)约为 3.8 万次。"特殊教育系列"产品不断完善,形成"特殊儿童个别化教学云平台""资源教室学生评估系统""高等院校特殊儿童个别化教育实训平台""特殊教育资源中心大数据平台"体系,产品基本覆盖了特殊教育生态链。"维普职业培训云课堂"是一个包含了众多职业资格考试及学业考试考前培训课程的视频资源库课程资源平台,既包括教师资格证考试、计算机软考、一建二建及建造师考试、会计职称考试、医师护士资格及医学职称考试等多种职业资格类考试培训课程,也包括考研公共及专业类培训课程及财经类、营销类、技能提升类课程,帮助学习者实现从学科素养、职业技能到岗位技能的能力提升闭环,从而帮助学校及各类机构培养更多高素质技术技能人才。

(三)知识服务模式不断创新

维普产业知识服务平台围绕地方重点产业自主创新需求,通过实时监测、收集、整理和分析产业竞争环境动态及其相关情报要素,在情报数据库建设的基础上,整合维普资讯的优质文献资源、互联网资源、机构自有资源,通过统一检索、知识导航及维普特有的知识挖掘技术,开展产业专题服务,构建产业综合门户。《中国药房》微信视频号,组织策划并发布原创医药科普视频 72 个,推出的"药师来了""一切为了人民健康——我们这十年"等专栏以及节假日、疾病日相关视频及主题活动,总阅读量超过 20 万人次。重庆大学期刊以构建的专业期刊集群为基础，通过传播矩阵建设，提供数据自动对接。通过文献集成和学科领域信息服务平台集成，聚合重点和热点内容，面向C端用户开展学者运营和展示学者画像维度，通过精准传播工具覆盖全部内容资源，从征稿通知、优先出版、整期推送、专题推送，再到文章传播为用户提供精准推送。《西南大学学报》（自然科学版）加入开放科学计划（英文全称Open Science Identity，简称OSID），每篇论文将拥有专属的OSID码，作者可在码内对论文作者、研究背景、学术价值等问题进行语音阐述，也可上传论文的补充性数据与材料（图片或视频），使论文成果更加立体化展现，增强论文质量，提升论文的阅读量、下载量和引用率，扩大论文和作者的影响力。《中国药业》利用新媒体平台开辟科普宣传专栏，迅速受到全国各地药学专家关注，年内首发原创科普文章40余篇，内容涉及常见疾病药品安全使用等。

（四）网络文学观照现实

5个重点网络文学平台新增网络文学作品4 042部（件），至2022年末上架作品总量18 132部（件），现实主义题材成为关注焦点。七一文学推出的《南望桑梓》《许老师》《老寨精灵》《故乡记事》《老寨笔记》《追踪》等现实题材受到用户青睐，这些作品从不同侧面记录新时代建设成就，部分作品立足当下回望百年。盛世悦文推出的《新英雄湾村》，以年轻人的视角观察新农村的生活，感受国家乡村振兴政策的魅力，入选新时代山村巨变主题作品。《那人那事》获得陕西青年文学奖，《有些人有些爱》《疫情，被留守的64天》入选中国作协重点扶持作品，《新英雄湾村》获得中国作协2022年网络文学重点扶持作品。天健互联网出版的《魁星楼》探索在特定时代，身份不同、阶层各异、观念分殊的群体，如何面对大时代的洪流进行自我调适，从而去探寻新的发展路径。

（五）网络游戏持续向好

2022年，重庆网络游戏出版逐步向好，8家网络游戏研发公司10款游戏获得国家新闻出版署批准发行。2022年，是自2018年以来，网络游戏出版数量最多的一年。10款游戏中，帕斯亚的3款网络游戏获准发行，星漫科技、启典网络科技、环游者网络科技、手艺人科技、诺珏科技、炫灵互娱、重极娱游等本土网络游戏研发机构各有 1 款游戏获准上市。本土 3 家网络游戏出版单位中，华龙网出版游戏 6 款，聚购科技出版游戏 1 款。网络游戏《沙石镇时光》于 2022 年 5 月发售，发售当天销量接近 10 万份，到年末销量突破 50 万份，《毕业之后》销售量达 13 000 份。

游戏企业逐步构建上线产品反哺新产品开发机构，《波西亚时光》《沙石镇时光》围绕 IP 进行新作研发的同时，实现开发技术的创新和突破，进而反哺新作研发，扩大 IP 影响力。网络游戏孵化机构罗布乐思（重庆）创新中心积极推动产教融合，与重庆工商大学共建实践实习基地，多个孵化项目引起业界关注。

（六）融合发展能力加快形成

1. 技术牵引融合

西南大学出版社应用数字技术引流优质教育资源，开发"U 云校"智慧课堂，在四川、云南、贵州和重庆开设 30 个"U 云班"，创新教育资源均衡。"华龙芯融媒体平台"进行迭代升级，完成对新重庆客户端采编平台的替换，实现 PC 网站和客户端的完整融合。"1 + 41"重庆客户端集群下载量突破 3 000 万。天健原创网络文学平台与地方文学创作机构合作，探索原创文学网络首发模式，将涪陵区《乌江文学》整体内容移到网络文学平台进行推送。

2. 内容牵引融合

当代党员杂志社持续优化全媒体平台布局，强化七一客户端智库化改造，重点打造七一客户端、七一网 2 个自办平台，巩固"重庆党建"强国号、"党建头条"微信公众号，培育微博、抖音号、快手号、人民号等 6 个内容发布账号，加强监管搜狐号等 3 个内容自动抓取账号；七一客户端开通知识竞赛、网络投票、网上商城、七一号、答题活动等功能。市委党建全媒体新媒体粉丝总量超过 6 000 万。重庆大学出版社开展三方平台运营，先后开通了喜马拉雅、蜻蜓 FM 等平台账号，并陆续发布"艺术硕士入学考试考点精编""儿童问题心理评估与咨询""人类免疫系统漫游指南""穿越科学大事件"系列音频产品，累计播放量 40 万余次。

3. "出版+牵引"融合

华龙网"新闻+商务"上，贯通新重庆山城源生活文化电商、万州三峡商城政企行业电商的建设，打造具有地方特色的区域电商平台。在"新闻+服务"上，通过小记者平台、智慧党建、数字报等产品的建设，丰富"融媒体+行业"解决方案，推动媒体融合向纵深方向发展。少年先锋报社《青少年红色研学数字化评价平台》基于本社及相关领域资源，以《青少年红色研学评价体系》为着力点，连接学校、指导教师、学生家长各端，对青少年红色研学全流程、全环节进行评价，建立数字化研学档案，助力科学评价研学效率。《中国药业》打造"药业·药事·药师系列专家圆桌论坛""主编论坛·医药同行系列活动"，助力线上学术活动提质提效，并在线下开展"医院药学 60 人系列主题论坛""2023 医院药事热点专题研讨会""生物医药高质量发展专家论坛"等会议，为线下学术会议升级提档。同时围绕医药行业热点、学术前沿打造 8—10 个学术专题。

三、重庆数字出版业面临的挑战

（一）中小企业发展能力有待加强

从 2022 年数据看，重庆数字出版资产、营收和利润排名前 5 的企业趋同，资产和利润分别占到全市的 48.76% 和 47.07%，而营收仅占全市的 19.35%，可见，重庆数字出版业资产集中度和利润集中度较高，营收集中度较低。一是重庆数字出版业营收贡献较为分散，中小企业为重庆数字出版营收贡献在 80% 以上，这些中小企业的盈利能力较弱，甚至部分企业有营收没有利润，对国民经济的贡献率相对较低。二是龙头企业低营收高利润，透视出龙头企业在产品供给和定价方面领导地位较强，其产品和服务通过市场手段配置资源能力有待提升。三是一定程度上，存在中小企业为龙头企业提供配套服务，因其服务项目的利润较低，积累能力较弱，导致其出现开发独立产品和服务能力较低的问题，发展乏力。

（二）数据驱动力有待加强

数据资源为数字出版产业发展的核心资源之一，目前重庆传统出版单位数字出版活动和新兴出版单位数字出版活动均受到数据资源匮乏的限制。在渝图书出版单位出版物数字版权受权率不到30%，难以形成有效的数字出版支撑。一是受权作品类型差异较大，大量有数字版权的内容开发成高质量数字出版物的难度较大；二是数字版权授权时间较短，而数字出版物开发投资较大，且周期较长，在受权周期内上市运营率较低，导致出版单位同步开发数字出版物的积极性较差。在渝的期刊出版单位因其体量较小，基本实现了数字化编采和出版，因对数据进行数据化转化能力不足，小体量的期刊出版单位一般通过官方网站、微信公众号或同方知网等数据平台数字化传播，并未对数据进行标准化加工，导致内容资源再生能力较弱。新兴出版单位业务以技术服务和配套服务居多，内容生产、传播、数据加工一体化的出版单位占比较小，这些单位以信息（知识）传播为主体，成立时间较短，数据量有限，数据系统化程度不高，深加工难度较大，短时间内难以形成有效的数据生产支撑能力。

（三）项目引导力有待加强

项目带动是促进新兴产业发展的重要抓手。重庆数字出版项目主要有两类：一类是出版单位自筹经费建设项目，一类是各级财政资金资助项目。出版单位自筹经费项目主要是以聚合本单位资源，带动相关工作推进为主。财政资金资助项目以国家战略和地区产业发展需求为重要牵引力，重点体现战略方向。重庆财政资助项目引导力整体偏弱，一是专项资金引导能力有限。重庆于2013年设立了数字出版专项扶持资金，由于资金体量有限，出版单位根据资金体量策划项目，导致项目体量整体偏小，项目产品化转化率不高，通过项目建设提升运营能力的预期难以达到。二是出版单位财政资金整合能力较弱。数字出版产业涉及信息技术、数字技术、软件研发、"互联网+"、大数据、人工智能等多个领域，这些领域从国家到重庆市均有相关的资金扶持，就重庆而言，这些资金单个项目资助经费均高于数字出版专项资金资助强度，而出版单位则主要盯住出版专项资金，未能根据项目的性质，整合其他专项资金渠道来申报项目以及促进本单位数字出版项目建设。

四、重庆数字出版发展建议

（一）提升中小企业自我发展能力

一是加大力度培育中小企业。在保持现有龙头企业+中小企业产业结构和产业生态，稳定全行业供应链的基础上，重庆应该加快力度培育中小企业，一方面孵化有核心技术和创新能力的团队，以技术和项目创新创业，建立打造一批自主发展能力较强的小微企业，为形成中小企业发展生态营造空间；另一方面，助推现有中小企业向大中型企业或龙头企业成长，鼓励数字出版企业或出版企业以资源为纽带横向或纵向整合相关领域企业，增强企业自我发展能力。二是鼓励数字出版企业创新。释放中小企业体量小、负担轻、机制活的发展优势，鼓励其及时转化应用新技术，研发适宜新时代用户数字化多场景随机性体验的数字出版产品和服务，开拓数字出版产业发展的新增长点。三是创新数字中小企业协同发展机制，支持中小企业以项目或优势资源为纽带协同创新，共同打造数字出版平台，研发新型数字出版产品或服务，增强中小企业市场对数字出版产业发展的支撑力，增强其市场竞争力。

（二）破除数据驱动力现存障碍

一是加大数字版权开发力度。深度挖掘已出版图书和音像、电子出版物的数字版权，激活出版单位已经出版各类出版物的数字版权，从而将存量转化成增量，快速增加本单位数字版权受权率，提升数字资源量存量，形成数字出版数据支撑。二是加快数字内容数据化加工力度。推进出版单位既有出版物的数据化工作，既往资源要加快数据化，新出版内容资源要同步数据化，快速形成一批高质量数据资源，支撑数字出版产品和服务开发。出版单位要将内容资源数据化程度纳入工作流程的绩效项目中，构建全员内容数据化、数据资源化的机制。三是建立数据共享机制。加快研制数据标准，或者接入国家文化大数据标准体系，以数据标准化打造数据共享通道。出版相关协会要建立数据共享协调机制和数据共建共享协作机制，定期沟通数据资源化进度，研讨数据共享连接机制。四是用好全域数据平台。持续完善重庆城市记忆文化大数据平台功能，重点建设智能化数据标准功能和数据共享连接功能，应用人工智能技术对存量数字资源进行数据化处理，对照平台数据标准对数据进行标准化处理，提升数据共享效率。要加快数据作价机制功能建设，对完善数据确权、数据价值评估、数据流通模式的相关功能完善，切实发挥数据平台在数据共享机制形成中的作用。五是加快构建行业大模型。立足国内数据资源权属和性质的特点，要率先在行业大模型领域布局投入，研发适宜出版行业特征的行业大模型，赋能数字出版产业高质量发展。

（三）构建有效的项目引导机制

一是强化出版单位自主投入。贯穿出版深度融合发展理念，出版单位数字出版物数量、数据版权受权数、数字出版项目投入力度与传统出版资源配置综合考核，未能达到相关标准的出版单位应减少配置书号资源等。二是转变项目投入机制。市级数字出版专项资金由事前投入转化为事后补贴，每年对出版单位建设的项目进行综合评价，按投入产出、产品化转化率、市场占有率、公共服务能力等多个指标进行评价，根据考核评价结果，给予一定比例的资金奖补，从而引导企业加大数字出版产品和服务的研发。三是建立项目推荐机制。新闻出版管理部门与发展改革、文化旅游、大数据、经济信息等部门协作，建立数字出版项目推荐机制，对入选的项目，各部门在进行年度资金安排时优先考虑。四是纳入数字重庆建设统筹。建立数字出版重大项目库，策划一批本地区或全行业战略性基础性项目和引领行业发展方向的项目，采用一次立项，分批资助，先建设后资助的模式，切实发挥企业在数字出版产业投入中的主体作用。

（课题组成员：吴江文、吴子鑫、陈正伟、董康）

附　录

2022 年中国数字出版大事记

石　昆　辑录

一、电子图书

浙江师范大学推出殷墟甲骨文数据库

2022 年 4 月 2 日，殷墟甲骨文数据库正式上线。数据库是以浙江师范大学人文学院古代汉语教授、博士研究生导师陈年福的甲骨文文本整理成果为基础，进一步增补、修订形成的数字化产品。该数据库收录卜辞数量达 14 万条，汇集了国内外学者数十种甲骨文著录文献以及近十几年来甲骨缀合研究成果，为今人了解 3 000 多年前殷商文化提供了可信史料，也是研究我国古文字的第一手资料。该数据库专门研发了甲骨文摹写字形检索功能，借助数据库中的甲骨文辅助输入法，即可实现摹写字形的输入，弥补了市场中这一检索领域的空白。其另一重要研究成果，是研发出甲骨联机字典。该字典全面展示了甲骨文的字头、读音、字形、解形和释义，一方面为甲骨文辞的释读提供了可资参考的材料，另一方面也为文史领域从业者使用甲骨文资源提供了便捷的服务工具。此外，该数据库还呈现了学界的最新研究成果缀合关系表，用户在检索某一甲骨时，依照此表可将缀合的相关甲骨一并显示。

敦煌遗书数据库上线

2022 年 8 月 19 日，敦煌遗书数据库（网址：dhyssjk.dha.ac.cn）在甘肃敦煌上线，此举是敦煌研究院建设敦煌学研究高地、推动敦煌文物数字化回归、实现敦煌文化艺术资源在全球范围内数字化共享的重要举措。敦煌遗书数据库是全球敦煌文献资源共享平台，内容包括敦煌文献的基本信息、数字图像、全文录文和相关研究文献目录4个部分，数据库同时提供汉、藏文文献的全文检索和图文对照浏览。敦煌遗书指1900年敦煌莫高窟藏经洞出土的公元4世纪至11世纪的古写本及印本，包括宗教典籍、官私文书、中国四部书、非汉文文献等。

"广西古籍文库"数字平台上线运营

2022年8月29日，广西教育出版社和广西壮族自治区少数民族古籍保护研究中心联合打造的"广西古籍文库"数字平台正式上线运营。"广西古籍文库"数字平台是依托广西古籍搜集、整理、研究及出版成果而开发的同步数字平台，集数字化古籍、古籍整理数字出版物、古籍相关音视频及图片等资源于一体，支持在线阅读、快速检索、文图对照等功能。此次上线展示的是平台的第一期建设成果，收录100多部古壮字古籍底本和近千份民族地区文书等资源，初步实现了广西民族古籍搜集成果的数字化共享，为数字出版与纸质出版同步推进、相互关联、融合发展提供平台支撑。

浙江省历史文献数字资源总库发布

2022年9月2日，2022年浙江省中华传统晒书活动暨浙江省历史文献数字资源总库发布活动在浙江湖州南浔嘉业藏书楼举行。浙江省历史文献数字资源总库集资源、平台、门户为一体，设计思路秉承简单易用原则，旨在对古籍数据进行重点收集与重点建设，形成独具特色的浙江省历史文献数字资源。以全省公共图书馆的馆藏古籍等相关资料为基础，收录古籍、民国文献、金石拓片、经、史、子、集、类丛等文献。提供文献学基础分类：经、史、子、集、类丛导航，另增加"民国文献"与"其他"大类资源模块展示。

"唯围品书"平台上线

2022年9月9日，由中国科学技术出版社最新推出的"唯围品书"数字阅读平台上线启动仪式在京举行。"唯围品书"是数字内容和社交服务平台。平台结合互联网云计算、大数据、区块链等技术，通过智能化知识服务体系实现"内容＋社交""公域＋私域""流量＋留存"的闭环，以"轻阅读＋精品内容"提供便捷阅读，以"书单＋书云推荐"解决找书难题，以"创作＋消费返利"让利终端读者，为用户提供"一站式"精品数字阅读体验。

三项中小学数字教材国家标准实施

2022年11月1日，3项中小学数字教材国家标准正式实施。这3项标准分别是GB/T 41469—2022《数字教材　中小学数字教材元数据》、GB/T 41470—2022《数字教材　中小学数字教材质量要求和检测方法》、GB/T 41471—2022《数字教材　中小学数字教材出版基本流程》。标准规定了中小学数字教材出版活动的基本流程，对中小学数字教材提出了质量要求，给出了检测流程和检测方法，并提出了能够兼容教育领域和出版领域的整体方案。

二、互联网期刊

《中国新闻发布》杂志创刊

2022年1月10日，《中国新闻发布》杂志正式创刊。《中国新闻发布》由中共中央宣传部主管、五洲传播出版传媒有限公司（五洲传播中心）主办，是面向国内外公开发行的国家级外宣刊物。《中国新闻发布》包括"一名、双语、三刊"。实务版、英文版为月刊，设有"卷首发布""中国共产党的初心使命""他们为什么认同中国共产党""中国关键词""新征程""发布精览""地球村·面孔""院士与中国""读懂中国""中华之美""五洲有约"等栏目。理论版为季刊，刊载有关政策解读、新闻发布、国际传播、文化交流等领域的最新研究成果。

2022中国期刊协会年会和六届五次理事会在京召开

2022年1月12日，2022中国期刊协会年会和六届五次理事会在线上召开。中国期刊协会副会长、常务理事、理事单位相关负责人约400人在线参加会议。中国期刊协会会长吴尚之出席会议并讲话。中宣部出版局副局长李一昕结合出版局2022年的重点工作安排，对期刊工作提出了意见。中国期刊协会副会长李军报告协会2021年工作情况，中国期刊协会常务副会长余昌祥报告协会2022年工作要点。会议审议通过第六届理事会常务理事、理事增补决议。

科技期刊国际化数字出版平台SciOpen正式发布上线

2022年6月24日，由中国科学技术协会、湖南省人民政府主办的第五届世界科技期刊论坛在长沙开幕。论坛以"共享科学，共享未来"为主题，聚焦开放科学背景下学术期刊发展的重点问题，邀请国内外知名科技团体、学术机构、出版机构等代表深入研讨交流。开幕式上发布了中国图书进出口集团开发建设的一站式科研服务平台DataDimension，以及由清华大学出版社承建的中国科技期刊卓越行动计划国际传播平台SciOpen。本次论坛还设立了"高起点新刊国际化发展策略"和"推动开放科学的中国实践"两场专题论坛，分别围绕提升我国科技期刊国际化影响力以及推动开放科学在中国深入发展等热点问题进行研讨。

第三届中国期刊高质量发展峰会在沪举办

2022年8月26日，第三届中国期刊高质量发展峰会暨第十一届上海期刊论坛在上海大学举行。峰会由国家新闻出版署指导，中国期刊协会、上海市出版协会、上海市期刊协会、上海大学联合主办。开幕式上，中国期刊协会高校期刊集群建设专委会揭牌。开幕式后，以"繁荣学术出版 促进深度融合 推进高质量发展"为主题的高峰论坛、主编圆桌会议举行。3场专场报告会及4场分论坛线上线下同步举行。

2022年地方期刊协会工作交流会在线上召开

2022年11月25日，由中国期刊协会组织的2022年地方期刊协会工作交流会在线上举行。山西、上海、湖南、广西和四川5家地方期刊协会代表分享了工作经验。中国期刊协会会长吴尚之出席会议并讲话。中国期刊协会常务副会长余昌祥主持会议。中宣部出版局期刊处处长、二级巡视员倪轶出席会议并讲话，中国期刊协会副会长李军及来自28个省（市、区）的地方期刊协会相关负责人及部分期刊负责人、中国期刊协会相关工作人员等80多人在线上参加了此次会议。

第十二届中国期刊创新年会在线上召开

2022年12月27日至28日，由中国新闻出版研究院主办的第十二届中国期刊创新年会在线上举办。10余位中外期刊人就创新如何引领期刊高质量发展及提升国际影响力展开研讨。与会嘉宾分别以《媒体融合、资源协同与书刊同源同业》《创办期刊的体会与思考》《创办国际化科技大刊探索》《以出版创新助力合作伙伴成功》《利用全球资源推进南京农业大学刊群发展》《建设期刊核心竞争力》为题分享见解。

三、数字报纸

粤琼两省报业集团携手版权联动发展

2022年6月29日，南方报业传媒集团与海南日报报业集团签署版权合作协议，双方携手搭建粤琼媒体版权协作平台，推动粤港澳大湾区与海南自由贸易港的版权联动发展，探索数字化时代主流媒体版权保护与融合发展的新路径。双方在版权运维、数据开发与应用等方面开展全方位的深度版权合作。南方报业传媒集团发挥以"南方版专+"版权服务平台为核心，集内容、制度、技术、法律四位一体的版权运维能力优势；海南日报报业集团发挥区域内优质内容生产与资源整合能力优势，共同推动优质版权内容资源的整合、分发与营销，开发数据衍生产品。

襄阳日报数字报史馆建成投用

2022年10月31日，襄阳日报数字报史馆投入使用。本项目共完成9.2万个《襄阳日报》版面和15万个《襄阳晚报》版面的数字化转化、PDF重构等，标注加工新闻照片28万张，采集加工人物数据3.6万条，形成襄阳历史报纸数据库、襄阳新闻图片数据库、襄阳人物库等新闻资源库及应用服务平台。

四、网络游戏

中国音数协成立电子竞技工委会

2022年3月25日，中国音像与数字出版协会五届三次理事会在京召开，会议采取线上方式进行。会议审议并通过了《中国音像与数字出版协会关于成立电子竞技工作委员会的提案》《中国音像与数字出版协会关于电子音像工作委员会、教育音像工作委员会和数字教育工作委员会调整的提案》《中国音像与数字出版协会五届二次理事会关于理事单位增补的提案》，决定成立电子竞技工作委员会，电子音像工作委员会更名为数字音像电子出版工作委员会，撤销教育音像工作委员会，增补理事单位 47 席。

中国音数协游戏工委发布《2021 年游戏产业舆情生态报告》

2022 年 6 月 17 日，由中国音像与数字出版协会指导，中国音数协电竞工委承办的电竞工委企业交流会上发布了《2021 年游戏产业舆情生态报告》。报告显示，2021 年各游戏企业严格遵守主管部门的要求与规定，落实防沉迷要求，进一步提升企业社会责任，舆论对政策效果、企业遵规守律和积极履责感知明显，主管部门相关工作获高度认同，整体舆情稳中向好。与此同时，内容精品化、游戏"出海"、元宇宙、电竞发展等话题，与政策管理、人才问题、生态优化等交叠关联讨论，舆论认可游戏产业在经济、文化、科技等方面发挥的正面价值，期待不断提升游戏产业社会贡献度。

2022 中国游戏产业创新发展论坛在浙江举办

2022 年 7 月 21 日，由中国音像与数字出版协会指导，中国音数协游戏工委、中国音数协电竞工委、浙江省绍兴市上虞区 e 游小镇主办，中国游戏产业研究院、伽马数据协办的 2022 中国游戏产业创新发展论坛在浙江上虞举办。中国音像与数字出版协会常务副理事长兼秘书长敖然就中国音数协指导、途梦教育与腾讯未成年人守护平台共同打造的"给青少年的网络素养公益课"项目进行相关介绍，并在"数实融合进程中游戏的科技生产力"的游戏科技论坛上代表中国游戏产业研究院、中国科学院自然科学史研究所王彦雨课题组，发布《游戏技术——数实融合进程中的技术新集群》报告。

2022 全球电竞运动领袖峰会在杭举办

2022 年 7 月 26—27 日，由中国音像与数字出版协会电竞工委为指导单位，腾讯电竞、亚洲电子体育联合会、浙数文化共同主办的 2022 全球电竞运动领袖峰会暨腾讯电竞年度发布会在杭州市国际博览中心召开，活动由全球电竞运动领袖峰会、腾讯电竞年度发布会、电竞生态行业展及系列论坛组成。本次大会以"竞放亚洲"为主题，紧抓亚运契机，助力中国电竞与亚洲乃至更广泛的区域链接起来，共探电竞作为新兴体育产业发展的新未来、新机遇。会上发布了《2022 亚洲电竞运动行业发展报告》。

2022 年上海游戏精英峰会在沪举行

2022 年 9 月 6 日，2022 年上海游戏精英峰会暨上海游戏出版产业报告发布会在沪举行。会上发布了《2021—2022 上海游戏出版产业报告》，分析了上海游戏产业的发展趋势。本届峰会由上海市新闻出版局指导,上海市出版协会主办,伽马数据(CNG)承办。峰会主题为"游戏+",邀请业界、学界专家就产业的文化属性、跨界融合、创新赋能等前沿问题发表真知灼见。《2021—2022上海游戏出版产业报告》显示,2021年,上海网络游戏销售收入为1 250.3亿元,同比增长3.7%,占全国网络游戏销售收入的1/3。其中,国内市场的上海网络游戏销售收入为1 000.4亿元,海外销售收入为38.75亿美元,海外销售增幅超过20%,超过全国平均水平。2022年上半年,上海网络游戏销售收入为627.9亿元,其中,国内市场的上海网络游戏销售收入为500.4亿元,海外销售收入为19.66亿美元。

五、网络动漫

首届北京动画周8大板块40多项活动

2022年8月4日,由国家广播电视总局、北京市人民政府指导,国家广播电视总局宣传司、北京市委宣传部、北京市广播电视局、西城区委区政府主办的首届北京动画周启动仪式暨2021年度国产电视动画推优发布活动在北京科学中心举行首届北京动画周为期6天,开展8大板块、40多项活动,推动建立促进动画高质量发展的生态体系。当天开启的首届北京动画周主论坛以"百年筑梦向未来"为主题,5个分论坛将分别关注动画创作、科技、产业、投资和国际化方向领域。展览单元分为"中国动画百年展""高校动画专业学生作品展""青少年动画主题展""动画应用科技及配音互动体验""北京皮影艺术展演"等。

第19届中国动漫金龙奖颁奖大会在羊城举行

2022年12月24日,第十五届中国国际漫画节开幕式暨第19届中国动漫金龙奖颁奖大会在广州举行,《新神榜:杨戬》摘下"最佳动画长片奖"金奖及"最佳动画导演奖"两大桂冠。本届金龙奖共收到来自30多个国家和地区8 000多部动漫作品,最终51部作品获奖。奖项包括"最佳动画长片奖""最佳系列动画奖""最佳短片奖""最佳剧情漫画奖""海外奖"等15个大类。其中,《新神榜:杨戬》《山海经之再见怪兽》《熊出没·重返地球》分获"最佳动画长片奖"金、银、铜奖。"最佳短片奖"金、银、铜奖则花落《阳光晒屁股》《新三岔口》《瑞瑞的火山大冒险》。本届金龙奖组委会特设"龙腾虎跃·体育之光"特别奖和"传承文明·红色湾区"特别奖，分别由《速滑少年》《烽火东江》获得。

六、视 频

中国传媒大学与央视频签署战略合作协议

2022年1月6日，中国传媒大学与央视频融媒体发展有限公司战略合作协议签约仪式在中国传媒大学举行。双方在推进媒体融合发展、人才联合培养、实习实践基地建设等方面开展合作。

爱奇艺和抖音集团开启长短视频共赢新模式

2022年7月19日，爱奇艺和抖音集团分别通过官方平台宣布达成合作，将围绕长视频内容的二次创作与推广等方面展开探索。爱奇艺向抖音集团授权其内容资产中拥有信息网络传播权及转授权的长视频内容，用于短视频创作。双方对解说、混剪、拆条等短视频二创形态做了具体约定，将共同推动长视频内容知识产权的规范使用。

首届网络视听社会责任与发展研讨会在京举办

2022年7月29日，首届网络视听社会责任与发展研讨会在京举办。本次活动由北京市广播电视局、北京师范大学主办，旨在围绕"责任与发展"，探索网络视听行业社会责任履责新范式，推动网络视听行业高质量发展。会上，北京师范大学互联网发展研究院发布了《重点网络视听企业社会责任研究报告（2021）》。北京网络视听节目服务协会发布了"2021年度北京网络视听行业社会责任优秀企业"，优酷、爱奇艺、抖音、快手、微博、百度、搜狐视频、凯叔讲故事、京东、贝壳找房等10家企业获评优秀企业。

第四届"第三只眼看中国"国际短视频大赛颁奖典礼举办

2022年9月26日，由中国外文局主办、中共杭州市委宣传部协办、煦方国际传媒承办的2022年第四届"第三只眼看中国"国际短视频大赛颁奖典礼系列活动在杭州、北京同步举行。该届"第三只眼看中国"国际短视频大赛设置有年度特别单元"精彩亚运，韵味杭州"，延续"行至世界，发现中国""身在中国，纪录你我""宜居城市，美丽乡村""食见中国，吃遍全球"4个主题单元，共征集到来自世界各地的各类短视频作品65 000部，契合大赛主题要求的作品近4 000部，最终评选出72部获奖作品，来自34个国家和地区的71个机构与个人。

第二届"为你读一本好书"校园短视频大赛公布获奖名单

2022年10月26日，第二届"为你读一本好书"校园短视频大赛获奖名单公布。该届大赛由中国音像与数字出版协会出版融合工作委员会、浙江省高等学校图书情报工作委员会指导，电子工业出版社有限公司、浙江传媒学院、北京印刷学院主办，北京印刷学院新闻出版学院、浙江传媒学院新闻与传播学院、浙江传媒学院图书馆承办。大赛面向对图书和短视频内容制作感兴趣的在校学生。此次大赛共收到96所院校共计500余件作品，共有171件作品获得奖项、27位老师荣获优秀指导教师称号、10所院校荣获最佳组织奖。

七、数字版权

潍坊市新闻出版传播版权保护联盟成立

2022年1月1日，山东省潍坊市新闻出版传播版权保护联盟成立暨潍坊市版权作品展示体验销售服务中心启动仪式在潍坊新华新阅广场举行。潍坊市新闻出版传播版权保护联盟旨在提升潍坊市新闻出版传播主体版权创新、保护、运用能力，推动全市版权事业和版权产业快速发展，助力潍坊市正在进行的"全国版权示范城市"创建和现代化高品质城市建设。成立大会还通过了《潍坊市新闻出版传播版权保护联盟章程》。

专家学者聚焦著作权集体管理新挑战

2022年1月16日，2021年中国版权年会系列活动之一——"新形势下的著作权集体管理组织面临的新问题和新挑战"论坛在中国版权协会"远集坊"举办。与会嘉宾与各界代表就目前我国著作权集体管理组织适应管理体制变化、法律法规修改和技术革新发展的新形势、所面临的新问题和挑战提出了自己的看法。

国家版权局发布"2021年中国版权十件大事"

2022年1月25日，国家版权局对外发布评选出的"2021年中国版权十件大事"：新修改的《著作权法》正式实施；全国人大常委会批准《马拉喀什条约》；版权司法保护力度加大；国家版权局印发《版权工作"十四五"规划》；版权执法监管亮剑新业态新领域；维护数字音乐产业版权市场秩序；规范卡拉OK领域版权市场秩序；第八届中国国际版权博览会在杭州成功举办；版权保护"吴江模式"全球推广；"人人影视字幕组"侵犯著作权案宣判。

"2021年度十大著作权人"发布

2022年4月23日，在首届全民阅读大会期间举办的"2021年度十大著作权人发布"活动现场，作为获奖代表，作家出版社有限公司副总编辑王松讲述了作家出版社通过加强对作家作品著作权益保护，激励作家创新创作，实现企业高质量发展的探索。此届十大著作权人发布活动以"阅读传播知识 版权激励创新"为主题，旨在提升全社会版权意识，促进优秀作品创作与传播，实现版权价值转化。

中国版权协会发布《2021年中国网络文学版权保护与发展报告》

2022年5月26日，中国版权协会线上发布《2021年中国网络文学版权保护与发展报告》。《报告》显示，2021年中国网络文学产业规模达到358亿元，同比增长24.1%，用户规模达5.02亿，占网民整体48.6%，同比增长9.1%。网络文学IP全版权运营带动游戏、影视、动漫、音乐、音频等数字文化市场规模达3 037亿元。我国网络文学产业发展将呈现付费与免费模式并存发展、网文与影视的双向赋能和版权保护构建全IP运营生态3个趋势。

《保护网络文学版权联合倡议书》发布

2022年5月26日，在中国版权协会线上举办的《2021年中国网络文学版权保护与发展报告》发布会上，中国版权协会文字工作委员会联合20个省市网络作家协会、12家网络文学企业和522名网络文学作家，共同发布《保护网络文学版权联合倡议书》。《倡议书》对网络文学版权治理提出三点倡议：呼吁科技向善，将技术应用于版权治理，社会各界联合起来对网络文学侵权盗版行为予以曝光、公示，共同保护网络文学的原创内容生态；呼吁搜索引擎严格履行平台责任，及时清理、屏蔽"笔趣阁"等盗版站点，开放权利人直接投诉盗版站点的权限，不为侵权盗版行为提供"转码阅读"等产品优化功能，停止侵权行为；呼吁应用市场提升版权意识，主动强化对开发商的证照资质、主体真实性、权属证明等方面的审查义务，及时清理有侵权盗版行为的阅读 App，停止侵权行为。

《北京市知识产权保护条例》实施

2022 年 7 月 1 日，《北京市知识产权保护条例》（以下简称"《条例》"）正式实施。《条例》指出，支持版权产业发展，建立数字出版精品库。加强重点领域、新兴领域的知识产权保护，构建社会共治格局。加强商标、版权、商业秘密、传统文化、奥林匹克标志、数据处理、数字贸易、大型文化体育活动、网络平台、展会等领域的知识产权保护。《条例》共 7 章 57 条，涉及知识产权行政保护和司法保护、重点新兴领域知识产权保护、公共服务建设、知识产权纠纷调处等四个方面内容，为加强知识产权保护、激发创新创造活力、建设知识产权首善之区提供了坚强法治保障。

中国版权保护中心携蚂蚁集团共建数字版权链

2022 年 8 月 2 日，中国版权保护中心与蚂蚁集团蚂蚁链正式签署合作协议，双方以共建数字版权链（DCI 体系 3.0）为核心抓手，以共同推进中央网信办、中宣部等 16 个部门联合批准的国家"区块链+版权"特色应用试点项目为契机，探索构建互联网版权服务创新机制和产业新生态，助力国家文化数字化战略实施和产业高质量发展。数字版权链是中国版权保护中心提出的具备自主知识产权的数字版权公共服务创新模式，DCI（Digital Copyright Identifier，数字版权唯一标识符）标准是数字版权链的基本内核，用于标识和描述数字网络环境下权利人与作品之间一一对应的版权权属关系。此次合作双方共同致力于满足海量数字内容对版权保护与服务创新的迫切诉求，面向互联网平台亿级用户提供即时 DCI 申领、按需办理数字版权登记的版权权属确认服务。蚂蚁链投身中国版权保护中心牵头的"DCI 技术研究与应用联合实验室"建设，蚂蚁链旗下鹊凿平台将在中国版权保护中心的专业指导下基于数字版权链进行全面标准化升级，推进数字版权登记服务模式创新与实践。

元宇宙版权保护与未来文化产业发展论坛线上举办

2022 年 12 月 28 日，作为第十八届中国（深圳）国际文化产业博览交易会的重要活动之一，由中宣部版权管理局指导、中国版权保护中心主办的"元宇宙版权保护与未来文化产业发展论坛"在线上举办。论坛上，来自清华大学、华东政法大学、中国人民大学、中国社会科学院、北京大学的专家学者作主旨发言。

八、综 合

规范使用汉字工作座谈会在京召开

2022年1月7日，中宣部出版局在京召开规范使用汉字工作座谈会，针对当前汉字使用中存在的不规范问题，就出版、影视、媒体等领域加强用字管理进行座谈交流。来自中宣部、教育部、国家广播电视总局、北京市委宣传部有关职能部门、相关行业协会、中央宣传文化单位、标准化技术委员会、字库企业共45人参加了会议。与会人员就加强汉字规范管理和使用问题进行讨论。会议提出从6个方面着手开展汉字使用的规范和管理工作。一是建立协调机制，明确各相关部门职责分工，加强沟通联系，密切协调配合，共同做好汉字使用的规范管理。二是开展专项整治，重点清理图书、报纸、期刊、音像制品、网络出版物、影视作品等中用字不规范的情况，指导字库企业开展自查自纠。三是加强行业引导，指导相关行业协会联合发出规范用字倡议，遴选推荐优秀字体，引导出版、影视、媒体领域提升规范用字的自觉意识，落实好规范用字的各项要求。四是突出重点领域，发挥中央媒体和宣传文化单位示范带动和引导监督作用，促进行业用字规范化建设。五是完善法规规章，配合做好《中华人民共和国国家通用语言文字法》修订工作，对《出版物汉字使用管理规定》等规章进行修订。六是加强标准研制，指导相关标准化技术委员会开展研究，推动相关国家标准、行业标准立项、编制工作，为规范用字提供技术支撑。

南亚研究出版中心在京揭牌成立

2022年1月11日，由北京大学南亚研究中心、清华大学国际与地区研究院、中国大百科全书出版社联合发起的南亚研究出版中心在京揭牌成立。这是国内第一家以"南亚研究出版"命名的出版、研究机构，旨在打造一个高端权威的研究、出版品牌，以研究促出版，以出版促研究，丰富和促进我国的南亚研究，更好地发展我国与南亚各国之间的各类关系。揭牌仪式后，北京大学南亚研究中心、清华大学国际与地区研究院、中国大百科全书出版社与北京宸星教育基金会共同签署了《南亚学》合作备忘录。该系列丛书将辑录语言文学、历史文化、国别与区域问题、翻译与跨文化研究等南亚研究最新成果，展示本学科研究状况，引领本学科研究趋势，丰富和发展我国的南亚研究。

国家新闻出版署启动实施出版智库高质量建设计划

2022年1月17日，国家新闻出版署印发《关于实施出版智库高质量建设计划的通知》，启动实施出版智库高质量建设计划。该计划旨在通过遴选激励、系统研究、决策咨询、研讨交流、宣传推介等方式加强出版智库建设，逐步打造一批专业化智库，培养壮大一支智库专家队伍，形成结构合理、优势互补、功能齐备、适应行业所需的出版智库方阵和人才高地，持续推动出版业理论与实践研究和成果转化应用，促进出版业高质量发展。2022年的出版智库遴选工作面向全国从事出版研究的各类机构或部门开展，包括出版专业研究机构、出版企业（含网络出版企业）内设研究部门、出版方面社会研究机构、高校相关院系等，并将围绕出版强国建设内涵要求与路径模式、出版高质量发展瓶颈问题与解决方案等主题陆续举办"出版视点"研讨交流活动。

2022年全国出版（版权）工作会议在京召开

2022年1月19日，中宣部在京召开2022年全国出版（版权）工作会议，以习近平新时代中国特色社会主义思想为指导，深入贯彻落实党的十九大和十九届历次全会精神，学习贯彻全国宣传部长会议精神，研究部署2022年出版工作重点任务，推动出版工作守正创新、锐意进取，以实际行动迎接党的二十大胜利召开。

中国外文局对外名称变更为中国国际传播集团

2022年1月19日，中国外文局举行中国国际传播集团揭牌仪式，中国外文局对外名称由"中国国际出版集团"（China International Publishing Group，简称CIPG）变更为"中国国际传播集团"（China International Communications Group，简称CICG）。

辽宁雷锋文化资源全景数据库正式上线

2022年3月5日，由《辽宁日报》北国客户端研发出品的辽宁雷锋文化资源全景数据库正式上线。数据库首页以"分类专题""雷锋词云""重访""互动体验"4 大板块为主。数据库主要板块有"锋语新读""重磅策划""雷锋天天见""原声音频""珍贵影像""云参观""云互动""雷锋地图""22 岁的出发""历史文物"等。辽宁雷锋文化资源全景数据库致力于打造全国宣传弘扬雷锋精神的示范性新闻产品。

海峡出版发行集团发行首款数字藏品《天下妈祖》（盲盒）

2022 年 3 月 12 日，海峡出版发行集团首款数字藏品——《天下妈祖》（盲盒）正式上线发行，此次推出的《天下妈祖》（盲盒）精选自该集团旗下福建电子音像出版社优质自有版权，旨在利用区块链技术可溯源、防篡改、不可复制的特点，永久记录妈祖精神之美，推动"福"文化广泛传播、传承。

国家智慧教育平台正式上线

2022 年 3 月 28 日，教育部举行国家智慧教育平台启动仪式。教育部党组书记、部长怀进鹏出席仪式并宣布国家智慧教育平台正式上线。国家智慧教育平台是一个综合集成的总的平台，一期项目包括国家中小学智慧教育平台、国家职业教育智慧教育平台、国家高等教育智慧教育平台和国家 24365 大学生就业服务平台 4 个子平台。

北京印刷学院马克思主义学院与中国青年出版总社签署共建协议

2022 年 4 月 12 日，北京印刷学院马克思主义学院与中国青年出版总社共建签约仪式在京举行。双方签约共建马克思主义理论研究生联合培养基地、红色经典出版研究中心以及出版人才就业职场体验基地。按照协议，北京印刷学院每年将选派研究生在中国青年出版总社开展为期一年左右的实习，主要围绕出版全流程开展行业认知实习，同时发挥中国青年出版总社在理论学习、红色基因、开明精神等方面的资源优势，对学生进行思想政治教育。双方依托中国青年出版总社的经典再造读物编辑中心与北京印刷学院的红色经典出版研究中心，发挥双方在红色出版方面的资源优势，开展红色经典在新时代的再造和传播研究。

清华大学新闻与传播学院元宇宙文化实验室成立

2022 年 4 月 16 日，在清华大学新闻与传播学院建院 20 周年之际，清华大学新闻与传播学院元宇宙文化实验室揭牌成立。揭牌仪式采用机器人和虚拟主播主持的方式，增加了现场元宇宙属性。元宇宙文化实验室由中文在线支持建设。清华大学新闻与传播学院整合清华大学各学院研究力量与中文在线一道打造多方联合的元宇宙研究共同体。未来，实验室将以产学研相结合的方式，在媒体技术发展、元宇宙文创、元宇宙指数、虚拟数字人指数等领域展开研究，力图将实验室打造成国内兼具行业前瞻性、理论开拓性、研发创新性的元宇宙科研机构。

出版业融合发展及数字化转型专家研讨会在京举行

2022年4月16日，中国新闻出版研究院主办的出版业融合发展及数字化转型专家研讨会在京举行。围绕"对标一流企业管理，提升出版行业数字化及现代化水平"主题，部分2021年度出版融合发展示范单位遴选推荐计划入选的出版融合旗舰单位、出版融合特色单位负责人、业界专家及技术厂商共话出版融合发展。

博鳌亚洲论坛2022年年会"亚洲知识产权：趋势与机遇"分论坛在海南举行

2022年4月20日，博鳌亚洲论坛2022年年会"亚洲知识产权：趋势与机遇"分论坛在海南博鳌举行。"亚洲知识产权：趋势与机遇"分论坛由世界知识产权组织、博鳌亚洲论坛合作举办，是博鳌亚洲论坛2022年年会的重要环节，也是2022年世界知识产权日系列活动之一。该分论坛层级高、专业性强，聚焦亚洲在全球知识产权治理体系中的作用，分享亚洲主要国家和地区知识产权政策变化，讨论新技术、新业态、新趋势给知识产权带来的机遇与风险，探讨加强跨区域知识产权保护合作的模式和路径。

英汉语比较研究会中外阅读学研究专委会成立

2022年4月23日，中国英汉语比较研究会中外阅读学研究专业委员会成立大会暨首届学术研讨会在京召开。会议选举产生了首届中国英汉语比较研究会中外阅读学研究专业委员会理事会、常务理事会和领导成员。在首届学术研讨会上，韬奋基金会理事长聂震宁、北京大学教授王余光、南京大学教授徐雁等作主旨发言，主题围绕深入推动全民阅读的思考、阅读学的理论研究与教学实践展开，充分体现了学会在积极宣传阅读学的同时，着力提升全民阅读能力和人文素养的宗旨。会议还举行了"益读·阅读能力提升计划"发布会。

首届全民阅读大会在京举办

2022年4月23日，首届全民阅读大会在北京中关村国家自主创新示范区展示交易中心开幕。首届全民阅读大会由中央宣传部（国家新闻出版署）、北京市委、北京市政府指导，中宣部出版局、北京市委宣传部主办，主题为"阅读新时代、奋进新征程"，包括系列论坛、展览展示、发布和主题活动等环节。主论坛就高质量做好新时代全民阅读工作、加快书香社会建设进行交流。中共中央总书记、国家主席、中央军委主席习近平发来贺信，"希望广大党员、干部带头读书学习，修身养志，增长才干；希望孩子们养成阅读习惯，快乐阅读，健康成长；希望全社会都参与到阅读中来，形成爱读书、读好书、善读书的浓厚氛围"。大会组委会向全社会发出《全民阅读倡议书》。大会举办的2022年出版融合发展经验交流会上发布了《关于推动出版深度融合发展的实施意见》。《实施意见》围绕加快推动出版深度融合发展，构建数字时代新型出版传播体系，坚持系统推进与示范引领相结合的总体思路，从战略谋划、内容建设、技术支撑、重点项目、人才队伍、保障体系等6个方面提出20项主要措施，对未来一个时期出版融合发展的目标、方向、路径、措施等作出了全面部署，提出了明确要求。"全民阅读地图"在首届全民阅读大会全民阅读活动馆发布，该地图以数字地图的方式，将全民阅读活动成果进行可视化呈现。

第十九次全国国民阅读调查成果发布

2022年4月23日，中国新闻出版研究院发布第十九次全国国民阅读调查成果。本次调查采用网络在线调查和电话调查方式，在162个城市进行样本采集，覆盖我国30个省、自治区、直辖市。报告显示，2021年我国成年国民包括书报刊和数字出版物在内的各种媒介的综合阅读率为81.6%，较2020年的81.3%提升了0.3个百分点。2021年全国阅读指数为70.62，较2020年全国阅读指数70.45，提高了0.17。其中，个人阅读指数为73.09，较2020年的73.05提高了0.04；公共阅读服务指数为67.66，较2020年的67.63提高了0.03。报告显示，2021年成年国民人均纸质图书和电子书阅读量均较上年有所提升，通过"视频讲书"方式读书成为新的阅读选择，而纸质图书的阅读优势仍然明显。

数字阅读分论坛在京举行

2022年4月23日，首届全民阅读大会数字阅读分论坛暨第八届数字阅读年会在京召开。该活动是在中宣部出版局指导下，由中国音像与数字出版协会、浙江省委宣传部主办，中国音数协阅读工作委员会、咪咕数字传媒有限公司承办，旨在以数字化手段创新全民阅读工作，更好地在全社会营造爱读书、读好书、善读书的浓厚氛围，以实际行动迎接党的二十大胜利召开。会上，发布了《2021年度中国数字阅读报告》（节选版）。首届全民阅读大会数字阅读体验馆设置了数字阅读成果、数字书香、IP精品等6大展区，集中展示了近年来具有较好传播力、影响力的数字阅读产品和成功案例。

新时代主题阅读推广分论坛在京举行

2022年4月23日，由中宣部出版局指导，北京市委宣传部、中国出版集团有限公司主办的新时代主题阅读推广分论坛在首届全民阅读大会上举办。本次论坛以"喜迎二十大　奋进新征程"为主题，致力于大力推动习近平总书记著作、党的创新理论读物，以及党史、新中国史、改革开放史、社会主义发展史等主题出版物的传播。

2022年向全国青少年推荐百种优秀出版物发布

2022年4月24日，首届全民阅读大会青少年阅读分论坛举行，并发布"2022年向全国青少年推荐百种优秀出版物活动入选作品名单"。论坛期间，聂震宁、朱永新、张明舟、韩毓海、曹文轩、金涌、白冰、高福和2014年国际安徒生奖得主罗杰·米罗等9位科技文化界人士，以"祖国，未来与我"为主题，就如何培养青少年阅读兴趣和阅读习惯展开深入研讨。

《马拉喀什条约》对中国生效

2022年5月5日，世界上迄今为止唯一一部版权领域的人权条约——《关于为盲人、视力障碍者或其他印刷品阅读障碍者获得已出版作品提供便利的马拉喀什条约》对中国生效，中国成为条约的第85个缔约方。

天津出版传媒集团与南开大学签署合作协议

2022年5月11日，天津出版传媒集团与南开大学签署《天津出版传媒集团与南开大学合作框架协议》。双方在高校思想政治教育和校园文化建设、教材和教学内容资源开发、图书馆馆藏资源建设和开发、数字化转型和媒体融合、干部培训和人才交流、大学生就业见习基地建设、南开大学文化资源开发等方面开展多渠道、深层次合作。

"中国音数协公开课"开讲

2022年5月26日，中国音像与数字出版协会主办，中国音数协数字教育出版工作委员会、出版融合工作委员会、数字阅读工作委员会、数字音像电子工作委员会、有声读物专业委员会共同策划推出的"中国音数协公开课"开讲。公开课围绕加快推动出版深度融合发展、构建数字时代新型出版传播体系的要求，就行业关注和关心的话题，从理论到实践、从宏观到微观，邀请出版、教育、科技、传媒等领域专家进行分享。第一期由中国音数协副秘书长李弘进行题为"认真理解《实施意见》要求 全面推进出版深度融合"的交流，提出推进出版融合发展需要把握的几个重点，并给出做好传统出版融合发展的工作建议。

元宇宙国际传播实验室成立

2022年5月31日，由中国外文局（中国国际传播集团）下属中国互联网新闻中心（中国网）和当代中国与世界研究院共同发起的"元宇宙国际传播实验室"宣布成立。实验室围绕"元宇宙对国际传播带来的挑战与机遇""基于元宇宙的跨文化交流形态和国际传播策略""虚拟形象与智能问答机器人""沉浸式虚拟空间与文化传播""数字藏品/NFT""区块链在国际传播中的运用"等多个方向开展课题研究，并定期举办"对话未来"系列学术沙龙，邀请专家委员会成员、产业领军人物、技术创新带头人等与青年人对话。

"数字虚拟人的现状与未来"产学研网络研讨会

2022年6月2日，在由第七届中国VR/AR创作大赛组委会和北京师范大学新闻传播学院共同主办的"数字虚拟人的现状与未来"产学研网络研讨会上，来自学界、业界的14名专家学者围绕数字虚拟人的概念、发展现状与技术支撑、未来发展方向等热点话题展开研讨。

敦煌启动建设全真数字藏经洞项目

2022年6月15日，由敦煌研究院和腾讯联手打造的敦煌文化遗产数字创意技术联合实验室在兰州宣布成立，并启动了"数字藏经洞""敦煌莫高窟官方虚拟形象——伽瑶"等首批合作项目，共同探寻文化遗产展示的新技术、新模式。此次成立的敦煌文化遗产数字创意技术联合实验室以数字孪生技术为手段，以1∶1的比例在线上打造一个全真的数字藏经洞，开展虚拟人实时直播、讲解等具体实践，为弘扬敦煌文化探索创新演绎方式。敦煌研究院收藏的001号文献《归义军衙府酒破历》是最先"重现"的内容。

中国音像与数字出版协会电子竞技工作委员会成立

2022年6月17日，中国音像与数字出版协会电子竞技工作委员会成立大会在京召开。全国政协委员、中国音像与数字出版协会理事长孙寿山对协会电竞工委的成立表示祝贺。中国音数协第一副理事长张毅君宣读了《关于电子竞技工作委员会第一届理事会组织机构名单的批复》并公布电竞工委主任委员、电竞工委秘书长以及18位电竞工委副主任委员任命名单。中国音像与数字出版协会常务副理事长兼秘书长敖然向18位副主任委员单位代表授牌。会上，电竞工委主任委员唐贾军介绍了工委下一步工作规划。

第六届世界智能大会在津举行

2022年6月24日至25日，第六届世界智能大会在天津举行。大会由天津市人民政府与国家发展和改革委员会、科学技术部、工业和信息化部、国家广播电视总局、国家互联网信息办公室、中国科学院、中国工程院、中国科学技术协会共同主办。大会采取云端的方式，以"智能新时代：数字赋能 智赢未来"为主题，发布了"WIC智能科技创新应用优秀案例"。

中国数字文创高质量发展论坛在京举办

2022年6月30日，由中国文化产业协会主办的中国数字文创高质量发展论坛在京以线上线下相结合的形式举办。论坛邀请国内文博文旅行业机构代表齐聚一堂，就数字文创产业升级、IP创新发展、数字版权保护、数字藏品行业自律、科技跨界赋能等多个话题进行探讨和分享。论坛上发布的《数字藏品行业自律发展倡议》共14条，具体内容包含平台应依法具备相应资质、确保区块链技术安全可控、坚持实名制、加强知识产权保护能力建设、坚决抵制防范金融化和恶意投机炒作、倡导理性消费等。

2022全国图书馆文献资源建设研讨会在江苏举办

2022年7月3日，以"打造优质馆藏 涵育阅读风尚"为主题的2022全国图书馆文献资源建设研讨会在江苏书展主会场举办。与会专家学者深入探讨了优质馆藏建设与阅读推广新路径，为全民阅读进入新时代建言献策。

"全球发展：共同使命与行动价值"智库媒体高端论坛举行

2022年7月4日，"全球发展：共同使命与行动价值"智库媒体高端论坛在京开幕。本次论坛由国务院新闻办公室主办，中国社科院、国务院发展研究中心、中央广电总台共同承办。来自全球60多个国家地区和国际组织的200余位代表以线上线下方式参会。

第七届全球智库峰会举行

2022年7月5日，第七届全球智库峰会以线上形式举行。此次峰会由中国国际经济交流中心主办，来自 30 个国家和地区的前政要、国际组织负责人、智库代表等约 100 人与会。

数字内容智能分发技术创新中心揭牌

2022 年 7 月 5 日，由数字教育出版技术与标准重点实验室、人教数字出版有限公司主办，北京网梯科技发展有限公司承办的数字内容智能分发技术研讨会暨数字内容智能分发技术创新中心揭牌仪式在京举行。会上，数字内容智能分发技术创新中心正式成立。

世界互联网大会成立大会举行

2022 年 7 月 12 日，世界互联网大会成立大会在京举行。中共中央政治局委员、中宣部部长黄坤明出席成立大会，宣读习近平主席贺信并致辞。此次成立大会采用线下线上相结合的方式举行，来自 18 个国家和地区的会员代表、国际组织代表、国内外知名专家学者、中国政府有关部门负责人等约 150 人与会。

中国版协成立新闻出版文字规范化工作委员会

2022 年 7 月 19 日，中国出版协会新闻出版文字规范化工作委员会成立大会在京召开，会议选举出首届文字规范化工委领导班子。会议选举马国仓担任文字规范化工委主任委员，中宣部出版局出版科技与标准处处长安乐、冯文礼担任常务副主任委员，北京汉仪创新科技股份有限公司副总经理马忆原等担任副主任委员，《中国出版》杂志社执行主编李淼担任秘书长。会议审议并表决通过《中国出版协会新闻出版文字规范化工作委员会规章》。

第五届数字中国建设峰会在福州开幕

2022 年 7 月 23 日，第五届数字中国建设峰会在福建省福州市开幕。本届峰会以"创新驱动新变革　数字引领新格局"为主题，旨在充分展示数字中国建设最新成果，主要议程包括开幕式、主论坛、政策发布、分论坛、成果展、数字产品博览会、创新大赛、云生态大会等 8 个部分，以及"闽江夜话""有福之州·对话未来"等 30 多场特色活动，活动采用线上线下结合的方式举办。

中国国家版本馆举行落成典礼

2022 年 7 月 23 日，中国国家版本馆举行落成典礼。中共中央政治局委员、中宣部部长黄坤明在京出席并讲话。中国国家版本馆是国家版本资源总库和中华文化种子基因库，由中央总馆文瀚阁、西安分馆文济阁、杭州分馆文润阁、广州分馆文沁阁组成。

首届全国出版学科共建工作会在京召开

2022 年 7 月 24 日，首届全国出版学科共建工作会在北京大学召开，中宣部副部长张建春出席会议并讲话，教育部有关负责同志以及来自出版管理部门、高等院校、出版单位、行业协会的代表参会。首批参与共建的单位包括北京大学和中国出版集团、北京师范大学和广东省委宣传部、华东师范大学和上海市委宣传部、四川大学和四川省委宣传部、北京印刷学院和中国出版协会。共建工作建立专家组和联络处，联络处设在北京大学信息管理系。

北京印刷学院出版学院揭牌

2022 年 7 月 24 日，北京印刷学院出版学院在首届全国出版学科共建工作会上揭牌。北京印刷学院作为服务出版行业的高校，此次与中国出版协会签署协议，共建北京印刷学院出版学院。北京印刷学院出版学院现有编辑出版学、数字出版、传播学（国际出版）3 个专业。北京印刷学院也是全国唯一一所同时拥有编辑出版学和数字出版 2 个国家级一流专业建设点的高校。

首届北京文化论坛举办

2022 年 7 月 25 日至 26 日，首届北京文化论坛举办。北京文化论坛以"传承·创新·互鉴"为永久主题，以"推动文化创新 赋能美好生活"为年度主题，由中宣部、文化和旅游部作为指导单位，北京市推进全国文化中心建设领导小组办公室、北京市委宣传部主办，北京市东城区委、区政府协办。此届论坛围绕推进社会主义文化强国建设、推动文化和旅游深度融合、繁荣发展社会主义文艺、加强全国文化中心建设和弘扬北京冬奥精神等开展交流。论坛还揭晓"全国文化中心建设 2021 年度十件大事"。论坛还举办"历史文化传承与发展""文化与科技融合发展""文艺精品创作与传播""文化交流与合作"等 4 个分论坛。论坛发布了《北京文化产业发展白皮书（2022）》，编辑出版《北京市推进全国文化中心建设成就图册》。

2022 全球数字经济大会在京举办

2022 年 7 月 28 日至 30 日，2022 全球数字经济大会在京举办。大会以"启航数字文明——新要素、新规则、新格局"为主题，通过线上线下举办主论坛、6 个主题峰会、近 50 场专题论坛，并设立数字经济精品展、元宇宙体验馆等展览，精心组织数字经济体验周、全球数字经济创新大赛、成果发布会等特色活动，汇聚政、产、学、研、用、金多方共同助力全球数字经济标杆城市建设，推动全球数字经济领域交流合作。本届大会首设元宇宙会场。本次大会期间，发布了《2022全球数字经济白皮书》《北京数字经济发展报告（2021—2022）》《2022年中国云计算生态蓝皮书》《中国企业数字化转型白皮书》《数字化基层治理研究报告》等多项成果，并发布了国内首个数字人产业政策《北京市促进数字人产业创新发展行动计划（2022—2025年）》。数字经济精品展、"开元之境"元宇宙体验馆及数字安全展汇集近80家企业，向公众展示AR/VR、区块链等数字技术，以及元宇宙概念作为数字产业发展新亮点的独特魅力。

中国国家版本馆开馆暨展览开幕式在京举行

2022年7月30日，中国国家版本馆开馆暨展览开幕式在中国国家版本馆中央总馆举行。中共中央政治局常委、中央书记处书记王沪宁发表讲话并宣布中国国家版本馆开馆暨展览开幕。开幕式后，王沪宁等领导同志参观了展览。丁薛祥、蔡奇、何立峰出席开幕式，黄坤明主持开幕式。李希在广州分馆出席开幕活动。中央和国家机关有关部门负责同志、文化文博界代表等参加开幕式。同日上午，西安分馆、杭州分馆、广州分馆同步举行分馆开幕活动，陕西、浙江、广东负责同志在当地出席开幕活动。

数字藏品发展趋势研讨会在京举办

2022年8月4日，由首都版权协会主办，北京首版科技有限公司、中关村科幻产业创新中心协办的"数字定义未来"数字藏品发展趋势研讨会在中关村科幻产业创新中心举办。演讲嘉宾以数字藏品发展趋势为核心议题，分别围绕数字藏品的风险防控、版权归属、法律属性、行业发展等方面进行主题发言，多维度解析数字藏品在未来的发展趋势。

第20届国际出版学术研讨会在京举办

2022年8月25日，以"数字出版的未来趋势展望"为主题的第20届国际出版学术研讨会以线上线下相结合的方式在京举办。此届国际出版学术研讨会由中国编辑学会主办。来自中国、日本、韩国出版界、教育界40余位专家学者出席会议。与会专家学者围绕古籍数字化再造的逻辑与路径，科技出版融合发展实践与趋势，图书馆在数字出版中的作用，出版学科建设与人才培养，出版业数字化转型战略，以及人工智能创作、出版知识服务等话题展开深入研讨。

2022 世界元宇宙大会在京举办

2022 年 8 月 26 日至 28 日，由北京市经济和信息化局支持、中国仿真学会主办、北京洞见未来会展有限公司承办的"2022 世界元宇宙大会"在北京举办。本届大会以"大时代、大生态、大融合"为主题，旨在搭建政、产、学、研、体验与资本对接的多边共赢平台，交流元宇宙前沿技术发展趋势，展示元宇宙生态链科技成果和互动体验，推动元宇宙产业健康有序发展。大会以"高端化、专业化、国际化、市场化"为方针，主要由"会议论坛、展览展示、应用体验、竞赛评奖"四大板块构成。会议论坛以"1＋2＋8＋X"总体架构，即 1 场开幕式、2 场全体会议、8 场主题论坛和若干场各具特色的体验活动；展览展示采取线下体验方式，超过 500 余家从事人工智能、VR/AR、物联网、网络运算、3D 引擎、量子技术、数字孪生、数字藏品、区块链和可穿戴技术的国内外企业参展。

元宇宙出版与阅读实验室揭牌

2022 年 8 月 27 日，在 2022 世界元宇宙大会举办期间，由大会组委会主办，虚拟现实产业联盟新闻出版委员会承办，中国新闻出版研究院全民阅读研究与促进中心以及中国出版网协办的"元宇宙数字内容新生态与出版融合创新论坛"在京召开，中国新闻出版研究院"元宇宙出版与阅读实验室"揭牌仪式同期举行。元宇宙出版与阅读实验室的首批 5 家共建单位签约。实验室由中国新闻出版研究院全民阅读研究与促进中心和中国出版网联合发起，以元宇宙与出版业的融合发展为核心，面向政府单位和企事业机构提供智库支持、信息资讯、教育培训、学术交流、会展承办、项目开发、版权保护等服务。与会专家围绕元宇宙时代出版行业的数字化转型与变革，从新兴技术、内容生产、传播媒介、消费方式、市场营销等多个领域展开研讨。

科普中国智库 2022 年专题活动在京举办

2022 年 9 月 4 日，由中国科学技术协会指导，中国科普研究所和清华大学出版社主办的"科普中国智库 2022 年专题活动——数字素养与社会发展"在北京举办。此次活动围绕"数字素养与社会发展"这一主题，采用线上线下相结合的方式，邀请李培根院士、罗毅院士等 8 位专家，针对提高全民数字素养的重点及热点议题作主旨报告，内容覆盖数字素养、数字时代、数字经济、数字教育、数字伦理、数字政府、数字安全、数字传播等领域。与会嘉宾围绕互联网平台的治理、数字素养的培养、数字安全、传统文化与数字时代的接驳、中国百姓如何适应数字发展等话题进行了热烈而深入的交流探讨。

"出版"增列进入新版研究生教育学科专业目录

2022年9月13日，国务院学位委员会、教育部发布《研究生教育学科专业目录（2022年）》。在新版学科专业目录中，"出版"位列其中，目录代码为0553，此举意味着出版专业人才培养由原先可授予出版硕士专业学位，提升到同时可授予出版博士专业学位。在首届全国出版学科共建工作会上，北京大学、北京师范大学、华东师范大学、四川大学、北京印刷学院共5所高校新设立的出版学院、出版研究院集中亮相。

2022年度出版融合发展工程遴选结果揭晓

2022年9月19日，国家新闻出版署公布2022年度出版融合发展工程优先实施的2个子计划遴选结果，共11个项目入选数字出版优质平台遴选推荐计划，50人入选出版融合发展优秀人才遴选培养计划。入选的11个优质平台，包括爱课程（中国大学MOOC）平台、人卫融合出版平台、籍合网等，从平台层面反映了我国出版融合发展的新进展新成效，具有较强的示范推广价值。入选的50名优秀人才，主要为出版融合发展一线骨干，为本单位乃至本行业出版融合发展作出了积极贡献，是当前和今后一段时期推动出版深度融合发展的重要力量。

2022数字出版部门主任联盟会召开

2022年9月22日至23日，以"出版业数字资源供需交流"为主题的"2022数字出版部门主任联盟会暨出版业数字资源供需交流研讨会"，以线下线上相结合的方式在京召开。本次会议旨在共同研究探讨如何打通数字资源供需产业链、做大数字内容资源供需市场，由政策解读和趋势分析；打造优质资源，打通产业渠道；打通供需，做大市场；新消费、新服务、新模式4部分组成。会上发布了《出版业数字资源供需联合倡议书》。《倡议书》由中国数字出版博览会组委会提出，倡导共同维护数字资源供需市场的健康发展；共同遵守市场规则，推动建成健康有序的数字资源市场；共同探讨、建立、完善和推广数字资源产品、集采、服务等方面的行业应用标准；共同倡导以科技创新为抓手，推动先进适配技术进一步赋能数字资源建设；共同推进数字资源正版化，推动数字资源市场的版权保护建设；共同利用好数博会展示交易平台，推动数字资源贸易高质量发展。与会嘉宾，围绕数字经济与文化产业、数字资源供需问题与对策、知识服务赋能出版产业发展等话题进行深入探讨。

南开大学推出首家元宇宙新闻与传播学院

2022年10月17日，中国首家元宇宙新闻与传播学院在南开大学推出，根据南开大学新闻与传播学院所在的秀山堂现实物理空间虚拟复制的数字空间正式上线。通过制作虚拟教授数字人、在虚拟现实空间建设虚拟课堂、在元宇宙空间开设网络前沿大师课等，逐步充实和加强元宇宙新闻与传播学院特色。

第七届中小学数字化教学研讨会在京召开

2022年11月4日，由教育部基础教育司指导，人民教育出版社人教数字教育研究院、数字教育出版技术与标准重点实验室主办，人教数字出版有限公司承办的第七届中小学数字化教学研讨会在京召开。研讨会以"深化技术融合应用·助力教育数字化转型"为主题，邀请数字出版、高校、一线中小学领域的专家学者和教师，深入交流基础教育课程改革、数字教材高质量建设、课堂教学新样态、数字化教育评价等热点话题。

出版融合发展国际论坛在京举办

2022年11月5日，由北京大学出版研究院主办，中国出版集团、北京大学出版社协办的出版融合发展国际论坛，在北京大学以线上线下相结合的方式举办。此次论坛以出版融合发展"走出去"为主题，由主题发言、平行论坛两个环节组成。与会中外学者围绕国际视角下的开放获取出版、《四库全书》所收日本人著作在日本的反响、现代科学知识传播技术，以及数字出版的属性、本质与特征，数字出版媒介、符号与人的关系重构与理论转向等议题先后分享观点，探讨如何以高水平出版交流促进中外文明互鉴、民心相通。平行论坛分别以出版深度融合发展逻辑下的学科建设、出版融合产学研协同发展、融合发展背景下高层次出版人才培养、自主培养专业型应用型出版人才为主题，邀请来自高校、出版单位、行业协会等产学研用各方面的30余位嘉宾发言。

可信数字资产区块链服务设施"新华链"发布

2022年11月7日，在广东深圳举办的华为全联接大会重要板块"区块链赋能数字经济峰会"上，可信数字资产区块链服务设施"新华链"正式发布。"新华链"由华为云计算技术有限公司、新华文轩四川数字出版传媒有限公司、湖北华中文化产权交易所、香港联合电子出版有限公司等单位发起建设。"新华链"是集结各方优势力量，以数字文化为基础，专注于文化要素、生产要素、数据要素等领域，面向全球的可信数字资产区块链服务设施，将为 Web 3.0 和元宇宙等虚拟现实场景提供坚实可信的基建支撑。"新华链"还将充分打通链接华为丰富的市场应用生态和四川数字出版传媒有限公司强大的数字发行渠道、苍穹元宇宙生态联盟，以数字资产市场需求、元宇宙使用交易场景为核心驱动力，构建数字资产生成、使用、交易、转化的良性可持续生态闭环。

中国儿童阅读发展论坛召开

2022 年 11 月 10 日，由文化和旅游部公共服务司指导、国家图书馆主办、国家图书馆少年儿童馆承办的"中国儿童阅读发展论坛"在国家图书馆召开。论坛以"公共图书馆与儿童友好城市建设"为主题，围绕儿童优先与阅读生态构建等话题，着重探讨如何通过城市公共文化事业的优先规划、文化资源的优先配置，推动"儿童优先"原则融入儿童阅读领域。

元宇宙出版融合发展论坛在南昌举办

2022 年 11 月 12 日，2022 世界 VR 产业暨元宇宙博览会在江西南昌开幕。由中国新闻出版研究院主办的"元宇宙出版融合发展论坛"同期举行，论坛以"数字新机遇、产业新未来"为主题。与会嘉宾表示，在新一轮科技革命、产业革命及数字经济大潮背景下，新闻出版业要抓住数字化机遇，拥抱创新技术，实现深度融合发展。

2022 年高校媒体融合发展高峰论坛在线上举办

2022 年 12 月 2 日至 3 日，"2022 年高校媒体融合发展高峰论坛"在线上举办，来自全国的高校党委宣传部、出版社、期刊中心、学报编辑部负责人、行业媒体人、研究机构相关负责人等围绕"以媒体融合推动教育媒体转型升级高质量发展"主题，多角度探讨新闻出版业发展、数字经济发展、高校融媒体中心建设、高校外宣工作，推动国内教育新闻出版事业发展。

第四届中国出版业知识服务大会在线上举办

2022 年 12 月 19 日，第四届中国出版业知识服务大会暨中国音像与数字出版协会知识服务工作委员会 2022 年年会以线上形式召开。会议由中国新闻出版研究院和中国音像与数字出版协会联合主办。国家知识服务平台 3.0 版本在会上发布，并展示了入驻该平台的专业知识库名单。国家知识服务平台是中国新闻出版研究院国家知识资源服务中心为出版业提供的一个由政府主导的第三方公益服务平台,目前已对接了 32 家出版单位的 40 个专业知识库,涵盖了交通、卫生、法律、建筑等诸多领域。

2022 北京出版高峰会议在线上召开

2022 年 12 月 21 日,以"出版业的未来与抉择"为主题的 2022 北京出版高峰会议在线上举行。会议聚焦全球化中的出版业传播全人类共同价值、科技进步与出版业发展方向两个议题,中外出版人围绕国际出版业交流与合作、融合出版的探索与实践、学术出版与教育出版的发展趋势等话题进行了交流讨论。主题演讲环节,来自中国音像与数字出版协会、中国人民大学出版社、高等教育出版社、中图科信数智技术(北京)有限公司以及约翰威立国际出版集团、施普林格·自然集团等机构的 9 位中外出版人围绕议题发言。本次会议由中国出版协会、中国出版集团有限公司主办,中国图书进出口(集团)有限公司承办。8 000 余人次线上参会。

中图云创发布首个阅读元宇宙

2022 年 12 月 21 日,由中国图书进出口(集团)有限公司打造的首个阅读元宇宙——图壤在京发布。"图壤·阅读元宇宙"是以 5G 新阅读内容为核心,基于人工智能、虚拟数字人等关键技术,并适配全球主流 CAVE、VR、MR 等各类终端,通过聚合文化出版产业上下游资源,为出版文化行业提供基于互动内容开发、虚拟场景建设与数字品牌推广的深度合成技术综合解决方案。"图壤·阅读元宇宙"依托出版 IP 与地方特色文化,打造以优质 IP 为核心的出版产业链,构建可持续的融合出版数字经济新模式,科技创新文化传承与传播,搭建可持续发展的数字文化 IP 新业态,并打通线上线下入口,链接读者与用户,形成数字出版新产品、新服务、新模式。

2022 数字出版高端论坛在鹏城举办

2022 年 12 月 29 日,由中宣部出版局、版权管理局指导,中国新闻出版研究院、深圳出版集团有限公司主办的 2022 数字出版高端论坛在深圳举办。本届论坛是第十八届中国(深圳)国际文化产业博览交易会媒体融合·新闻出版展区的配套论坛,以"融合驱动 创新服务"为主题,出版业界、学界代表通过线上线下相结合的方式,围绕"数字出版高质量发展""出版深度融合""建设出版强国"等议题,聚焦数字技术为内容赋能、教育出版纸数一体化发展、强化人才培养等现实问题,探讨如何加快出版强国建设步伐。中宣部出版局、版权管理局有关负责人，多地党委宣传部门有关负责人，多家出版单位、数字出版企业代表参加论坛。

中国国家版本馆首批网络数字版本入藏仪式在鹏城举行

2022年12月29日，中国国家版本馆首批网络数字版本入藏仪式在第十八届中国（深圳）国际文化产业博览交易会上举行，中国国家版本馆接收腾讯公司、阅文集团、腾讯音乐娱乐集团3家互联网企业45项网络数字版本。首批入藏的45项网络数字版本，覆盖网络文学、网络视频、网络游戏、数字文保、数字音乐五大类，包括《庆余年》等网络文学作品、《风声》等网络视频作品、《和平精英》等网络游戏作品以及《沪侬江南》等数字音乐作品。

2022数字版权保护与发展论坛在京举办

2022年12月30日，由中国人民大学国家版权贸易基地与中国人民大学知识产权学院举办的"2022数字版权保护与发展论坛"，以线上线下相结合的方式进行。论坛期间，中国人民大学国家版权贸易基地副主任李方丽发布了新书《中国数字版权保护与发展报告2022》与"2022数字版权保护与发展十大关键词"。《中国数字版权保护与发展报告2022》全面系统地反映了2021年度我国数字版权保护与发展的总体情况，分析了2021年度我国数字版权保护与发展的政策环境、立法进展、司法与行政保护成效，数字阅读、数字音乐、网络视频、网络新闻、网络动漫、网络游戏6大代表性数字版权产业的版权保护与行业发展现状，剖析了北京、重庆、长沙、佛山4个城市的数字版权保护与发展措施及工作成效，并对数字版权交易机制、NFT在版权保护与交易中的应用、虚拟偶像"表演"著作权法规制等热点问题进行了专题研究。"文化数字化""数据产权""知识分享平台反垄断规制""诉前禁令""惩罚性赔偿""体育赛事节目版权保护""算法推送的版权侵权责任""元宇宙发展规划""数字藏品退潮""长短视频合作"成为2022数字版权保护与发展十大关键词。

（根据国家新闻出版署网站、人民网、新华网、光明网、央视网、北青网、中国新闻网、中国出版网、人民日报客户端、澎湃新闻、中国期刊协会、《中国新闻出版广电报》、《光明日报》、《解放日报》、《潇湘晨报》等报道内容搜集整理）